U0919934

国家级示范性高等院校精品规划教材

中国语文

主　编　余庆华　陈晓云
副主编　陈再平　唐从举　吴晓辉　兰　薇

天津大学出版社
TIANJIN UNIVERSITY PRESS

图书在版编目(CIP)数据

中国语文/余庆华,陈晓云主编.—天津:天津大学出版社,2011.8
国家级示范性高等院校精品规划教材.
ISBN 978-7-5618-4125-9

Ⅰ.①中… Ⅱ.①余…②陈… Ⅲ.①大学语文课-高等学校-教材 Ⅳ.①H19

中国版本图书馆 CIP 数据核字(2011)第 180430 号

出版发行 天津大学出版社
出 版 人 杨欢
地　　址 天津市卫津路 92 号天津大学内(邮编:300072)
网　　址 www.tjup.com
电　　话 发行部:022-27403647 邮购部:022-27402742
印　　刷 天津泰宇印务有限公司
经　　销 全国各地新华书店
开　　本 185mm×260mm
印　　张 22.5
字　　数 562 千
版　　次 2011 年 8 月第 1 版
印　　次 2011 年 8 月第 1 次
定　　价 40.00 元

《中国语文》编委会

前言

中国是个拥有伟大人文传统的国家。在古代,国家意识形态是通过人文教育为媒介传给接受教育者,并且一代代传承下去。中国的人文教育内容极为丰富,如果没有这样一个长期稳定的人文教育机制,中国的优秀文化传统要穿越几千年的外祸、内乱、分裂、暴政而流传于今,几乎是不可想象的。语言文学正是人文传统中最为基础、最为感性、最贴近审美情感的部分,也是与我们民族的日常生活最为贴近的部分。人文教育应从语言文学教育开始,这是由长时期的教育实践所总结出来的规律。五四以来,中国的社会发展逐渐与世界接轨,西方新思想新文化传入中国,以“人”为叙事核心的文学引起了中国读者的关注,并产生深远的影响。

20世纪的中国学生大都是在中西文学的传统下接受教育,并开始认识人生之路的。即使在全球性的日本动漫、电脑游戏、传媒明星泛滥成灾的当下文化生活中,我们的儿童出版物里,占着极大优势的仍然是中外文学名著的普及本和改写本。人文教育应该成为中国高等教育必备的基础课程,而大学语文则是人文教育中的基础课程。大学生进入大学以后没有了应试教育的压力,受到了系统的专业知识的教育,但是未来的社会竞争机制仍然严峻地摆在青年学生的面前。大学的培养目标中,首先要考虑的是如何培养创造型的人才,要求学生拥有更充沛的人文情怀,更丰厚的人文科学知识,更远大的学术视野和人生追求,且具有青春时代特有的人格魅力,并将人文精神与科学精神高度结合,成为新型的杰出人才。

叶圣陶谈语文教育目的时曾指出,语文学习最终要做到:学生自能读书不待老师讲,学生自能作文不待老师改。大学语文还应具有传统人文精神的传布作用,使学生在古今文化精品的感化教育下,促成学生思想境界的升华和健全人格的塑造。语文要让学生受到感悟和教育,需要靠古今的文学经典;爱国感情的培养和高尚情操、气节等品格的滋养,也要靠这些文学精品潜移默化地熏陶。大学语文较之中小学语文还应有拓宽学生视野,开拓学生思维能力的作用。中小学课程以正面教育为主,但现实世界并非都是“到处莺歌燕舞,更有潺潺流水”,大学语文应能帮助学生提高明辨是非的能力和独立思考的能力。与其他学科相比,语文是学生以往学习时间最长,感性知识最多的一门课程。以大学语文课为基础,让学生继承自宋代以来的 " 疑古 " 传统,即使对文学精品,也要从正反多角度去认识,将学术界的争鸣意见告诉学生,启发学生作求同、求异多种思维。对名家名篇学习鉴赏的同时,也要看到其缺憾与不足,让学生初步知道什么是做学问。这对学生日后在自己的专业领域培养创新意识是很有帮助的。

伟大祖国在21世纪，会面对开放世界的种种挑战。自然科学与人文学科的交叉渗透,召唤我们的大学必须造就知识面宽,不仅精通自己的专业而且有厚实人文知识、人文精神及文化素养的一代新人。人文教育(包括审美教育)是关涉“人之为人”理念的灌输和启发,它并不传授具体的谋生技能,但它能使接受教育者视野更加开阔,心理更加健全,感情更加丰富,对自我的认识更加清晰。我们把人文的教育称为母亲式的教育,对人性的培养来说,它是根本性的教育。为了实现这个期望的指标,我们编纂了《中国语文》——一本启发学生学习兴趣的教材。

突出文学性是这部教材的特色之一。语文为人文教育的基础,但语文又是从文学出发的人文读本,而不是一般从思想出发的人文读本。当下流行各种人文类的大学读本,多半是以思想型文本为主体或者以文化型为主体,往往是内容大于形式;而这部大学语文意图站在文学的立场上,通过文学的美感传达人文精神。按照人文的要求,对在中国文学史上占有重要地位的诗人、词人、散文家、戏曲大师尽量不遗漏。但主要是对他们的优秀代表作品进行赏析,拓展阅读,让学生树立朝气蓬勃、欣欣向上的时代风貌,对生命与生活都充满热爱,对青春时代永远充满怀恋,以达到人文的母语教育目的。一个民族的历史与感情容载于母语之中,容载于母语的文学形式之中,以最感性、最易接受的形式传播人文教育。还有一个值得注意的特点是,在这部教材里,我们将温家宝总理历年答记者问所引用的诗文全部入选进来。让学生再熟读这些古典名篇,既体味到诗文所蕴涵的伟大哲理,也感悟它们持久至今的永恒魅力。

本教材编写以诗歌、散文、小说和戏剧四种文学样式为体例,综合选取了从古至今的名篇大作。在编写过程中,本书参考了一些相关的论著,并标明了出处,但仍可能有漏注,在此对相关的作者一并表示感谢和歉意。

由于水平有限,时间仓促,书中疏漏、不当之处在所难免,恳请广大师生和读者指正。

编者

2011年5月

目　录

诗 歌

诗经·大雅·文王

周公旦

【诗经简介】

《诗经》是中国第一部诗歌总集。在先秦叫做《诗》,或者取诗的数目整数叫《诗三百》,相传为孔子所编撰。从汉代起,儒家把《诗》奉为经典,尊称为《诗经》,为“五经”之首。《诗经》按诗配乐性质的不同,分成风、雅、颂三类。“风”是各地方的民歌民谣,160首;“雅”是正统的宫廷乐歌,分为“大雅”和“小雅”,一共有105篇;“颂”是祭祀乐歌,用于宫廷宗庙祭祀祖先,祈祷赞颂神明,现存40篇。《诗经》内容丰富,对周代社会生活的各个方面,如劳动与爱情、战争与徭役、压迫与反抗、风俗与婚姻等各个方面都有所反映。其形式特点有二:一是大量运用了赋、比、兴的表现手法;二是以四言为主,章节复沓,反复咏叹。

【作者介绍】

周公旦,姓姬,名旦。为周文王之子、周武王之弟、周成王之叔。因采邑在周,爵位为公,故称周公。又有叔旦、周公旦之名。因谥号为“文”,又称周文公。生卒年不详,享年约六十余岁。周公一生辅佐文王、武王、成王,为周王朝的建立以及巩固作出了重大贡献。传说他制“礼”作“乐”,是礼乐制度的推行者,为孔子所推崇。同时,还传说他擅长解梦,有周公解梦一说。

【正文】

文王在上[1]，於昭於天[2]。周虽旧邦[3]，其命维新[4]。有周不显[5]，帝命不时[6]。文王陟降[7]，在帝左右[8]。

亹亹文王[9]，令闻不已[10]。陈锡哉周[11]，侯文王孙子[12]。文王孙子，本支百世[13]。凡周之士[14]，不显亦世[15]。

世之不显，厥犹翼翼[16]。思皇多士[17]，生此王国。王国克生[18]，维周之桢[19]。济济多士[20]，文王以宁。

穆穆文王[21]，于缉熙敬止[22]。假哉天命[23]，有商孙子[24]。商之孙子，其丽不亿[25]。上帝既命，侯于周服[26]。

侯服于周，天命靡常[27]。殷士肤敏[28]，祼将于京[29]。厥作祼将，常服黼冔[30]。王之荩臣[31]，无念尔祖[32]。

无念尔祖，聿修厥德[33]。永言配命[34]，自求多福。殷之未丧师[35]，克配上帝[36]。宜鉴于殷，骏命不易[37]！

命之不易，无遏尔躬[38]。宣昭义问[39]，有虞殷自天[40]。上天之载[41]，无声无臭[42]。仪刑文王[43]，万邦作孚[44]。

【注释】

[1]文王：姓姬，名昌，周王朝的缔造者。[2]於(wū)：叹词，犹“呜”“啊”。[3]旧邦：邦，犹“国”。旧邦，古老的邦国。[4]命：天命，即天帝的意旨。[5]有周：这周王朝。有，指示性冠词。不(pī)：同“丕”，大。[6]时：是。不时：大是，完全遵循。[7]陟降：上行曰陟，下行曰降。即，升降。[8]左右：身旁。[9]亹(wěi)亹：勤勉不倦貌。[10]令闻：美好的名声。[11]陈锡：陈，布施；锡，赏赐。哉：“载”的假借，初、始。[12]侯：为官为侯。孙子：子孙。[13]本支：以树木的本枝比喻子孙繁衍。[14]士：这里指周朝享受世禄的公侯卿士百官。[15]不显：丕显。亦世：犹“奕世”，即累世。[16]厥：其。犹：同“猷”，谋划。翼翼：恭谨勤勉貌。[17]思：语首助词。皇：美、盛。[18]克：能。[19]桢(zhēn)：支柱、骨干、栋梁。[20]济济：多且整齐。[21]穆穆：庄重恭敬貌。[22]缉熙：光明。敬止：敬之，严肃谨慎。止犹“之”。[23]假：大而美。[24]有：占有，据有。[25]其丽不亿：其数极多。丽：数。不：语助词。亿：周制十万为亿，这里只是概数，极言其多。[26]周服：服周，臣服于周。[27]靡常：无常。[28]殷士肤敏：殷士，归降的殷商贵族。肤敏，勤敏地陈序礼器。[29]祼(guàn)：古代一种祭礼，在神主前面铺白茅，把酒浇茅上，像神在饮酒。将：行。[30]厥作：殷士服役。常服：祭事规定的服装。黼冔(fǔ xǔ)：殷人的礼服、礼帽。[31]荩臣：忠臣。[32]无：语助词，无义。[33]聿：发语助词。[34]永言：久长。言同“焉”，语助词。配命：与天命相合。配，比配，相称。[35]丧师：指丧失民心。丧：亡、失。师：众、众庶。[36]克配上帝：可以与天帝之意相称。[37]骏命：大命，也即天命。骏：大。[38]遏：止、绝。尔躬：你身。[39]宣昭：宣明传布。义问：美好的名声。义：善。问：通“闻”。[40]有：又。虞：审察、推度。殷：于省吾《泽螺居诗经新证》谓为“依”之借字。[41]载：行事。[42]臭(xiù)：味。[43]仪刑：效法。刑：同“型”，模范、模式。[44]孚：信服。

【内容提要】

全诗共七章,每章八句。第一章言文王依天命兴国,努力建立新王朝是天帝意旨;第二章言文王兴国福泽子孙宗亲和所有臣子;第三章言王朝人才济济,事业可以永承;第四章言周代殷是替天行道,殷人臣服;第五章言天命无常,拥有天下的殷商贵族成为服役者;第六章言要以殷为鉴,敬天修德,永葆周天命不变;第七章言只要效法文王的德行,就可以得天福佑,长治久安。这篇诗与其他的文王颂歌不同之处在于:除了歌颂之外,作者还深谋远虑,以卓越政治家的见识,向周王朝提出了敬天法祖、以殷为鉴的告诫,目的是求得周的长治久安。

【中心观点】

本诗以"君权神授"的天命论思想为基础,对周文王"唯德是从"、"替天行道"推翻殷朝的正义行为进行了歌颂,并殷殷告诫周的后继者要以殷为鉴,敬畏天帝,效法文王的德行,才能永葆天命,使国家长治久安。同时,文中也提出了"天命无常"的带有一定唯物思想的观点,说明上天不会选择无德者为王,只要统治者失德,便会被革去天命,而让有德者代替之。

【写作特点】

全诗共七章,每章八句。五十六句中除三句是五言外,均为四言,故章句结构整齐。每章换韵,韵律和谐。最突出之处,是诗中成功地运用了连珠顶真的修辞技巧,这样,语句蝉联,诗义贯串,宛如一体。这篇诗的蝉联,除了使诗结构紧凑外,还起到了换韵作用。总之,全诗没有空发议论,而是通过对文王功业和德行的歌颂,以事实为依据,动之以情,晓之以理。表现了老臣周公对后继者的苦口婆心。在文王颂歌中,这是思想深刻、艺术也较为成功的一篇。

【思考与练习】

1.2008 年温总理在回答新华社记者关于思想解放的问题时，谈到了本诗中的一句话:"周虽旧邦,其命维新。"试结合本诗谈谈温总理引用此诗句的本意。

2.翻译全诗。

【拓展阅读书目或文章名】

1.《诗经·大雅·生民》

2.《诗经·小雅·采薇》

离骚(节选)

屈 原

【作者介绍】

屈平(约前340—约前278),名平,字原,又名正则,字灵均。丹阳(今湖北秭归)人,楚武王熊通之子屈瑕的后代。战国末期楚国著名诗人、政治家。屈原虽忠事楚怀王,但却屡遭排挤,怀王死后又因顷襄王听信谗言而被流放,最终投汨罗江而死。屈原是中国最伟大的浪漫主义诗人之一,他创立了"楚辞"文体,也开创了"香草美人"的传统。代表作品有《离骚》《九歌》等。

【正文】

长太息以掩涕兮[1],哀民生之多艰[2]。余虽好修姱以鞿羁兮[3],謇朝谇而夕替[4]。
既替余以蕙纕兮[5],又申之以揽茝[6]。亦余心之所善兮,虽九死其犹未悔。
怨灵修之浩荡兮[7],终不察夫民心。众女疾余之蛾眉兮[8],谣诼谓余以善淫[9]。
固时俗之工巧兮[10],偭规矩而改错[11]。背绳墨以追曲兮[12],竞周容以为度[13]。
忳郁邑余侘傺兮[14],吾独穷困乎此时也。宁溘死以流亡兮[15],余不忍为此态也。
鸷鸟之不群兮[16],自前世而固然[17]。何方圜之能周兮[18],夫孰异道而相安?
屈心而抑志兮[19],忍尤而攘诟[20]。伏清白以死直兮[21],固前圣之所厚[22]。
悔相道之不察兮[23],延伫乎吾将反[24]。回朕车以复路兮[25],及行迷之未远。
步余马于兰皋兮[26],驰椒丘且焉止息[27]。进不入以离尤兮[28],退将复修吾初服[29]。
制芰荷以为衣兮[30],集芙蓉以为裳[31]。不吾知其亦已兮[32],苟余情其信芳[33]。
高余冠之岌岌兮[34],长余佩之陆离[35]。芳与泽其杂糅兮[36],唯昭质其犹未亏[37]。
忽反顾以游目兮[38],将往观乎四荒[39]。佩缤纷其繁饰兮[40],芳菲菲其弥章[41]。
民生各有所乐兮[42],余独好修以为常。虽体解吾犹未变兮[43],岂余心之可惩[44]?

【注释】

[1]长太息:长长地叹息。[2]民生:人生。多艰:多难。[3]好(hào):爱好。修姱(kuā):修洁美貌,比喻美德。鞿(jī)羁:马缰绳和马笼头,这里比喻遭受困厄。[4]謇(jiǎn):楚方言,发语词。谇(suì):谏诤。替:废黜。[5]蕙:香草名。纕(xiāng):香囊。[6]申:加上。揽:摘取。茝(chǎi):香草名。[7]灵修:神明,这里指楚怀王。浩荡:本指水大无边,这里指楚怀王恣意妄为。[8]众女:喻朝廷中的群小。蛾眉:眉如蚕蛾,借

喻美好的品质。[9]谣诼(zhuó):造谣毁谤。[10]固:本来。时俗:时下的社会风俗、习惯。工巧:善于作伪取巧。[11]偭(miǎn):违背。规矩:喻指法则。改错:改变措施。错:同“措”。[12]绳墨:本指木工用作取直的染墨的细绳,亦比喻法度。追曲:追随邪曲。[13]竞:争相。周容:苟合以求容纳。度:处世方法。[14]忳(tún):愁闷。郁邑:忧思郁结。侘(chà)傺(chì):失意的样子。[15]溘(kè)死:忽然死去。流亡:指魂离魄散。[16]鸷(zhì)鸟:鹰隼类猛禽。不群:不与众鸟同群。[17]而固然:就是如此。[18]何:为何。周:吻合。[19]屈心:委屈本心。抑志:压抑心志。[20]忍尤:忍受别人强加的罪过。攘垢:接受旁人的谩骂侮辱。[21]伏:同“服”,保持。死直:死于正直的事业。[22]固:本来。前圣:前代圣贤。厚:看待,嘉许。[23]相(xiàng)道:审择道路。不察:不明察。[24]延伫:长久站立。反:同“返”。[25]复路:返回原路。[26]步:徐行。兰皋:生长有兰花的水岸边。[27]驰:急行。椒丘:生长有椒木的山丘。且焉止息:暂且如此停息。[28]进不入:虽仕进而不被容纳。离尤:获罪。离:同“罹”,遭受。[29]退:退隐。初服:原来的服饰,喻高尚的初衷和夙愿。[30]芰(jì):菱叶。荷:莲叶。衣:上衣。[31]芙蓉:莲花。裳:下衣。[32]不吾知:不理解我。亦已:也就罢了。[33]苟:只要。情:内心、情操。信:确实。芳:芬芳高洁。[34]岌(jí)岌:高耸的样子。[35]长:增高。陆离:长而美好的样子。[36]芳:香草。泽:污垢。杂糅:混杂在一起。[37]昭质:洁白的品质。亏:亏损。[38]忽:急速。游目:放眼四望。[39]四荒:四方边远之地。[40]缤纷:盛多的样子。繁饰:繁华盛美的装饰。[41]芳菲菲:指香气浓郁。章:同“彰”,明显。[42]乐:爱好。[43]体解:肢解,犹言粉身碎骨。[44]惩:戒惧。

【内容提要】

本节选主要叙述了诗人遭群小排挤、失去怀王信任而被罢黜后的心路历程。首先,一身正气,矢志报国的屈原对自己无端被贬十分气愤、悲痛和无奈。其气愤表现在群小“谣诼谓余以善淫”,而实际上自己是“好修姱”的。也气愤在怀王的昏聩、固执、察人不明,“终不察夫民心”。忠而被谤,信而见疑,这使屈原内心饱受煎熬,十分悲痛,发出了“宁溘死以流亡兮,余不忍为此态也”的哀叹。可是再气愤,再悲痛也无济于事,因为“固时俗之工巧兮,偭规矩而改错”,这是一个邪曲公行,没有公理的乱世。

其次,侘傺失意的屈原虽然孤单落寞,忧愁痛苦,但他并没有屈服于群小而与他们同流合污,而是独善其身,保持高洁,坚持理想和志向。因为为了楚国的利益,他要辨“方圆”和“异道”,他不怕误解,他要“伏清白以死直”。总之,“虽九死其犹未悔”,“虽体解吾犹未变”等语都表现了他拳拳的爱国之心。

当然,屈原在楚王昏聩、奸佞谗害、日暮途穷的情形下,在退隐自全、独善其身的过程中也经过了一番激烈的内心斗争与挣扎。“延伫”“回”“步”“驰”“止息”等语,写出了诗人一时不知往何处去的犹豫彷徨的矛盾心态,活画出了一个苦苦求索的诗人形象。但最终诗人没有投降,而是选择了“退将复修吾初服”,走上了保持高洁,坚持理想,为国抗争之路。

【中心观点】

《离骚》是伟大的浪漫杰作和爱国篇章。本节选主要叙述了诗人因矢志报国、洁身自好而惹怒群小惨遭罢黜的不公正待遇和思想矛盾，充分表现了诗人与楚国邪恶势力的不可调和的尖锐冲突。在严酷的现实中，诗人从正反两个方面表明了心迹：一是绝不向邪恶势力妥协，与群小同流合污；二是即使退隐也要保持高洁，坚持理性，为楚国的前途和利益作不屈的抗争。

【写作特点】

本节选主要有如下特点：一是塑造了一个情感丰富、高洁傲岸的抒情主人公形象，时而"太息"，时而"掩涕"，时而"郁邑"，时而"不屈"，很有艺术感染力；二是想象瑰奇，用香草美人、芰荷芙蓉、鸷鸟猛禽、高冠长佩以及缤纷繁饰等创造了一个无比瑰丽的浪漫世界；三是语言以六言为主，杂以其他句式，自由活泼，错落有致，给人抑扬顿挫之感，其中"兮"字广泛而富于创造性的运用以及固定的偶句韵，使诗句更具强烈的节奏感和回环的音乐美。

【思考与练习】

1.2010 年 3 月 14 日上午，在第十一届全国人民代表大会第三次会议胜利闭幕后的中外记者见面会上，温总理常引用一些古诗词或典故，说明一些问题。请结合本诗谈谈温总理引用"亦余心之所善兮，虽九死其犹未悔"的本意。

2.翻译全诗。

【拓展阅读书目或文章名】

1.《离骚》全文

2.《九章·惜诵》

3.《九歌·国殇》

长歌行

汉乐府

【汉乐府介绍】

乐府是自秦代以来设立的掌管音乐的官署。汉乐府指由汉时乐府机关所采制的诗歌。这些诗原本在民间流传,经由乐府保存下来,汉人叫做“歌诗”,魏晋时始称“乐府”或“汉乐府”。后世文人仿乐府形式所作的诗,亦称“乐府诗”。

汉乐府创作原则是“感于哀乐,缘事而发”(《汉书·艺文志》)。它继承《诗经》现实主义优良传统,广泛而深刻地反映了汉代的社会现实。汉乐府在艺术上最突出的成就是叙事性。其形式有五言、七言和杂言,其中五言诗有一批较成熟的精品。汉代乐府诗绝大多数已被宋朝人郭茂倩编入其《乐府诗集》中。

长歌行:汉乐府曲调名,收入乐府诗集,属相和歌辞的平调曲。

【正文】

青青园中葵[1],朝露待日晞[2]。
阳春布德泽[3],万物生光辉[4]。
常恐秋节至[5],焜黄华叶衰[6]。
百川东到海[7],何时复西归?
少壮不努力,老大徒伤悲[8]。

【注释】

[1]葵:一种可食蔬菜。[2]晞(xī):作“干”讲,晒干。[3]布:散布,洒满。德泽:恩泽。[4]光辉:原为太阳照在物上的反光,此处指万物的生命力。[5]秋节:秋天时节。[6]焜(kūn)黄:枯黄,颜色衰老的样子。华:同“花”。衰:古音读 cuī。[7]百川:众多河流。[8]徒:白白地。

【内容提要】

本诗共十句。一、二句从日常事物起兴,通过“葵”在春晨的青翠和润泽情状极言春天的美好。三、四句循一、二句而来,引申发挥,赞阳光的普降恩泽,欣赏万物的欣欣向荣。前四句虽是写景,但暗含着对美好青春年华的珍惜与赞美。诗人并未一味唱春的赞歌,而是担心繁荣之后的衰败。因此五、六句就假想植物在秋天的情形，为秋草的枯黄，秋花的衰残而惊恐、哀伤。可见，此两句也暗含着对年华易逝，人生易老的感伤。七、八句继续用隐喻的笔法，借江河奔流到海不回头，再一次强调了年华的易逝，时间的残酷。而上八句"爱春""惜春""珍时"的本意也逐渐显露。所以，最后两句，直抒胸臆，表明了要"珍惜青春，奋发向上"的主题。

【中心观点】

本诗的中心观点有消极和积极两种解读。前者解读为：人生易老，要及时行乐。譬如，唐吴兢《乐府古题要解》解读为："言荣华不久，当努力为乐，无至老大而伤悲也。"后者解读为：年华易逝，要珍惜青春，奋发向上。譬如，唐人刘良、清人吴淇都赞成后说。联系整首诗看，也应以后说为妥。

【写作特点】

本诗最大的特点是"借景抒情和托物言志"。即借"葵""朝露"和"百川"等景和物抒发了时间易逝，人生易老的哀伤，同时也表达了要珍惜青春，在有限的人生中，奋发向上，有所作为的理想与志向。此外，本诗的语言自然、朴实而形象——既像一位沧桑老人娓娓而谈，又充满隐喻和象征。总之，诗人以常见的自然现象为喻，步步逼近，最终表明了发人警醒的"惜时奋发"主题，可谓平中见奇，似质实腴。

【思考与练习】

1.联系本诗和现实，试分析："葵""朝露""春光"和"百川"等都是平常景物，诗人是怎样平中见奇，突出其象征意义以表现本文主题的。

2.背诵全诗。

【拓展阅读书目或文章名】

1.陶渊明《杂诗》(其一：人生无根蒂)

2.朱熹《劝学诗》(少年易老学难成)

白马篇[1]

曹 植

【作者介绍】

曹植(192—232年),字子建,曹操第三子,曹丕同母弟。封陈王,谥曰思,故世称陈思王。一生以曹丕称帝为界,分为前后两期。前期因自幼聪颖,善诗文,受曹操宠爱,诗文多写其安逸生活和建功立业的抱负;后期备受曹丕父子迫害,郁郁而终,诗文多表现其愤抑不平之情及要求个人自由解脱的心境。

【正文】

白马饰金羁[2],连翩西北驰[3]。借问谁家子,幽并游侠儿[4]。少小去乡邑,扬声沙漠垂[5]。宿昔秉良弓,楛矢何参差[6]。控弦破左的,右发摧月支[7]。仰手接飞猱,俯身散马蹄[8]。狡捷过猴猿,勇剽若豹螭[9]。边城多警急,虏骑数迁移[10]。羽檄从北来,厉马登高堤[11]。长驱蹈匈奴[12],左顾陵鲜卑[13]。弃身锋刃端,性命安可怀[14]?父母且不顾,何言子与妻!名编壮士籍,不得中顾私[15]。捐躯赴国难,视死忽如归。

【注释】

[1]本篇属《杂曲歌·齐瑟行》,又名《游侠篇》。[2]羁:马络头。[3]连翩:接连不断,这里形容轻捷迅急的样子。西北:魏初西北方为匈奴、鲜卑等少数民族居住区,驰向西北即驰向边疆战场。[4]幽并:幽州和并州,即今河北、山西和陕西诸省的一部分地区。游侠儿:重义轻生的青年男子。[5]扬声:扬名。垂:同"陲",边疆。[6]宿昔:昔时,往日。秉:持。楛(hù)矢:用楛木做箭杆的箭。何:多么。[7]控弦:拉弓。左的:左方的射击目标。摧:毁坏。月支:射贴(箭靶)的名称,又名素支。[8]接:迎接飞驰而来的东西。猱(náo):猿类,体矮小,尾为金色,善攀援,上下如飞。散:破裂。马蹄:射贴名。[9]剽:行动轻捷。螭(chī):传说中的猛兽,如龙而黄。[10]虏:胡虏,古时对北方少数民族的蔑称。数(shuò):屡次。[11]羽檄:檄是军中用于征召的文书,插上羽毛表示军情紧急,所以叫羽檄。厉马:奋马,策马。[12]蹈:奔赴。[13]陵:陵蹈,以武临之。鲜卑:东胡种族,东汉末成北方强族。[14]怀:顾惜。[15]中:同"衷",心中。顾:念。

【内容提要】

这首诗是曹植前期的“锦绣黼黻”之作，他不但追求形式的富艳精工，而且重视重要内容的选择和深沉情感的表达。开头两句以奇警灵动之笔，描绘出少年英雄驰马奔赴西北战场的潇洒形象，显示了军情的紧急，扣动着读者心弦；接着以“借问”领起，以铺陈的笔墨补叙英雄的来历、名声和高超的武功，说明他是一个如何了得的英雄形象；“边城”六句，遥接篇首，具体说明“西北驰”的原因并渲染了壮士赴敌的英勇气概；末八句说明守边的艰险，展现英雄为国捐躯、视死如归的英雄气概和不计个人私利为国奉献的精神。

【中心观点】

诗人通过对一位英俊潇洒、武艺高强而又富有爱国精神的少年游侠的描写，既表现了东汉末年北方边疆遭匈奴、鲜卑等族侵凌的事实，又歌颂了守边战士公而忘私、勇赴国难、为国捐躯的崇高爱国精神，还借这位少年英雄表达了诗人渴望建功立业的远大抱负。

【写作特点】

本诗的写作特点主要有三。一是辞藻的华丽精练。譬如“白马饰金羁”，“白马”“金羁”色彩鲜明，辞藻华丽；而在铺叙少年游侠高超骑射技艺的过程中所运用的一系列动词，像“破”“摧”“接”“散”等就不仅表现了游侠的勇猛，也表现了游侠的敏捷，将少年英雄勇敢无畏、身手敏捷、驰骋疆场的形象描画得淋漓尽致。二是人物描写外在美和内在美并重。譬如，“白马饰金羁，连翩西北驰”两句就通过一个蒙太奇式的镜头活脱画出了少年游侠的英雄形象。三是风格的刚健明快、豪壮昂扬。譬如最后六句赞扬少年游侠弃身报国、视死如归的高尚品质与精神，就气冲牛斗、排山倒海、一气呵成，给人精神振奋、热血沸腾之感。

【思考与练习】

1.请联系本诗分析：诗人通过哪些描写手法塑造了一位英俊潇洒、公而忘私、勇赴国难、为国捐躯的少年游侠形象的。

2.翻译全诗。

【拓展阅读书目或文章名】

1.曹植《美女篇》

2.高适《燕歌行》

春日京中[1]有怀

杜审言

【作者介绍】

杜审言(约645—708年),字必简,襄州襄阳人,是大诗人杜甫的祖父,少与李峤、崔融、苏味道齐名,称"文章四友",是唐代"近体诗"的奠基人之一。

【正文】

今年游寓[2]独游秦[3],愁思看春不当春。
上林苑[4]里花徒发,细柳[5]营前叶漫[6]新。
公子南桥[7]应尽兴,将军西第[8]几留宾[9]。
寄语洛城风日[10]道,明年春色倍还人。

【注释】

[1]京中:指西京长安。

[2]游寓:寓寄他乡。

[3]秦:指长安。

[4]上林苑:汉武帝刘彻于建元二年(公元前138年)在秦代的一个旧苑址上扩建而成的宫苑,规模宏伟,宫室众多,有多种功能和游乐内容,今已无存。这里借指长安园林。徒:徒然。

[5]细柳:古地名,在今陕西省咸阳西南,渭河北岸。汉文帝时周亚夫为将在此驻军,称为"细柳营",这里借指军营。

[6]漫:随意,没有约束。

[7]南桥:洛阳城中一游览处。

[8]西第:东汉外戚梁冀为大将军,起府第在洛阳城西。因马融曾为其写《大将军第颂》,后人称之为西第。这里泛指豪华府第。

[9]留宾:汉游侠陈遵,豪饮好客,宴会时常取客人车辖投入井中,以防客人中途离去,留宾即出自此典故。

[10]风日:指洛阳的春日美景。这里是借代在洛阳赏春的朋友。

【内容提要】

诗的首联交代了宦游的时间、地点,勾勒出了整首诗的背景。因为朋友不在身边,虽然面对春日美景,却是万般愁思,美景不再如春。颔联是上联内容的具体化。上林苑里鲜花盛开却无人欣赏,柳枝新绿却任其自然而无人看顾,表现诗人睹物感怀的惆怅心绪。颈联描绘的是诗人想象中洛阳友人赏春欢宴的情景。他们在南桥群游兴尽而归,又在西第集宴豪饮。反衬自己的寂寞孤独,表现出对友人的深切怀念。尾联将感情基调由孤独忧愁升华为喜悦自信,表现出昂扬向上的乐观情怀。

【中心观点】

诗人抒发怀友思归之情,表达了对洛阳和在洛阳的朋友的眷恋和思念之情。

【写作特点】

这首诗结构缜密,起承转合自然,虚实相生,波澜跌宕。

【思考与练习】

1. 背诵全诗。

2. 说说温家宝总理如何巧用诗句“寄语洛城风日道,明年春色倍还人”。

【拓展阅读书目或文章名】

1. 王维《九月九日忆山东兄弟》

2. 杜审言《和晋陵陆丞早春游望》

感遇[1](其一)

张九龄

【作者介绍】

张九龄(678—740年),字子寿,一名博物,韶州曲江(今广东曲江)人。擢进士第后,累官至中书侍郎同中书门下平章事。后被李林甫排挤,罢相。其《感遇》诗以格调刚健著称。有《张曲江集》。张九龄的《感遇》诗,共十二首,这是第一首。唐玄宗开元二十五年(公元737年),张九龄由右丞相贬为荆州长史,这十二首《感遇》便是在荆州时作。张九龄因为官正直,直言敢谏,受到朝臣李林甫、牛仙客等人的排挤,被贬出京城。政治上的怀才不遇,引起诗人无限的感慨,这《感遇》便是诗人有感于朝政的紊乱和个人的身世遭遇,托物言志之作。

【正文】

兰叶春葳蕤[2],桂华秋皎洁[3]。
欣欣此生意[4],自尔为佳节[5]。
谁知林栖者[6],闻风坐相悦[7]。
草木有本心[8],何求美人折?

【注释】

[1]感遇:接触外界事物,心有所感,用隐喻的手法,寄托自己的感慨。

[2]兰叶:兰草的叶子,有香气。葳蕤(wēi ruí):草木茂盛、枝叶下垂的样子。

[3]桂华:桂花。“华”同“花”。

[4]欣欣:草木生长旺盛。生意:生机。

[5]自尔:自然,佛家语。

[6]林栖者:山林隐士。栖,居住。

[7]风:风节。坐:由于。相悦:喜爱。

[8]本心:本性。

【内容提要】

一开始用整齐的偶句，以春兰秋桂对举，点出无限生机和清雅高洁之特征。“欣欣此生意”二句，承接上文，先括后分，自然流畅。有了这样旺盛的生机，繁荣的景象，一切都会变得美好。这两句并不在赞许春天与秋季的可爱，而活画了诗人那股孤芳自赏的神情。“谁知林栖者”二句，笔锋一转，忽然引入了山林隐士的活动，真可谓“行到水穷处，坐看云起时”。那在仕途上心灰意冷、回归山林的隐者，在大自然中发现兰桂的风雅，竟相引为同调。作者在诗篇之末，逆常理而行，忽开新意，推出主题。以“草木有本心，何求美人折”总结全文，落落大方，体现了诗人追求朴素的创作风格。

【中心观点】

以春兰、秋桂的芳洁品质，比喻自己坚持政治理想、守正不阿的高尚节操；用春兰秋桂不因无人采折而失去芬芳的美质，比喻自己的志洁行芳，从而突出诗人高尚的品德和志趣。全诗物我相融，表面上句句写兰桂，实际上句句象征诗人自己。

【写作特点】

1.这是一首五言古体诗，运用了托物言志的艺术表现手法。2.这首诗以春兰、秋桂起兴，清新淡雅，朴素芳香。起首的偶句，对仗工整，互文见义，托物言志，其节自见。

【思考与练习】

1.作者在诗篇之末推出主题，你认为这首诗的主题是什么？

2.简析本诗是如何运用托物言志的表现手法的。

3.背诵这首诗。

【拓展阅读书目或文章名】

1.张九龄《望月怀远》

2.张九龄《感遇》(其二)

3.张九龄《感遇》(其三)

行路难[1]（其一）

李白

【作者介绍】

李白(701—762年)，字太白，号青莲居士。祖籍陇西成纪(今甘肃秦安)，先父在隋朝时因罪徙西域。他出生于碎叶城(今吉尔吉斯斯坦共和国境内)，后随父迁居绵竹青莲乡(今四川江油)。青年时"仗剑远游"，遍历全国。天宝初应诏赴长安，供奉翰林，但不久即遭谗去职。安史之乱时，因参加永王李璘幕府而牵连获罪，流放夜郎，途中遇赦。晚年飘泊东南一带，病死于当涂。李白性格豪放，有"辅弼天下"之志，对黑暗现实不满，关心时局，同情百姓，鄙夷世俗，蔑视权贵。其诗风豪迈奔放，想象丰富，语言清新自然，音律和谐多变，是继屈原之后最具浪漫主义风格的杰出诗人。《行路难》是乐府"杂曲歌辞"调名，内容多写世路艰难和离情别意。李白《行路难》共三首，主题与古乐府同，这是第一首。

【正文】

金樽清酒斗十千[2]，玉盘珍羞直万钱[3]。
停杯投箸不能食[4]，拔剑四顾心茫然[5]。
欲渡黄河冰塞川，将登太行雪满山[6]。
闲来垂钓碧溪上[7]，忽复乘舟梦日边[8]。
行路难!行路难!多歧路，今安在[9]?
长风破浪会有时[10]，直挂云帆济沧海[11]。

【注释】

[1]行路难：古乐府杂曲歌辞旧题，其内容多是叙写世路艰难和离别悲伤的。

[2]金樽：指精美的酒器。斗十千：一斗酒价值十千钱。斗：有柄的盛酒器。

[3]玉盘：精美的盘子。珍羞：名贵的菜肴。羞：同"馐"。

[4]投箸：丢下筷子。

[5]四顾：向四面张望。茫然：心情沉重而又无所适从的神态。

[6]太行：即太行山，在今河北省与山西省交界地区。

[7]垂钓碧溪：传说吕尚(姜太公)未遇周文王时，曾在磻溪(今陕西省宝鸡市东南)垂钓。后遇文王，遂得到了重用。

[8]忽复：忽然又。乘舟梦日边：传说伊尹在将要受到商汤的征聘时，梦见乘船经过日月旁边。

[9]歧路:岔路。

[10]长风破浪:《宋书·宗悫传》:"宗悫少时,叔父炳问其志。悫曰:'愿乘长风破万里浪。'"后人用"乘风破浪"以喻其施展宏伟抱负。

[11]云帆:指巨大的船帆像飘在天际的白云一样。济:渡。沧海:大海。

【内容提要】

首四句以好酒好菜都不能下咽的情状衬托自己将要离开长安的茫然心境。中间四句写的是已离长安,东经黄河太行山的情景,是以山川的险阻暗喻世路的艰难,表现了进取而又遭权贵打击的困境,交待了前面"心茫然"的原因,给人以上天无路,入地无门的感觉。紧接着李白借用了两个十分意象化的典故表示自己为国建功立业的强烈愿望,并暗示古人能有此机遇,自己也不见得没有。这两个典故用得好,恰当地表现出心绪的波折,作者对人生道路的艰难取一种豁达态度,同时又不失自己出而用世的自信心。其后"行路难"四句,作者神思飘游,与古人的遇合,使自己对未来有了信心,但思路回到现实中,又不免神情暗淡,抑郁不平。全诗结尾意境豁然开阔,展示了诗人倔强、自信的个性及力图从苦闷中解脱出来的巨大精神力量。

【中心观点】

李白于天宝元年(公元742年)应诏到了长安,虽受礼遇有加,生活优裕,但却得不到施展自己政治抱负的机会。后又被高力士等谗毁,无法再留下去,只有离开。这首诗当作于入长安两年后,将要离京的时候。由于自己在京的一段遭遇,不禁感叹"行路难,多歧路",心中茫然。但李白天性乐观,对未来仍存幻想,认为有朝一日,自可以乘风破浪地奔前程。所以此诗一方面充满着抑郁不平之气,另一方面也满怀着积极用世的自信之心。这两种意绪矛盾交织,构成全诗起伏奔放的风格。

【写作特点】

李白这首诗以丰富、多层次的意象结构表现出自己将离长安,面对前路时的复杂多变的心情。诗风跳荡奔放,富有浪漫主义色彩。此诗语言华丽,但又自然明畅;音节高亢,但又抑扬婉转。

【思考与练习】

1.在这首诗中作者抒发了怎样的思想感情?

2.指出本诗最后两句的深刻含义。

3.背诵全诗。

【拓展阅读书目或文章名】

1.杜甫《饮中八仙歌》

2.李白《清平调》三首

3.《古风》其三

江上值水如海势聊短述[1]

杜甫

【作者介绍】

杜甫(712—770年),字子美,祖上从原籍京兆(今陕西省西安市)迁往襄阳(今湖北襄樊)。曾祖父移居巩县(今河南巩县),杜甫生于巩县。其祖父是以诗闻名于世的杜审言,家世是“奉儒守官,未坠素业”。杜甫七岁吟诗,青年时期曾漫游齐、赵、吴、越。虽怀有“致君尧舜上,再使风俗淳”的伟大抱负,但于唐玄宗天宝年间应进士举而落第,在长安困居了十年,写出了《兵车行》《自京赴奉先咏怀五百字》等名作。天宝十四年(公元755年),安史之乱爆发,次年叛军攻占长安,杜甫在流亡中被俘,写有《哀王孙》《悲青坂》《哀江头》等爱国诗篇。至德二年(公元757年)自沦陷区逃出至凤翔,被肃宗任为左拾遗。九月写成被誉为“史诗”的《北征》。因直谏而被贬为华州司功参军。乾元二年(公元759年)自东都(洛阳)回华州,写有反映安史之乱的组诗《三吏》《三别》。不久因年荒入蜀。后携家出蜀东下,大历五年(公元770年)冬天,病死在湘江的一条小船上。因诗人曾居于长安杜陵附近之少陵,故世称“杜少陵”,又因他曾任检校工部员外郎,故也称“杜工部”。杜甫是我国古代伟大的现实主义诗人。其诗思想深刻,境界开阔,广泛地反映了唐朝由盛转衰这一历史时期,广大人民遭受封建压榨和战乱的疾苦,表达了诗人反对战乱,反对分裂,维护国家统一的爱国主义情怀,是“诗史”般的诗作,故亦有“诗圣”之称。杜甫在总结与借鉴前人成就的基础之上,博采众长,兼备诸体,形成了他自己的沉郁顿挫的风格。后人把他的诗文编为《杜工部集》,其中有诗歌一千四百多首。

【正文】

为人性僻耽佳句,
语不惊人死不休[2]。
老去诗篇浑漫与,
春来花鸟莫深愁[3]。
新添水槛供垂钓,
故著浮槎替人舟[4]。
焉得思如陶谢手,
令渠述作与同游[5]。

【注释】

[1] 诗题是说借观锦江水势时以抒怀。江:指锦江。值:正当。短述:浅见,自谦之词。

[2] 性僻:性格奇怪。耽:沉溺,人迷。

[3] 浑:皆,都。漫:不经意,随便。莫深愁:指用不着过多地考虑。

[4] 浮槎(chá):水上的木筏。替:替代。

[5]陶谢手:指陶渊明、谢灵运的诗作。陶:指陶渊明。谢:指谢灵运。令渠:命令他们。述作:写诗。

【内容提要】

第一联诗是借观江水暴涨而有感,内容全是讲诗歌创作,点出作诗的秘诀,以心志专一求好诗句,语言不能惊人我死也不罢休,概括了自己严肃的创作态度。第二联,"老去","浑漫与",写老年创作随手挥洒,自成佳作,达到自然浑成的炉火纯青的境界,这正需长期艰苦劳动的积累。"春来"句由作诗转到赏景,春天花香鸟语,触景生情,因情成诗,不须苦索而得佳句,佳句天成。第三联运用自然景物作比,以水槛垂钓,浮槎替舟,形象地说明创作要顺乎自然,合情合理,于自然描写中见情性,这就是"浑漫与",就是"莫深愁"。尾联用一反诘句表达作者对陶谢的羡慕之情,表明了他对魏晋诗风的追求。

【中心观点】

这首诗写于上元二年(公元761年)寓居成都草堂时。诗中抒发了诗人酷爱诗歌的感情,对自己晚年诗歌创作经验与创作态度作了精辟的论述。

【写作特点】

诗人以奔涌的水势形象地描写飞动的诗意,并认为诗人不仅从现实中,还须从江水、大海中去寻求艺术灵感,这是弥足珍贵的创作经验,值得借鉴。

【思考与练习】

1.这首诗表达了作者怎样的创作态度和追求?

2.指出"为人性僻耽佳句,语不惊人死不休"这两句诗的深刻含义。

3.翻译这首诗。

【拓展阅读书目或文章名】

1.朱熹《观书有感》

2.陶渊明《归园田居》

燕歌行[1]

高 适

【作者介绍】

高适(702—765年),字达夫,渤海蓨(今河北景县,一说河北沧县)人。盛唐边塞诗派的代表作家。与岑参齐名,并称"高岑"。高适半生潦倒,其诗自叹遭遇的篇章较多,对民生疾苦也有所反映。他的边塞诗数量不多,但却揭露出当时军旅中的许多矛盾,较为深刻地反映了社会现实。高适善以七言歌行体描写边塞风光和战争场面,诗歌基调多以雄健豪迈、奔放激昂为主,间有苍凉意味。语言通俗爽快,音韵婉转流畅。有《高常侍集》。

【正文】

汉家烟尘在东北[2],汉将辞家破残贼[3]。
男儿本自重横行[4],天子非常赐颜色[5]。
摐金伐鼓下榆关[6],旌旆逶迤碣石间[7]。
校尉羽书飞瀚海[8],单于猎火照狼山[9]。
山川萧条极边土[10],胡骑凭陵杂风雨[11]。
战士军前半死生,美人帐下犹歌舞[12]!
大漠穷秋塞草腓[13],孤城落日斗兵稀[14]。
身当恩遇恒轻敌[15],力尽关山未解围[16]。
铁衣远戍辛勤久[17],玉箸应啼别离后[18]。
少妇城南欲断肠[19],征人蓟北空回首[20]。
边庭飘飖那可度[21],绝域苍茫更何有[22]!
杀气三时作阵云[23],寒声一夜传刁斗[24]。
相看白刃血纷纷[25],死节从来岂顾勋[26]?
君不见沙场征战苦[27],至今犹忆李将军[28]!

【注释】

[1]《燕歌行》:汉乐府《相和歌辞·平调曲》旧题。燕(yān):今河北省一带地区,这里泛指东北边塞。这

首诗作于唐玄宗开元二十六年(公元 738 年)。诗前原有序云:“开元二十六年,客有从御史大夫张公出塞而还者,作《燕歌行》以示,适感征戍之事,因而各焉。”张公:即张守珪。当时,河北节度副大使张守珪部为契丹所败,张隐匿败绩,谎报军功,诗人得悉真情,写了这首诗,寓讽刺之意。

[2]汉家:汉朝,这里借指唐朝。烟尘:指发生战争。开元十八年(公元 730 年)以后的数年里,唐与东北契丹、奚的战争连年不绝,所以说“烟尘在东北”。

[3]汉将:指代唐将。残贼:凶暴的敌人。残:凶残。

[4]本自:本来就是。重:看重,崇尚。横行:指为国效劳,驰骋疆场,英勇杀敌。

[5]天子:皇帝。非常:特别。赐颜色:赏脸,器重,厚加礼遇。

[6]摐(chuāng)金伐鼓:敲锣击鼓,指行军。古代军中以鸣金击鼓为进退信号。摐:敲击。金:指军中所用的锣之类的铜制响器。伐:击。下:出。榆前:山海关,在今河北省秦皇岛市,通往东北的要隘。

[7]旌旆(jīng pèi):泛指军中各种旗帜。旌:竿头上饰有羽毛的旗。旆:大旗。逶迤(wēi yí):宛延绵长的样子。

[8]校尉:武官名,位次于将军。羽书:插有羽毛的信,指军中紧急文书。瀚(hàn):大沙漠。

[9]单(chán)于:本是匈奴部落酋长的称号,这里借指侵扰唐帝国的契丹等部族的首领。猎火:打猎时燃起火光,这里借指战火。古代北方游牧部族在发动战争之前,常常举行大规模的打猎活动作为军事演习。狼山:即狼居胥山,这里泛指接战之地。

[10]山川句:意思说山河荒凉的景象一直延伸到边疆的尽头。萧条:荒凉。极:到达……尽头。边土:边境。

[11]胡骑(jì):敌人的马队。胡:古代汉族人对北方少数民族的通称。凭陵:凭借暴力进行侵扰。杂风雨:风雨交加,形容敌人骑兵来势迅猛,有如暴风骤雨。

[12]战士两句:战士们在阵前殊死奋战,伤亡惨重,将帅们却在营帐里欣赏着美人的轻歌,恣意享乐。军前:阵地前。半死生:死生各半,形容伤亡惨重。帐:将帅的营帐。犹:还,还在。

[13]大漠:指边塞荒凉地区。穷秋:深秋。腓(féi):枯萎、变黄。一本作“衰”。

[14]斗兵稀:兵器击打的声音稀少,暗示唐军伤亡惨重。

[15]身当:身受。恩遇:皇帝的恩德和优厚待遇。恒:常常,总是。

[16]力尽关山:指战士们在战场上用尽了力量。关山:指边境险要的地方。未解围:未能解除敌军对孤城的包围。

[17]铁衣:金属制的铠甲,借指出征的战士。远戍(shù):远离家园,驻守边疆。

[18]玉箸(zhù):玉制的筷子,比喻思妇的眼泪。

[19]少妇:泛指出征战士的妻室。城南:长安城南。长安宫廷在城北,住宅区在城南。这里指少妇的住处。欲断肠:哀痛思念之极。

[20]征人:指远戍的战士。蓟(jì)北:蓟州之北,泛指北部边塞地区。唐代蓟州,治所在今天津蓟县。

[21]边庭:边境。飘飘:动荡不安。度:度日。

[22]绝域:指人烟稀少、环境荒凉的塞外。苍茫:迷茫无际的样子。

[23]杀气句:意思说战场上从早到晚杀气腾腾,战云密布。三时:指晨、午、晚,即一整天。一说指春、夏、秋三季。阵云:战云。

[24]寒声句:意思说夜晚军营戒备森严,寒风中不时传来刁斗的声音。刁斗:古代军中值宿巡更时敲

击的铜器,白天用来煮饭。

[25]白刃:雪亮的战刀。

[26]死节:指为国牺牲。顾:顾及,关心。勋:功劳。

[27]沙场:战场。

[28]李将军:指汉代名将李广。他智勇双全,爱护士卒。《史记·李将军列传》:"……广之将兵,乏绝之处,见水,士卒不尽饮,广不近水;士卒不尽食,广不尝食。宽缓不苛,士以此爱乐为用。"

【内容提要】

全诗可分为四个部分。开头八句为第一部份,写边关告急,唐军奉命出师增援。"山川萧条"以下八句为第二部分,写战斗进程及结果,其中"战士"两句揭明战斗失利的原因,笔墨极为沉痛。"铁衣远戍"以下四句为第三部分,写战斗结束后唐军士兵的思乡怀亲之情,幽怨凄楚。最后八句为第四部分,写戍边生活的紧张艰苦及士卒们不怕牺牲但希望得到体恤的心情,显现出他们丰富而复杂的内心世界。

【中心观点】

这首七言歌行是以张守珪击契丹事为背景,对开元年间的民族战争作了最广泛最真实的艺术概括,而不拘泥于张守珪事。全诗以雄健豪放的笔势,形象地描绘了边塞战场的生动画面,热情歌颂了士兵们舍生忘死、英勇顽强的战斗精神,揭露了唐朝将领奢侈昏庸、不惜士卒生命的罪恶行径。

【写作特点】

诗人善于描摹边塞的自然环境和渲染战地生活的气氛,真实地再现了士卒们丰富的内心感情。思绪起伏转折,笔底波澜翻滚,有概括的叙述,有具体的描写,有悲愤填膺的抒情,有感叹万端的议论。笔调时而雄迈高亢,时而苍凉深沉。诗的音韵、节奏也随之纡徐变化,内容、声情和谐统一。"战士军前半死生,美人帐下犹歌舞"为历来传诵的警句。诗人只是陈述事实,并未下评语加以褒贬,但旨意显豁,对比鲜明,艺术效果十分强烈。与杜甫"朱门酒肉臭,路有冻死骨"的名句有异曲同工之妙。

【思考与练习】

1. 本篇所描写的征战生活有哪些具体内容?"至今犹忆李将军"的言外之意是什么?

2. 为何说"战士军前半死生,美人帐下犹歌舞"两句诗精警深刻?

【拓展阅读书目或文章名】

1. 高适《封丘作》

2. 高适《别董大》

寄李儋元锡[1]

韦应物

【作者介绍】

韦应物(737—约790年)京兆长安(今陕西西安)人。少年时做过玄宗的三卫郎。后应兴,历官滁州、江州、苏州等地刺史,世称韦苏州。其诗以写田园风物著名。有《韦苏州集》。

【正文】

去年花里逢君别,今日花开又一年。
世事茫茫难自料,春愁黯黯独成眠[2]。
身多疾病思田里[3],邑有流亡愧俸钱[4]。
闻道欲来相问讯[5],西楼望月几回圆[6]?

【注释】

[1]李儋(dān):字元锡,曾任殿中侍御史,韦应物与他过从甚密,两人酬唱之作较多。寄:寄赠诗篇。

[2]黯黯:心神黯淡不快的样子。

[3]思田里:想念田园乡里,即希望辞官归隐。

[4]邑:城邑,这里指滁州。愧俸钱:拿了官俸而没有使人民安居乐业,因而感到惭愧。俸:封建社会中官吏的薪金。

[5]闻道:听说。问讯:问候是否平安。

[6]西楼:滁州西楼。

【内容提要】

开头两句即景生情,诗人见今日花开联想到了去年花里与君相别,也使得我们领悟到诗人用花开易谢比时光易逝、好景不常的寓意。第三句宕开,感叹世事茫茫,难以意料。第四句又归到眼前,虽值欣欣向荣的春天,但心情黯淡,独自成眠。这又和尾联盼望友人相照应。第三联是对友人抒怀。尾联正面点出寄赠,饱含深情。

【中心观点】

这首诗是贞元初年诗人任苏州刺史时所作。表达了他对李儋的热切怀念，并盼望他早日来西楼重聚。

【写作特点】

全诗都是诗人的自白，是在对友人诉衷肠，娓娓道来，亲切自然，平和之中时露愤激，平淡之中见出真挚。宋代著名政治家范仲淹读此诗后，曾感动不已，叹之为“仁者之言”。

【思考与练习】

1.本文的主旨是什么？

2.深刻理解“身多疾病思田里，邑有流亡愧俸钱”的含意。

3.背诵这首诗。

【拓展阅读书目或文章名】

1. 孟郊《登科后》

2. 韦应物《滁州西涧》

杨柳枝词[1]　(其一)

刘禹锡

【作者介绍】

刘禹锡(772—842年)，字梦得，洛阳人(一作彭城——江苏徐州人)，出身于官僚地主家庭。唐德宗贞元九年(公元793年)中进士，又中博学宏词科。官至监察御史。永贞元年(公元805年)正月，唐顺宗即位，刘禹锡与柳宗元参加王伾、王叔文领导的政治革新活动，人称“二王、刘、柳”。八月，变法失败，被贬为连州刺史，又改贬为朗州司马。十年后(元和十年，公元815年)召还长安，因作《戏赠看诸君子》一诗，“语涉讽刺，执政不悦”，出为播州刺史，后改任连州。长庆元年(公元812年)任夔州刺史，后转和州刺史。唐文宗大和元年(公元827年)回洛阳为主客郎中，次年至长安，为集贤殿学士，礼部郎中，出为苏州刺史，移汝州、同州刺史。开成元年(公元836年)迁太子宾客，分司东都。最后官至检校礼部尚书。刘禹锡是杰出的思想家、进步的政治家和有独特成就的进步诗人。这首诗是《杨柳枝词》九首的第一首。

【正文】

塞北梅花羌笛吹[2]，
淮南桂树小山词[3]。
请君莫奏前朝曲[4]，
听唱新翻杨柳技[5]。

【注释】

[1] 杨柳枝词：原名《折杨柳》，汉乐府横吹曲，歌词多借杨柳为题材，托物以抒情。刘禹锡学习这种民间曲调，并创作新词，时间是在苏州刺史任上(832—834年)，共九首。

[2]塞北：我国北部边塞地区。梅花：指汉乐府横吹曲《梅花落》，又叫《梅花引》。羌笛：我国古代少数民族羌族的乐器。吹：吹奏。

[3] 淮南小山：指西汉淮南王刘安的门客。桂树：指刘安门客作的《楚辞》《如隐士》，其第一句是“桂树丛生兮山之幽”。

[4]前朝曲:前一代的歌曲。

[5]新翻:新创作。

【内容提要】

首句"梅花",指汉乐府横吹曲中的《梅花落》曲,用笛子吹奏(羌笛是笛的一种),其曲调流传后世,南朝以至唐代文人鲍照、吴均、徐陵、卢照邻、沈佺期等都有《梅花落》歌词,内容都与梅花有关。次句讲的是《楚辞》中的《招隐士》篇。相传西汉淮南王刘安门客小山之徒作《招隐士》篇来表现对屈原的哀悼。《招隐士》首句云,"桂树丛生兮山之幽",下文又两处有"攀援桂枝兮聊淹留"之句,所以刘禹锡诗中以桂树指代《招隐士》篇。三、四句是指刘禹锡本着文学必须创新的原则,向时人提出:"请君莫奏前朝曲,听唱新翻杨柳枝。"指出《梅花落》《招隐士》这两个作品毕竟是前朝之曲,不要再奏了,现在还是听我改旧翻新的《杨柳枝词》吧。

【中心观点】

诗以新歌与旧曲的鲜明对比,形象地指出那些《梅花引》《小山词》都是前一时代的歌曲,都是过时、陈旧的东西,它们已不再能引起人们的审美兴趣,早已失去了艺术感召力。诗人明确地指出"请君莫奏前朝曲",诗人大声疾呼"听唱新翻杨柳枝",从而在文艺问题上表现了他的革新创造精神。在新旧对比描写中,形象地论述了他进步的文学观点。

【写作特点】

全诗立意新颖,笔调清新,语言明快,寓论断于叙述之中,富有民歌风味。

【思考与练习】

1. "请君莫奏前朝曲,听唱新翻杨柳枝"表达了诗人什么思想观点?

2. 背诵并翻译这首诗。

【拓展阅读书目或文章名】

1. 刘禹锡《戏赠看花诸君子》

2. 刘禹锡《再游玄都观》

3. 刘禹锡《竹枝词》

4. 刘禹锡《乌衣巷》

新制绫袄成感而有咏

白居易

【作者介绍】

白居易(772—846年),汉族,字乐天,晚年又号香山居士,我国唐代伟大的现实主义诗人,是中国文学史上负有盛名且影响深远的唐代诗人和文学家。他的诗歌题材广泛,形式多样,语言平易通俗,有“诗魔”和“诗王”之称。官至翰林学士、左赞善大夫。有《白氏长庆集》传世,代表诗作有《长恨歌》《卖炭翁》《琵琶行》等。白居易故居纪念馆坐落于洛阳市郊。白园(白居易墓)坐落在洛阳城南琵琶峰。

【正文】

水波文袄造新成[1],绫软绵匀温复轻。
晨兴好拥向阳坐,晚出宜披踏雪行。
鹤氅毳疏[2]无实事,木棉花冷得虚名。
宴安往往叹侵夜,卧稳昏昏睡到明。
百姓多寒无可救,一身独暖亦何情!
心中为念农桑[3]苦,耳里如闻饥冻声。
争得大裘长万丈,与君都盖洛阳城!

【注释】

[1] 水波文:水波纹。

[2] 鹤氅(chǎng):一种以鸟毛为原料的毛织物,大概样子像道袍,而不缝袖,所以披在身上像一只鹤。毳(cuì)疏:鸟兽的细毛。

[3] 农桑:农业,农事。

【内容提要】

诗的前半部分是从不同的角度描写绫袄的温暖、轻盈。“水波文袄造新成,绫软绵匀温复轻”是介绍新袄的用料、式样。绫是一种提花软缎,制成绫袄,自然地呈现出水波状的衣纹，这是外表；至于袄内则是丝绵絮成，故暖而且轻。可见，这是一种极高档的过冬御寒之物，下联用“晨兴好拥向阳坐，晚出宜披踏雪行”说明这件绫袄的用途。“兴”是指早晨睡醒起床，“好”与下文“宜”互文见意，都是适宜于做某事的意思。冬天的早晨天气寒冷，能够晒会儿太阳自是舒适宜人；晚上出门访友，穿着暖而轻的绫袄，踏雪赏月更不失为雅事。

“鹤氅毳疏无实事，木棉花冷得虚名”是从侧面表现绫袄的优点。鹤氅是古代官僚贵族时髦的披戴，木棉在当时也是珍稀品。它们徒有虚名，不如丝绵，更加衬托出诗人这件用丝绵所絮绫袄的实用舒适。这几句分别从用料、御寒的效果、与鹤氅和木棉的对比几个方面表现了这件新袄的不凡，穿着这样高级舒适的衣服，安然沉睡到天明也就不奇怪了。然而，想到大多数贫民百姓都处在饥寒交迫之中，无法得到救济，他独独一个人温暖，心中滋味并不好受。因为想着农民的艰难，致使他的耳旁经常响起贫民冻馁饥饿之声，这当然是一种错觉，这种错觉的产生，却是诗人日夜为贫寒百姓思虑所致。“心中为念农桑苦，耳里如闻饥冻声”真挚地表达了诗人为贫民着想的可贵精神。

【中心观点】

这首诗表现了诗人可贵的人道主义思想，同时也可以看出杜甫思想在这首诗中的痕迹。“争得大裘长万丈，与君都盖洛阳城”正是杜甫《茅屋为秋风所破歌》中“安得广厦千万间，大庇天下寒士俱欢颜”的又一体现。杜甫身受贫寒之苦，仍然想到天下寒士，白居易则是自己温饱而不忘受苦的寒民。

【写作特点】

全诗用了很大篇幅表现绫袄的温暖舒适，这与下文贫民的饥冻形成强烈的反差，前者愈舒适，愈显出后者的艰辛，“耳里如闻饥冻声”才更显真实感人。

【思考与练习】

1.说说温总理在2003年10月1日引用诗句：“心中为念农桑苦，耳里如闻饥冻声”的用意。

2.背诵全诗。

【拓展阅读书目或文章名】

1.白居易《卖炭翁》

2.杜甫《茅屋为秋风所破歌》

3.杜甫《自京赴奉先县咏怀五百字》

登柳州城楼寄漳、汀、封、连四州刺史

柳宗元

【作者介绍】

柳宗元(773—819年),字子厚,河东(今山西运城)人,与韩愈同为中唐古文运动的倡导者。在政治上,他反对宦官弄权和藩镇割据,主张改革弊政,曾参加以王叔文为首的政治革新运动。革新失败后,被贬为永州司马,十年后又调任柳州刺史。柳宗元是“唐宋八大家”之一,散文成就与韩愈齐名,后世并称“韩柳”。他的散文题材多样,异彩纷呈;说理文思想深刻,笔锋犀利;游记文情景交融,清新秀美;传记文刻画精细,形象生动;寓言文短小警策,寓意深远。有《柳河东集》。唐顺宗永贞元年(公元805年),王叔文的改革失败,柳宗元等八人被贬为州郡的司马,人称“八司马”。唐宪宗元和十年春,柳宗元等被召回长安,但旋遭打击,又将他们贬到边远州郡当刺史,这年夏季柳宗元至柳州任所之初,写下这首政治抒情诗,寄给这些再次遭贬的战友们。

【正文】

城上高楼接大荒,海天愁思正茫茫[1]。
惊风乱飐芙蓉水,密雨斜侵薜荔墙[2]。
岭树重遮千里目,江流曲似九回肠[3]。
共来百越文身地,犹自音书滞一乡[4]。

【注释】

[1] 大荒:辽阔的荒野。海天:指目及的广大空间。

[2] 飐(zhǎn):吹动。芙蓉:荷花。薜(bì)荔(lì):一种野生香草。

[3] 重(chóng)遮:层层地遮蔽着。江:指柳江,柳州城在柳江、南龙江汇合处。九回肠:古代诗文中常以“愁肠九转”比喻愁思缠结、极端苦闷。

[4] 百越:古时东南方各少数民族的总称。文身:在身上刺画花纹,是古代南方少数民族的一种风习。滞(zhì):阻隔。音书:消息,音信。

【内容提要】

全诗从“愁”字着笔，层层翻出深意。首联写登楼远眺，直点题意：愁思如海之深，如天之阔，统摄四州，寄托着对受迫害的战友的深情。二联由远景转入急骤的夏日风雨的近景，眼前风狂雨暴，荷花香草备受摧残，触物生情，愁思愈增。写自然风雨，正是政治风雨的象征，曲折含蓄地点出作者和他的战友们的政治处境，委婉地表达出了作者对黑暗势力的愤慨。三联又由近转入远方的友人，本意写情，反而写景，本意说愁肠九回，却反说江流之婉曲，正是以景衬情，以江流曲折比拟愁肠百转，写得含蓄深沉。远望友人，岭树重遮，江流阴断，深情难寄，愁思更深。尾联更折进一笔，抒写我与诸君同来绝域，今又出为各州刺史，音书久绝，各滞一乡，此情此景，人何以堪!尾联与首联相应，把对友人的愁思写足，表达了对黑暗势力的强烈谴责和对迫害处境的深沉愤慨。

【中心观点】

这首诗借登楼远眺抒发作者再次被贬以后的愤懑，抨击了顽固派对革新派的残酷迫害，同时表达了怀念战友的深厚感情。

【写作特点】

这首诗情思深密，用赋中有比的手法，选择富有特征的景物，在写景中抒情，在抒情中寓托着对现实的批判，真是独具匠心。

【思考与练习】

1. 本文表达了作者怎样的思想感情?
2. 分析本文所运用的艺术手法。
3. 翻译这首诗。

【拓展阅读书目或文章名】

1. 柳宗元《酬曹侍御过象县见寄》
2. 柳宗元《溪居》
3. 柳宗元《渔翁》

闺意献张水部[1]

朱庆馀

【作者介绍】

朱庆馀(生卒年不详),字可久(一说名可久,字庆馀),越州(今浙江绍兴)人。以诗受知于张籍,由张举荐,于唐敬宗宝历二年(公元826年)登进士第,官秘书省校书郎。《全唐诗》录存其诗二卷。

【正文】

洞房昨夜停红烛[2],待晓堂前拜舅姑[3]。
妆罢低声问夫婿,画眉深浅入时无[4]?

【注释】

[1] 本诗诗题《全唐诗》作《近试上张水部》,此依《唐诗品汇》改。唐代,士子在考试应举前,往往将所作诗文写成卷轴,呈送朝中权要,以冀赏识揄扬,谓之"行卷"。朱庆馀此诗也有意于此。张水部:唐诗人张籍,曾任水部郎中。

[2] 洞房:新婚卧室。停红烛:留着烛火不吹灭,使其通夜长明。停:停留。一说,点燃。

[3] 舅姑:此指公婆。

[4] 画眉:描画眉毛,指代梳妆打扮。入时无:是否合乎时尚。无:否。

【内容提要】

诗中描写的大意是昨晚婚礼结束后进入洞房,天亮时就要到堂上拜见公婆了。新娘子梳妆完毕,满面娇羞低声问丈夫,我画的眉毛颜色浓淡符合现在流行的式样吗?在这首诗里,诗人巧用比喻,借新婚说考试,其实就是想让张水部以高官的身份,在主考官面前为自己说好话,以达到金榜题名的目的。

【中心观点】

全诗以新嫁娘拜见公婆前的惶恐心情,表现诗人应试前夕的微妙心理。他既因自己才气超群、攻读刻苦而踌躇满志，又因不测考官好恶、成败难卜而忐忑不安。

【写作特点】

本篇巧用比喻，诗人以新妇自比，以夫婿比张籍，以公婆比主考官员，无不关合各自身份，构思新奇，措辞含蓄。末两句刻画新嫁娘的娇羞情态，全用白描，委婉而细腻，极富生活情趣，“低声问”三字尤为传神，令人拍案叫绝。即使不涉考试事，此诗写旧俗亲情如宛然在目，亦足称佳作。

【思考与练习】

1.本文的主旨是什么？

2.“低声问”三字，刻画了新娘的何种情态？

3.背诵这首诗。

【拓展阅读书目或文章名】

1. 张籍《酬朱庆馀》

2. 白居易《长相思》

雁门太守行

李　贺

【作者介绍】

李贺(790—816年),中唐著名的青年诗人,字长吉,昌谷(今河南宜阳县)人。据说他是唐宗室后裔,七岁即有诗名,得到韩愈的赏识,但因避父讳(父亲名晋肃,晋、进同意)而无法考进士,一生不得意,最后年仅二十七岁便怏怏而死。但他的诗歌却是艺苑中的奇葩,人称他为"鬼才"。现存的240多首诗中,很多优秀篇章从不同侧面"深刺当世之弊,切中当世之隐",鲜明地表现了他的进步思想。艺术上他继承了屈原以来的积极浪漫主义精神,吸取了汉魏六朝乐府诗的一些特色,借助美妙的神话传说,驰骋丰富的想象,进行精巧新奇的构思,运用瑰丽多彩的语言,创造变幻奇特的境界,深刻地反映了当时的社会现实,具有强烈的感人力量。《雁门太守行》是乐府相和歌瑟调曲名,多用来歌咏边塞征战之事。

【正文】

黑云压城城欲摧,甲光向日金鳞开[1]。
角声满天秋色里,塞上燕脂凝夜紫[2]。
半卷红旗临易水,霜重鼓寒声不起[3]。
报君黄金台上意,提携玉龙为君死[4]。

【注释】

[1]摧:崩塌。甲:指铠甲。这两句的意思是,浓重的黑云向城头冲压下来,城墙好像承受不住重压而将要崩塌。战争的气氛非常紧张。出征将士们身上的铠甲迎着透过云隙的太阳闪闪发光,好像金鳞闪烁。

[2]角:画角,古代军队中的吹奏乐器,其作用相当于现在的军号。燕脂:同胭脂。这两句的意思是,在一派肃杀的秋景中,画角响彻云霄,塞上的天空映出了像胭脂那样美丽的朝霞,朝霞和残余的夜色融为一体,使大地上的景物染上一层浓浓的紫色。

[3]易水:在今河北省易县。唐代中叶,河北地区的藩镇一直处于割据状态,所以这首诗以"塞上"、"易水"点明出征地点,表明出征的意义。声不起:声音浊重、低沉。这两句的意思是,军队将红旗半卷,急

速进军，开到了易水边上。战斗开始，擂鼓前进，拂晓的严霜浸潮了战鼓，因此鼓声低沉。

[4]黄金台：相传战国时燕昭王于易水附近筑黄金台，置千金于台上，招揽人才。黄金台上意：指当时皇帝对人才的重视和对他们的希望。玉龙：指剑。这两句的意思是，将士们为了报答皇帝的信任与重托，再提宝剑，誓同敌人决一死战。

【内容提要】

这首诗描写唐朝军队为讨伐藩镇而乘夜进军，拂晓兵逼城下，将士们英勇奋战，誓死报国的情景。诗中所写的战争地点在今河北省北部，当时这一带是藩镇割据的范围，中央政权的兵力并未到这里进行过征讨。诗中反映的情况，是诗人从渴望国家统一出发而进行的文学虚构。

全诗八句，出色地描绘了一场激烈的战斗的全过程：敌军压境，孤城无援；奋勇反击，号角震天；急速挺进，星夜奇袭；寡不敌众，为国捐躯。

【中心观点】

唐代中期，藩镇割据，飞扬跋扈，河北地区战事频繁，严重破坏了国家的统一和安定。本诗热情地歌颂了那些浴血奋战、以身殉国的将士，表现了李贺对当时叛乱不定、国无宁日的社会现实的不满以及他热切希望朝廷重用贤才、平定海内的感情。

【写作特点】

诗人巧妙地抓住了一系列富有特征的景物如“黑云”“金甲”“夜紫”“红旗”“燕脂”等，色彩鲜明，从侧面加以烘托，构成了一幅形神、动静兼备的战斗画面，给人一种战斗惨烈的实感，从而突出了出征将士们的英勇，使全诗气氛紧张而热烈，意境苍凉而悲壮，声情凝重而激昂，是古代一首影响较大、壮烈雄奇的反映边塞战争的诗篇。“黑云”实写天空翻滚的乌云，更是比喻敌军来势凶猛。“卷”突出将士们急速追击的神速。“易水”表现战争的悲壮气氛。“黄金台”，用典，抒发将士报效朝廷的决心。

【思考与练习】

1. 运用诗歌描写一场战斗，且在短小的篇幅之中要描写得生动形象是有一定难度的。李贺的这首诗在这方面有什么特点呢？

2. 翻译这首诗。

【拓展阅读书目或文章名】

1. 李贺《高轩过》

2. 李贺《罗浮山人与葛篇》

咸阳城西楼晚眺[1]

许　浑

【作者介绍】

许浑(生卒年不详),字用晦,润州丹阳(今江苏丹阳)人,文宗大和六年(公元832年)中进士,任当涂、太平县令,睦州司马,监察御史,虞部员外郎,睦、郢二州刺史等职。他喜好林泉,淡于名利。他的诗皆为近体律绝诗,艺术上达到纯熟的地步,是晚唐诗人中具有代表性的作家。著有《丁卯集》二卷。

【正文】

一上高城万里愁,
蒹葭杨柳似汀洲[2]。
溪云初起日沉阁,
山雨欲来风满楼[3]。
鸟下绿芜秦苑夕,
蝉鸣黄叶汉宫秋[4]。
行人莫问当年事,
故国东来渭水流[5]。

【注释】

[1]咸阳城:秦时京城,今陕西省咸阳市。

[2]蒹葭:没有长穗的芦苇。《诗·秦风·蒹葭》:“蒹葭苍苍,白露为霜。”汀洲:沙洲。

[3]此句作者自注:“南近磻(pán 盘)溪(今陕西宝鸡市东南),西对慈福寺”。阁:即慈宝寺之阁。溪:即磻溪。

[4]秦苑:秦始皇修建的打猎享乐的园林,内养禽兽,种植树木。绿芜:绿草地。

[5]故国:指秦都咸阳。

【内容提要】

诗人就登城所见，由景及情，由现实而及往古秦汉，最后又归到目前。首联言登城观景，咸阳有似江南家乡，故说愁思万里；杨柳蒹葭，景物荒寂，更增感情的凄切。二联以形象的笔调描绘了自然形势的变化，具有深刻的象征意义，借用自然形势的变化暗示政治形势，照应"万里愁情"。这就把诗人登城抒怀的内容由个人扩大到社会，使诗人所抒发的万里愁情具有深刻的社会内容。此联描写生动形象，自然朴实，语意双关，含蓄深沉，富有哲理，所以为人们所传诵。三联就登城晚眺的景物，表达了诗人吊古伤今的深沉感情：秦苑夕阳，"鸟下绿芜"，汉宫暮秋，"蝉鸣黄叶"，一派荒凉残破的景象，令人不堪回首。尾联以"行人莫问"的反诘句式，写秦汉已逝，往事难复，只有渭水日夜东流，把借古抒怀的叹惋之情做了淋漓尽致的表达。

【中心观点】

这是一首借古抒怀诗，表达了作者的思乡之情和对历史兴亡的感慨。

【写作特点】

全诗景情结合，古今结合，借古抒怀，含蓄深沉。

【思考与练习】

1.本文借古抒怀，抒发了什么思想感情？

2.试述"溪云初起日沉阁，山雨欲来风满楼"的艺术特色。

3.背诵并翻译这首诗。

【拓展阅读书目或文章名】

1. 许浑《谢亭送别》

2. 许浑《咸阳城东楼》

3. 许浑《故洛城》

赠　别[1]

杜　牧

【作者介绍】

杜牧(802—853年),字牧之,京兆万年(今陕西长安)人。进士出身,后任黄州、池州、睦州、湖州刺史,期间也曾作过监察御史、吏部员外郎等职,最后官至中书舍人。杜牧擅长诗歌、古文与辞赋,而在诗歌创作上更有杰出成就。诗文中多指陈时政之作。写景抒情的小诗多清丽生动。有《樊川文集》。

【正文】

多情却似总无情,
惟觉樽前笑不成[2]。
蜡烛有心还惜别[3],
替人垂泪到天明。

【注释】

[1] 这是大和九年(公元835年)杜牧离扬州,赴长安,与情人赠别的诗。诗共两首,这是第二首。杜牧当时三十三岁,由淮南节度府掌书记迁监察御史。

[2] 樽:酒怀,这里指酒宴。

[3] 蜡烛二句:此二句借烛泪喻写离情。

【提示】

前两句诗,说“却似”,说“惟觉”,把本是多情,但对分别又似无情的细微心理变化形象地描绘出来。在饯别宴会上,本来无情无绪,却又要打起精神,强颜欢笑,可却又“笑不成”,这时才觉得分别之令人难以忍受。接下两句诗宕开一笔,写蜡烛伤心惜别,垂泪到天明,以烛心拟人心,以烛之垂泪拟人之悲痛,无心之物尚且如此,人何以堪?在拟人化的艺术描写中把离别悲伤之情写得含蓄不尽,余味无穷。

【中心观点】

这是一首写情人离别的诗。诗人以浓重而真挚的感情描写了一对情人分别在即、难舍难分的细微心理和典型情景。

【写作特点】

前两句以无情衬有情，从侧面写心理，转折而跌宕；后两句巧妙设喻，写物拟人，新奇而贴切。

【思考与练习】

1.简析本诗的艺术手法。

2.背诵这首诗。

【拓展阅读书目或文章名】

1.杜牧《赠别二首》

2.李商隐《无题二首》

浪淘沙[1]

李　煜

【作者介绍】

李煜(937—978年),初名从嘉,字重光,号钟隐,南唐中主李璟的第六子。公元961年嗣位,史称南唐后主,徐州人,在位十五年。他即位后,尊崇宋朝,贪图享受,以求苟安。宋太祖开宝八年(公元975年),宋军攻破金陵(今江苏南京),他出降,被俘到汴京(今河南开封),封违命侯。据说他在生日七夕于寓中作乐,又作词有"小楼昨夜又东风,故国不堪回首月明中"的句子,宋太宗便派人用牵机药把他毒死。他在南唐写的词,反映宫廷的享乐生活,风格柔靡。国亡后写的词,反映亡国之痛,题材扩大,意境深远,感情真挚,富有感染力,在唐末五代词中具有极高的成就。

【正文】

帘外雨潺潺[2],春意阑珊[3],罗衾不耐五更寒[4]。梦里不知身是客,一晌贪欢[5]。独自莫凭栏[6],无限江山[7],别时容易见时难。流水落花春去也[8],天上人间[9]。

【注释】

[1] 浪淘沙:唐教坊曲名,后用为词牌。双调五十四字,平韵。

[2] 潺(chán)潺:下雨的声音。

[3] 阑珊(shān):衰残。

[4] 罗衾(qīn):丝绸做的被子。不耐:受不住。

[5] 一晌(shǎng):一会儿。这句是说,贪恋着暂时的欢乐。

[6] 凭栏:靠在栏杆边(望远方)。

[7] 江山:这里指的是原来属于南唐的地域。

[8] "流水""落花""春去"均比喻亡国。

[9] 这句是说今昔对比,真有天壤之别,富贵荣华的帝王生活一去不复返了。

【内容提要】

词的上阕首句写景，余下抒情。帘外潺潺雨声惊醒了作者，他觉得春天即将衰残消逝，丝绸被子怎能抵御五更天的春寒袭击呢!由于梦醒，他才更加留恋梦中的一切，因为只有在梦里才忘记了自己是个“客”(俘虏)，也只有在梦里还能贪恋一下片刻的欢娱生活。“五更寒”既是指自然界的气候，也是暗喻内心的凄凉悲痛。下阕说不要独自一人凭栏远眺，“无限江山”当指“四十年来家国，三千里地山河”(《破阵子》)而言，谓南唐山川。“别时容易”指金陵城破，仓皇辞庙，被押北上。然而那是亡国，是江山易主，再想回到金陵已是不可能了，所以又说“见时难”。这是无可奈何的苦语，它饱含了作者无穷的痛苦和悔恨!所以最后脱口说出“流水落花春去也，天上人间!”这结句是照应开头的“春意阑珊”，同时也表达逝者如斯，时不再来的慨叹。而“流水”“落花”“春去”三事又都是一去不复返的，帝王变囚徒，不也是天上人间的差别吗？无限凄苦之情，欲吐还吞，戛然而止，余味无穷。

【中心观点】

李煜被押到汴京后，行动处处受到限制，只有梦中忘掉了痛苦的俘虏生活，才能够得到片时的欢乐。这首词写的是后主俘囚生活中的一个片段，感今怀旧，抒发自己亡国被俘后怀念故国的悲苦绝望的心情。

【写作特点】

这首词艺术上也别具特色，首先是具有鲜明的形象性。它塑造了一个失去故国，一梦醒来无限辛酸的不幸者形象。其次，词里用阴雨夜寒作衬托，流水落花作比喻，天上人间作对照，更显得词意婉转、凄凉。

【思考与练习】

1.试析词中的作者的形象。

2.简要分析这首词的艺术特色。

3.背诵并翻译这首词。

【拓展阅读书目或文章名】

1.李煜《相见欢》

2.李煜《九月十日偶书》

3.李煜《长相思》

登飞来峰[1]

王安石

【作者介绍】

王安石(1021—1086年),字介甫,晚年号半山,抚州临川(今江西临川)人。因封为荆国公,所以也称王荆公。他是我国历史上杰出的政治家、思想家和文学家。宋神宗熙宁年间,他曾两次出任宰相,从公元1069年开始推行新法。由于变法触动了大地主大商人的利益,遭到了以司马光为代表的“旧党”反对,王安石两次被罢免相位。宋哲宗即位,司马光出任宰相,新法被全部废除。王安石的文学创作以政论性散文和诗歌成就最高。散文上,为唐宋散文“八大家”之一。诗歌的艺术成就也为后人所推崇,为北宋诗坛一大家。作品有《临川集》等。《登飞来峰》是王安石早期任浙江鄞(yín)县县令时所作。飞来峰即诗中的“飞来山”,传说此山从琅玡濒海处飞来,所以叫“飞来山”。宋时山上有应天塔。

【正文】

飞来山上千寻塔[2],
闻说鸡鸣见日升[3]。
不畏浮云遮望眼[4],
自缘身在最高层[5]。

【注释】

[1] 飞来峰:又名灵鹫峰,在今浙江省绍兴市的灵隐山东南,有应天塔。相传山项上可以看到沧海日出。

[2] 千寻塔:指很高的宝塔。千寻:极言其高。寻:古代长度单位,说法不一,一般认为旧制八尺为一寻。

[3] 闻说:听说。鸡鸣:公鸡打鸣的时分,大约凌晨1~3点。

[4] 不畏:不怕。望眼:放眼远望的视线。浮云:一语双关,有比喻谗邪之人、保守势力的意思。

[5] 自缘:一作“只缘”,只是因为。

【内容提要】

第一句,“飞来”二字见其神奇,“千寻”道出塔之高耸入云端。开篇直入正题,给人以突如其来之感。第二句,“闻说”当为插叙,为前一句“神奇”的“飞来山”与“高大”的“应天塔”蓄势;“鸡鸣”与“日升”一方面是写实,一方面也是作者对变法前景的向往。第三句,“不畏”写出了年轻的王安石立场改革的锐气和必胜的信念。“浮云”既是写眼前之景物,塔顶、山巅云雾缭绕,更主要是比喻孬时诡邪之人、保守势力,道出了当时政治现状。“青山遮不住,毕竟东流去”,塔顶、山巅的云雾只能暂时遮蒙住人的双眼,太阳升起之后就会散失。第四句是说因为我是站在山峰塔顶的最高处,表明了诗人的雄心壮志和对改革前途的信心。三、四两句诗富含哲理,给人以启迪:人只要志存高远,锐意进取,必将有所作为。

【中心观点】

诗人登山上塔,居高临下,不禁豪情满怀,脱口成诗,抒发自己的雄心壮志。

【写作特点】

全诗共四句,写景是为了抒发自己的政治抱负和见解,理在景中,体现了宋诗理趣的特点,言简意赅而又形象生动,诗气具有刚毅果断的政治家风度。

【思考与练习】

1. 王安石的诗句“不畏浮云遮望眼,自缘身在最高层”与李白的诗歌《登金陵凤凰台》中“总为浮云能蔽日,长安不见使人愁”两者之间的深刻含义有何不同之处?

2. 背诵并翻译这首诗。

【拓展阅读书目或文章名】

1. 王安石《上仁皇帝言事书》

2. 梁启超《王安石传》

苏幕遮

范仲淹

【作者介绍】

范仲淹(989—1052年),字希文,苏州吴县(今江苏苏州)人。北宋政治家、文学家。在文化学术上,范氏主张尊儒师经,重礼探道,倡导仁义教化而反对专事藻饰。其诗文颇富政治理想与抱负,写景议论,境界阔大。存词五首,或咏边塞,或述羁旅,悲壮慷慨,情怀深致,突破晚唐五代词之绮靡,启迪了苏轼、王安石之创作。著作有《范文正公文集》。

【正文】

碧云天,黄叶地,秋色连波,波上寒烟翠。山映斜阳天接水,芳草无情,更在斜阳外。黯乡魂[1],追旅思[2],夜夜除非,好梦留人睡。明月楼高休独倚,酒入愁肠,化作相思泪。

【注释】

[1] 黯(àn):心神忧郁、颓丧。江淹《别赋》:"黯然销魂者,惟别而已矣。"

[2] 旅思:羁旅异乡的客中愁思。

【内容提要】

上片写景,视野空远。开首以宏阔的笔势扩展到长天、大地、连波构架的清秋峻爽的高远背景,而将碧云、黄叶、翠烟三个细节意象填充其间,点染、交融成一幅色彩绚丽、江波奔涌的澄明、空灵的秋色图。这段写景,一句一景,自天而地,自波而烟,层层推进,意象缠绵。"山映斜阳天接水",总上承下,由景生情,点明景为黄昏之景,情为夕阳之情,贯穿其间的是似断实连、前后相映的"连波"与"接水",这条连波奔涌、水天相接的江流,构成展现景物动态、深远空间的主体意象,也成为融贯景情的主脉意象。映照远山的斜阳在水天相接之处,而无情芳草,更在斜阳外,遂将有限的景物转化为空远的境象,亦将作者情思从眼前无情芳草引向斜阳之外的天涯。联系《楚辞·招隐士》"王孙游兮不归,春草生兮萋萋",仿佛芳草撇我而去,伸向天涯,通往故园,徒然刺激着作者羁旅不归的乡愁别恨。以怨及无情芳草的方式,深婉而隐曲地透露出羁旅之寂寞和乡愁之深重。下片抒情,情深意挚。“乡魂”、“旅思”点明羁旅怀乡之愁情，且与“芳草无情，更在斜阳外”相映，补充了“斜阳外”即乡魂所瞩、旅思所系之故园。这段直抒胸臆，三层转折。一写愁思难寐，惟归乡之“好梦”方可慰藉“乡魂”之焦虑。二写独倚高楼之难堪。明月圆融，亲人虽“隔千里兮共明月”(《月赋》)，毕竟独望明月，更触乡愁，更觉孤寂，遂“休独倚”以避登楼望月，减少内心痛楚。三写借酒浇愁，巧妙地运用酒化为泪的意象转换，尽写其乡愁之浓，相思之切，酒体浇愁，反为愁所化，酒经过愁的过滤、融化而转变为滴滴相思泪。设想新奇，较之“举杯消愁愁更愁”，意象更为新颖、生动，情蕴更为深婉、含蓄，更富有移情魅力。

【中心观点】

此词抒写旅思乡愁之情，情致深婉而意境阔大。

【写作特点】

此词写景“大笔振迅”，苍凉半阔，抒情深致、婉曲。景情交映，景因情生，情随景转，愈转愈深，余味无穷。

【思考与练习】

1. 这首词上片写景，下片抒情，试分析其艺术特色。
2. 指出“山映斜阳”“芳草无情”的深刻含义。
3. 背诵并翻译全词。

【拓展阅读书目或文章名】

1. 范仲淹《渔家傲》
2. 自淮南小山《招隐士》

玉楼春

宋　祁

【作者介绍】

宋祁(998—1061年),字子京,安州安陆(今湖北安陆)人。仁宗天圣二年(公元1024年)中进士,历任龙图阁学士、史馆修撰、工部尚书、翰林学士等职。曾与欧阳修共修《新唐书》。其词尚承晚唐五代绮靡余风,多抒个人情怀。以余力游戏为词,风流闲雅,文辞婉丽,构思新巧。其著作有辑本《宋景文公集》,存词六首。

【正文】

东城渐觉风光好,縠皱波纹迎客棹[1]。绿杨烟外晓寒轻,红杏枝头春意闹。

浮生长恨欢娱少[2],肯爱千金轻一笑[3]?为君持酒劝斜阳,且向花间留晚照。

【注释】

[1]縠(hú)皱:绉纱似的皱纹。棹(zhào):船桨,代指船。

[2]浮生:人生短暂宛若泡沫浮生于水面。

[3]肯:怎肯。爱:吝啬。

【内容提要】

先写东城风光。"渐觉"者,暗示冬寒已尽,春意渐浓,风光渐美。"縠皱"三句,如影视镜头推移,步步展现东城风光之美。"縠皱波纹",乃细节近景,写湖水荡漾,春波细皱如纱,推出旅客游船"客棹",联系"绿杨烟外晓寒轻"的宏观远景,则写出游客为争睹东城风光,清晓乘舟,穿过绿杨烟雾,冒着拂晓轻寒而来,暗示出"东城风光"在游客心目中久已有特殊印象。经过这样的层层铺垫,最后推出"红杏枝头春意闹"的特写镜头,这是一个色彩鲜丽,热烈欢闹的意象组合:杏花之红艳,令人联想到火焰的燃烧;枝头簇绽的杏花,犹如一团团火焰随风灼烁、跳跃,充分显现出早春之明艳而富有生气。而"闹"字更烘托出红艳似火、律动似跃的红杏意象,一种喧闹有声的美感,红杏不但在枝头如火闪动,而且在枝头春意蓬勃,欢闹喧天。这"闹"字的听觉美感完全是词人特殊的主观体验,将视觉之红色与听觉之闹声沟通连贯，融为一体。“红闹”，在民间俗语中便是“红火”、热烈，既写出蓬勃热烈的美感，也表现出词人对红杏春色的视觉与听觉的审美心理、审美表象的交融和叠映，以及对特异美态的惊喜感。因此，王国维讲“著一‘闹’字而境界全出”(《人间词话》)，可谓定评。据传，因“红杏枝头春意闹”一句为时人激赏，而得“红杏尚书”之美称。

【中心观点】

此词为描摹早春风光，感怀抒兴之作。该诗从两个方面对春日春风进行了客观的评价。一年分四季，自然界不会永远是春光明媚、风和日丽。人生也何尝不是如此？人生的道路上也不会总是一马平川，风平浪静，不会总是月白风清，良辰美景，不会总是成功的欢乐、动人的微笑、甜蜜的絮语、悦耳的歌声。所以，当您的人生中举步维艰、困难重重的时候，不要气馁，不要退缩，不要一蹶不振，要相信当冬天到来的时候，春天还会远吗？

【写作特点】

上片意象明丽、鲜活，词境清新、健朗，而下片抒情感兴，忽作反跌，感叹春光短暂，青春易逝，浮生恨短，于是千金买笑，花间留照，流于及时行乐，满足物欲之欢娱，转觉浅俗，无甚新意。比较而言，上片精彩，下片不振，艺术表现不够完整。

【思考与练习】

1.词中“红杏枝头春意闹”一句运用了什么修辞方法？试简析它的好处。

2.背诵全词。

【拓展阅读书目或文章名】

1.欧阳修《玉楼春·樽前拟把归期说》

2.辛弃疾《玉楼春·风前欲劝春光住》

3.晏殊《玉楼春·绿杨芳草长亭路》

临 江 仙

晏几道

【作者介绍】

晏几道(生卒年不详),字叔原,号小山,抚州临川(今江西抚州)人。晏殊之幼子。北宋著名词人。生于显贵之家,却不愿攀附权贵,浮沉词酒,一生落拓不羁。其词多抒写人生失意之痛感与男女悲欢离合之情怀,沿袭晚唐五代绮靡余绪,追步温庭筠、韦庄之传统;以小令入胜,工于言情,语言清新,缠绵凄丽。今存《小山词》一卷。

【正文】

梦后楼台高锁,酒醒帘幕低垂。去年春恨却来时[1],落花人独立,微雨燕双飞[2]。

记得小蘋初见[3],两重心字罗衣[4],琵琶弦上说相思,当时明月在,曾照彩云归[5]。

【注释】

[1]却:又、再。

[2]落花二句:五代楚诗人翁宏《春残》诗中的名句。

[3]小蘋:歌女名。

[4]心字罗衣:绣有心字图案的丝罗衣裳。

[5]彩云:喻美女,即小蘋。陈子昂《感遇诗》:“巫山彩云没,高丘正微茫。”李白《宫中行乐词》:“只愁歌舞散,化作彩云飞。”彩云:即宋玉《高唐赋》所写巫山朝云,乃神女象征。

【内容提要】

上片写景寓情。“梦后”二句描绘了一幅楼台高门闭锁,帘幕低垂虚掩的空虚、冷寂的景象,而以“梦后”“酒醒”勾连今昔盛衰之变:从今日的美梦之破灭,酣醉之酒醒的空楼凄寂现景,可使人联想到往昔高楼聚宴,宾主盛会,歌舞欢乐的情景,那时词人正陶然于如幻如梦、如醉如痴的心境中。“去年”句承上映下,挽合今昔,“春恨却来”乃言此种“春恨”非始于今日,去年已有,未来亦将绵延无穷。“落花”二句写词人独立于落花,双燕翩于微雨,人与落花,燕与微雨皆交融为今昔无间,时空无限的境象;它是现景,去年之景与未来之景的重叠映合，其“春恨”之悠深无限，却于此空净的境象中得以吟味会意。这两句巧妙引用五代翁宏《春残》诗句，与全词妙融一体，堪称点铁成金，词家妙手大成。下片叙事抒情。“记得”二句追忆当年楼台繁华盛景，初次见到小蘋的难忘印象：“两重心字罗衣”，既突出了小蘋衣饰的鲜明特征，绣有两个篆书心字连环图案，又暗寓了初见便一见钟情，目挑心会，两心成双，心心相印。“琵琶”句乃讲小蘋以声传情，借弹奏琵琶大胆而委婉地诉说“相思”。“当时”二句亦挽合今昔，当时映照着小蘋弹奏琵琶演唱，歌舞散后映照她如彩云翩然而归的一轮明月，今日又复悬于晴空；而今日复见当时之明月，却不见当时之彩云！明月在而彩云无归，小蘋她已“流转于人间”如彩云消逝无踪矣！借“明月”“彩云”意象写悲欢离合之情，与上片“梦后”“酒醒”之“春恨”相映，流露出词人对月怀云的无限怅恨！

【中心观点】

此词为怀念词人与歌女小蘋初见情恋与离散之作，最能表现作者孤独寂寞、流连歌酒，无意仕途的心境。全词怀人的同时，也抒发了人世无常、欢娱难再的哀愁。

【写作特点】

全词语言清新俊逸，意象绵密空灵，亦景亦情，时空交映，以美境传苦情，情蕴深婉悠远，实为北宋婉约词之佳章。

【思考与练习】

1.简析词中堪称点铁成金的句子。

2.为什么说这首词实为北宋婉约词之佳章？

3.背诵全词。

【拓展阅读书目或文章名】

1.翁宏《春残》

2.晏几道《临江仙·斗草阶前初见》

3.欧阳修《踏莎行》(候馆梅残)

江城子·密州出猎[1]

苏　轼

【作者介绍】

苏轼(1037—1101年),字子瞻,号东坡居士,四川眉山人。父苏洵、弟苏辙是著名的散文家,他是宋仁宗嘉祐二年(公元1057年)的进士,官至翰林学士、知制诰、礼部尚书。曾上书力言王安石新法之弊,后因作诗刺新法下御史狱,遭贬。卒后追谥文忠。北宋中期的文坛领袖,文学巨匠,唐宋八大家之一。他在散文、赋、诗、词、书画方面都有秀高的造诣。其文纵横恣肆。其诗题材广阔,清新豪健,善用夸张比喻,独具风格。词开豪放一派,与辛弃疾并称"苏辛"。有《东坡全集》《东坡乐府》。

【正文】

老夫聊发少年狂[2],
左牵黄,右擎苍[3]。
锦帽貂裘,千骑卷平冈[4]。
为报倾城随太守[5],
亲射虎,看孙郎[6]。

酒酣胸胆尚开张,
鬓微霜,又何妨!
持节云中,何日遣冯唐[7]?
会挽雕弓如满月[8],
西北望,射天狼[9]。

【注释】

[1]江城子:词牌名。密州:今山东诸诚。熙宁八年(公元1075年),苏轼任密州知府,这首词作于这年冬。

[2]老夫:作者的自称。狂:狂放不羁的豪情。

[3]黄:黄犬。苍:苍鹰。鹰与犬都是打猎时用以追捕猎物的。擎(qíng):举。即左手牵着黄狗,右手举着苍鹰。

[4]锦帽貂裘(diāo qiú):锦缎帽和貂鼠裘,这里用作动词,戴着绵缎帽,穿着貂鼠裘。这里指随从将士。千骑(jì):指太守的随从。千:极言人数之多。平冈:指山野。

[5]倾城:指全城官员,他们随同苏轼去观猎。

[6]孙郎:孙权。孙权曾亲自射虎。这里借以自指。

[7]节:传达命令的符节。云中:汉郡名,今山西大同一带。汉文帝时云中太守魏尚抗击匈奴有功,但因报功不实获罪削职。后来汉文帝听了冯唐的意见,派冯唐去赦免魏尚,仍叫他担任云中太守。这里苏轼以魏尚自比,希望朝廷委以边防重任,到边疆抗敌。

[8]会:当。雕弓:弓背上镂刻花纹的弓。如满月:把弓拉足,表示有力。

[9]天狼:星名。旧说认为它是天上的恶星,主侵略。这里以天狼比喻西夏。苏轼在这里表示有志于西北抗敌。

【内容提要】

词的上片描写了出猎时的豪情和威武的场面。"狂"字总领全篇。"老夫"与"少年"相对,表明我年事虽高,但我心依旧年轻,渴望报效国家。"聊"字姑且之意,表明平时无缘展示,只有在打猎之时偶露峥嵘。"牵"、"擎"两个动词暗引《梁书·张充传》中张充的典故,塑造"老夫"打猎出发时的雄姿。"锦帽貂裘,千骑卷平冈",这是以随从武士的矫健勇武衬托太守,烘托打猎时的气氛。"卷"字写出武士们勇不可挡的勇武气概。"倾城"指全城官员,这是夸大之词,以群体的行为衬托太守。"孙郎"句,此处用典,以孙权亲自射虎自指,表明自己要像孙权那样英武有为。词的下片自然地转到自己渴望前往边疆杀敌立功。打猎场面豪迈壮观,因此"酒酣胸胆尚开张",太守酒意正浓,心高胆壮,打猎感到酣畅淋漓。"鬓微霜,又何妨!"作者一直怀才不遇,壮志难酬,这个场面自然引发内心耿耿不灭的报国情怀,即使鬓角添了几根白发,又有什么要紧的呢!"持节云中,何日遣冯唐?"是用典,用汉文帝派冯唐赦免云中太守魏尚之事,表达自己就像魏尚一样,渴望得到朝廷的信任而重新被起用的愿望。接下来一句用"挽雕弓""西北望""射天狼"三个具体的动作形象地抒发了诗人急欲赴边抗敌的情怀。

【中心观点】

熙宁八年(公元1075年)冬天,苏轼任密州(今山东诸诚)太守时,与同官会猎于铁沟,写下了这首著名的豪放词篇。这首词描写了作者出猎时豪气冲天的神态和势不可挡的威武场面,抒发了作者渴望前往边疆杀敌立功的报国情怀。

【写作特点】

这首词从题材、情感到艺术形象、语言风格都是粗犷、豪放的。

【思考与练习】

1.苏轼在这首词中用了哪些典故?试具体分析其作用。

2.苏轼大量描写出猎的场面,是如何描写的?有什么作用。

【拓展阅读书目或文章名】

1. 温庭筠《望江南》

2. 苏轼《祭常山回小猎》

3. 苏轼《超然台记》

鹊桥仙[1]

秦观

【作者介绍】

本篇选自《全宋词》。作者秦观(1049—1100 年),北宋词人,字少游,又字太虚,号淮海居士,扬州高邮(今江苏扬州)人。举进士不中,宋哲宗元祐初,以苏轼荐,除太学博士,任秘书省正字,兼国史院编修,校勘秘书省图籍。与黄庭坚、晁补之、张耒被称为“苏门四学士”。因政治上倾向旧党,又与苏轼关系密切,哲宗绍圣初被目为元祐党人,屡遭贬谪。诗、词、文皆为所长,词尤为有名。其词属婉约一派,含蓄秀美,情韵并佳。有《淮海集》。鹊桥仙,词牌名,始创自欧阳修,因其词中有“鹊桥归路”,故以名之。

【正文】

纤云弄巧[2],飞星[3]传恨,银汉迢迢暗度[4]。金风玉露[5]一相逢,便胜却人间无数。柔情似水,佳期如梦,忍顾[6]鹊桥归路。两情若是久长时,又岂在朝朝暮暮[7]!

【注释】

[1]鹊桥仙:词调名。调名本《风俗记》:“七夕,织女当渡河,使鹊为桥。”此词即歌咏牛郎织女相会故事。

[2]纤云弄巧:秋云多为,俗称“巧云”。传说织女巧织云锦,旧时女子有“乞巧”的风俗。这里语涉双关。

[3]飞星:流星。

[4]银汉句:指牛郎、织女在晚上渡河相会。李善注曹植《洛神赋》:“牵牛为夫,织女为妇,织女、牵牛之星各处一旁,七月七日乃得一会。”银汉:银河。度:通“渡”。

[5]金风玉露:秋风白霜,指秋天。李商隐《辛未七夕》:“由来碧落银河畔,可要金风玉露时。”

[6]忍顾:不忍回顾。

[7]朝朝暮暮:谓朝夕相守。

【内容提要】

上阕头三句写牛郎、织女渡银河相会，而弄巧之纤云、传恨之飞星、迢迢之银汉，初秋的美丽星空是他们会面的背景。“金风”两句承“暗度”，写牛郎、织女会面的美好情景，而“便胜却”一句是词人对纯洁爱情的赞美之词。下阕头三句写牛郎、织女间柔美缠绵的感情以及难分难舍的留恋之情。“两情若是久长时”两句是词人对牛郎、织女神话爱情的评说，更是对人间纯洁高尚爱情的一种提示与肯定。全词蕴藉精警，天人相应，情境优美，实为传诵不衰之千古抒情绝唱。

【中心观点】

这首词写神话传说中的牛郎织女七夕相会的情景，以寄寓人间的情事，道出了“两情若是久长时，又岂在朝朝暮暮”的爱情真谛，即爱情要经得起长久分离的考验，只要能彼此真诚相爱，即使终年天各一方，也比朝夕相伴的庸俗情趣可贵得多。

【写作特点】

这首词将抒情、写景、议论融为一体。意境新颖，设想奇巧，独辟蹊径。议论自由流畅，通俗易懂，却又显得婉约蕴藉，余味无穷。

【思考与练习】

1. 试翻译全词。

2. 就“金风玉露一相逢，便胜却人间无数”诗句，回答三个问题：

(1)“金风玉露”在词中起什么作用？

(2)“胜却”的“却”怎样解释？

(3)“无数”指什么？

【拓展阅读书目或文章名】

1. 李商隐《辛未七夕》

2. 柳永《雨霖铃》

3. 李清照《永遇乐》

一剪梅[1]

李清照

【作者介绍】

李清照(1084—约1151年),号易安居士,济南(今山东济南)人。李清照自幼便受到良好的家庭教育和文艺熏陶。她天资聪颖,勤奋好学。善长于词、亦工于诗文,通晓音律,能书善画,是我国文学史上罕见的多才多艺的女文学家、艺术家。嫁金石家赵明诚。靖康之变,仓皇南渡。建炎三年,明诚病故。李清照携图书,并明诚遗著《金石录》逃兵乱,足迹遍江浙皖赣一带,晚年寓居临安。李清照的著录有《李易安集》十二卷、《漱玉词》一卷(别本五卷)、《易安居士文集》七卷、《易安词》六卷等,今均佚失。现在流传的《漱玉词》,乃后人所辑,非宋代原书。李清照词,令慢均工,擅长白描,善用口语,能炼字、炼句、炼意、炼格,形成"易安体"。南渡以后,词的风格,从清俊旷逸变为怆凉沉郁,多寓故国黍离之悲,给宋辛稼轩、陆游诸爱国词人以深刻的影响。

【正文】

红藕香残玉簟秋[2]。轻解罗裳[3],独上兰舟[4]。云中谁寄锦书来[5]？雁字回时[6],月满西楼。花自飘零水自流[7]。一种相思[8],两处闲愁[9]。此情无计可消除[10],才下眉头[11],却上心头[12]。

【注释】

[1]一剪梅:词牌名。宋周邦彦词中有"一剪梅花万样娇"句,故名。又名《腊梅香》《玉簟秋》等。双调六十字,平韵。

[2]红藕:红藕花的简称,即荷花。香残:指荷花凋谢。玉簟(diàn):光泽如玉的竹席。秋:指身感凉意。

[3]罗裳:丝绸制的裙子。

[4]兰舟:船的美称。

[5]锦书:书信的美称。此指情书。

[6]雁字:雁群飞行时排列整齐,有时像"一"字,有时像"人"字,故称雁字。

[7]自:只是的意思。飘零:凋谢坠落。

[8] 一种相思:言彼此牵挂的感情一样。

[9] 两处闲愁:言彼此两边都是为相思而愁苦。闲愁:此指离别相思之愁。

[10] 无计:没有办法。

[11] 才下眉头:皱着的眉毛刚舒展开来。

[12] 却上心头:心里头却又惦记起来。

【内容提要】

上片写与丈夫别后,作者于清秋时节独上兰舟以排遣愁怀。见大雁飞过又引起遐思,盼望大雁能从赵明诚那里给她捎一封锦书来。但她的希望落空了,她的心情更加苦闷。下片写作者相思愁苦且无法消除。先写眼前景物,用自然现象暗喻愁情的深重和无由排解,接着写夫妻分居两地,但相思之情,离别恨,却是一样。“才下”与“却上”属对,“眉头”与“心头”重字,这就完美地表达了无计可消除的相思之情由眉头过渡到心头是多么迅速,进一步表明相思的愁苦之情无法排除。

【中心观点】

这首词作于赵明诚出仕后的一次远游,词中所抒发的是李清照与丈夫别后难以排遣的相思之情。

【写作特点】

作者善于描写人物的神情和心理状态,同时又善于用浅近清新的语言和对偶句表达真挚的感情。

【思考与练习】

1. 试析本词的艺术特色。

2. 背诵这首词。

【拓展阅读书目或文章名】

1. 李清照《夏日绝句》

2. 李清照《点绛唇》

3. 李清照《如梦令》

4. 李清照《醉花阴》

5. 李清照《声声慢》

满江红

岳 飞

【作者介绍】

岳飞(1103—1141 年),字鹏举,相州汤阴(今属河南)人。南宋名将。少年从军,屡建奇功,力主抗金恢复中原,反对秦桧和议投降,为秦桧以“莫须有”罪名杀害。孝宗时追谥武穆,宁宗时追封鄂王。其著作后人编辑《岳忠武王文集》,词仅存三首,抒必抗金恢弘之志,豪迈悲壮。

【正文】

怒发冲冠,凭阑处,潇潇雨歇。抬望眼,仰天长啸,壮怀激烈。三十功名尘与土,八千里路云和月。莫等闲[1],白了少年头,空悲切。 靖康耻[2],犹未雪;臣子恨,何时灭!驾长车,踏破贺兰山缺[3]。壮志饥餐胡虏肉[4],笑谈渴饮匈奴血。待从头,收拾旧山河,朝天阙[5]。

【注释】

[1] 等闲:轻易。

[2] 靖康耻:指北宋末钦宗靖康二年,京都汴京为金兵攻陷,徽、钦二帝被掳北去。

[3] 长车:战车。贺兰山:在今宁夏回族自治区和内蒙古自治区交界地带。缺:残缺,指山口。

[4] 胡虏、匈奴:对金兵的蔑称。

[5] 天阙:指北宋故都汴京的皇宫。

【内容提要】

上片写少年壮怀。“怒发”四句写词人凭栏远眺时的澎湃激情。“怒发冲冠”表达出勇赴国难,怒抗强敌的愤慨与抱负。“潇潇雨歇”,既写出词人“抬望眼”远望北国中原笼覆于风雨潇潇,晦暗飘摇之中,故都沦没,故园离绝,大好河山正遭风雨肆虐,残缺不整,国破家残之恨涌上心头,又借风雨潇潇之势,烘托出词人面对风雨晦暗的阴沉时世,气节操守坚毅不改。“仰天”三句则借“长啸”传出激烈豪壮的英雄怀抱。“三十”四句伸发壮怀,感慨神州未复,人生三十而建立之功名视同尘土,而“八千里路”严峻激烈的复国征战尚须热血之奋搏，遂以“莫等闲”自我激励，实现其驱除胡虏，复我山河之志。下片写复国之志。“靖康耻”四句直抒雪故都沦亡之国耻，灭国破家残之辱恨，表达出一腔精忠报国之壮志。“驾长车”数句以凌厉、雄豪的笔势慷慨高歌破金兵、灭胡虏，重整山河，奏凯汴京的宏大愿望，其中“踏破”之所向无前，“笑谈”之乐观自信，“饥餐”“渴饮”之同仇敌忾，层层烘染出词人“八千里路”的愤慨与气势，充分展现出岳飞作为一代名将与英雄的忠愤豪情，具有强烈的感奋人心的力量!

【中心观点】

此词为抒写复国壮志之作，表现了作者大无畏的英雄气慨，洋溢着爱国主义激情。

【写作特点】

全词以“怒啸”始，以“笑谈”终，意象宏壮，神完气足，笔势沉雄，情致慷慨，既深婉又酣畅，真情感人。

【思考与练习】

1. 在这首词中作者是怎样抒发精忠报国的壮志豪情的?

2. 翻译“莫等闲，白了少年头，空悲切”，并谈谈自己的感受。

3. 背诵全词。

【拓展阅读书目或文章名】

1. 岳飞《小重山》

2. 阮籍《咏怀》

游山西村

陆 游

【作者介绍】

陆游(1125—1210年),字务观,越州山阴(今浙江绍兴)人。他出生在北宋末年,少年时深受爱国思乡的熏陶,怀有从军抗金的壮志。高宗时应试礼部,名列前茅,因“喜论恢复”,为秦桧所黜。教宗时赐进士出身,曾任镇江、隆兴通判,不久因支持张浚北伐而落职。46岁入蜀,任夔州通判。48岁时在川陕宣抚使王炎幕府任职,曾与王炎共谋收复大计。王炎幕府被解散后,陆游改任地方官,继而又调范大成幕府任职。此时,他感到复国无望,壮志难酬,因而神情抑郁,举止狂放,自号放翁。54岁自蜀东归,做了几任地方官,受到投降派的排挤打击,但始终坚持抗金复国的主张。65岁时弹劾去职,归老故乡十二余年后去世。陆游是南宋伟大的爱国诗人,词和散文也有较高成就。他的诗现存九千三百多首,数量之多,为中国文学史上所罕见。内容主要表现自己抗金复国的强烈愿望,揭露投降派的罪行,抒写壮志难酬的悲愤,风格雄浑悲壮。一些反映民生疾苦及抒写日常生活的作品,则真实质朴、清新自然。词作兼有豪放和婉约之长;散文用笔灵活委婉,亦为人重视。有《渭南文集》《剑南诗稿》。

【正文】

莫笑农家腊酒浑[1],
丰年留客足鸡豚[2]。
山重水复疑无路,
柳暗花明又一村[3]。
箫鼓追随春社近[4],
衣冠简朴古风存[5]。
从今若许闲乘月[6],
拄杖无时夜叩门[7]。

【注释】

[1] 腊酒：头一年腊月酿制的美酒。浑(hún)：浑浊，这里指酒未过滤。

[2] 足鸡豚(tún)：可供做菜肴的鸡、猪等非常充足。豚：小猪，泛指猪。

[3] 柳暗花明：柳色深绿，显得暗淡；花色鲜艳，显得明亮。

[4] 萧鼓：祭社时吹的萧、敲的鼓。春社：古代风俗，立春后第五个戊日为春社日，在这一天祭祀土地神和五谷神，祈求丰年。

[5] 古风存：保留了古代淳朴的风尚。

[6] 闲乘月：在月明的夜晚出门闲游。

[7] 无时：随时，有不邀自来的意思。叩门：敲门。

【内容提要】

第一、二句，写丰年之乐。农民家里酿好了美酒，饲养了许多鸡、猪等家禽家畜，用酒肉热情地款待客人。"足"字写出农家待客的盛情，"莫笑"二字道出了诗人对农村淳朴民风的赞赏。

第三、四句，记游写景。当诗人穿过山山水水，走到无路可走的时候，忽然发现了杨柳掩映、花丛盛开之处的"又一村"，写出了境地之幽静。山重水复，柳暗花明，的确是浙东丘陵、水网、平原交织地区特有的景色。在描写一路经行的客观景物中突出"疑无路""又一村"的主观感受，使叙述曲折，有阶段，多层次，饱含着进入不断变换的新境界的意思和有时遇塞而通、豁然开朗的喜悦。这一写景名句在流传中得以充分的发挥和阐释，用来表达某种积极的普遍的人生哲理：失败时，只要充满信心，勇于开拓，不断进取，就能战胜一切艰难险阻，达到光明的顶峰。

第五、六句，写出了习俗之美。箫鼓喧闹，固然是为了社日迎神赛会，但也反映了丰收后人们的欢乐；衣冠简朴，说明民风淳厚，保留了古老的传统。

第七、八句，写诗人与农家订下了日后随时闲游之约。"乘月""拄杖""夜叩门"，诗人想象的三个细节具有浓烈的浪漫主义色彩和情调，表现了诗人对家乡农村的挚爱和与农民之间亲密融洽的交往。

【中心观点】

乾道二年(公元 1166 年)，陆游自隆兴通判罢归故乡，闲居山阴三山。乡居中他同邻近的农民多有交往，这首记游抒情诗是次年春闲游邻村而作。写出了当地的农村风光和丰年气象，并与好客的农家留下了随时来访的后约，表达了诗人对这种生活的赞赏和向往之情。

【写作特点】

本诗写景生动，想象奇特，抒情充分，富有哲理。

【思考与练习】

1.试分析“山重水复疑无路,柳暗花明又一村”诗句所饱含的哲理。

2.试分析本诗的艺术特色。

3.背诵这首诗。

【拓展阅读书目或文章名】

1. 陆游《临安春雨初霁》

2. 陆游《书愤》

3. 陆游《弋阳道中遇大雪》

青玉案·元夕[1]

辛弃疾

【作者介绍】

辛弃疾(1140—1207年),字幼安,号稼轩,历城(今山东济南)人。高宗绍兴三十一年(公元1161年)曾参加耿京抗金义军为掌书记。南归后,历任江西、源南、湖北安抚使,多次上书力陈抗金恢复方略,因遭南宋朝廷当政疑忌,长期未受重用。孝宗淳熙八年(公元1181年)遭劾罢官,闲居二十余年。晚年复出曾一度任浙东安抚使、镇江知府,其复国壮志终不受朝廷重视,抑郁以殁。其词多咏恢复壮志,爱国豪情,以文为词,长于议论,慷慨雄放,沉郁悲壮,感情淋漓。在继承苏轼豪旷词风的基础上,拓展了南宋豪放词派的新境界。著作有辑本《辛稼轩诗文钞存》,词集《稼轩长短句》。此词为元宵佳节寻觅知心之作。大约作于孝宗淳熙八年(公元1181年)冬。王蔺以“奸贪凶暴”罪名诬陷、弹劾辛弃疾,辛弃疾因而落职,退居江西上饶,直到淳熙十五年(公元1188年)。

【正文】

东风夜放花千树,更吹落、星如雨。宝马雕车香满路[2]。凤箫声动[3],玉壶光转[4],一夜鱼龙舞[5]。　　蛾儿雪柳黄金缕[6],笑语盈盈暗香去。众里寻他千百度,蓦然回首[7],那人却在灯火阑珊处[8]。

【注释】

[1]元夕:旧历正月十五元宵节。

[2]宝马:俊马。雕车:彩车。

[3]凤箫:排箫,箫管排列参差如凤翼,故名。

[4]玉壶:指明月。

[5]鱼龙:鱼灯、龙灯,代指各类彩灯。

[6]蛾儿句:指闹蛾、雪柳、黄金缕,皆古代妇女元宵所佩戴饰物。

[7]蓦(mò)然:忽然。

[8]阑珊:冷落。

【内容提要】

上片以“花千树”“星如雨”“鱼龙舞”三层烘染元宵灯节的千树琳琅，花雨缤纷，鱼龙变幻的花灯热闹、繁华的奇丽景观，而借风箫乐声的喧动、明月辉光的流转烘衬元宵之喧闹气氛和灯月交辉之意境。其间在赏灯人群中特拈出“宝马雕车”点染贵妇仕女之华丽出群，为元宵赏灯添色增彩，借以反衬下片词人所寻觅之人的孤寂不群，正显出词人心境追求之非同寻常。下片写寻觅佳人。“蛾儿”二句承“宝马雕车”而补充众多赏灯人群情态，以蛾、柳、缕诸饰物和笑语、暗香勾描仕女的华丽、娇媚。这些看似对元宵赏灯人群的一般描述，其实大有深意，暗示出词人所寻觅者乃为女性，构成重要的反衬意象。“众里”三句推出本词主旨，写词人在元宵灯会人群中寻觅意中佳人，“千百度”者，言期熙熙攘攘之众生万相中千寻百觅，不见踪迹，既强调了对佳人的渴慕，也流露了词人的惆怅。“蓦然”突作顿折，忽然看见他所追求的“那人却在灯火阑珊处”，展现了一种人生理想追求，“踏破铁鞋无觅处，得来全不费功夫”，妙手偶得之的惊喜，有“山重水复疑无路，柳暗花明又一村”的别开生面的妙语之境界，从而突出了“繁华落尽见真淳”的清高、幽寂的佳人形象。这佳人形象自摈于繁华之外，清冷之中，正是词人遭诬落职后自怜幽独，不趋众，不媚俗之人格写照。

【中心观点】

全词写词人寻觅一位孤高、清寂之佳人。词人力主抗战，屡受排挤，但他矢志不移，宁可过着寂寞的闲居生活，也不肯与投降派同流合污，用“那人”寄托着作者政治失意后，不愿与世俗同流合污的孤高品格。

【写作特点】

强烈的对比手法：用“东风夜放花千树”渲染元宵佳节的热闹景象，即满城灯火，满街游人，火树银花，通宵歌舞；然而作者的意图不在写景，而是为了反衬“灯火阑珊处”的那个人的与众不同。

【思考与练习】

1.简析本词上片写景的艺术特点。

2.翻译“众里……阑珊处”诗句。

3.背诵全词。

【拓展阅读书目或文章名】

1.辛弃疾《清平乐》（茅檐低小）

2.辛弃疾《破阵子》（醉里挑灯看剑）

3.辛弃疾《西江月·遣兴》

赴戍登程口占示家人[1]

林则徐

【作者介绍】

林则徐(1785—1850年),汉族,福建侯官人(今福建福州),字元抚,又字少穆、石麟,晚号俟村老人、俟村退叟、七十二峰退叟、瓶泉居士、栎社散人等,谥号"文忠",晋赠太子太傅。他是清朝后期政治家、思想家和诗人,是中华民族抵御外辱过程中伟大的民族英雄。官至一品,曾任江苏巡抚、两广总督、湖广总督、陕甘总督和云贵总督,两次受命为钦差大臣。因其主张严禁鸦片、抵抗西方的侵略、坚持维护中国主权和民族利益深受全世界中国人的敬仰。道光三十年(公元1850年),林则徐病逝。咸丰元年(公元1851年),咸丰帝赐祭葬。林则徐逝世后,全国哀悼,福州建祠奉祀。

【正文】

力微任重久神疲,再竭衰庸定不支[2]。
苟利国家生死以,岂因祸福避趋之[3]?
谪居正是君恩厚[4],养拙刚于戍卒宜[5]。
戏与山妻谈故事,试吟断送老头皮[6]。

【注释】

[1]此诗作于道光二十二年(公元1842年)。是题两首,此为第二首。是年夏历七月,林则徐自西安启程赴伊犁,作诗留别家人。

[2]衰庸:意近衰朽,衰老而无能,自谦之词。

[3]"苟利"二句:郑国大夫子产改革军赋,受到时人的诽谤,子产曰:"何害!苟利社稷,死生以之。"(见《左传·昭公四年》)诗语本此。以:用,去做。

[4]"谪居"句:自我宽慰语。谪居:因有罪被遣戍远方。

[5]养拙:犹言藏拙,有守本分、不显露自己的意思。刚:正好。戍卒宜:做一名戍卒为适当。这句诗谦恭中含有愤激与不平。

[6]"戏与"二句:"宋真宗闻隐者杨朴能诗,召对,问'此来有人作诗送卿否?'对曰:'臣妻有一首云:

更休落魄耽杯酒，且莫猖狂爱咏诗。今日捉将官里去，这回断送老头皮。'上大笑，放还山。东坡赴诏狱，妻子送出门，皆哭，坡顾谓曰：'子独不能如杨处士妻作一首诗送我乎？'妻子失笑，坡乃去。"(自注) 这两句诗用此典故，表达他的旷达胸襟。山妻：对自己妻子的谦词。故事：旧事，典故。

【内容提要】

在启程远行时，向家人倾诉衷肠，是希望得到理解与谅解。接下来，意味深长地告诉家人："只要有利于国家，哪怕是死，我也要去做；哪能因为害怕灾祸而逃避呢。"深明大义，希望能解除家人对他此行的担忧。于是诗笔又一转，宽慰家人说："谪居正是君恩厚，养拙刚于戍卒宜。"最后，为了安慰家人，林则徐幽默用典，化悲切为轻松。诗人围绕遣戍伊犁展开全篇，在告别家之际，国事家愁，几重感情交织，在儿女情长的脉脉温情中，透出一种雄健豪劲的英雄气。

【中心观点】

全诗表达了作者作为一个国家栋梁壮志难酬的无奈，深感责任重大又不得伸延之志。诗句"苟利国家生死以，岂因祸福避趋之"表现了作者以国事为重、忠诚无私的爱国情操和刚正不阿、不顾个人安危的高贵品质，诗句"戏与山妻谈故事，试吟断送老头皮"体现了诗人面临遣戍时的旷达胸怀。

【写作特点】

对仗工稳而灵活，是此诗写作技巧上的一个特点。如，以"国家"对"祸福"，以"生死"对"避趋"，按词性来说，都是正对。另外，全诗起承转自然严谨，于平淡中见波澜。

【思考与练习】

1. 背诵全诗。

2. 说说温家宝总理用诗句"苟利国家生死以，岂因祸福避趋之"表明了怎样的工作态度。

【拓展阅读书目或文章名】

1. 屈原《离骚》

2. 孟浩然《不才明主弃》

3. 杜牧《将赴吴兴登乐游原》

远和近

顾　城

【作者介绍】

顾城(1956 年 9 月—1993 年 10 月),中国当代诗人,作家顾工之子,出生于北京。朦胧诗主要代表人物。早期的诗歌有孩子般的纯稚风格、梦幻情绪,用直觉和印象式的语句来咏唱童话般的少年生活。其《一代人》中的一句“黑夜给了我黑色的眼睛 / 我却用它寻找光明”成为中国新诗的经典名句。后期隐居激流岛,1993 年 10 月 8 日在其新西兰寓所因婚变杀死妻子谢烨后自杀。留下大量诗、文、书法、绘画等作品。作品译成英、法、德、西班牙、瑞典等十多种文字。著有诗集《白昼的月亮》《舒婷、顾城抒情诗选》《北方的孤独者之歌》《铁铃》《黑眼睛》《北岛、顾城诗选》《顾城诗集》《顾城童话寓言诗选》《顾城新诗自选集》。逝世后由父亲顾工编辑出版《顾城诗全编》。

【正文】

你,
一会看我,
一会看云。

我觉得,
你看我时很远,
你看云时很近。

【内容提要】

《远和近》一诗,是诗人对不正常生活的本质发现。此诗初发表时,被视为难懂的怪诗。按照当时僵化的阅读方式,人们以被习惯钝化的思维模式,此诗确实难于解读。因为在目光可视之间,你与我的距离不可能远于你与云的距离。可诗人为什么觉得“你看我时很远,你看云时很近”呢?原因是诗人所写的是一种非正常的生活,是一种被扭曲了的人际关系。在这扭曲了的关系中,一切都颠倒了。本应相亲相近的人与人的关系,由于心的阻隔而疏远了，显得那么孤寂而不可接近；因为人际关系的疏远，人与自然反而拉近了距离，显得十分亲近。也许，正是由于人与自然的亲切可近，更进一步显示出人的孤寂；也许，正是这孤寂，常使顾城想到梦的天国。可顾城应该知道，在这个充满矛盾的世界上，梦的天国是不存在的。

【写作特点】

这首诗很像摄影中的推拉镜头，利用“你”“我”“云”主观距离的变换，显示人与人之间习惯的戒惧心理和人对自然原始的亲切感。

这组对比并不是毫无倾向的，它隐含着“我”对人性复归自然的愿望。

【思考与练习】

1. 简述《远和近》的写作特点色。

2. 背诵全诗。

【拓展阅读书目或文章名】

1. 顾城诗集《白昼的月亮》

2. 顾城诗集《黑眼睛》

幸福一日

——致秋天的花楸树

海 子

【作者介绍】

海子(1964—1989年),原名查海生,1964年5月生于安徽省怀宁县高河查湾,在农村长大。1979年15岁时考入北京大学法律系,大学期间开始诗歌创作。1983年自北大毕业后分配至北京中国政法大学哲学教研室工作。1989年3月26日在山海关卧轨自杀。他是中国20世纪70年代新文学史中一位全力冲击文学与生命极限的诗人。凭着辉煌的才华、奇迹般的创造力、敏锐的直觉和广博的知识,在极端贫困、单调的生活环境里创作了将近200万字的诗歌、小说、戏剧、论文。出版的诗集有《土地》(1990)《海子、骆一禾作品集》(1991)《海子的诗》(1995)《海子诗全编》(1997)。海子是中国新诗史上最优秀的诗人之一。

【正文】

我无限的热爱着新的一日
今天的太阳　今天的马　今天的花楸树
使我健康　富足　拥有一生

从黎明到黄昏
阳光充足
胜过一切过去的诗
幸福找到我
幸福说:“瞧这个诗人
他比我本人还要幸福”

在劈开了我的秋天

在劈开了我的骨头的秋天
我爱你,花楸树

【内容提要】

整首诗基调非常欢快,我们无从知道是哪个女孩子和诗人度过了美好的一天,但是这个女孩子在给海子欢乐的同时,也给我们阅读的欣喜。

第一段:“新的一日”,这一天是海子和这个女孩子关系新的起点,从此他们开始转向亲密,或者根本就是第一次约会。“太阳”在海子的诗歌里经常出现,代表海子的生存目标和终级目的。“马”是另一个经常出现的词语,代表海子的思想、理想,或者他奔腾不止的精神。“花楸树”这个意象很突兀,可能是诗人喜欢的一种树,也可能是那个女孩子家乡的树,或者在女孩子的院子里有这么一棵树。诗人用花楸树来代表现实,代表今天,代表这个让她喜欢的女孩子。爱情使人“健康”“富足”,感觉人生把握在自己手里。

第二段:“从黎明到黄昏”,海子和她度过了一整天的快乐时光,让诗人体验到从未有过的幸福感觉。

第三段:“劈开”,这个词语也是海子的常用词,用来代表两种截然不同的生活。一种是幸福的,爱情的,美好的;另一种是孤独的,寂寞的,痛苦的。幸福和痛苦都深入诗人的骨髓,幸福和痛苦同样完整,在分手的瞬间把诗人“劈”成两种人生。尽管分别给了诗人莫大的痛苦,他依然无怨无悔爱着“花楸树”。

【写作特点】

通过对所喜欢的植物来表达朴实生活的幸福追求,理想主义和浪漫主义情怀体现在生存和死亡两个方面。

【思考与练习】

1.简述《幸福一日》写作特点色。

2.背诵全诗。

【拓展阅读书目或文章名】

1.徐志摩《再别康桥》

2.冯至《春的歌》

3.李金发《为幸福而歌》

雨巷

戴望舒

【作者介绍】

戴望舒(1905—1950年),原名戴梦鸥,浙江杭州人。我国现代文学史上著名的诗人。他一生著、译颇丰,生前出版的论著、译著多达30余部,留下的诗集有《我的记忆》《望舒草》《望舒诗稿》《灾难的岁月》,共计93首。戴望舒的早期诗歌受欧洲象征派的影响,意象朦胧,情致哀婉,韵调优美,内容多抒发个人的孤独、忧伤、愁苦。创作经历了从早期浪漫主义、带着较明显的李商隐式的感伤抒情,到借鉴法国象征派诗歌,成为现代主义代表诗人的过程。有人认为他的诗歌深得中国古典诗词的精髓和奥妙,也有人认为他与西方现代派一脉相承,直称其为“现代诗人”。

【正文】

撑着油纸伞,独自
彷徨在悠长,悠长
又寂寥的雨巷,
我希望逢着
一个丁香一样地
结着愁怨的姑娘。

她是有
丁香一样的颜色,
丁香一样的芬芳,
丁香一样的忧愁,
在雨中哀怨,
哀怨又彷徨。

她彷徨在这寂寥的雨巷,

撑着油纸伞
像我一样，
像我一样地
默默彳亍着
冷漠，凄清，又惆怅。

她静默地走近
走近，又投出
太息一般的眼光，
她飘过
像梦一般地，
像梦一般地凄婉迷茫。

像梦中飘过
一枝丁香地，
我身旁飘过这女郎；
她静默地远了，远了，
到了颓圮的篱墙，
走尽这雨巷。

在雨的哀曲里，
消了她的颜色，
散了她的芬芳，
消散了，甚至她的
太息般的眼光，
丁香般的惆怅。

撑着油纸伞，独自
彷徨在悠长，悠长
又寂寥的雨巷，
我希望飘过
一个丁香一样地
结着愁怨的姑娘。

【内容提要】

诗的主要意象是“丁香姑娘”，它来自中国传统诗意——“青鸟不传云外信，丁香空结雨中愁”(李璟《浣溪纱》)“芭蕉不展丁香结，同向春风各自愁”(李商隐《代赠》)。因此“丁香”就具有了孱弱、轻柔、愁苦、飘渺、凄切、哀怨等多种意蕴。“姑娘”则是青春、美好、纯真的代名词。“丁香一样地结着愁怨的姑娘”并非是一个肉质的实体，而是一个精灵的化身，是诗人理想的感情对象，是他心灵祈盼与追求的对象。但她那么虚幻、飘渺。“丁香一样地结着愁怨的姑娘”或许是诗人恋情上的至爱，或许是他人生的一个理想，或许是他当年追求革命的一个对象。可以说是人生中的种种美好向往。然而，这些所有的美好向往，却在长期热烈的期盼中瞬忽悄然地消逝，给人生留下如此多、如此浓郁的遗憾与凄凉。这正是诗人当年孤独感伤的一个心灵写照：诗人希望逢着这样的姑娘；逢着了，又“像梦一般地”飘过了，希望刚刚点燃啊，顷刻又归于寂寥。诗人怀着迷惘、惆怅、失望、落寞的复杂微妙心情，一直在这悠长、寂寥、凄清、落寞的雨巷中徘徊、徘徊……

【中心观点】

此诗是戴望舒的代表作。大革命失败后，戴望舒和施蛰存等避难居住在上海松江，在沉闷的气息下，曾经热血沸腾的青年诗人开始了对人生问题的思考和人生出路的寻找，出路在哪里？诗人找不到，于是诗人沉醉于“像梦一般凄婉迷茫”的意境中，诉说着内心深处那哀怨、彷徨、迷惘、惆怅、烦恼交织的微妙情感，本诗就是诗意地反映了特定历史条件下一部分知识分子的心路历程。

【写作特点】

这首诗既传承了中国古典诗歌的精华，又糅入了西方现代诗歌的异彩，中国传统诗歌的意境与西方现代主义诗歌的象征有机交融在一起。象征手法的绝妙运用，使传统意象的内涵得到极大的丰富；而传统意象的表现，又使现代的象征具有更迷离、精妙的想象空间：“丁香”象征美丽、高洁、愁怨，“雨巷”象征人生的漫漫长路、天地的狭窄，“撑着油纸伞”“独自彷徨”“默默彳亍”是等待、希望和追求的象征，“雨的哀曲”是环境凄苦、遭际不幸的象征，“颓圮的篱墙”是家园的破落和环境衰败低潮的象征。这些象征物又共同交织出雨中江南小城一隅的画面，使诗歌弥漫着中国传统文化的气息和古典诗词的浓郁韵味。

此外，这首诗音乐优美舒缓、韵节铿锵谐美，具有浓重的音乐感。诗歌语言的节奏其实就是诗人内心的情感节奏，情感节奏和音乐节奏在诗中是如此完美地结合于一体。因此这首诗像一曲美丽而忧伤的咏叹调回旋在人们心中，久久令人难以平静难以忘怀。

【思考与练习】

1.如何看待《雨巷》所表达的思想感情？

2.诗歌中的意象意境与音韵是怎样绝妙结合的？

【拓展阅读书目或文章名】

1. 戴望舒《我的记忆》
2. 戴望舒《望舒草》
3. 戴望舒《望舒诗稿》
4. 戴望舒《灾难的岁月》

春天，遂想起

余光中

【作者介绍】

余光中(1928—)，中国当代著名诗人、学者、散文家、翻译家和文学评论家。祖籍福建永春，生于南京。余光中涉猎广泛，学贯中西，在诗歌、散文、评论、翻译等许多领域都卓有成就，自称是“文学创作上的多妻主义者”。其创作充满中华文化精神、又极具现代色彩。越到后面越表现出浓厚的乡土情结，有着很强的历史感和丰富的文化意蕴，形成独特的艺术风格。余光中既有乡愁诗，也有爱情诗，还有写实诗。其爱情诗华彩多姿，写实诗平实素朴，乡愁诗数量最多且思想艺术成就最高。《乡愁》就是由于写出了无数海外游子思念故乡的普遍心声，当时在台湾和大陆都引起轰动，成为他最有代表性的经典之作。其主要作品有诗集《蓝色的的羽毛》《白玉苦瓜》等；散文集《逍遥游》《听听那冷雨》等；评论集《分水岭上》《掌上雨》等；译作《老人和大海》《满田的铁丝网》等。

【正文】

春天，遂想起
江南，唐诗里的江南，九岁时
采桑叶于其中，捉蜻蜓于其中
（可以从基隆港回去的）
江南
小杜的江南
苏小小的江南
遂想起多莲的湖，多菱的湖
多螃蟹的湖，多湖的江南
吴王和越王的小战场
（那场战争是够美的）
逃了西施
失踪了范蠡

失踪在酒旗招展的
（从松山飞三小时就到的）
乾隆皇帝的江南

春天，遂想起遍地垂柳
的江南，想起
太湖滨一渔港，想起
那么多的表妹，走过柳堤
（我只能娶其中的一朵！）
走过柳堤，那许多表妹
就那么任伊老了
任伊老了，在江南
（喷射云三小时的江南）
即使见面，她们也不会陪我
陪我去采莲，陪我去采菱
即使见面，见面在江南
在杏花春雨的江南
在江南的杏花村
（借问酒家何处）
何处有我的母亲
复活节，不复活的是我的母亲
一个江南小女孩变成的母亲
清明节，母亲在喊我，在圆通寺
喊我，在海峡这边
喊我，在海峡那边
喊，在江南，在江南
多寺的江南，多亭的
江南，多风筝的
江南啊，钟声里
的江南
（站在基隆港，想——想
想回也回不去的）
多燕子的江南

1962年4月29日　午夜

【内容提要】

诗歌从江南的湖写起，写出它的富庶美丽，再加上江南大量优美动人的佳话和传说，因此诗人觉得上古时吴王夫差和越王勾践那场战争也是美丽的。接下来将时间拉回现代，转写当年太湖边上结伴同游的天真烂漫、无忧无虑的表妹们，意在表现山水灵秀清美，人比江南山水更美，从而将乡愁推进一步。再一转，写到这些少女们现在都已老了，自己的母亲更已谢世而去，一种难以抑制的沧桑感骤然升腾，为乡愁抹上一层悲怆。最后，“喊我，在海峡这边／喊我，在海峡那边”的母亲已和祖国母亲合体为一，诗人盼归之情遂也上升为对于祖国母亲、大地母亲的顶礼……

【中心观点】

《春天，遂想起》表现的是浓浓乡愁。由于海峡两岸长时间的隔离，作者有种被流放的感觉。少年时生活于江南的记忆，日复一日烈火般烧灼着他，于是时时梦回江南。诗中的江南不仅珍藏着他的少年时代，不仅是“采桑叶于其中，捉蜻蜓于其中”的江南，而且也是“唐诗里的江南”。因为江南象征着中华民族悠久的文化，是古美人西施和越国名臣范蠡泛舟共游的处所，是清代乾隆南下畅游的胜地。诗人由怀旧而怀古，他的江南既在时间之内，又在时间之外，飘散着古文化的清芬。诗人怀的也就是这种以民族灿烂古文化为精神背景的文化乡愁。

【写作特点】

这是一首情味浓酽、风韵别具的抒情佳作。诗歌语言清丽，容量极为丰富。诗歌中江南优美动人的佳话和传说与有关江南的古典诗词和典故巧妙结合，让人读来回味无穷。复沓的手法与重词叠字的反复使用，不仅增强了这首诗的音乐性，让人读来韵致绵长，而且有效地助成了诗歌内在情韵的摇曳多姿。

【思考与练习】

1. 以《春天，遂想起》为例体会余光中诗歌的古典美。

2. 背诵这首诗。

【拓展阅读书目或文章名】

1. 余光中《乡愁》

2. 余光中诗集《蓝色的的羽毛》

3. 余光中诗集《白玉苦瓜》

蝶

流沙河

【作者介绍】

流沙河，原名余勋坦，四川金堂人，当代诗人、中国作协理事、四川作协副主席。1931年11月11日生于成都，1935年迁回金堂槐树街老家。自幼习古文，作文言文。1947年入省立成都中学高中部，转习新文学，1948年开始发表作品。1949年入四川大学农业化学系，写作愈勤。1956年出版第一部诗集《农村夜曲》。1957年1月参与创办诗刊《星星》，并发表散文诗《草木篇》，由此为诗界、文学界瞩目。1957年"反右"运动中，因所著《草木篇》被指："假百花齐放之名，行死鼠乱抛之实"，而"劳动改造"（白天修路，锯木头，傍晚遭批斗）20年。1979年他被调回四川省文联，从1985年起专职写作，并先后出版了《锯齿啮痕录》《独唱》《台湾中年诗人十二家》《流沙河随笔》《流沙河诗话》《故园别》《游踪》《庄子现代版》《Y先生语录》等著作。迄今为止，已出版小说、诗歌、诗论、散文、翻译小说、研究专著等著作22种。其中集400则精美短文的《Y先生语录》堪称一绝，真所谓嬉笑怒骂皆成文章。广为人知的《就是那一只蟋蟀》便是出自此文集。先生就犹如一部不可多得的活字典，标新立异，出语有典，理据有度。流传颇广的《庄子现代版》也是佐证。他的诗《理想》曾被编入人教版、鲁教版语文教材，充分体现他的学者风范与受喜爱的程度。

平日爱养树和喜家乡美食的他，居家好静思，喜读书，此外亦奖掖后进，扶持新人，谢绝社交应酬。常以春蚕吐丝之态，为中国文学的宝库倾吐着字字珠玑。沧桑岁月终未使这条河枯竭干涸，相反，它正满载至清至纯之水，以自身独有的流向，静静地汇入我们民族文化史的无尽长河。

先生因才识扬名，因清脱为人仰重，因谦虚而备受爱戴，是人们心目中最著名的诗人。

【正文】

车轮紧敲着我的心脏
窗外退跑着你的故乡
山色这样的暗蓝
水色这样的明亮
山水之间罗列着几个村庄
灰瓦的屋舍
红砖的院墙
门前的柳荫
屋后的荷塘
柳丝的微风中
荷花的淡香里
能找回你失去了的少女的时光

离开故乡的那年你只有十三岁
戴一顶竹笠
束一条皮带
穿一套大得滑稽的军装
做了一个文工团的团员
先是随着大军南下
后是逆着长江西上

六年后我和你认识了
你常常说起你的故乡
说那里有你的好姐姐
她抚养你
你想念她
水远山长
难回故乡
于是沉默如悬空的黑云
一下遮去你脸上的阳光

不过更多的时候你很欢乐
活泼如一只小猫
蹦跳如一只小羊
你爱用跳舞的脚步走路
一边在飘忽地走
一边在迷幻地唱

你为我唱过黛玉葬落花
你为我舞过虞姬别霸王
你和我熟悉了公园里的一弯小路
小路旁的一株海棠
海棠下的一条石凳
石凳上的一片沁凉
谈舞蹈家邓肯
谈音乐家肖邦
谈屠格涅夫的《阿细亚》
谈富尔曼诺夫的《夏伯阳》
谈我的失误
谈你的笑话
谈他人的短长
谈明天
谈梦想

你在夜间装鬼吓我
偷偷敲响我的小窗
你用背抵住门不让我出去
吻我在门背后
双手攀着我的肩膀

你忽然又不理睬我了
给我看你写的感伤的诗行
半年后你来向我匆匆告别
你笑着骂我是个傻瓜
你哭着求我把你遗忘

你亲湿了我的脸颊
你揪痛了我的耳朵
说这是在考验我是否坚强
你还说过许多关于来世的蠢话
那么可笑的严肃
那么可爱的荒唐
你送我一剪青丝发
夹入契诃夫的那一篇《新娘》
你送我一对枕头套
上面绣着两只衔花的燕子
一只东飞
一只西翔

我记得最后的一次抬头看你
你扶着天桥的栏杆向我俯望
花衫黑裙临风飘动
一只瘦蝶病于秋凉
停歇在高高的铁篱之上

我恪守着临别的誓言
再没有去拜访你一次
也没有回你短纸一张
后来听说你调走了
后来听说你结婚了
紧接着是花开花落的 1957
一位好心的同志从远方来
说你又哭又唱精神反常
因为你的丈夫言行有失
同好些知识分子一样
同我一样

十五年后我忽然梦见你
落月照亮你脸上的泪光
你站在我家破败的门前

一句话也不说
痴痴地向内望

我惊醒后告诉我的妻子
妻子拍着枕头叹息
说你可能已经死亡
说你的阴魂惦念着旧友
淮南皓月
千山冷雾
你从那里远道而来
也许有话要对我讲

我从老家调回城市以后
一直认为你还活在世上
有一天你会寄来一封信
说你的理智已经恢复正常
说你的丈夫已经平反
说你的女儿已经结婚
（你也许有一个女儿吧）
她象你从前那样漂亮

这样的一封信至今没有收到
可能你象我一样的工作繁忙
五十年代的记忆是太缥渺了
如云中的一只仙鹤
如雾里的一树枫香

我现在乘列车跑过你的故乡
暗蓝的山连着山
明亮的水连着水
山水之间一横暮霭苍苍茫茫
我凭窗巡视着斜阳镀金的平野
猜测着你的老家是在哪座村庄
我想对新交的邻座朋友说

从前在这里有一个天真的姑娘

我愿相信熬过寒霜你还活着
秋蝶越冬迎来春日你又飞翔
我愿相信儿女长大能经风雨
花的纹彩铁的翅膀飞向太阳

一九八一年八月十七日在庐山牯岭

【内容提要】

长诗《蝶》是流沙河先生1981年的作品。先生在年逾五旬之时,通过诗文记录了一段曾经甜蜜而后失落的纯纯恋情。诗中寄托理想、希望和祝福。政治风暴中青春恋情被吞噬,但那伊人模样啊,那青春的片段啊,时常牵挂,时而念起。时间给那段特殊时代的恋情带去最深情的解读。多年后释怀,借助蝶之美丽双翼,带去浓浓的思念。他浓浓的情怀,也愿"能经风雨",一切美好,"飞向太阳"。

【中心观点】

诗人以"蝶"的美丽、舞动但却不易扑捉的特性,比拟一段同样有此特性的青春恋情。最后借以蝶的舞动"花的纹彩铁的翅膀飞向太阳",抒发自己对那段青春的追忆和对伊人的祝福。

【写作特点】

流沙河诗歌的基本表达方式就是以"赋"为主,兼容其他;叙事和抒情同在,骨力和风采并存;既朴素恳切平易温暖,又秀丽隽永摇曳生姿。什么是"赋"? 关于"赋""比""兴"这三种最基本的诗歌表达方式,流沙河在其专著《十二象》中作了深入的探讨,对"赋"的界定是:"将一个事象或一个物象铺展开来,直接加以描绘,白描也好,彩绘也好,但是不用象征,不用比兴,不用隐词,不用典故,这种手法就是赋。"《蝶》就是一篇流沙河先生以"赋"为主,兼容抒情的佳作。

诗人开篇便采用赋的手法,大段大段地挥洒而下。虽然往事如烟,但那段被政治风暴所吞噬了的青春恋情,却始终萦回在诗人心底而终生难忘;那五十年代初期蓬勃向上的共和国之春,那春天里少女的初恋,那初恋中少女的纯真,那纯真少女的活泼和调皮,依然恍如昨日般清晰如画:"你在夜间装鬼吓我　偷偷敲响我的小窗　你用背抵住门不让我出去　吻我在门背后　双手攀着我的肩膀"。

既然生活是那样浓郁而浪漫,热烈而富有,那么,仿佛随意地采摘一段,诗意便溢满而出了:"你为我唱过黛玉葬落花　你为我舞过虞姬别霸王　你和我熟悉了公园里的一弯小路　小路旁的一株海棠　海棠下的一条石凳　石凳上的一片沁凉";"谈舞蹈家邓肯　谈音乐家肖邦　谈屠格涅夫的《阿细亚》　谈富尔曼诺夫的《夏伯阳》　谈我的失误　谈你的笑话　谈他人的短长　谈明天　谈梦想"。

这里,赋的手法给了诗人以最大限度地抒写生活本色原貌的自由,纵心尽意地吟唱内心恋情的自由。他细致入微而又典型化地层层推进,尽情铺叙,写到了少女的身世、仪态和感情,写到了彼此由相识到相恋的种种动人细节,写到了20世纪50年代人们的好尚和情趣。在这种对于青春恋情的栩栩如生的真实描绘下读者陶醉了,感动了,忘记了这原是一个悲剧性的故事——为什么叫《蝶》?蝶是美丽的,但终究是飞走了啊!这是在不祥结局笼罩下的欢乐今朝,越是用赋的手法多角度、多侧面地进行细致生动的描绘,就越使人在知道少女的不幸命运之后,为那个曾经有过的美好生命,为他们曾经有过的幸福而感叹唏嘘!

接下来便隐隐听到了由命运、社会、性格等诸多悲剧因素交相杂陈造成的不和谐音响。终于,诗人以无比的伤痛记下了那刻骨铭心的临别一瞬,"赋"式的感情流动第一次出现了盘旋和凝聚,一个凄婉优美的隐喻性意象终被孕育成熟而脱颖而出:"我记得最后的一次抬头看你　你扶着天桥的栏杆向我俯望　花衫黑裙临风飘动　一只瘦蝶病于秋凉停歇在高高的铁篱之上"。

少女缓步走上车站天桥,就要和诗人各分东西,就要和纯真的初恋永别。这是人生之旅中可怕的一步,这里似响起了小提琴演奏的悲怆的行板。于是,那个昔日"活泼如一只小猫,蹦跳如一只小羊",而今天内心经历着生死搏斗骤然憔悴的女孩子,那临风飘动的富于20世纪50年代色彩和悲剧意味的花衫黑裙,那站在天桥上依依不舍、深情而悲哀地俯望着诗人的情态,在诗人的泪眼模糊中,竟突然幻化成了一个如此凄美欲绝的意象:"一只瘦蝶病于秋凉,停歇在高高的铁篱之上"。——美丽的蝶,你终于禁不住深秋的凉意,病弱交加,就要孤独地飞往远方!这里的"瘦""病""凉"三字,浓重渲染着一种凄迷伤感孤独冷寂的氛围,甚至连天桥的栏杆即"高高的铁篱",也默默无言地排列着,散发着袭人的清冷,你倚着桥栏俯望着我,"高处不胜寒"啊!这个富于隐喻性的意象,多么出色地概括表达了时代的悲剧意味,人物在命运重压下的渺小和软弱,以及双方百感交集难以言传的惜别情态。这个悲剧性的意象显然构成了这首诗的一个深刻的音乐动机,在大段的关于少女后来坎坷命运的直白叙述之后,这个动机在结尾处又得以呼应再现和升华:"我愿相信熬过寒霜你还活着　秋蝶越冬迎来春日你又飞翔　我愿相信儿女长大能经风雨　花的纹彩铁的翅膀飞向太阳"。

"蝶"的隐喻性意象,就这样两次出现于大段的直接描绘和抒发之后,它是对"赋"所造成情感奔涌而下的收拢和回顾,凝结和提升。不用赋,不足以一唱三叹尽情抒发;只用赋,又易于散漫无羁缺乏回旋。而此全诗既以赋为主,显得平易真实亲切温暖,又在表达上兼容其他,有比喻、暗示、象征,摇曳生姿,优美隽永。

【思考与练习】

1. 简述《蝶》的写作特点。

2. 作者想借《蝶》抒发怎样的情感?

3. 大学生应该树立正确的人生观、价值观，正确和积极地面对逝去的恋情。就“失恋”话题作分组讨论，并用“赋”为主要表达方式作新诗一篇。

【拓展阅读书目或文章名】

1. 流沙河文，丁聪画《Y 先生语录》
2. 流沙河《庄子现代版》
3. 流沙河《理想》
4. 流沙河《就是那一只蟋蟀》

光的赞歌

艾 青

【作者介绍】

艾青(1910年3月27日－1996年5月5日),原名蒋正涵,号海澄,曾用笔名莪加、克阿、林壁等,浙江省金华人。中国现代诗人。被认为是中国现代诗的代表诗人之一。主要作品有《大堰河——我的保姆》《艾青诗选》等。

艾青1910年出生于浙江省金华市金东区畈田蒋村。19岁时留学巴黎学习绘画,接触欧洲现代派诗歌。

1932年初,22岁的艾青回国,在上海加入中国左翼美术家联盟,从事革命文艺工作。不久被捕,在狱中坚持写作,后轰动文坛的《大堰河——我的保姆》就创作于那个时期。该文感情诚挚,诗风清新,使其一举成名。

1941年赴延安,任《诗刊》主编。他在遍地抗日烽火中深切地感染到时代的精神,汲取了诗情,抗战期间成为他创作的高潮期,出版了《北方》《向太阳》《旷野》《火把》《黎明的通知》《雷地钻》等9部诗集。诗作倾诉着民族的苦难,歌颂了祖国的战斗,渗透着时代气氛,笔触雄浑,气势壮阔,情调奋发昂扬。到了延安以后,创作风格起了明显变化。抗战胜利后任华北联合大学文艺学院副院长,负责行政工作。

1957年被错划为“右派”。曾赴黑龙江、新疆生活和劳动,创作中断了二十余年。直到1976年重又执笔,出现了创作的另一个高潮。

1979年平反后,任中国作家协会副主席、国际笔会中心副会长等职,出访了欧、美和亚洲的不少国家。创作有诗集《彩色的诗》《域外集》,出版了《艾青叙事诗选》《艾青抒情诗选》,以及多种版本的《艾青诗选》和《艾青全集》。诗集《归来的歌》和《雪莲》曾获中国作家协会全国优秀新诗奖。

1985年,获法国文学艺术最高勋章,这是我国诗人得到的第一个国外文学艺术的最高级大奖。美国学者罗伯特·C·费兰德把艾青和希克梅特、聂鲁达并列为现代世界三位最伟大的人民诗人。其诗作《我爱这土地》被选入人教版中学语文教材。《北方》被选入苏教版必修初三语文书。另外，他的诗作《太阳的话》也被选入小学六年级语文教材。

1996年5月5日凌晨4时15分因病逝世，享年86岁。

几十年来，艾青出版诗集达20部以上，还著有论文集、散文集和译诗集。他的作品被译成俄文、英文、法文、德文、西班牙文、日文、罗马尼亚文、捷克文、匈牙利文、保加利亚文、芬兰文、朝鲜文……作品越过无数国界，到达了北美、南美、大洋洲……在中国新诗发展史上，艾青是继郭沫若、闻一多等人之后又一位推动一代诗风、并产生过重要影响的诗人，在世界上享有盛誉。

【正文】

一

每个人的一生
不论聪明还是愚蠢
不论幸福还是不幸
只要他一离开母体
就睁着眼睛追求光明

世界要是没有光
等于人没有眼睛
航海的没有罗盘
打枪的没有准星
不知道路边有毒蛇
不知道前面有陷阱

世界要是没有光
也就没有扬花飞絮的春天
也就没有百花争艳的夏天
也就没有金果满园的秋天
也就没有大雪纷飞的冬天

世界要是没有光
看不见奔腾不息的江河
看不见连绵千里的森林
看不见容易激动的大海
看不见象老人似的雪山

要是我们什么也看不见
我们对世界还有什么留恋

二

只是因为有了光
我们的大千世界
才显得绚丽多彩
人间也显得可爱

光给我们以智慧
光给我们以想象
光给我们以热情
光帮助我们创造出不朽的形象
那些殿堂多么雄伟
里面更是金碧辉煌
那些感人肺腑的诗篇
谁读了能不热泪盈眶

那些最高明的雕刻家
使冰冷的大理石有了体温
那些最出色的画家
描出了色授神与的眼睛

比风更轻的舞蹈
珍珠般圆润的歌声
火的热情、水晶的坚贞
艺术离开光就没有生命

山野的篝火是美的
港湾的灯塔是美的
夏夜的繁星是美的
庆祝胜利的焰火是美的
一切的美都和光在一起

三

这是多么奇妙的物质
没有重量而色如黄金
它可望而不可及
漫游世界而无体形
具有睿智而谦卑
它与美相依为命

诞生于撞击和磨擦
来源于燃烧和消亡的过程
来源于火、来源于电
来源于永远燃烧的太阳

太阳啊，我们最大的光源
它从亿万万里以外的高空
向我们居住的地方输送热量
使我们这里滋长了万物
万物都对它表示景仰
因为它是永不消失的光

真是不可捉摸的物质——
不是固体、不是液体、不是气体
来无踪、去无影、浩淼无边
从不喧嚣、随遇而安
有力量而不剑拔弩张
它是无声的威严

它是伟大的存在
它因富足而能慷慨
胸怀坦荡、性格开朗
只知放射、不求报偿
大公无私、照耀四方

四

但是有人害怕光
有人对光满怀仇恨
因为光所发出的针芒
刺痛了他们自私的眼睛
历史上的所有暴君
各个朝代的奸臣
一切贪婪无厌的人
为了偷窃财富、垄断财富
千方百计想把光监禁
因为光能使人觉醒

凡是压迫人的人
都希望别人无能
无能到了不敢吭声
而把自己当做神明

凡是剥削人的人
都希望别人愚蠢
愚蠢到了不会计算
一加一等于几也闹不清

他们要的是奴隶
是会说话的工具
他们只要驯服的牲口
他们害怕有意志的人

他们想把火扑灭
在无边的黑暗里
在岩石所砌的城堡里
维持血腥的统治

他们占有权力的宝座
一手是勋章、一手是皮鞭
一边是金钱、一边是锁链
进行着可耻的政治交易
完了就举行妖魔的舞会
和血淋淋的人肉的欢宴

回顾人类的历史
曾经有多少年代
沉浸在苦难的深渊
黑暗凝固得象花岗岩
然而人间也有多少勇士
用头颅去撞开地狱的铁门

光荣属于奋不顾身的人
光荣属于前仆后继的人

暴风雨中的雷声特别响
乌云深处的闪电特别亮
只有通过漫长的黑夜
才能喷涌出火红的太阳

五

愚昧就是黑暗
智慧就是光明
人类是从愚昧中过来
那最先去盗取火的人
是最早出现的英雄
他不怕守火的鹫鹰
要啄掉他的眼睛
他也不怕天帝的愤怒
和轰击他的雷霆
把火盗出了天庭

于是光不再被垄断
从此光流传到人间

我们告别了刀耕火种
蒸汽机带来了工业革命
从核物理诞生了原子弹
如今象放鸽子似的放出了地球卫星……

光把我们带进了一个
光怪陆离的世界:
X 光,照见了动物的内脏
激光,刺穿优质钢板
光学望远镜,追踪星际物质
电子计算机
把我们推到了二十一世纪

然而,比一切都更宝贵的
是我们自己的锐利的目光
是我们先哲的智慧之光
这种光洞察一切、预见一切
可以透过肉体的躯壳
看见人的灵魂

看见一切事物的底蕴
一切事物内在的规律
一切运动中的变化
一切变化中的运动
一切的成长和消亡
就连静静的喜马拉雅山
也在缓慢地继续上升

认识没有地平线
地平线只能存在于停止前进的地方

而认识却永无止境
人类在追踪客观世界中
留下了自己的脚印
实践是认识的阶梯
科学沿着实践前进
在前进的道路上
要砸开一层层的封锁
要挣断一条条的铁链
真理只能从实践中得以永生

六

光从不可估量的高空
俯视着人类历史的长河
我们从周口店到天安门
象滚滚的波涛在翻腾
不知穿过了多少的险滩和暗礁
我们乘坐的是永不沉的船
从天际投下的光始终照引着我们

我们从千万次的蒙蔽中觉醒
我们从千万种的愚弄中学得了聪明
统一中有矛盾、前进中有逆转
运动中有阻力、革命中有背叛

甚至光中也有暗
甚至暗中也有光
不少丑恶与无耻
隐藏在光的下面
毒蛇、老鼠、臭虫、蝎子、蜘蛛
和许多种类的粉蝶
她们都是孵化害虫的母亲
我们生活着随时都要警惕
看不见的敌人在窥伺着我们

然而我们的信念
象光一样坚强——
经过了多少浩劫之后
穿过了漫长的黑夜
人类的前途无限光明、永远光明

七

每一个人都是一个生命
人世银河星云中的一粒微尘
每一粒微尘都有自己的能量
无数的微尘汇集成一片光明
每一个人既是独立的
而又互相照耀
在互相照耀中不停地运转
和地球一同在太空中运转

我们在运转中燃烧
我们的生命就是燃烧
我们在自己的时代
应该象节日的焰火
带着欢呼射向高空
然后迸发出璀璨的光

即使我们是一支蜡烛
也应该“蜡炬成灰泪始干”
即使我们只是一根火柴
也要在关键时刻有一次闪耀
即使我们死后尸骨都腐烂了
也要变成磷火在荒野中燃烧

八

作为一个微不足道的人
天文学数字中的一粒微尘
即使生命象露水一样短暂

即使是恒河岸边的细沙
也能反映出比本身更大的光
我也曾经用嘶哑的喉咙歌唱
在不自由的岁月里我歌唱自由
我是被压迫的民族我歌唱解放

在这个茫茫的世界上
我曾经为被凌辱的人们歌唱
我曾经为受欺压的人们歌唱
我歌唱抗争,我歌唱革命
在黑夜把希望寄托给黎明
在胜利的欢欣中歌唱太阳

我是大火中的一点火星
趁生命之火没有熄灭
我投入火的队伍、光的队伍
把“一”和“无数”溶合在一起
进行为真理而斗争
和在斗争中前进的人民一同前进

我永远歌颂光明
光明是属于人民的
未来是属于人民的
任何财富都是人民的

和光在一起前进
和光在一起胜利
胜利是属于人民的
和人民在一起所向无敌

九

我们的祖先是光荣的
他们为我们开辟了道路
沿途

留下了深深的足迹
每个足迹里都有血迹

现在我们正开始新的长征
这个长征不只是二万五千里的路程
我们要逾越的也不只是十万大山
我们要攀登的也不只是千里岷山
我们要夺取的也不只是金沙江、大渡河
我们要抢渡的是更多更险的渡口
我们在攀登中将要遇到更大的风雪、更多的冰川……
但是光在召唤我们前进
光在鼓舞我们、激励我们
光给我们送来了新时代的黎明
我们的人民从四面八方高歌猛进

让信心和勇敢伴随着我们
武装我们的是最美好的理想
我们是和最先进的阶级在一起
我们的心胸燃烧着希望
我们前进的道路铺满阳光

让我们的每个日子
都象飞轮似的旋转起来
让我们的生命发出最大的能量
让我们象从地核里释放出来似的
极大地撑开光的翅膀
在无限广阔的宇宙中飞翔

让我们以最高的速度飞翔吧
让我们以大无畏的精神飞翔吧
让我们从今天出发飞向明天
让我们把每个日子都当做新的起点

或许有一天,总有一天

我们这个古老的民族
我们最勇敢的阶级
将接受光的邀请
去叩开那些紧闭的大门
访问我们所有的芳邻

让我们从地球出发
飞向太阳……

1978年8月12日

【内容提要】

诗歌以赞颂光明为主题,分两大部分、九小节展开。

第一部分由诗歌的前六节组成,主要采用议论的手法,从现实的角度,论述了"光"的意义。

第一、二节,分别从正反两个层面,向人们阐述"光"存在的重要性与必要性。"世界要是没有光",我们将感知不到四季交替,目睹不了河川峻美,人生将迷失方向,生命将毫无意义,活着将无可留恋。"如果有了光",人们就能体会到人生的动感、情感的真挚、艺术的价值、人间的美好。

第三节,诗人运用精灵的词汇准确且生动地表述了"光"的特点和来源。

第四节,诗人转而用犀利的言语将"害怕光的人"的丑态描绘,也饱含深情地赞扬那些崇尚光明与黑暗抗争到底的勇士们。艾青认为:光是美好的,"但是有人害怕光　有人对光满怀仇恨　因为光所发出的针芒　刺痛了他们自私的眼睛　历史上的所有暴君　各个朝代的奸臣　一切贪婪无厌的人　为了偷窃财富、垄断财富　千方百计想把光监禁　因为光能使人觉醒"。回顾人类的历史,曾经有多少年代,沉浸在苦难的深渊,黑暗凝固得像花岗岩。

第五节,作者回顾历史,深刻地指出"光"的作用。"光"给人类带来的不仅是光明,更是科技的进步,时代的发展。

第六节,主要是从辩证的角度点明,黑暗是光明的先行者。只有穿过黑暗,经历磨难,光明才可永恒无限。

第二部分是诗歌的高潮部分,运用抒情的手法,激昂地表达作者对"光"的赞颂。此部分由诗歌的最后三小节组成。

作者在第七节提出宇宙是浩瀚的,土地是广博的,人生是漫长的。人顶天立地地生存在世界上,就应发光发热。第八节在记录自己人生起起伏伏中,始终坚持与黑暗抗争,终获光明的经历基础之上，点出全诗赞颂“光”的主题，并道出人民与光明同行，所向无敌、必胜的坚定信念。第九节随全诗进入尾声，情感抒发也步入最高潮。诗人向人们发出要沿着前人奋斗的足迹，共同奔向光明，共创美好未来的号召。

【中心观点】

此诗歌创作于1978年，68岁的艾青——历尽风霜的老人，经历苦难，以足够的睿智，俯瞰人类为光明而斗争的伟大历史，大幅地概括历史进程的客观规律。诗以“光的赞歌”为题，不仅是一般意义上对“光”的赞颂，而且是一位睿智的老人，把他一生为“光”而奋斗的宝贵历史经验，把他在一生中所确立的理想和信念，薪火相传，深情地交予后来的读者。

【写作特点】

全诗主要运用议论及抒情的方式行文。前半部分，运用议论方式赞颂“光”的伟大，并点明“做人要坚持与黑暗抗争，经过黑夜，才可获得光明”的人生感悟。词语精准，比喻恰当。后半部分，以抒情为主，抒发对“光”的热爱，并向人们发出“奔向光明，共创未来”的号召。恰如其分地表述了积极向上、催人奋进的诗意，感染力强。

艾青一生，追求光明，歌颂光明，创作过一系列脍炙人口的“光明主题”的诗作，《光的赞歌》的完成，使诗人这一主题的创作达到尽善尽美的境界。《光的赞歌》出现在艾青晚年的创作中，是艾青人生观、哲学观、美学观的诗的总结和表述；同时《光的赞歌》出现在中华民族伟大的历史转折时期，它以巨大的思想力量和强大的艺术感染力，又一次使艾青走在了时代的前列，呼唤着我们的人民奋然而前行。随着生活的变化、时光的流逝和年岁的增长，《光的赞歌》也在不经意间，悄然完成了自延安时期开始的、艾青的诗风由浑厚沉郁向朴素明朗的变化。《光的赞歌》使人们强烈地感到，已届高龄的艾青依然保持着旺盛的艺术创造力，他的诗情和才华依然是中华民族宝贵的精神财富。

【思考与练习】

1. 简述艾青《光的赞歌》的写作特点。

2. 结合艾青《光的赞歌》的诗文和作者的人生经历，以“大学生如何面对挫折和失败”为主题分组讨论，作讨论总结一篇。

【拓展阅读书目或文章名】

1. 艾青《艾青诗选》
2. 艾青《大堰河——我的保姆》
3. 艾青《在浪尖上》
4. 艾青《我爱这土地》
5. 艾青《古罗马的大斗技场》

散文

版·法[1]

【作品介绍】

文章节选自《管子》。《管子》乃依托管仲之名而成书。管子，即管仲(前723—约前645年)，名夷吾，又名敬仲，字仲，颍上(今安徽颍上)人，春秋时期齐国著名的政治家、军事家，辅佐齐桓公成为春秋时期的第一霸主。《管子》共24卷，原本85篇，今存76篇，内容极丰，包含道、名、法等家的思想，颇有杂家倾向。《汉书·艺文志》将《管子》列入道家。《隋书·经籍志》以后的目录都将《管子》列入法家。

【正文】

凡将立事[2]，正彼天植[3]，风雨无违，远近高下各得其嗣[4]。三经既饬，君乃有国[5]。喜无以赏，怒无以杀。喜以赏，怒以杀，怨乃起，令乃废。骤令不行，民心乃外[6]。外之有徒，祸乃始牙[7]。众之所忿，置不能图[8]。

举所美必观其所终，废所恶必计其所穷[9]。庆勉敦敬以显之，富禄有功以劝之，爵贵有名以休之[10]。兼爱无遗[11]，是谓君心。必先顺教，万民乡风[12]，旦暮利之，众乃胜任[13]。

取人以己，成事以质[14]。审用财，慎施报，察称量[15]。故用财不可以啬，用力不可以苦[16]。用财啬则费，用力苦则劳[17]。民不足，令乃辱[18]；民苦殃，令不行。施报不得，祸乃始昌[19]；祸昌不寤[20]，民乃自图[21]。

正法直度[22]，罪杀不赦。杀僇必信[23]，民畏而惧。武威既明，令不再行[24]。顿卒怠倦以辱之，罚罪宥过以惩之，杀僇犯禁以振之[25]。植固不动，倚邪乃恐[26]。倚革邪化，令往民移[27]。

法天合德,象法无亲,参于日月,佐于四时[28]。悦在施有,众在废私,召远在修近,闭祸在除怨[29]。修长在乎任贤,高安在乎同利[30]。

引自《管子校正》,中华书局《诸子集成》本,1954年版

【注释】

[1]版法:唐人尹知章注:“选择政要,载之于版,以为常法。”古人书写常在方版或竹策之上,把为政之要录于版,故名版法。

[2]立事:即莅事,处理公务。

[3]天植:《版法解》指出:“天植者,天心也。天植正,则不私亲近,不孽疏远。”指君主的心志、意志。下文“根固不动”的“植”,与此含义相同。德:古作“悳”,后残脱为“直”,误为“植”。

[4]嗣:古“治”字。

[5]三经:三个根本问题,指天时、地利、人和。郭沫若《集校》:“三经,谓天时、地利、人和。‘正彼天植’,地利也;‘风雨无违’,天时也;‘远近高下各得其嗣’,人和也。”饬(chì):整顿,使整齐。全句意为:(前面的)三件大事都完备了,国君便可以保有其国家。

[6]骤:屡次。民心乃外:民心向外,指失掉民心。

[7]徒:党徒,众多之意。牙:通“芽”,萌生。

[8]置:《版法解》作“寡”。图:图谋,对付。这两句意思是:当民众愤怒了,少数人是不能应付的。

[9]计:考虑。穷:终。举办所喜欢的事,一定要估计到事情的结局;废止所厌恶的事,一定要考虑到事情的后果。

[10]庆勉:奖赏勉励。敦敬:敦厚恭敬。显:彰显,表彰。劝:劝勉,鼓励。以:用。富禄、爵贵:使动用法。休:美。以奖赏勉励敦厚恭敬之人,使之名声彰显;以俸禄加富有功的人,使之受到鼓励;以爵位提升有名望的人,使之尊贵而有美誉。

[11]遗:遗弃,遗漏。

[12]顺:通“训”,训导,教训。乡:同“向”。必须先进行教育训导,人民才会趋向于好的风俗。

[13]旦暮:早晚,引申为经常。经常给老百姓以好处,他们才会担负起自己的工作。

[14]以:按照。质:实际。取用于人要比照自己,即取用财物与人们,一定要设身揆度,推己及人。做事则要考虑实际情况,量力而行。

[15]施报:施与和报酬。称量:计量轻重多少的工具。此处引申为事物的分量,限度。以上三句的意思是:要谨慎地使用钱财,慎重地对待施予和报偿,明察事物的标准与限度。

[16]啬:吝啬。苦:竭尽。

[17]费:通“拂”,悖逆,反抗。劳:疲惫。用财吝啬则人民反抗,用力过头则人民疲劳。

[18]辱:通“缛”,繁复。

[19]得:得当。昌:生。施与和报酬处理不当,灾祸就会萌生。

[20]寤:省悟,觉悟。

[21]图:图谋不轨。

[22]正法直度:使法律制度公平正直。“正”、“直”均作动词用。

[23]僇:同“戮”。

[24]再行:重复。

[25]顿:挫折。卒:通“啐”,呵斥。宥:原本作“有”。振:同“震”,震慑。用困顿羞辱懒惰疲塌者,以惩罚来惩治有罪者,以杀戮来震慑犯禁者。

[26]倚:通“奇”,指行为乖戾。君王之心坚定不移,奇异邪僻之人就会害怕。

[27]革:革除。化:变化,改变。移:行动。(民众)乖异邪僻的行为被革除或改变,法令颁布下去,(他们)就随之行动。

[28]法:效法。合:同。无亲:不徇私情。君主应当效仿上天普遍施德,模仿大地无私无亲,与日月参齐,与四时并列。

[29]“悦在施有”以下句:使众人喜悦决定于爱施俱行,得民众拥护决定于破除私心。要招纳远方的人们,决定于修好国内;要避免祸乱的发生,决定于消除民怨。

[30]修:整治。高安:宋本作“安高”,保持高位。闭:堵塞。除怨:消除民怨。国家的长治久安,在于任用贤人;高位的巩固,在于与民同利。

【内容提要】

本篇的主旨是说明执政治国的关键在于正君心、顺天时、得人和,在于赏罚严明,用贤任能,与民同利,并将这些作为统治国家的基本原则。

开头一段是全文的纲目,提出“凡将立事,正彼天植”,赏罚要依法而行。第二段紧扣赏罚进一步说明治理国事的具体方法,并提出要教化民众。第三、四段则告诫君主,要省用度、予民利。第四段指出严刑峻法的必要性,最后一段则要求统治者德法兼施才能长治久安。整个文章充满法治思想。

【写作特点】

1.说理透彻,文风朴实而又稍有气势。文章以说理为主,运用排比、对偶、韵语等表现手法,不仅使语言更为丰富,而且增强了文章的感染力和说理气势。

2.语言整饬流畅,富于韵味。《版法》以四言为主,用韵灵活。或句句为韵或隔句为韵。读来朗朗上口,铿锵悦耳,富有节奏美和音韵美。

【思考与练习】

1. 谈谈你对“召远在修近,闭祸在除怨”的看法。

2.《管子》的法治与德治思想有何联系?

【拓展阅读】

1.《管子·明法》

2.《管子·论法》

3.《管子·牧民》

齐宣王见孟子于雪宫

【作品介绍】

本文选自《孟子·梁惠王下》，题目取自文章第一句话。孟子(前372—前289年)，名轲，字子舆，战国时期鲁国(今山东邹城)人。战国时期儒家学派的代表人物，后世尊之为“亚圣”。《孟子》有七篇传世：《梁惠王》上下、《公孙丑》上下、《滕文公》上下、《离娄》上下、《万章》上下、《告子》上下、《尽心》上下。其学说出发点为性善论，提出“仁政”、“王道”，主张民本、德治。

【正文】

齐宣王见孟子于雪宫[1]。王曰：“贤者亦有此乐乎？”[2]

孟子对曰：“有。人不得则非其上矣[3]。不得而非其上者，非也。为民上而不与民同乐者，亦非也。乐民之乐者，民亦乐其乐。忧民之忧者，民亦忧其忧。乐以天下，忧以天下，然而不王者[4]，未之有也。昔者齐景公问于晏子曰[5]：‘吾欲观于转附、朝儛[6]，遵海而南，放于琅邪[7]；吾何修而可以比于先王观也[8]？’晏子对曰：‘善哉问也！天子适诸侯曰巡狩[9]。巡狩者，巡所守也。诸侯朝于天子曰述职。述职者，述所职也。无非事者[10]。春省耕而补不足，秋省敛而助不给[11]’。夏谚曰：‘吾王不游，吾何以休？吾王不豫，吾何以助？一游一豫，为诸侯度[12]。’今也不然，师行而粮食[13]，饥者弗食，劳者弗息。睊睊胥谗，民乃作慝[14]。方命虐民，饮食若流；流连荒亡，为诸侯忧[15]。从流下而忘反谓之流，从流上而忘反谓之连，从兽无厌谓之荒，乐酒无厌谓之亡[16]。先王无流连之乐、荒亡之行。惟君所行也。”

景公说，大戒于国，出舍于郊[17]。于是始兴发，补不足[18]。召大师曰：“为我作君臣相说之乐。”[19]盖《徵招》《角招》是也[20]。其诗曰：“畜君何尤？”畜君者，好君也[21]。

选自《孟子注疏》，《十三经注疏》本，北京大学出版社，1999年版。

【注释】

[1]雪宫：齐宣王的离宫(正宫之外临时居住的宫室)。离宫是古代帝王出巡时休息的行宫。

[2]贤者：指孟子，齐宣王称呼孟子。

[3]非：非议，指责。上：君主。有不得享受这种乐者，就会非议君上。后面“非也”之非，为“不对”。

[4] 王(wàng):统治、领有一国或一地。

[5] 齐景公:春秋时齐国君主姜杵臼,前 547—前 490 年在位。晏子:即齐国著名贤臣晏婴。

[6]转附、朝儛(wǔ):都是山名。儛,同"舞"。

[7] 遵:沿,循。放:至。琅邪(yá):亦作"琅琊",山名,在今山东,面临黄海。

[8] 修:治。观:游览。先王:圣王。

[9] 适:往,到。狩:冬猎为狩,此同"守"。

[10] 无非事者:天子、诸侯出,必是因为国事,非无事而游。

[11] 省(xǐng):视察。敛:收获。不给:不足。据《注疏》为:春天巡查耕种情况,补农具之不足;秋天巡查收获情况,补人力之不足。

[12] 游豫:春巡为"游",秋巡为"豫"。《晏子春秋·内篇·问下》:"春省耕而补不足者谓之游,秋省实而助不给者谓之豫。"为诸侯度:为诸侯学习的法度。

[13] 师:众,两千五百人为师。

[14] 睊睊(juànjuàn):侧目而视貌。胥:相。谗:谤。慝(tè):邪恶。朱熹《集注》云:"言民不胜其劳而起谤怨也。"《注疏》云:"在职位者又睊睊侧目相视,更相谗恶,民由是化之而作其慝恶也。"以上两说可作参考。

[15] 方:逆。命:王命。若流:像流水一样无穷无尽。诸侯:朱熹《集注》:"附庸之国。"

[16] 反:同"返"。从兽:畋猎。厌:满足。

[17] 说:通"悦",后"君臣相说之乐"之"说"同。戒:准备,指作好赈济贫民的准备。舍:居。

[18] 兴发:兴惠政,发仓廪以赈济贫困不足者。

[19] 大师:读为"太师",古代的乐官。

[20]《徵招》《角招》:乐章名。徵与角是古代五音(宫、商、角、徵、羽)中的两个,招同"韶",乐曲名。

[21] 畜 (xù) :好。尤:错误,过失。

【内容提要】

公元前 320 年,齐威王去世,齐宣王继位。齐宣王好士,稷下学宫会聚了上千名士。孟子离开魏国,来到齐国,齐宣王对孟子敬若上宾,礼遇有加。本文是孟子和齐宣王的对话,其主旨在于劝谏齐宣王要与民同乐,只有与民同乐,才能王霸天下。文章开头,在回答齐宣王的问话时,孟子针对齐宣王爱好享受的心理,借机启发他与民同乐,与民共享。接着引用晏子与齐景公的对话,晏子鉴古观今,引导景公,景公采纳了晏子的建议。而这,正是孟子对齐宣王的希望。

【写作特点】

《孟子》文章总体上具有明快练达、酣畅犀利、气势磅礴的风格特点,《齐宣王见孟子于雪宫》也体现了这一点。晏子的谈话,运用了对比的方法,步步深入地论证。文章运用排比、对比句式,增强了文章的气势。善于抓住对方心理,因势诱导也是本文突出的特点。文章先紧承齐王"贤者亦有此乐乎"之问,借题发挥,自然而曲折地引出与民同乐、与民同忧的中心论点。

【思考与练习】

1. 在孟子看来，“贤者之乐”应该是怎样的？谈谈你对“乐民之乐者，民亦乐其乐。忧民之忧者，民亦忧其忧”的看法。

2. 孟子散文有何特点？

【拓展阅读书目或文章名】

1.《齐桓晋文之事》

2.《庄暴见孟子》

3.《孟子见梁惠王》

王　制(节选)

荀　子

【作品介绍】

文章节选自《荀子·王制》。《王制》篇是荀子论述其政治思想的重要文章。王制,就是王者建立的制度。本篇阐述了奉行王道从而成就帝王大业的圣王的制度,论及王者的政治纲领、策略措施、用人方针、听政方法、管理制度、官吏职事等,同时还论述了王制以外那些导致强大称霸、仅能安存、危殆、灭亡等后果的所作所为,以供君主们借鉴。

荀子(约前313—前238年)战国时期思想家。名况,号卿,亦称孙卿,赵国人。曾游学于齐,在稷下学宫三任"祭酒"。后至楚,被楚相春申君任为兰陵(今山东苍山县兰陵镇)令,著书终老。荀子对儒家思想有所发展,提倡性恶论,曾收李斯、韩非为弟子。《荀子》共32篇,大部分为荀子自著。

【正文】

请问为政?曰:贤能不待次而举,罢不能不待须而废[1],元恶不待教而诛,中庸民不待政而化[2]。分未定也则有昭缪[3]。虽王公士大夫之子孙,不能属于礼义[4],则归之庶人。虽庶人之子孙也,积文学,正身行,能属于礼义,则归之卿相士大夫[5]。故奸言、奸说、奸事、奸能、遁逃反侧之民[6],职而教之,须而待之[7],勉之以庆赏,惩之以刑罚[8],安职则畜[9],不安职则弃。五疾[10],上收而养之,材而事之,官施而衣食之[11],兼覆无遗[12]。才行反时者死无赦[13]。夫是之谓天德,王者之政也。

听政之大分[14]:以善至者待之以礼;以不善至者待之以刑[15]。两者分别则贤不肖不杂[16],是非不乱。贤不肖不杂则英杰至,是非不乱则国家治。若是,名声日闻[17],天下愿[18],令行禁止,王者之事毕矣。凡听,威严猛厉而不好假道人[19],则下畏恐而不亲,周闭而不竭[20],若是,则大事殆乎弛[21],小事殆乎遂[22]。和解调通[23],好假道人,而无所凝止之,则奸言并至,尝试之说锋起[24],若是,则听大事烦,是又伤之也[25]。故法而不议,则法之所不至者必废[26]。职而不通,则职之所不及者必队[27]。故法而议,职而通,无隐谋,无遗善,而百事无过,非君子莫能。故公平者,职之衡也;中和者,听之绳也[28]。其有法者以法行,无法者以类举[29],听之尽也。偏党而无经,听之辟也[30]。故有良法而乱者,有之矣;有君子而乱者，自古及今，未尝闻也。传曰："治生乎君子，乱生乎小人。"此之谓也。

马骇舆则君子不安舆[31]，庶人骇政，则君子不安位。马骇舆则莫若静之，庶人骇政则莫若惠之[32]。选贤良，举笃敬，兴孝弟，收孤寡，补贫穷，如是，则庶人安政矣[33]。庶人安政，然后君子安位。传曰："君者，舟也；庶人者，水也。水则载舟，水则覆舟。"此之谓也。故君人者欲安则莫若平政爱民矣[34]，欲荣则莫若隆礼敬士矣，欲立功名，则莫若尚贤使能矣[35]，是君人者之大节也。三节者当[36]，则其余莫不当矣；三节者不当，则其余虽曲当[37]，犹将无益也。孔子曰："大节是也，小节是也，上君也[38]。大节是也，小节一出焉，一入焉，中君也。大节非也，小节虽是也，吾无观其余矣。"

成侯、嗣公[39]，聚敛计数之君也[40]，未及取民也[41]；子产，取民者也，未及为政也；管仲，为政者也，未及修礼也[42]。故修礼者王，为政者强，取民者安，聚敛者亡[43]。故王者富民，霸者富士[44]，仅存之国富大夫，亡国富筐箧、实府库[45]。筐箧已富，府库已实，而百姓贫，夫是之谓上溢而下漏[46]，入不可以守，出不可以战，则倾覆灭亡可立而待也。故我聚之以亡，敌得之以强。聚敛者，召寇、肥敌、亡国、危身之道也[47]，故明君不蹈也[48]。

选自王先谦《荀子集解》，《新编诸子集成》本，中华书局，1988年版。

【注释】

[1] 举：提拔，任用。次：等次，等级。罢：通"疲"，不贤之人。须：一会儿。废：罢免。

[2] 元：大，为首。中庸：中等平庸之人。化：教化，教育。

[3] 分：名分。缪：通"穆"。昭穆：据古代宗法制度，宗庙或墓地的辈次排列，以始祖居中，二世、四世、六世位于始祖的左方，称昭；三世、五世、七世位于右方，称穆，以此来区分上下辈份。为政，在名分还没有确定的时候，就应像宗庙有昭穆的分别一样来排列臣民的等级次序，使贤者居上，不肖者居下。

[4] 虽：即使。属：归附。即便是王公士大夫的子孙，其不能合乎礼义，就归到平民百姓的行列。

[5] 文学：颜师古《汉书》注："为文学，谓学经书之人也。"

[6] 反侧：不安分、不顺服。

[7] 职：作动词用，给予一定的职业，这里指劳役。须：等待。待：期待，观察。

[8] 勉之以庆赏，惩之以刑罚：用奖赏来勉励他们，用刑法来惩罚他们。

[9] 安职：安于职守，即服从管教。畜：同"蓄"，收留。

[10] 五疾：五种残疾，杨倞注："五疾：瘖、聋、跛躄、断者、侏儒。"

[11] 材：通"才"。官：管。衣食：作动词用，给予衣食。

[12] 兼覆无遗：普遍地照顾到，没有遗漏。

[13] 才行：才能和行为。反时：违反时势，即作奸犯科。

[14] 大分(fèn)：关键，要点。

[15] 善至：怀着好意来的人。

[16] 不肖(xiào)：不才，不贤能之人。

[17] 名声日闻：日，或作"白"，显扬。《荀子·致仕》云："贵名白，天下愿，令行禁止，王者之事毕矣。"

[18] 天下愿:愿,仰慕,归服。此句意为:名声就显著,天下的人都乐意归服。

[19] 假:宽容。《北史》:“大臣犯法,无所宽假”。道:犹“导”。

[20] 周闭:封闭。竭:尽。此言隐匿其情,不肯举发。

[21] 殆(dài):危险。《说文》:“殆,危也。”亦可作“几乎”解。弛:废弛。

[22] 遂:通“坠”,失落。《集解》释为“因循”。此句意为:如果威武严肃凶猛刚烈而不喜欢宽容,臣下就会害怕恐惧而不亲近,就会隐瞒真情,这样大事恐将废弛,小事将会落空。

[23] 和解调通:宽和通达。

[24] 凝止:定止。锋:通“蜂”。

[25]听大:所听之事多。烦:琐碎。伤:妨碍。

[26] “法而不议”以下句:制定了法律而不去商议论讲,则法有所不周,法有所不周则法所不涉及之事就必然废止。

[27] “职而不通”以下句:职:职责。通:沟通。队:同“坠”。规定了职责,却不能够彼此沟通情况,那么职责以外的事,必定没人管。

[28] 衡:秤,引申指准则。中和:指宽严适中,分寸适当。绳:准绳,准则。

[29] 类举:比类,以类相推。法令条文上没有明确规定的,用已有的法令条文来推论处理。

[30] 偏党:偏袒。无经:没有常法,没有准则。辟:通“僻”,偏邪,不公正。

[31] 骇:惊吓,惊惧。舆:车。驾车之马受到惊吓,则乘车之人就不能安稳地坐在车上。

[32] 静:使之静。惠:施以恩惠。

[33] 兴:提倡。“弟”(tì):同“悌”。朱熹《论语集注》:“善事父母为孝,善事兄长为弟。”《礼记·王制》:“少而无父者谓之孤,老而无子者谓之独,老而无妻者谓之鳏,老而无夫者谓之寡。”

[34] 君人者:君,动词,管理。平政:使政治清平。

[35] 隆礼敬士:尊崇礼义,敬重贤士。尚贤使能:尊崇并任用有德行有才能的人。

[36] 大节:关键。三节:指平政爱民、隆礼敬士、尚贤使能。

[37] 曲:全,都。曲当:完全适当。

[38] 是:正确。上君:上等之君。

[39] 成侯、嗣公:均是战国时卫国国君。

[40] 聚敛:搜刮。计数:计较数目。即成侯和嗣公都是搜刮百姓、贪得无厌的君主。

[41] 未及:没有能够。取民:取得民心。

[42] 子产:姓公孙,名侨,字子产,春秋时郑国政治家,公元前 554 年为卿,公元前543 年执政,在郑国实行改革,并推行法治。管仲(?—前 645 年)名夷吾,又名敬仲,字仲,春秋时期齐国著名的政治家。为政:管理好政事,此处指教化百姓。《礼记·仲尼燕居》:“子产犹众人之母也,能食之,不能教也。”

[43] 修礼:修治礼义。王(wàng):称王。

[44] 士:卒伍。

[45] 筐箧(qiè):用竹枝等编制的狭长形箱子。把小箱子、仓库装满,形容君主热衷于聚敛。

[46] 溢:满,溢出。上溢而下漏意即上富下贫。

[47]召:引来。肥、危、亡都是使动用法。聚敛引来敌人,使敌人富足,使国家灭亡,使自己身危。

[48] 蹈:遵循前人的旧路。

【内容提要】

选文中，荀子指出君主在为政过程中，必须辨明善与不善，贤与不肖，实行任用贤人、遵循礼义、仁政爱民的原则。荀子主张用贤罢废，“贤能不待次而举”，敬德尚贤的治民之术。同时通过赏罚分明的手段，使人人归于礼义。在处理政事上，要宽猛相济，德法并用。他指出，平政爱民、隆礼敬士、尚贤使能是统治者应具备的条件。荀子充分认识到了民众在政权和国家存亡中的地位和作用。他将民众与君主的关系，比做马和车、水与舟的关系。他告诫统治者，“水则载舟，水则覆舟”，为政而不能爱民利民，就会失去民心，得不到民众的支持，而导致国家的覆亡。“修礼者王，为政者强，取民者安，聚敛者亡”的观点不仅在当时是进步的，就是今天也有积极意义。

【写作特点】

《荀子》书中的文章，多为关于社会政治、伦理、教育等方面的长篇专题学术论文，论点明确，论断缜密，结构谨严，风格朴实、深厚。文章特点：一是善于运用自然界和日常生活中的事例作为论据，巧譬博喻，反复论证；二是造语简练，文字浅显而含义深切，多用铺陈手法和排比句式，整齐流畅。

【思考与练习】

1. 谈谈你对“水则载舟，水则覆舟”的理解。

2. 以本文为例，分析荀子散文的艺术特色。

【拓展阅读书目或文章名】

1.《荀子·性恶》

2.《荀子·修身》

3.《礼记·王制》

大学之道

【作品介绍】

《大学》之书，原本是《礼记》中的一篇，其作者及其成篇时代因史料缺载而颇难论定。后经过北宋程颢、程颐的鼎力尊崇，又经南宋朱熹作《大学章句》，最终与《中庸》《论语》《孟子》并称“四书”。宋代以后，《四书章句》被列为钦定的教科书，成为科举考试的标准读本，与“五经”具有同等的地位，对中国社会产生了极大的影响。

【正文】

大学之道[1]，在明明德[2]，在亲民，在止于至善[3]。知止而后有定[4]，定而后能静，静而后能安，安而后能虑，虑而后能得[5]。物有本末[6]，事有终始，知所先后，则近道矣。古之欲明明德于天下者，先治其国。欲治其国者，先齐其家[7]。欲齐其家者，先修其身[8]。欲修其身者，先正其心[9]。欲正其心者，先诚其意[10]。欲诚其意者，先致其知[11]。致知在格物[12]。物格而后知至，知至而后意诚，意诚而后心正，心正而后身修，身修而后家齐，家齐而后国治，国治而后天下平。自天子以至于庶人，壹是皆以修身为本[13]，其本乱而末治者否矣[14]，其所厚者薄[15]，而其所薄者厚，未之有也。

《康诰》曰：“克明德。”[16]《大甲》曰：“顾諟天之明命。”[17]《帝典》曰：“克明峻德。”[18]皆自明也。

汤之《盘铭》[19]曰：“苟日新，日日新，又日新。”[20]《康诰》曰：“作新民。”[21]《诗》曰：“周虽旧邦，其命维新。”[22]是故君子无所不用其极[23]。

《诗》云：“邦畿千里，惟民所止。”[24]《诗》云：“缗蛮黄鸟，止于丘隅。”[25]子曰：“于止，知其所止，可以人而不如鸟乎！”《诗》云：“穆穆文王，於缉熙敬止！”[26]为人君，止于仁；为人臣，止于敬；为人子，止于孝；为人父，止于慈；与国人交，止于信。《诗》云：“瞻彼淇澳，绿竹猗猗。有斐君子，如切如磋，如琢如磨。瑟兮僩兮，赫兮喧兮。有斐君子，终不可諠兮！”[27]如切如磋者，道学也[28]；如琢如磨者，自修也；瑟兮僩兮者，恂栗也[29]；赫兮喧兮者，威仪也；有斐君子，终不可諠兮者，道盛德至善，民之不能忘也。《诗》云：“於戏前王不忘！”[30]君子贤其贤而亲其亲，小人乐其乐而利其利，此以没世不忘也。[31]

子曰：“听讼，吾犹人也，必也使无讼乎！”[32]无情者不得尽其辞[33]。大畏民志，此谓知本[34]。

所谓致知在格物者，言欲致吾之知，在即物而穷其理也[35]。盖人心之灵莫不有知，而天下之物莫不有理，惟于理有未穷[36]，故其知有不尽也。是以《大学》始教，必始学者即凡天下之物，莫不因其已知之理而益穷之[37]，以求至乎其极。至于用力之久，而一旦豁然贯通焉，则众物之表里精粗无不到，而吾心之全体大用无不明矣。此谓物格，此谓知之至也。

所谓诚其意者[38]：毋自欺也[39]。如恶恶臭[40]，如好好色[41]，此之谓自谦[42]。故君子必慎其独也[43]！小人闲居为不善，无所不至，见君子而后厌然[44]，揜其不善，而著其善[45]。人之视己，如见其肺肝然，则何益矣。此谓诚于中，形于外[46]。故君子必慎其独也。曾子曰："十目所视，十手所指，其严乎！"[47]富润屋，德润身[48]，心广体胖[49]。故君子必诚其意。

所谓修身在正其心者，身有所忿懥[50]，则不得其正；有所恐惧，则不得其正；有所好乐，则不得其正；有所忧患，则不得其正。心不在焉，视而不见，听而不闻，食而不知其味。此谓修身在正其心。

所谓齐其家在修其身者：人之其所亲爱而辟焉[51]，之其所贱恶而辟焉，之其所畏敬而辟焉，之其所哀矜而辟焉[52]，之其所敖惰而辟焉[53]。故好而知其恶，恶而知其美者，天下鲜矣！故谚有之曰："人莫知其子之恶，莫知其苗之硕[54]。"此谓身不修不可以齐其家。

所谓治国必先齐其家者，其家不可教而能教人者无之。故君子不出家而成教于国：孝者，所以事君也；弟者[55]，所以事长也；慈者，所以使众也。《康诰》曰："如保赤子。"[56]心诚求之，虽不中[57]，不远矣。未有学养子而后嫁者也！一家仁，一国兴仁；一家让，一国兴让；一人贪戾，一国作乱。其机如此[58]。此谓一言偾事[59]，一人定国。

尧舜帅天下以仁[60]，而民从之；桀纣帅天下以暴，而民从之；其所令反其所好，而民不从。是故君子有诸己而后求诸人[61]，无诸己而后非诸人。所藏乎身不恕[62]，而能喻诸人者[63]，未之有也。故治国在齐其家。

《诗》云："桃之夭夭，其叶蓁蓁。之子于归，宜其家人。"[64]宜其家人，而后可以教国人。《诗》云："宜兄宜弟。"[65]宜兄宜弟，而后可以教国人。《诗》云："其仪不忒，正是四国。"[66]其为父子兄弟足法，而后民法之也。此谓治国在齐其家。

所谓平天下在治其国者：上老老而民兴孝[67]；上长长而民兴弟[68]；上恤孤而民不倍[69]。是以君子有絜矩之道也[70]。所恶于上，毋以使下；所恶于下，毋以事上；所恶于前，毋以先后；所恶于后，毋以从前；所恶于右，毋以交于左；所恶于左毋，以交于右。此之谓絜矩之道。

《诗》云："乐只君子，民之父母。"[71]民之所好好之，民之所恶恶之，此之谓民之父母。《诗》云："节彼南山，维石岩岩。赫赫师尹，民具尔瞻。"[72]有国者不可以不慎。辟则为天下僇矣[73]。《诗》云："殷之未丧师，克配上帝。仪监于殷，峻命不易。"[74]道得众则得国，失众则失国[75]。是故君子先慎乎德。有德此有人，有人此有土，有土此有财，有财此有用。德者本也；财者末也。外本内末，争民施夺。是故财聚则民散，财散则民聚。是故言悖而出者，亦悖而入。货悖而入者,亦悖而出。

《康诰》曰:“惟命不于常!”[79]道善则得之,不善则失之矣。《楚书》曰:“楚国无以为宝,惟善以为宝。”[80]舅犯曰:“亡人无以为宝,仁亲以为宝。”[81]《秦誓》曰:“若有一个臣,断断[82]兮无他技,其心休休[83]焉,其如有容焉。人之有技,若己有之,人之彦圣[84],其心好之,不啻[85]若自其口出,寔能容之,以能保我子孙黎民,尚亦有利哉。人之有技,媢疾[86]以恶之。人之彦圣,而违之俾[87]不通,实不能容。以不能保我子孙黎民、亦曰殆[88]哉。”唯仁人放流之,迸诸四夷[89],不与同中国。此谓唯仁人为能爱人,能恶人。见贤而不能举,举而不能先,命也[90]。见不善而不能退,退而不能远,过也。好人之所恶,恶人之所好,是谓拂[91]人之性,灾必逮[92]夫身。是故君子有大道:必忠信以得之,骄泰[93]以失之。

生财有大道,生之者众,食之者寡,为之者疾,用之者舒,则财恒足矣。仁者以财发身[94],不仁者以身发财。未有上好仁而下不好义者也,未有好义其事不终者也,未有府库[95]财非其财者也。孟献子[96]曰:“畜马乘不察于鸡豚[97],伐冰之家不畜牛羊[98],百乘之家不畜聚敛之臣[99],与其有聚敛之臣,宁有盗臣。”此谓国不以利为利,以义为利也。长国家而务财用者[100],必自小人矣。彼为善之,小人之使为国家,灾害并至。虽有善者,亦无如之何[101]矣!此谓国不以利为利,以义为利也。

选自朱熹《大学章句》,中华书局《四书章句集注》本,2001年版

【注释】

[1] 大学:即太学,太学之名始于西周。郑玄言:“名曰大学者,以其记博学可以为政也。”“大学”是对“小学”而言,是说它不是讲“详训诂,明句读”的“小学”,而是讲治国安邦的“大学”。“大学”是大人之学。道:本义是道路,引申为规律、原则等。

[2] 明明德:显明其至德。第一个词为动词,有发扬、弘扬之意;第二个词为形容词,有“高明”、“光明”之意。“明德”意指好的德行。

[3] 亲民:“亲”应为“新”,使动词。亲民,即新民,使人弃旧图新、去恶从善。至善:善的最高境界。

[4] 知止:知道目标所在,指上文所说的“止于至善”。

[5] 得:获得、收获。

[6] 本末:本指树的根和稍,这里是说有头有尾,与下句“始终”相对应。

[7] 齐其家:管理好自己的家庭或家族,使家庭或家族和和美美。

[8] 修其身:修养自身的品性。

[9] 正其心:端正自己的心思。

[10] 诚其意:意念发于精诚,不欺人,也不自欺。

[11] 致其知:使自己获得知识。致:求得。知:知识。

[12] 格物:认识、研究万事万物。

[13] 庶人:指平民百姓。壹是:都是。本:根本。

[14] 末:相对于本而言,指枝末、枝节。

[15]厚:重视。薄:轻视。

[16]《康浩》:《尚书·周书》中的一篇。《尚书》是上古历史文献和追述古代事迹的一些文章的汇编。全书分为《虞书》《夏书》《商书》《周书》四部分。下文中的《大甲》(即《太甲》)是《商书》中的一篇,“帝典”即《尧典》,是《尚书·虞书》中的一篇。克:能够。

[17]顾諟(shì):《尚书·太甲上》:“先王顾諟天之明命,以承上下神祇。”孔颖达疏:“《说文》云:顾,还视也。諟与是,古今之字异。故变文为是也。言先王每有所行,必还回视是天之明命。”后以“顾諟”指敬奉、禀顺天命。明命:光明的禀性。

[18]克明峻德:《尧典》原句为“克明俊德”。俊:与“峻”相通,意为大、崇高。

[19]汤:即成汤,商朝的开国君主。盘铭:刻在器皿上用来警戒自己的箴言。此处指商汤的盥浴之器。

[20]苟:如果。新:这里的本义是指洗澡除去身体上的污垢,使身体焕然一新,引申义则是指精神上的弃旧图新。意思是如果能够一天新,就应保持天天新,新了还要更新。

[21]作:振作,激励。朱熹注“鼓之舞之谓之作,言振起其子新之民也。”新:使动用法。意思是也就是使人弃旧图新,去恶从善。

[22]诗见《诗经·大雅·文王》。周:周朝。旧邦:旧国。命:天命。维:语助词,无意义。

[23]君子:此处指指品德高尚的人。极:穷尽。品德高尚的人无处不在追求完善。

[24]邦畿千里,惟民所止:引自《诗经·商颂·玄鸟》。邦畿(jī):都城及其周围的地区。止:居住。

[25]缗蛮黄鸟,止于丘隅:引自《诗经·小雅·绵蛮》。缗蛮:即绵蛮,鸟叫声。隅:角落。止:栖息。

[26]“穆穆”句:引自《诗经·大雅·文王》。穆穆,仪表美好端庄的样子。於(wū):叹词。毛传:“缉熙,光明也。”止:语助词,无意义。

[27]“瞻彼淇澳”以下句:引自《诗经·卫风·淇澳》。淇:指淇水,在今河南北部。澳(yù):水边。斐:文采。如切如磋,如琢如磨:古代把加工兽骨、象牙、玉、石分别称为切、磋、琢、磨。瑟兮僩(xiàn)兮:壮勇、庄重而胸襟开阔的样子。赫兮喧兮:显耀盛大的样子。諠:《诗经》原文作“谖”,遗忘。

[28]道:说、言的意思。

[29]恂栗:恐惧,戒惧。

[30]於戏前王不忘:引自《诗经·周颂·烈文》。於戏(wū hū):叹词。前王:指周文王、周武王。

[31]君子:此处指后王后贤。此以:因此。没世:去世。

[32]“子曰”句:引自《论语·颜渊》。听讼:听诉讼,即审案。犹人:与别人一样。

[33]情:实情。使隐瞒真实情况的人不能够尽其虚诞之辞。

[34]民志:民心,人心。此言德既明,民自然畏服,则诉讼自无,故“大畏民志”为本。

[35]即:接近,接触。穷:穷究,彻底研究。

[36]未穷:未穷尽,未彻底。

[37]凡:所有的。益:更加。

[38]诚其意:使意念真诚。同[10]。

[39]毋:不要。

[40]恶(wù)恶(è)臭(xiù):厌恶腐臭的气味。臭:气味。

[41]好(hào)好(hǎo)色:喜爱美丽的女子。好(hǎo)色:美女。

[42]谦(qiè):通“慊”。自足:心安理得。

[43]慎其独:在独自一人时也谨慎不苟。

[44]闲居:避人独居。厌然:掩藏、掩盖。孔颖达疏:“厌然,闭藏其不善之事。”

[45]揜:通“掩”,遮掩。著:显示。

[46]中:指内心。外:外表。

[47]“曾子曰”句:指个人的言论行动总是在群众的监督之下,不允许做坏事,做了也不可能隐瞒。严:畏惧。

[48]润屋:装饰房屋。润身,修养自身。

[49]心广体胖(pán):心胸宽广,身体舒泰安康。胖:大,舒泰。

[50]身:程颐认为应为“心”。懥(zhì):愤怒。

[51]之:即“于”,对于。辟(pì):通“僻”,偏颇,偏向。

[52]哀矜:同情,怜悯。

[53]敖惰:傲慢怠惰。敖:同“傲”。

[54]硕:大,肥壮。

[55]弟(tì):通“悌”,指弟弟服从哥哥。

[56]如保赤子:《尚书·周书·康诰》原文作“若保赤子。”保护平民百姓如母亲养护婴孩一样。赤子:婴孩。

[57]中(zhòng):达到目标。

[58]机:本指弩箭上的发动机关,引申指关键。

[59]偾(fèn):败,坏。

[60]帅:同“率”,率领,统帅。

[61]诸:“之于”的合音。

[62]恕:即恕道。孔子说:“己所不欲,勿施于人。”意思是说,自己不想做的,也不要让别人去做,这种推己及人,将心比己的品德就是儒学所倡导的恕道。

[63]喻:使别人明白。

[64]“桃之夭夭……”:引自《诗经·周南·桃夭》。夭夭(yāo):鲜嫩,美丽。蓁蓁(zhēn):茂盛的样子。之子:这个(之)女子(子)于归,指女子出嫁。

[65]“宜兄宜弟”:引自《诗经·小雅·蓼萧》。

[66]“其仪不忒……”:引自《诗经·曹风·鸤鸠》。仪:仪表,仪容。忒(tè):差错。

[67]老老:尊敬老人。前一个“老”字作动词,意思是把老人当作老人看待。

[68]长长:尊重长辈。前一个“长”字作动词,意思是把长辈当作长辈看待。

[69]恤:体恤,周济。孤:孤儿,古时候专指幼年丧失父亲的人。倍:通“背”,背弃。

[70]絜(xié)矩之道:絜:量度。矩:画直角或方形用的尺子,引申为法度,规则。

[71]乐只君子,民之父母:引自《诗经·小雅·南山有台》。只:语助词。

[72]“节彼南山……”:引自《诗经·小雅·节南山》。节:高大。岩岩:险峻的样子。师尹:太师尹氏,太师是周代的三公之一。具:通“俱”。尔:你。瞻:瞻仰,仰望。

[73]僇(lù):通“戮”,杀戮。

[74]“殷之未丧师……”:引自《诗经·大雅·文王》。师:民众。配:符合。仪:宜。监:鉴戒。峻:大。易:

改变。

[75]道:言。后文“道善则得之”之“道”也是此意。

[76]此:乃,才。

[77]争民施夺:争民,与民争利。施夺:施行劫夺。

[78]悖:逆。

[79]常:恒久,长久不变。

[80]《楚书》句:事见《王孙圉论楚宝》(《国语·楚语下》)。

[81]舅犯:晋文公重耳的舅舅狐偃,字子犯。亡人:流亡之人,指重耳。晋僖公四年十二月,晋献公因受骊姬的谗言,逼迫太子申生自缢而死。重耳避难逃亡在狄国时,晋献公逝世。秦穆公派人劝重耳归国掌政。重耳将此事告子犯,子犯以为不可,对重耳说了这几句话。事见《礼记·檀弓下》。

[82]“《秦誓》”以下句:《秦誓》是《尚书·周书》。个:原文作“介”,耿介。孔颖达引王肃疏曰:“断断,守善之貌。无他技能,徒守善而已。”

[83]休休:宽宏大量。有容:能够容人。

[84]彦圣:指德才兼备。彦:美。圣:明。

[85]不啻(chì):不异于。

[86]娼(mào)疾:郑注:“娼,妒也。”疾:恨。

[87]违:拂逆。俾(bǐ):使。

[88]殆:危。

[89]放流:流放。迸:即“屏”,驱逐。四夷:四方之夷。夷指古代东方的部族。中国:全国中心地区。

[90]举:推荐。命:东汉郑玄认为应该是“慢”字之误。慢即轻慢。

[91]拂:逆,违背。

[92]逮:及、到。夫(fú):助词。

[93]骄泰:骄横放纵。

[94]发身:修身。

[95]府库:国家收藏财物的地方。

[96]孟献子:鲁国大夫,姓仲孙名蔑。

[97]畜:养。乘(Shèng):指用四匹马拉的车,畜马乘是士人初作大夫官的待遇。察:关注。豚:小猪。

[98]伐冰之家:指丧祭时能用冰保存遗体的人家,是卿大夫类大官的待遇。

[99]百乘之家:拥有一百辆车的人家,指有封地的诸侯王。聚敛之臣:搜刮钱财的家臣。聚:聚集。敛:征收。

[100]长(zhǎng)国家:成为国家之长,指君王。务:致力。

[101]无如之何:没有办法。

【内容提要】

《礼记·大学》是先秦儒家的政治哲学,诚如其所言,是“初学入德之门”,讲的是修身、齐家、治国、平天下的大道理,构建了以“三纲八目”为核心的道德修养体系,旨在阐释一种修己治人之道，亦即内圣外王之道。

文章开篇提出了明明德、亲民、止于至善三条纲领，这是儒学“垂世立教”的目标所在。又提出了实现三条纲领的途径与次序：格物、致知、诚意、正心、修身、齐家、治国、平天下八个条目。其中，“自天子以至于庶人，壹是皆以修身为本”，修身是根本的一条。后面分别解释明明德、亲民、止于至善、本末、格物致知、诚意、正心、修身、齐家、治国平天下。格物、致知、诚意、正心体现的正是主体道德修养的层次，是道德的内在修为，是修身，是“内圣”；齐家、治国、平天下是道德的外在修为，是“外王”。“内圣”而后“外王”，由内到外的递进式的修为之路是主体道德修养不断加强的过程，也是由观念到行动的具体实践过程。

【写作特点】

1. 谋篇布局，章法谨严，说理充分。文章开篇立意，提出“三纲”，提纲挈领，再提出“八目”，论述逐层推演，层次井然，且一环紧扣一环，逻辑十分严密。李贽评该段曰：“文字极有条理，极有格式。三纲领处，鸳鸯画出；八条目处，金针度人也。”（《四书评·大学》）随后再依次对此进行解释，婉转回复，前后呼应。为增强文章的说服力，《大学》屡次引用《诗经》《尚书》等书中的文句。此外，运用顶真修辞，如“知止而后有定，定而后能静，静而后能安，安而后能虑，虑而后能得”等，使推理逻辑性强，论证条理清晰。

2. 用语凝练，言简意丰。文中有许多经典语言，如“富润屋，德润身”“君子必慎其独”“心不在焉，视而不见，听而不闻，食而不知其味”“道得众则得国，失众则失国”“财聚则民散，财散则民聚”等，语句凝练而意蕴深刻。

3. 语言整饬而多变。文章广泛地使用了排比、对偶句式，有骈有散，形式整齐美观，节律和谐匀称，行文流畅，气势贯通。

【思考与练习】

“修身”“齐家”“治国”“平天下”的教育思想在当代社会有何意义？

【拓展阅读书目或文章名】

1.《礼记·中庸》

2.《礼记·礼运》

乞火不若取燧，寄汲不若凿井

【作品介绍】

文章选自《淮南子》卷六《览冥训》，标题为编者所拟。《淮南子》又名《淮南鸿烈》、《刘安子》，由淮南王刘安招集宾客集体创作而成。后来刘向对这部书进行"校定撰具"，又加上"淮南"，成为《淮南鸿烈》这一书名。据东汉高诱《淮南子·叙目》说，此书本来"号曰《鸿烈》。鸿，大也；烈，明也。以为大明道之言也。"《隋书·经籍志》始称《淮南子》。《淮南子》是以道家思想为核心而兼融各家的哲学巨著，"其书牢笼天地，博极古今，上自大公，下至商鞅。其错综经纬，自谓兼于数家，无遗力矣。"（唐刘知几在《史通·叙》）

【正文】

昔者黄帝治天下，而力牧、太山稽辅之[1]，以治日月之行，律治阴阳之气[2]，节四时之度，正律历之数；别男女，异雌雄，明上下，等贵贱，使强不掩弱，众不暴寡[3]；人民保命而不夭[4]，岁时孰而不凶[5]，百官正而无私，上下调而无尤[6]，法令明而不闇，辅佐公而不阿[7]，田者不侵畔，渔者不争隈[8]，道不拾遗，市不豫贾[9]，城郭不关，邑无盗贼，鄙旅之人，相让以财[10]，狗彘吐菽粟于路，而无忿争之心；于是日月精明，星辰不失其行，风雨时节，五谷登孰，虎狼不妄噬，鸷鸟不妄搏，凤皇翔于庭，麒麟游于郊[11]，青龙进驾，飞黄伏皁[12]，诸北儋耳之国，莫不献其贡[13]。然犹未及虙戏氏之道也[14]。

往古之时，四极废，九州裂[15]，天不兼覆，地不周载[16]，火爁炎而不灭，水浩洋而不息，猛兽食颛民，鸷鸟攫老弱[17]。于是女娲炼五色石以补苍天，断鳌足以立四极，杀黑龙以济冀州，积芦灰以止淫水[18]。苍天补，四极正，淫水涸，冀州平，狡虫死，颛民生[19]。背方州，抱圆天[20]，和春阳夏，杀秋约冬[21]，枕方寝绳[22]，阴阳之所壅沈不通者，窍理之，逆气戾物伤民厚积者，绝止之[23]。当此之时，卧倨倨，兴眄眄[24]，一自以为马，一自以为牛[25]，其行蹎蹎，其视瞑瞑，侗然皆得其和，莫知所由生[26]。浮游不知所求，魍魉不知所往[27]。当此之时，禽兽蝮蛇，无不匿其爪牙，藏其螫毒，无有攫噬之心[28]。考其功烈，上际九天，下契黄垆[29]，名声被后世，光晖重万物[30]。乘雷车，服驾应龙[31]，骖青虬，援绝瑞，席萝图，黄云络，前白螭，后奔蛇[32]，浮游消摇，道鬼神，登九天，朝帝于灵门，宓穆休于太宜之下[33]。然而不彰其功，不扬其声，隐真人之道，以从天地之固然。何则？道德上通，而智故消灭也[34]。

逮至夏桀之时，主闇晦而不明，道澜漫而不修，弃捐五帝之恩刑[35]，推蹶三王之法籍[36]。是以至德灭而不扬，帝道掩而不兴[37]。举事戾苍天，发号逆四时，春秋缩其和，天地除其德[38]；仁君处位而不安，大夫隐道而不言[39]，群臣准上意而怀当[40]，疏骨肉而自容[41]，邪人参耦比周而阴谋[42]，居君臣父子之间而竞载，骄主而像其意，乱人以成其事[43]。是故君臣乖而不亲[44]，骨肉疏而不附，植社槁而土雩裂[45]，容台振而掩覆[46]，犬群嗥而入渊，豕衔蓐而席澳[47]，美人挐首墨面而不容，曼声吞炭内闭而不歌[48]，丧不尽其哀，猎不听其乐[49]，西老折胜，黄神啸吟[50]，飞鸟铩翼，走兽废脚[51]，山无峻榦，泽无洼水[52]，狐狸首穴，马牛放失[53]，田无立禾，路无莎薠[54]，金积折廉，璧袭无理[55]，磬龟无腹，蓍策日施[56]。

晚世之时，七国异族，诸侯制法，各殊习俗，纵横间之，举兵而相角[57]。攻城滥杀，覆高危安[58]，掘坟墓[59]，扬人骸，大冲车，高重京[60]，除战道，便死路，犯严敌，残不义[61]，百往一反，名声苟盛也[62]。是故质壮轻足者为甲卒[63]，千里之外。家老羸弱，凄怆于内[64]，厮徒马圉，軵车奉饟[65]，道路辽远，霜雪亟集，短褐不完，人羸车獘[66]，泥涂至膝，相携于道，奋首于路，身枕格而死[67]。所谓兼国有地者，伏尸数十万，破车以千百数，伤弓弩矛戟矢石之创者扶举于路[68]，故世至于枕人头，食人肉，葅人肝[69]，饮人血，甘之于刍豢[70]。故自三代以后者，天下未尝得安其情性而乐其习俗，保其修命天而不夭于人虐也[71]。所以然者何也？诸侯力征，天下不合而为一家。

逮至当今之时，天子在上位，持以道德，辅以仁义[72]，近者献其智，远者怀其德，拱揖指麾而四海宾服[73]，春秋冬夏皆献其贡职，天下混而为一，子孙相代，此五帝之所以迎天德也[74]。夫圣人者，不能生时，时至而弗失也。辅佐有能，黜谗佞之端[75]，息巧辩之说，除刻削之法[76]，去烦苛之事，屏流言之迹，塞朋党之门[77]，消知能，修太常[78]，隳肢体，绌聪明[79]，大通混冥，解意释神，漠然若无魂魄，使万物各复归其根[80]，则是所修伏牺氏之迹，而反五帝之道也[81]。

夫钳且大丙不施辔衔，而以善御闻于天下[82]。伏戏女娲不设法度[83]，而以至德遗于后世，何则？至虚无纯一，而不口婴喋苛事也[84]。《周书》曰："掩雉不得，更顺其风。"[85]今若夫申、韩、商鞅之为治也，挬拔其根[86]，芜弃其本，而不穷究其所由生，何以至此也？凿五刑[87]，为刻削，乃背道德之本，而争于锥刀之末[88]，斩艾百姓，殚尽太半[89]，而忻忻然常自以为治[90]，是犹抱薪而救火，凿窦而出水[91]。夫井植生梓而不容瓮，沟植生条而不容舟，不过三月必死[92]。所以然者何也？皆狂生而无其本者也[93]。河九折注于海而流不绝者，昆仑之输也，潦水不泄，瀇瀁极望[94]，旬月不雨则涸而枯泽，受瀷而无源者[95]。譬若羿请不死之药于西王母，姮娥窃以奔月[96]，怅然有丧，无以续之。何则？不知不死之药所由生也。是故乞火不若取燧，寄汲不若凿井[97]。

选自《新编诸子集成·淮南子集释》，中华书局，1998 年版

【注释】

[1] 力牧、太山稽:黄帝手下大臣。传说黄帝梦有人执千钧之弩,驱羊万群,依据占卜找寻,得力牧于大泽,任为将领。见《史记·五帝本纪》张守节正义。

[2] 律:度。

[3] 强不掩弱,众不暴寡:指力量强大的不欺侮弱小的,人数多的不欺负人数少的。暴:横蹋,损害。

[4] 夭:夭折。人民能安性命,不会夭折。

[5] 孰:熟。下文"孰"同此。不凶:无灾害。

[6] 调:谐和。尤:怨恨。指上下和睦,没有怨恨。

[7] 闇(àn):同"暗"。阿:曲从;迎合。

[8] 畔:田界。隈:水流弯曲又深,鱼多聚藏处。

[9] 豫:变动。也有译作"诳"者,即欺诈。贾:"价"的古字。豫贾:抬高物价。《荀子·儒效》:"鲁之粥牛马者不豫贾。"杨倞注:"豫贾,定为高价也。"

[10] 鄙旅:乡里百姓。

[11] 凤皇:凤凰。翔:止。游:行。

[12] 飞黄:亦名"乘黄"。传说为八骏中的神马,背有角、善飞驰,乃是马中之王。古文有云:"飞黄,乘黄也,出西方,状如狐,背上有角,寿千岁"。皁:枥。

[13] 诸北、儋耳:均为国名。向宗鲁云:"诸北乃'诸比'之误。"《山海经·海外东经》:"奢比之户在其北,兽身、人面、大耳,珥两青蛇,一曰肝榆之尸在大人北。"《大荒北经》:"有儋耳之国,任姓,禺号子,食穀。"贡职:贡献给天子的物品。

[14] 虙戏氏:即伏羲氏、宓羲氏。

[15] 废:塌落。裂:裂开,分开。

[16] 天不两句:天不能完整周密地扣住大地,地不能周全地承载万物。

[17]《广韵》:"爁(làn)焱,火延也。"息:灭。颛:善。攫:抓取。《史记》索隐:"凡鸟翼击物曰搏,足取曰攫。"

[18]《说文》:"娲,古之神圣女化万物者也。"鳌:大龟。济:救。淫水:泛滥的洪水。

[19] 涸:干涸。狡虫:毒蛇猛兽。于省吾注"虫,狩也。"狩:即"兽"。《吕氏春秋·恃君》:"犹裁万物,制禽兽,服狡虫。"高诱注:"狡虫,虫之狡害者。"

[20] 背方州,抱圆天:高诱注:"方州,地也。"亦指域内。古谓天圆地方,故称。意思是遵循天帝运行的法则。

[21] 和春二句:阳疑为"炀",炽热、炙燥。和、阳、杀、约字都是使动用法,即使温和、使炎热、使肃杀、使敛藏。两句写女娲使四季气候各归于常。

[22] 枕方寝绳:枕方石,睡绳床。方:矩尺。绳:准绳。杨树达证闻:"寝绳谓织绳为床,人寝其上。"比喻自然无为而又有法度(遵循自然规律)。

[23] 壅沈:壅塞沉滞。窍:通,贯通。理:疏理。所:助词,无意义。逆气:乱气。戾:乖张;违逆。这两句意思为疏通阻塞不通的阴阳二气,除尽危害万物、妨碍人们积聚财物的戾乱之气。

[24] 倨倨:无思虑、无忧虑。眄眄:木然、斜视的样子,形容不用智谋。

[25]《庄子·应帝王》作“一以己为马,一以己为牛”,成玄英注疏:“或马或牛,随人呼召”。《经传释词》:“一,犹或也。”形容率真无伪,自然纯朴。

[26]蹎蹎:稳重舒缓貌。瞑瞑:昏暗迷乱貌。杨倞注:“瞑瞑,视不审之貌。”侗然:幼稚无知貌。侗:通“僮”,本指儿童,引申为童稚。《论语》:“侗而不愿”,孔注:“侗,未成器之人。”

[27]浮游:随意闲荡。魍魉:即罔两,依违、徘徊、飘惚不定的样子。行动舒缓沉稳,走路漫无目的,视物若明若暗。

[28]螫(shì):虫蛰刺行毒。

[29]功烈:功业。黄垆:黄泉下的黑土。

[30]被(pī):覆盖。晖:照耀。重:层加,也指照射。

[31]服、骖:均指驾车的马,居中的称服马,在两旁的叫骖马。应龙:古代传说中有翼的龙。

[32]援:持、执。绝瑞:稀罕的瑞应之物。萝图:车上的席。”络:笼罩、缭绕。奔蛇:腾蛇,一种会飞的神蛇。

[33]消摇:逍遥,悠闲自得貌。道:导,引导。宓:宁、安。穆:和。休:休息。太宜:指“道”。

[34]彰:彰显,标榜炫耀。固然:自然。智故:智巧奸诈。

[35]澜漫:分散、杂乱貌。高诱注“仁义之道不复修设,故曰澜漫。”弃捐:抛弃。五帝:《史记》等书指黄帝、颛顼、帝喾、尧、舜;《周易·系辞下》指伏羲、神农、黄帝、尧、舜;《帝王世纪》指少昊、颛顼、高辛、尧、舜。恩刑:恩威并用。

[36]推蹶:推倒、毁坏。三王:夏禹、商汤、周文王,这里指古代圣王。

[37]揜:掩盖、遮蔽。兴:提倡。

[38]戾:反。缩:原注作“藏也。言和气不复行也。”“言所施日恶,不自知也。故曰‘除其德’。”“举事”下四句意为:办事背离天意,号令施政又违逆时令,春秋藏匿起和顺之气,天地也停止了对世间的布施恩泽。

[39]隐道而不言:高注作。“隐仁义之道,不正谏直言。”

[40]怀:望,思。准:揣度、揣测、揣摩,以……为准。当:合。

[41]骨:骨肉,亲人。自容:求得自身立足君前。这句话意思是疏离骨肉而求自保。

[42]参耦:三三两两。比周:拉帮结派。阴谋:暗中谋划。

[43]载:《尔雅·释诂》“载,伪也。”骄:骄纵。像:高注作“犹随也。”

[44]乖:不顺,不和谐。

[45]植社:置社,社主,土地神的牌位。《礼记·祭法》:“大夫以下成群立社曰置社。”槁:干枯。“土雩”是“裂”、“拆”的意思。这句话的意思是长期不祭祀,使社木都干裂了。

[46]容台:古代讲习礼仪的高台。振:震动。

[47]“犬群”两句:高诱注为“言将灭坏,犬失其主,故嗥而入渊也。一说:言犬祸也。”“豕衔其蓐席人之澳,言豕祸也。”蓐:草垫。这二句是说由君主倒行逆施而震怒上天,降灾难于人间,导致家畜不宁。

[48]挐(ná)首:头发蓬乱,形容不加修饰。高诱 注:“挐首,乱头也。草与髮并编为挐首,不修容饰也。”墨面:面如墨。容:修饰打扮容貌。曼声:舒展悠长的歌声,这里用作名词,指善歌者。《战国策》有“豫让吞炭为哑”的记载。这两句意思是美女蓬头垢面不梳洗打扮,歌手自吞炭而致哑不肯歌唱。

[49]“丧不尽其哀”两句:有丧事也不尽情流露悲哀,田猎游玩也不尽情欢乐。指时乱,礼崩乐坏。听:

俞樾认为是“德”之误(“听”繁体为“聽”,与德形近),德:通“得”。

[50] 西老:西王母。老:当作“姥”。胜:玉做的头饰。黄神:黄帝之神。啸吟:长啸叹息。西王母折断美丽的玉质头饰,黄帝之神也长啸叹息。

[51] 铩翼:残羽。废:使残废。指田猎繁多,鸟兽悉遭重创。

[52] 峻榦(干):高大的树木。洼水:深水。

[53] 首穴:头朝着墓穴。放失:走失、跑散。死狐狸头朝巢穴躺着,牛马四处走失无法寻找。

[54] 莎薠(suō fán):野草的名称。“田无……莎薠”句都是对田野荒芜的描绘。

[55] 金:指金属器皿。积:堆积。廉:边角、棱。《玉篇·广部》“廉:棱也。”理:纹理。金器积久则剥蚀其棱,玉器积久则尘封垢蔽,纹理难见。指暴君大量搜刮金银财宝而又堆积以致损坏。

[56] 蓍策:用蓍草占卜。

[57] 纵横间之:纵横家从中挑拨离间。举兵而相角(jué):兴兵争斗。相角:竞争。

[58] 覆高危安:使高城夷为平地,让平安化作危险。

[59] “掘坟”二句:据《史记田单列传》记载,田单用反间计诱使燕军掘墨城外齐人坟冢。“燕军尽掘垄墓,烧死人。即墨人从城上望见,皆涕泣,俱欲出战,怒自十倍。”

[60] 大:加大。高:加高。重京:王念孙认为应作“重垒”,即深沟高垒。

[61] 除:清除障碍物。便:使便利。犯:进犯。严敌:强劲对手。残:残杀。

[62] 百往一反:百人战死,一人得返,言死亡惨重。苟:姑且。

[63] 质壮轻足:体质强壮,行动敏捷。甲卒:披甲的士卒,泛指士兵。高诱 注:“甲,铠也。在车曰士,步曰卒。”

[64] 家老:家中年长者。羸:体弱者。弱:未成年的孩子。凄怆:悲伤。

[65] 厮徒:服劳役者。马圉:养马者。�(rǒng)车:推车。饟(xiǎng):同“饷”,指粮饷。

[66] 亟(qì):多次。短褐:古代仆役或穷人穿的粗麻布上衣。“短褐不完”指衣衫破烂。獘:《说文》:“獘,顿仆也。”本义是仆倒,引申为破弊。

[67] 涂:泥泞。奋首:伸颈昂首奋力挣扎的样子,高诱 注:“奋首,民疲於役,顿仆於路,仅能摇头耳,言疲困也。”格:通“辂”,指挽车用的横木。

[68] 伤:为……所伤。创:创伤。扶举:相互扶持。

[69] 葅(zū):同“菹”,剁成肉酱,切碎。

[70] 刍豢(chú huàn):牛羊犬豕之类的家畜,泛指肉类食品。《孟子·告子上》:“故义理之悦我心,犹刍豢之悦我口。”朱熹 集注:“草食曰刍,牛羊是也;穀食曰豢,犬豕是也。”

[71] 三代:夏、商、周。天:享尽天年。虐:害。

[72] 持以道德,辅以仁义:以道德治理天下,以仁义为辅佐。

[73] 拱揖指麾:指从容安舒,指挥若定。宾服:归顺,服从。

[74] 迎:顺应。天德:上天之德,指无为而治。汉初尚黄老之说,行休生养息政策。

[75] 黜:罢免。端:事端。这里指歪门邪道。

[76] 刻削:严酷刻薄。

[77] 朋党:原本指一些人为自私的目的而互相勾结,朋比为奸。

[78] 智能:智巧之能。太常:中国古代朝廷掌宗庙礼仪之官,这里指重大的礼法规则。

[79] 隳(huī):毁坏。绌(chù):同"黜",罢免,革除。根除禁绝各种情欲贪念,废弃小聪明。

[80] 混冥:亦作"混溟",指无分无迹,无始无终。《庄子·天地》:"致命尽情,天地乐而万事销亡,万物复情,此之谓混冥。" 郭象 注:"情复而混冥无迹也。"这几句意思是持守纯朴本性而彻底通悟,混混沌沌,消解思想、解放精神,淡泊茫然如同丧魂落魄,不刻意干涉使万事万物都能归复到它们的根本。

[81] 反:返,复归。

[82] 钳且、大丙:传说中的善御马者,一说为得道之人。高诱 注:"此二人,太乙之御也。一说古得道之人,以神气御阴阳也。"

[83] 伏戏:即伏羲。

[84] 口翣喋(shà dié):" 口翣"疑为"唼",原指鱼和禽鸟吃食。这里比喻贪求。

[85] "掩雉"二句:高诱 注为"言掩雉虽不得,当更从其上风,顺其道理也。言可行与不(否),犹当以道德为本。喻申、商之法失之也。"

[86] 拕(bó):同"拨"。

[87] 凿:本指挖槽或穿孔用的工具,引申为制作,这里有贬义。五刑:中国古代的五刑是五种刑罚的统称,指墨(又叫黥刑,先割破人的面部,然后涂墨,伤好后留下深色的伤疤)、劓(y ì ,割鼻子)、刖(yuè,断足)、宫(又叫淫刑、腐刑、蚕室刑)、大辟(死刑)。

[88] 刻削:苛刻,严酷。锥刀之末:比喻小利。殚:尽。太半:过半。

[89] 艾:通"刈",斩刈,砍伐。《墨子·备城门》:"斩艾与此长尺,乃置窑灶中。"

[90] 忻忻然:得意之貌。

[91] 出:王念孙以为是"止"之误。这里采其说。

[92] "夫生并植"三句:比喻申、韩、商之法行不通。

[93] 狂生:妄生,盲目生长。树分出来的枝条数量多,得不到充足的营养,大都难以成材,故曰"狂生"。

[94] 潦水:雨后的积水。瀇滉(wǎng yàng):同"汪洋",水广阔无边的样子。

[95] 瀷(yì):雨后地面的积水。

[96] 姮娥:嫦娥。

[97] 燧(suì):古代取火器。汲:从井里打水。向人借火不如得到燧石,从别人那里得到水不如自己去凿井。比喻要从根本上解决问题。

【内容提要】

关于"览冥",原题解为:"览观幽冥变化之端,至精感天,通达无极,故曰'览冥',因以题篇。"览者,观览也,察知也;"冥"者,幽暗也,微妙也;览冥即对幽微境况的察知。选文截取的是《览冥训》的后面部分。

选文主要介绍人类在不同时代的境遇。"修伏牺氏之迹,而反五帝之道",使"万物各复归其根"是本篇的主要思想。作者列举夏桀、战国时代因"德灭而不扬,帝道揜而不兴"而造成的人类灾害的可怕性来从反面证明伏羲黄帝时代道之无为而治的优越性,以启示人们得"道"、体"道"的重要性。

女娲补天后，气候“和春阳夏，杀秋约冬”，百姓由于绝圣弃智、绝巧弃利、神气不外荡，“禽兽蝮蛇，无不匿其爪牙，藏其螫毒”而“无有攫噬之心”。社会尚处古朴纯真、道德上通的阶段。黄帝时代，有了男女之别，贵贱之分，但秩序井然：“强不掩弱，众不暴寡”“民保命而不夭，岁时孰而不凶”“百官正而无私，上下调而无尤，法令明而不闇，辅佐公而不阿。田者不侵畔，渔者不争隈，道不拾遗，市不豫贾”。夏桀之时，“弃捐五帝之恩刑，推蹶三王之法籍”，整个社会秩序遭到破坏，以至于“君臣乖而不亲，骨肉疏而不附，植社槁而土雩裂，容台振而掩覆”。到了战国，战争频繁，以至“枕人头，食人肉，葅人肝，饮人血，甘之于刍豢”。

对于“当今之时”，则希望“修伏牺氏之迹”，“反五帝之道”，使“万物各复归其根”，此举犹若取燧、凿井，能从根本上解决问题。

【写作特点】

1.《淮南子》想象丰富诡奇。淮南国是道家文化的盛行之地，深受道家文化的影响，其想象大胆恢奇，如女娲补天、嫦娥奔月的神话。

2.铺陈夸饰，宏富善辩。为了说明一个问题，往往博引事例，反复说明。文章在说明至德之世的淳朴无为与夏桀、战国之世的混乱等，都从多个方面不厌其烦地进行说明。排比句式、对偶句式的运用大大增强了文章的气势。

3.句式灵活多变。或短句排比，或长句排比，或以单句作排比，或以复句作排比，比句之盛多、用法之灵活多变，比之纵横家之文毫不逊色。如“掘坟墓，扬人骸，大冲车，高重垒，除战道，便死路，犯严敌，残不义……枕人头，食人肉，葅人肝，饮人血”“黜谗佞之端，息巧辩之说，除刻削之法，去烦苛之事，屏流言之迹，塞朋党之门”等。句式的变化让文章摇曳多姿。

【思考与练习】

1.对于“修伏牺氏之迹，而反五帝之道”，你有什么看法？

2.联系全文，说说“女娲补天”与“嫦娥奔月”故事的寓意。

3.翻译：乞火不若取燧，寄汲不若凿井。

【拓展阅读书目或文章名】

1.刘安《淮南子》

2.杨有礼《新道鸿烈：<淮南子>与中国文化》

谓秦王曰

【作品介绍】

文章选自《战国策·秦策五》。《战国策》凡33卷，杂记东周、西周、秦、齐、楚、赵、魏、韩、燕、宋、卫、中山诸国军政大事。主要记载了谋臣策士游说诸侯或进行谋议论辩时的政治主张和斗争策略，表现了纵横家的思想和人生观。作者大多是战国后期纵横家，也可能有若干篇章是秦汉间人所作。后由西汉刘向编校整理，定名为《战国策》。

【正文】

谓秦王曰："臣窃惑王之轻齐易楚，而卑畜韩也[1]。臣闻，王兵胜而不骄，伯主约而不忿[2]。胜而不骄，故能服世；约而不忿，故能从邻[3]。今王广德魏、赵而轻失齐，骄也；战胜宜阳，不恤楚交，忿也[4]。骄忿非伯主之业也。臣窃为大王虑之而不取也。"

"《诗》云：'靡不有初，鲜克有终。'[5]故先王之所重者，唯始与终。何以知其然？昔智伯瑶残范、中行，围逼晋阳，卒为三家笑[6]；吴王夫差栖越于会稽，胜齐于艾陵，为黄池之遇，无礼于宋，遂与句践禽，死于干隧[7]；梁君伐楚胜齐，制赵、韩之兵，驱十二诸侯以朝天子于孟津，后子死，身布冠而拘于秦[8]。三者非无功也，能始而不能终也。[9]"

"今王破宜阳，残三川[10]，而使天下之士不敢言；雍天下之国，徙两周之疆[11]，而世主不敢交阳侯之塞[12]，取黄棘，而韩、楚之兵不敢进。王若能为此尾[13]，则三王不足四，五伯不足六[14]。王若不能为此尾，而有后患，则臣恐诸侯之君，河、济之士，以王为吴、智之事也[15]。"

"《诗》云：'行百里者，半于九十。'此言末路之难也。今大王皆有骄色，以臣之心观之，天下之事，依世主之心，非楚受兵，必秦也。何以知其然也？秦人援魏以拒楚，楚人援韩以拒秦，四国之兵敌[16]，而未能复战也。齐、宋在绳墨之外以为权[17]，故曰先得齐、宋者伐秦。秦先得齐、宋，则韩氏铄[18]；韩氏铄，则楚孤而受兵也。楚先得齐，则魏氏铄；魏氏铄，则秦孤而受兵矣。若随此计而行之，则两国者必为天下笑矣[19]。"

选自《战国策》，上海古籍出版，1985年版

【注释】

[1]轻、易：轻视。卑：卑下，这里有轻视，看不起之意。畜(xù)：养，对待。句意为：轻视齐国与楚国，而

且待韩国就像对待奴仆一样。

[2] 伯：同“霸”。忿：忿怒、忿恨。王者出兵取得胜利而不骄傲，霸主主持盟约而不焦躁。

[3] 服世：使诸侯臣服。从邻：使邻国顺从。

[4] 德魏、赵而轻失齐：对魏、赵两国广施恩德，对齐国却因轻视而失去了它。恤：顾及，顾念。

[5] 出自《诗·大雅·荡》。靡：无。初：开始。鲜：少。克：能。凡事总有开头，但很少能做到善始善终。

[6] 智伯：即智襄子，又称智瑶，后世多称智伯、智伯瑶。范：范吉射，谥昭，称范昭子。中行：即中行寅。这三人都是春秋时期晋国卿大夫。范吉射与中行寅刻薄寡恩，为智伯所灭。智伯逼赵割地，赵氏与韩、魏通谋，韩、魏反，智伯为赵所杀。残：灭。三家：即赵、魏、韩。

[7] 栖：《国语·越语上》韦注：“山处曰栖。”遇：会。与：为，被。干隧：邑名。“禽”：通“擒”。公元前494年，吴王夫差伐越，勾践逃到会稽山之上。前484年，夫差闻齐景公死，齐国内乱，大臣争宠，就发兵攻齐，并败齐师于艾陵。前482年，吴国精锐部队北上黄池(在今河南封丘西南)会盟，争得了霸权，进而因宋不参加黄池之会而伐之。勾践起兵伐吴，吴败，夫差在干隧被越人所杀。

[8] 梁君：即梁惠王（也称魏惠王）。公元前341年，魏太子申为上将军，与齐人战，败于马陵，太子申被杀。制：制服，控制。

[9] 三者：指智伯、夫差、魏惠王。

[10] 三川：指黄河、洛水、伊水之地。残：破，灭。

[11] 雍：同“壅”，阻塞。徙：改变。两周：西周、东周。这两句意思是诸侯为秦所阻隔，不得合纵；领土扩张，改变了两周的疆界。

[12] 世主：诸侯。交：同“较”，对抗。塞：隘处。

[13] 尾：终，即上文能终之说。

[14] “三王不足四，五伯不足六”句：如能利用大好形势，善始善终，则不难建立三王五霸这样的事业。不足：不难。《裴学海古书虚字集释》卷八：“足，犹‘难’也。”

[15] “以王为吴、智之事”句：即步入夫差、智伯之后尘。

[16] 援：《说文》“引也”。敌：匹敌、相当。

[17] “齐、宋在绳墨之外以为权”句：言置身于四国之外，故而举足轻重。

[18] 铄(shuò)：削弱。

[19] 两国：高注：“秦、楚也。”

【内容提要】

这篇说辞无说者姓名，是一篇以战国谋士辞令为主的散文。它生动地反映了战国时期尖锐激烈的斗争形势。文章通过批评秦国外交政策的失误，指出第三国的重要性。同时也指出坚持到底之难以及坚持到底才能获取最终的胜利。从中可见战国时期谋士们的政治眼光与战争谋略，可见纵横家们纵横捭阖的辩士风采。

说客先指责秦王外交政策失误，抓住秦王欲称王称霸的心理，要求他“胜而不骄，约而不忿”。接着，引用《诗经》“靡不有初，鲜克有终”，指出坚持到底很难，通过举例说明很多历史人物不是“无功”，而是“不能终”。然后回到秦王自身，告诫他只有坚持到底才是真正的胜者本色。在进谏之后，又给秦王的外交政策献上良谋，指出秦楚之争其实最终取决于第三国——齐、宋、魏等，第三国才是政治决胜的砝码，再一次点出秦王“轻齐易楚，而卑畜韩”外交政策的失误。

【写作特点】

1. 博引诗文、谚语、史实以说明问题。如引传言“王兵胜而不骄，伯主约而不忿”告诫秦王，以“靡不有初，鲜克有终”“行百里者，半于九十”说明做事一定要坚持到底；引夫差、智伯之事说明无有始无终之害等。

2. 铺张扬厉的风格。章学诚言“其辞敷张而扬厉。”谋士在游说时，通常知己知彼。论形势，析厉害，都善于使用铺排的手法，语言明快流畅，纵恣多变，委曲尽情。

【思考与练习】

谈谈对“行百里者，半于九十”的理解。

【拓展阅读】

1.《诗经·大雅·荡》

2.《国语·勾践栖会稽》

书　解(节选)

王充

【作品介绍】

本文节选自《论衡·书解》。两汉之际,谶纬盛行,连儒家学说也被打上了神秘主义的色彩。《论衡》一书,以唯物主义的自然观和自然科学知识为基础,对这种儒术和神秘主义的谶纬说进行了批判。王充解释说:“衡者,论之平也”“故论衡者,所以铨轻重之言,立真伪之平”“《论衡》细说微论,解释世俗之疑,辨照是非之理,使后进晓见然否之分”(《对作》)“世书俗说,多所不安。幽处独居,考论实虚。”(《自纪》)“《论衡》篇以十数,亦一言也,曰:疾虚妄。”(《佚文》)《论衡》充满了大胆的批评精神,具有朴素的唯物主义色彩。

《书解》着重对儒家经籍以外的诸子百家的著述进行辨解。“书”即是指这类著述,因为通篇采用对答的形式,故取名《书解》,本文节选自《书解》最后两段。

王充(27—97 年),字仲任,会稽上虞人,东汉时期杰出的思想家。王充读书好博览而不守章句,对各家学术皆有涉猎,又有自己独到的见解。王充认为庸俗的读书人做学问,大多都失去了儒家本质,于是闭门思考,谢绝一切庆贺、吊丧等礼节。著有《论衡》八十五篇(《招致篇》仅存目无文,实有八十四篇),二十多万字。

【正文】

或曰:“古今作书者非一,各穿凿失经之实[1],传违圣人质,故谓之蕞残[2],比之玉屑。故曰:‘蕞残满车,不成为道;玉屑满箧,不成为宝[3]。’前人近圣,犹为蕞残,况远圣从后复重为者乎[4]? 其作必为妄,其言必不明。安可采用而施行? ”

答曰:圣人作其经,贤者造其传,述作者之意,采圣人之志,故经须传也。俱贤所为,何以独谓经传是,他书记非[5]?彼见经传,传经之文,经须而解,故谓之是。他书与书相违[6],更造端绪[7],故谓之非。若此者,韪是于五经[8],使言非五经,虽是不见听[9]。使[10]五经从孔门出,到今常令人不缺灭[11],谓之纯壹[12],信之可也。今五经遭亡秦之奢侈[13],触李斯之横议[14],燔烧禁防[15],伏生之休[16],抱经深藏。汉兴,收五经,经书缺灭而不明,篇章弃散而不具[17]。晁错之辈,各以私意分拆文字[18],师徒相因相授,不知何者为是。亡秦无道,败乱之也。秦虽无道,不燔诸子[19]。诸子尺书[20],文篇俱在,可观读以正说,可采掇以示后人[21]。后人复作，犹前人之造也[22]。夫俱鸿而知[23]，皆传记所称[24]，文义与经相薄[25]，何以独谓文书失经之实[26]？由此言之，经缺而不完，书无佚本，经有遗篇。折累二者[27]，孰与蕞残？《易》据事象，《诗》采民以为篇，《乐》须不欢[28]，《礼》待民平。四经有据，篇章乃成。《尚书》、《春秋》，采掇史记[29]。史记兴，无异书[30]，以民、事一意。六经之作皆有据[31]。由此言之，书亦为本，经亦为末，末失事实，本得道质，折累二者，孰为玉屑？知屋漏者在宇下，知政失者在草野，知经误者在诸子。诸子尺书，文明实是[32]。说章句者终不求解扣明[33]，师师相传，初为章句者[34]，非通览之人也[35]。

选自《论衡校释》，新编诸子集成本，中华书局，1990年版

【注释】

[1]夫：当为“失”。穿凿：牵强附会。

[2]蕞(zuì最)：细小。蕞残：支离破碎之物。

[3]“故曰”后四句：西汉桓宽《盐铁论·相刺篇》：“玉屑满箧，不成其宝；诵《诗》《书》，负笈，不为有道。”箧(qiè窃)：箱子。

[4]“况远圣”句：何况远离圣人，随前人之后又重新来写书的人呢？

[5]是：正确。非：错误。记：《仪礼·士冠礼》贾疏：“凡言记者，皆是记经不备，兼记经外远古之言。”

[6]与书相违：和经传相违背。据文意，下“书”字当作“传”。

[7]更造端绪：这里指有新思想、新看法。端绪：头绪，端倪。

[8]韪(wěi委)：是，对。五经：《易》《书》《诗》《礼》《春秋》。以五经为是非标准。

[9]非：不符合。不见：不被。

[10]使：如果，假使。

[11]常：当为“尚”字形误。令人：当为“今”字讹衍。“到今尚不缺灭”，是说未遭秦火焚烧。

[12]纯：纯粹。壹：完整。

[13]奢侈：浪费，此处义为损坏。

[14]横议：非难。此指李斯主张焚烧儒家经书，并不准保存流传。

[15]燔(fán)：烧。禁防：指禁止儒家经书流传。

[16]休：当为“徒”字。伏生：一作伏胜，原为秦博士。汉初，文帝时求能治《尚书》者，伏生是时九十余岁，老不能行，文帝便遣太常事史掌故晁错前往求教，得29篇，即是今之传世的《尚书》。

[17]具：完备。

[18]分拆文字：指进行支离破碎、牵强附会的解释。

[19]诸子：指先秦诸子的著作。

[20]尺书：指儒家经书之外的书籍。经书写在二尺四寸长的竹简上，其他书籍写在一尺二寸长的竹简上，所以称作“尺书”。

[21]正：纠正。说：言论，主张。指儒家经书及对经书的各种解释。采掇(duō)：采取，拿来。

[22]“后人复作”句：后人重新写书，就和前人创作一样。

[23]俱：指解释经书的人和诸子百家两方面。鸿：大，指博学。知：通“智”。《案书篇》云：“鸿智所言，

参贰经传”。

[24] 传记:指历史著作,史书。称:称道。

[25] 薄:迫近,接近。相薄:不相上下。

[26] 文书:这里指诸子百家的著作。

[27] 折累:当作“析累”,下同。析:判析,比较。累:屡次。析累二者:反复比较二者。

[28] 不:据文意,当作“民”。

[29] 史记:指古代史官的记载。

[30] 此处文句当作“史记与书无异”。

[31] 六经:《诗》《书》《礼》《乐》《易》《春秋》。

[32] 文明实是:文句明白,事情真实。

[33] 章句:指经书的段落字句。扣:同“叩”,问。不求解叩明:不想求得彻底地理解而去问个一清二楚。

[34] 初:疑当为“仍”字之形误。既言“师师相传”,不得云“初为章句”。

[35] 通览:指学识渊博,通晓古今。

【内容提要】

汉代提倡尊孔读经,用天人感应、谶纬迷信解说的儒家经书被立为官学,而对现实有所指责的作者及其著述,因为“失经传之实,违圣人质”而被斥为“于世无补”的“蕞残”“玉屑”。对此,王充作了辩驳。此段文字中,王充批评了“使言非五经,虽是不见听”,以儒家是非为是非的思想,认为经书有残缺毁漏,其可靠性值得怀疑,而诸子之文俱在,故而可以“正说”,可以“采掇以示后人。”进一步指出,“六经之作皆有据”“文义与经相薄”,反对厚经书轻诸子;“后人复作,犹前人之造”,反对厚古薄今。以此,王充大胆提出“书亦为本,经亦为末,末失事实,本得道质”“知屋漏者在宇下,知政失者在草野,知经误者在诸子”,把五经和诸子的位置颠倒过来。并告诫治学者,倘若死守经书,成不了“通览”之人。

【写作特点】

全文以对答方式展开,先树立靶子,古今作书者“失经传之实,违圣人质”,后文围绕这个靶子展开辩驳,指讦时短,意由己出,单句散行,分析深入浅出而又严密,出语明快。

【思考与练习】

试评“知屋漏者在宇下,知政失者在草野,知经误者在诸子”。

【拓展阅读书目或文章名】

1.《后汉书·王充传》

2.《论衡·书解》

3.《论衡·自纪》

原毁

韩愈

【作者介绍】

韩愈(768—824年)字退之,河南河阳(今河南孟县)人,郡望昌黎,世称韩昌黎。晚年任吏部侍郎,又称韩吏部。谥号"文",又称韩文公。韩愈在政治上力主加强统一,反对藩镇割据。思想上尊儒排佛,以孔孟道统的继承者自居。他反对六朝以来形式主义的骈偶文风,大力提倡古文,和柳宗元共同领导了中唐古文运动,苏轼称他"文起八代之衰"(《潮洲韩文公庙碑》)。

安史之乱后,唐朝执政者及世族大地主结党营私,科举考试入仕的后进之士常遭当权者的压抑欺凌,韩愈本人也曾多次被毁谤贬职,面对这样的现实,韩愈写下此文。《原毁》是韩愈的"五原"(《原性》《原道》《原毁》《原人》《原鬼》)之一,"毁"就是诽谤、诋毁,"原"就是推究、探求,"原毁"就是探求诽谤滋生的根源。

【正文】

古之君子,其责己也重以周,其待人也轻以约[1]。重以周,故不怠[2];轻以约,故人乐为善。闻古之人有舜者,其为人也,仁义人也。求其所以为舜者[3],责于己曰:"彼人也;予人也。彼能是,而我乃不能是?"[4]早夜以思[5],去其不如舜者,就其如舜者[6]。闻古之人有周公者,其为人也,多才与艺人也[7]。求其所以为周公者,责于己曰:"彼人也;予人也。彼能是,而我乃不能是?"早夜以思,去其不如周公者,就其如周公者。舜,大圣人也,后世无及焉[8];周公,大圣人也,后世无及焉。是人[9]也,乃曰:"不如舜,不如周公,吾之病[10]也。"是不亦责于身者重以周乎!其于人也,曰:"彼人也,能有是,是足为良人[11]矣;能善是[12],是足为艺人矣。"取其一,不责其二;即其新,不究其旧[13]:恐恐然[14]惟惧其人之不得为善之利。一善易修[15]也,一艺易能[16]也,其于人也,乃曰:"能有是,是亦足矣。"曰:"能善是,是亦足矣。"不亦待于人者轻以约乎?

今之君子则不然。其责人也详,其待己也廉[17]。详,故人难于为善,廉,故自取[18]也少。己未有善,曰:"我善是,是亦足矣。"己未有能,曰:"我能是,是亦足矣。"外以欺于人,内以欺于心,未少有得而止矣,不亦待其身者已廉乎[19]?其于人也,曰:"彼虽能是,其人不足称也;彼虽善是,其用不足称[20]也。"举其一,不计其十;究其旧,不图其新。恐恐然惟惧其人之有闻也[21]。是不亦责于人者已详乎!夫是之谓不以众人待其身,而以圣人望于人[22],吾未见其尊己也。

虽然,为是者有本有原。怠与忌之谓也。怠者不能修,而忌者畏人修[23]。吾尝试之矣,尝试语于众曰:“某良士,某良士。”其应者,必其人之与[24]也;不然,则其所疏远不与同其利者[25]也;不然,则其畏[26]也。不若是,强者必怒于言,懦者必怒于色矣。又尝语于众曰:“某非良士,某非良士。”其不应者,必其人之与也;不然,则其所疏远不与同其利者也;不然,则其畏也。不若是,强者必说[27]于言,懦者必说于色矣。是故事修而谤兴[28],德高而毁来。呜呼!士之处此世,而望名誉之光、道德之行[29],难已!

将有作于上[30]者,得吾说而存[31]之,其国家可几[32]而理欤!

《韩昌黎文集校注》,上海古籍出版社,1986 年版

【注释】

[1] 责:要求。重:严格。以:而。周:全面。轻:宽。约:少。《论语·卫灵公》曰:“君子躬自厚而薄责于人。”

[2] 怠:松懈,怠惰。不怠:指不懈怠地进行道德修养。

[3] 求:探究。

[4] 彼:指舜。《孟子·离娄下》:“舜,人也,我亦人也。”《孟子·滕文公上》:“颜渊曰:‘舜何人也?予何人也?有为者,亦若是。’”下文中的“彼”指周公。是:这样。

[5] 早夜以思:日夜思考。

[6] 就:接近。

[7] 多才与艺人:多才多艺的人。《尚书·金縢》:周公有言:“予仁若考,能多才多艺,能事鬼事神。”

[8] 无及:赶不上。

[9] 是:这,这样。是人:指古之君子。

[10] 病:缺点,缺陷。

[11] 良人:贤人。

[12] 善:擅长。

[13] “取其一”下四句:肯定他一个方面,而不苛求他别的方面;就他的现在表现(优点)看,不追究他的过去(缺点)。

[14] 恐恐然:担忧的样子。

[15] 修:学习,培养。

[16] 能:学会,胜任。

[17] 详:周全,完备。廉:少。

[18] 自取:收获。

[19] 已:太、甚。

[20] 用:功用,才能。称:称道。

[21] 闻:名声。

[22] “不以众人待其身”下两句:不以众人能做到的来要求自己,却以圣人的标准要求别人。

[23] 修:指学习、修养。忌:妒忌。

[24]与:友好。

[25]同其利:共同利益。

[26]畏:这里指所畏的人。

[27]说:同“悦”。

[28]事修:事情做好了。兴:起。

[29]光:光大。行:推行。

[30]上:在上位的人。

[31]存:存想。

[32]几:庶几,差不多。理:治理。

【内容提要】

本文论述和探究毁谤产生的原因。作者从“责己”“待人”两个方面,古今对比,指出当时社会风气浇薄,毁谤滋多,指出其根源在于“怠”与“忌”。希望能引起上层统治者的重视,抑制诽谤的滋生。

第一段论证古之君子“责己”“待人”的正确态度及其具体表现。第二段紧承上文,剖析“今之君子”表现,与古之君子形成对比。第三段以“虽然”急转,引出“怠”与“忌”是毁谤之源。最后三句,交代了此文的写作目的,呼吁当权者纠正这股毁谤歪风。

【写作特点】

1.议事论理,逻辑性强,结构严密。文章首先提出论点,接着先讲“古之君子”的态度,次讲“今之君子”的态度,形成对比,再分析“今之君子”态度产生的原因,最后提出希望,发出呼吁,归到论点。

2. 纵横捭阖,气盛言宜。内容上的对比与形式上的排比紧密结合使文章纵横捭阖,气盛言宜。“古之君子”与“今之君子”在“责己”“待人”两方面的不同构成贯穿全文的对比。古之君子,“责己也重以周,其待人也轻以约”“取其一,不责其二;即其新,不究其旧”“恐恐然惟惧其人之不得为善之利”;而今之君子“责人也详,其待己也廉”“举其一,不计其十;究其旧,不图其新”“恐恐然惟惧其人之有闻”。逐项对比,让事实说话,两相比较,理在言中。排比手法的运用,使文章往复回环,迂曲生姿,比较一层紧扣一层,使文章富有气势和感染力。

3.语言浅显简洁而又富有表现力。如“古之君子,其责己也重以周,其待人也轻以约”“举其一,不计其十;究其旧,不图其新”等都成为名句流传。

【思考与练习】

如何评价古之君子与今之君子的待人、待已的不同态度?

【拓展阅读】

1.柳宗元《谤誉》

2.韩愈《原道》《师说》

晁错论[1]

苏 轼

【作者介绍】

苏轼(1037—1101年),字子瞻,号东坡居士,眉山人,北宋文学家、书画家。与父亲苏洵、弟苏辙皆以文学名世,世称“三苏”。苏轼为宋仁宗嘉祐二年(公元1057年)进士。神宗熙宁年间,由于与王安石政见不合,自请外放,历任杭州通判,密州、徐州、湖州知州。元丰二年(公元1079年),因被诬作诗“谤讪朝廷”,遭御史弹劾,被捕入狱,史称“乌台诗案”。后贬为黄州(今湖北黄冈)团练副使。绍圣初,又以“为文讥斥朝廷”的罪名远谪今广东惠州、海南儋州,至徽宗即位遇赦北还。苏轼外儒内道,儒道互补,一生宦海浮沉、历经坎坷,失意时能超脱旷放,达观自解。

苏轼散文自然畅达,如行云流水,文理自然,恣态横生,为“唐宋八大家”之一,与欧阳修并称“欧苏”;词开豪放一派,与辛弃疾并称“苏辛”;诗歌好议论,尚理趣,平淡中见风骨,与黄庭坚并称“苏黄”;绘画、书法亦有很高造诣,其书法名列“苏、黄、米、蔡”北宋四大书法家之一。有《苏东坡集》《东坡乐府》传世。

【正文】

天下之患,最不可为者,名为治平无事[2],而其实有不测之忧。坐观其变,而不为之所[3],则恐至于不可救。起而强为之,则天下狃于治平之安而不吾信[4]。惟仁人君子豪杰之士,为能出身为天下犯大难[5],以求成大功。此固非勉强期月之间[6],而苟以求名者之所能也。天下治平,无故而发大难之端,吾发之,吾能收之,然后有辞于天下。事至而循循焉欲去之[7],使他人任其责[8],责天下之祸,必集于我。

昔者晁错尽忠为汉,谋弱山东之诸侯,山东诸侯并起,以诛错为名。而天子不察,以错为说[9]。天下悲错之以忠而受祸,不知错之有以取之也[10]。

古之立大事者,不惟有超世之才,亦必有坚忍不拔之志。昔禹之治水,凿龙门[11],决大河[12]而放之海。方其功之未成也,盖亦有溃冒冲突可畏之患[13],惟能前知其当然[14],事至不惧,而徐为之所,是以得至于成功。

夫以七国之强而骤削之,其为变[15]岂足怪哉!错不于此时捐其身,为天下当大难之冲[16]，而制吴楚之命，乃为自全之计，欲使天子自将，而已居守[17]。且夫发七国之难者，谁乎？已欲求其名，安所逃其患。以自将[18]之至危，与居守[19]至安，已为难首，择其至安，而遣天子以其至危，此忠臣义士所以愤愤而不平者也。当此之时，虽无袁盎[20]，错亦未免于祸。何者？已欲居守，而使人主自将，以情而言，天子固已难之矣。而重违其议[21]，是以袁盎之说，得行于其间。使吴楚反，错以身任其危，日夜淬砺[22]，东向而待之[23]，使不至于累其君，则天子将恃之以为无恐，虽有百袁盎，可得而间[24]哉。

嗟夫，世之君子，欲求非常之功，则无务为自全之计。使错自将而讨吴楚，未必无功。惟其欲自固其身，而天子不悦，奸臣得以乘其隙。错之所以自全者，乃其所以自祸欤！

选自《苏轼文集》，中华书局，1986 年版

【注释】

[1] 晁错(前 200 年—前 154 年)：颍川(今河南)人，西汉著名政论家。景帝时，官至御史大夫，曾多次上书主张加强中央集权、削减诸侯封地、重农贵粟。吴、楚等七国叛乱时，被景帝枉杀。

[2] 治平：政治清明，社会安定。

[3] 所：这里是处置的意思。

[4] 狃(niǔ)：习以为常。不吾信：即“不信吾”。

[5] 犯：冒犯，此处是承担之意。

[6] 期(jī)月：一整月。这里泛指短时间。

[7] 循循：依照，有次序。去：离开，此指逃避。

[8] 任：承当。

[9] “昔者晁错”六句：景帝时，分封在各地的藩王势力日益强大，严重威胁着中央政权。晁错提出“削藩”的建议，被景帝采纳，后吴楚七国反，袁盎言“唯斩错可以谢诸侯”，景帝“杀晁错以谢天下”，遂斩晁错于东市(事见《汉书·袁盎晁错传》)。山东诸侯：即吴、楚等七国，因在崤山(在今河南西部)以东，故称。说：说法，解释。

[10] 自取：自取其咎。

[11] 龙门：即禹门口，在今山西河律县西北。黄河至此，两岸峭壁对峙，形如阙门，相传为禹所开。

[12] 河：黄河。

[13] 溃冒冲突：指大水冲决堤防，四处泛滥。

[14] 前知：预知。

[15] 变：指叛乱。

[16] 冲：交通要道，这里指要害之处。

[17] “乃为……而已居守”：《汉书·袁盎晁错传》载，“后十余日，吴、楚七国俱反，以诛错为名。上与错议出军事，错欲令上自将兵，而身居守。”

[18] 将：率领。

[19] 居守：留守。

[20] 袁盎：楚人，历任齐相、吴相，受吴王刘濞厚待。因私受吴王财富，被晁错告发，降为庶人。吴、楚

七国反，晁错想乘机除掉他，反遭暗算。袁盎后被梁王刘武派人刺杀身亡。

[21] 重违其意：重：难。难于违反其意而勉强服从。

[22] 淬：砺。淬：锻炼金属器物，烧红后放入水中，以增强其弹性和硬度。这里指精心备战。

[23] 东向：吴楚七国在长安以东，故言之。

[24] 间：离间。

【内容提要】

本篇总结晁错削藩失败的教训，指出其有先见之明和发难之勇，在危急之际却置天子于险境，这种自全之计，恰成自祸之因。文章开头指出“治平无事”之下有“不测之忧”，若“坐观其变”不采取措施，则祸患无可救药；若“起而强为之”，不等时机行动，则天下不能安定。然后针对世人对晁错之死的慨叹，别出机杼，认为晁错获罪是“有以取之也”。接着再指出欲成大事者应该具备的品格“不惟有超世之才，亦必有坚忍不拔之志”，不仅要有政治预见性，还要有妥当的处置措施；再引史实，说明晁错“不于此时捐其身”，反而临危而逃，“使他人任其责”正是他被杀的主要原因。结尾概括总结，再次强调晁错临危而逃，自固其身是其取祸之因。

【写作特点】

1.善于翻空出奇，发人所未发。“晁错之死，人多叹息”，苏轼却从别人意想不到的角度切入，得出意料之外的结论，指出晁错之死乃是“有以取之”，视角独特，观点新颖，不落窠臼。《古文观止》的编选者在《晁错论》批曰：“晁错之死，人多叹息，然未有说出被杀之由者。东坡之论，发前人所未发……”

2.夹叙夹议，随笔挥洒。苏轼语言平易畅达，他曾自谓：“吾文如万斛泉源，不择地皆可出，在平地滔滔汩汩，虽一日千里无难。及其与山石曲折，随物赋形，而不可知也。所可知者，常行于所当行，常止于不可不止。”（《自评文》）文章从晁错之死乃“有以取之”，随机生发，层层剖析，令人信服，引人深思。

【思考与练习】

谈谈你对“天下之患，最不可为者，名为治平无事，而其实有不测之忧”的看法。

【拓展阅读】

1.《汉书·袁盎晁错传》

2.《留侯论》

3.《贾谊论》

秋天的况味

林语堂

【作者介绍】

林语堂(1895 年 10 月—1976 年 3 月)福建龙溪人。原名和乐,后改玉堂和语堂。1912 年入上海圣约翰大学,毕业后在清华大学任教。1919 年秋赴美哈佛大学文学系,1922 年获文学硕士学位。同年转赴德国入莱比锡大学专攻语言学,1923 年获博士学位后回国,先后在厦门、上海等地教书。主要作品有杂文集《剪拂集》《大荒集》《我的话》,散文集《欧美风语》《林语堂散文集》,长篇小说《京华烟云》等。提倡"以自我为中心,以闲适为格调"的小品文。

【正文】

秋天的黄昏,一人独坐在沙发上抽烟,看烟头白灰之下露出红光,微微透露出暖气,心头的情绪便跟着那蓝烟缭绕而上,一样的轻松,一样的自由。不转眼缭烟变成缕缕的细丝,慢慢不见了,而那霎时,心上的情绪也跟着消沉于大千世界,所以也不讲那时的情绪,而只讲那时的情绪的况味。待要再划一根洋火,再点起那已点过三四次的雪茄,却因白灰已积得太多,点不着,乃轻轻的一弹,烟灰静悄悄的落在铜炉上,其静寂如同我此时用毛笔写在中纸上一样,一点的声息也没有。于是再点起来,一口一口的吞云吐露,香气扑鼻,宛如偎红倚翠温香在抱情调。于是想到烟,想到这烟一股温煦的热气,想到室中缭绕暗淡的烟霞,想到秋天的意味。这时才想起,向来诗文上秋的含义,并不是这样的,使人联想的是萧杀,是凄凉,是秋扇,是红叶,是荒林,是萋草。然而秋确有另一意味,没有春天的阳气勃勃,也没有夏天的炎烈迫人、也不像冬天之全入于枯槁凋零。我所爱的是秋林古气磅礴气象。有人以老气横秋骂人,可见是不懂得秋林古色之滋味。在四时中,我于秋是有偏爱的,所以不妨说说。

秋是代表成熟,对于春天之明媚娇艳,夏日之茂密浓深,都是过来人,不足为奇了,所以其色淡,叶多黄,有古色苍茏之慨,不单以葱翠争荣了。这是我所谓秋的意味。大概我所爱的不是晚秋,是初秋,那时暄气初消,月正圆,蟹正肥,桂花皎洁,也未陷入懔烈萧瑟气态,这是最值得赏乐的。那时的温和,如我烟上的红灰,只是一股熏熟的温香罢了。或如文人已排脱下笔惊人的格调,而渐趋纯熟炼达,宏毅坚实,其文读来有深长意味。这就是庄子所谓“正得秋而万宝成”结实的意义。在人生上最享乐的就是这一类的事。比如酒以醇以老为佳。烟也有和烈之辨。雪茄之佳者，远胜于香烟，因其味较和。倘是烧得得法，慢慢的吸完一支，看那红光炙发，有无穷的意味。鸦片吾不知，然看见人在烟灯上烧，听那微微哔剥的声音，也觉得有一种诗意。大概凡是古老，纯熟，熏黄，熟炼的事物，都使我得到同样的愉快。如一只熏黑的陶锅在烘炉上用慢火炖猪肉时所发出的锅中徐吟的声调，是使我感到同观人烧大烟一样的兴趣。或如一本用过二十年而尚未破烂的字典，或是一张用了半世的书桌，或如看见街上一块熏黑了老气横秋的招牌，或是看见书法大家苍劲雄深的笔迹，都令人有相同的快乐，人生世上如岁月之有四时，必须要经过这纯熟时期，如女人发育健全遭遇安顺的，亦必有一时徐娘半老的风韵，为二八佳人所绝不可及者。使我最佩服的是邓肯的佳句：“世人只会吟咏春天与恋爱，真无道理。须知秋天的景色，更华丽，更恢奇，而秋天的快乐有万倍的雄壮，惊奇，都丽。我真可怜那些妇女识见偏狭，使她们错过爱之秋天的宏大的赠赐。”若邓肯者，可谓识趣之人。

【内容提要】

林语堂整篇围绕自己手边的烟展开，和秋天联系在一起。阐明自己的观点“我所爱的是秋林古气磅礴气象。”秋是丰硕、成熟、收获的季节，可林语堂没有对秋的丰腴、肥美过多着墨，而是以一种怡然的心态，写秋的一种绵延细节的意味，有一种漫无边际的感觉。一烟在手，独对黄昏，在一片宁静、惬意的氛围中，林语堂的思绪如白色飘渺的烟雾，悠然地飘忽着，如无缰的野马，秋的温润便在心中悠悠无羁地荡漾开来，秋成了代表成熟的内蕴、古色苍茫的过来人，成为烟上的红灰，又如又老又醇的酒带一股熏熟的温香，散发着一种纯正的意味深长的气息。秋被比作雪茄、鸦片、用过二十年的烂字典、用过半世纪的书桌、一块老气横秋的招牌，甚至一只熏黑的陶锅在烘炉上用慢火炖猪肉时所发出的徐吟的声调。这些意象的共同点就是他们经历了洗涤，经历了自己大致三分之一的人生，留下的是历史的痕迹，沉甸甸。他们就是林语堂想说的秋的丰厚，人生之秋的丰厚。

【写作特点】

这是一篇用词精炼，语言优美的散文。整个文章毫无绚烂之彩绘，但笔锋过处浓情四溢，透出浓阳袭人的醇美与丰厚。“人的一生无论成败，他都有权休息，过优哉优哉的日子”，林语堂这一人生格言在文中洒脱地飘逸出来，人生之秋的丰厚，人之生命的厚重底蕴在林语堂的笔触下从容潇洒，充满了睿智。

“正得秋而万宝成”林语堂的秋有着豁达的人生观，他的《秋天的况味》制造出一种温馨而富有人情味的氛围。

【思考与练习】

1.《秋天的况味》的写作特点？

2. 试分析作者在写作本篇时的心境。

【拓展阅读书目或文章名】

1. 林语堂《京华烟云》

2. 林语堂《翦拂集》

公寓生活记趣

张爱玲

【作者介绍】

张爱玲(1920年9月—1995年9月)原名张煐,原籍河北丰润,生于上海。童年在北京、天津度过,1929年迁回上海。1930年改名张爱玲。中学毕业后到香港读书。1942年香港沦陷,未毕业即回上海,给英文《泰晤士报》写剧评、影评,也替德国人办的英文杂志《二十世纪》写“中国的生活与服装”一类的文章。1942年应《西风》杂志《我的生活》征文写散文《我的天才梦》得名誉奖。1943年她的小说处女作《沉香屑》(第一、二炉香)被周瘦鹃发在《紫罗兰》杂志上。随后接连发表《倾城之恋》《金锁记》等代表作。此后三四年是她创作的丰收期,作品多发表于《天地》《万象》等杂志。主要作品有小说集《传奇》和散文集《流言》,随后,又写有中篇小说《小艾》、长篇小说《十八春》《秧歌》《赤地之恋》《怨女》和评论集《红楼梦魇》等。

【正文】

读到“我欲乘风归去,又恐琼楼玉宇,高处不胜寒”的两句词,公寓房子上层的居民多半要感到毛骨惊然。屋子越高越冷。

自从煤贵了之后,热水汀早成了纯粹的装饰品。构成浴室的图案美,热水龙头上的H字样自然是不可少的一部分;实际上呢,如果你放冷水而开错了热水龙头,立刻便有一种空洞而凄怆的轰隆轰隆之声从九泉之下发出来,那是公寓里特别复杂,特别多心的热水管系统在那里发脾气了。即使你不去太岁头上动土,那雷神也随时地要显灵。无缘无故,只听见不怀好意的“嗡……”拉长了半晌之后接着“訇訇”两声,活像飞机在顶上盘旋了一会,掷了两枚炸弹。在战时香港吓细了胆子的我,初回上海的时候,每每为之魂飞魄散。若是当初它认真工作的时候,艰辛地将热水运到六层楼上来,便是咕噜两声,也还情有可原。现在可是雷声大,雨点小,难得滴下两滴生锈的黄浆……然而也说不得了,失业的人向来是肝火旺的。

梅雨时节,高房子因为压力过重,地基陷落的原故,门前积水最深。街道上完全干了,我们还得花钱雇黄包车渡过那白茫茫的护城河。雨下得太大的时候,屋子里便闹了水灾。

我们轮流抢救，把旧毛巾、麻袋、褥单堵住了窗户缝；障碍物湿濡了，绞干，换上，污水折在脸盆里，脸盆里的水倒在抽水马桶里。忙了两昼夜，手心磨去了一层皮，墙根还是汪着水，糊墙的花纸还是染了斑斑点点的水痕与霉迹子。风如果不朝这边吹的话，高楼上的雨倒是可爱的。有一天，下了一黄昏的雨，出去的时候忘了关窗户，回来一开门，一房的风声雨味，放眼望出去，是碧蓝的潇潇的夜，远处略有淡灯摇曳，多数的人家还没点灯。

常常觉得不可解，街道上的喧声，六楼上听得分外清楚，仿佛就在耳根底下，正如一个人年纪越高，距离童年渐渐远了，小时的琐屑的回忆反而渐渐亲切明晰起来。

我喜欢听市声。比我较有诗意的人在枕上听松涛，听海啸，我是非得听见电车响才睡得着觉的。在香港山上，只有冬季里，北风彻夜吹着常青树，还有一点电车的韵味。长年住在闹市里的人大约非得出了城之后才知道他离不了一些什么。城里人的思想，背景是条纹布的幔子，淡淡的白条子便是行驰着的电车——平行的，匀净的，声响的河流，汩汩流入下意识里去。

我们的公寓近电车厂邻，可是我始终没弄清楚电车是几点钟回家。"电车回家"这句子仿佛不很合适——大家公认电车为没有灵魂的机械，而"回家"两个字有着无数的情感洋溢的联系。但是你没看见过电车进厂的特殊情形吧？一辆衔接一辆，像排了队的小孩，嘈杂，叫嚣，愉快地打着哑嗓子的铃："克林，克赖，克赖，克赖！"吵闹之中又带着一点由疲乏而生的驯服，是快上床的孩子，等着母亲来刷洗他们。车里的灯点得雪亮。专做下班的售票员的生意的小贩们曼声兜售着面包。有时候，电车全进了厂了，单剩下一辆，神秘地，像被遗弃了似的，停在街心。从上面望下去，只见它在半夜的月光中袒露着白肚皮。

这里的小贩所卖的吃食没有多少典雅的名色。我们也从来没有缒下篮子去买过东西，（想起《侬本痴情》里的顾兰君了。她用丝袜结了绳子，缚住了纸盒，吊下窗去买汤面。袜子如果不破，也不是丝袜了！在节省物资的现在，这是使人心惊肉跳的奢侈。）也许我们也该试着吊下篮子去。无论如何，听见门口卖臭豆腐干的过来了，便抓起一只碗来，噔噔奔下六层楼梯，跟踪前往。在远远的一条街上访到了臭豆腐干担子的下落，买到了之后，再乘电梯上来，似乎总有点可笑。

我们的开电梯的是个人物，知书达理，有涵养，对于公寓里每一家的起居他都是一本清帐。他不赞成他儿子去做电车售票员——嫌那职业不很上等。再热的天，任凭人家将铃揿得震天响，他也得在汗衫背心上加上一件熨得溜平的纺绸小褂，方肯出现。他拒绝替不修边幅的客人开电梯。他的思想也许缙绅气太重，然而他究竟是个有思想的人。可是他离了自己那间小屋，就踏进了电梯的小屋——只怕这一辈子是跑不出这两间小屋了。电梯上升，人字图案的铜栅栏外面，一重重的黑暗往下移，棕色的黑暗，红棕色的黑暗，黑色的黑暗……衬着交替的黑暗，你看见司机人的花白的头。

没事的时候他在后天井烧个小风炉炒菜烙饼吃。他教我们怎样煮红米饭；烧开了，熄了火，停个十分钟再煮，又松，又透，又不塌皮烂骨，没有筋道。

托他买豆腐浆，交给他一只旧的牛奶瓶，陆续买了两个礼拜，他很简单地报告道：“瓶没有了。”是砸了还是失窃了，也不得而知。再隔了些时，他拿了一只小一号的牛奶瓶装了豆腐浆来。我们问道：“咦？瓶又有了？”他答道：“有了。”新的瓶是赔给我们的呢还是借给我们的，也不得而知。这一类的举动是颇有点社会主义风的。

我们的新闻报每天早上他要循例过目一下方才给我们送来。小报他读得更为仔细些，因此要到十一二点钟才轮得到我们看。英文、日文、德文、俄文的报他是不看的，因此大清早便卷成一卷插在人家弯曲的门钮里。

报纸没有人偷，电铃上的铜板却被撬去了。看门的巡警倒有两个，虽不是双生子，一样都是翻领里面竖起了木渣渣的黄脸，短裤与长统袜之间露出木渣渣的黄膝盖；上班的时候，一般都是横在一张藤椅上睡觉，挡住了信箱。每次你去看看信箱的时候总得殷勤地凑到他面颊前面，仿佛要询问：“酒刺好了些罢？”

恐怕只有女人能够充分了解公寓生活的特殊优点：佣人问题不那么严重。生活程度这么高，即使雇得起人，也得准备着受气。在公寓里“居家过日子”是比较简单的事。找个清洁公司每隔两星期来大扫除一下。也就用不着打杂的了。没有佣人，也是人生一快。抛开一切平等的原则不讲，吃饭的时候如果有个还没吃过饭的人立在一边眼睁睁望着，等着为你添饭，虽不至于使人食不下咽，多少有些讨厌。许多身边杂事自有它们的愉快性质。看不到田园里的茄子，到菜场上去看看也好——那么复杂的，油润的紫色；新绿的豌豆，熟艳的辣椒，金黄的面筋，像太阳里的肥皂泡。把菠菜洗过了，倒在油锅里，每每有一两片碎叶子粘在篾篓底上，抖也抖不下来；迎着亮，翠生生的枝叶在竹片编成的方格子上招展着，使人联想到篱上的扁豆花。其实又何必“联想”呢？篾篓子的本身的美不就够了么？我这并不是效忠于国社党[1]，劝诱女人回到厨房里去。不劝便罢，若是劝，一样的得劝男人到厨房里去走一遭。当然，家里有厨子而主人不时的下厨房，是会引起厨子最强烈的反感的。这些地方我们得寸步留心，不能太不识眉眼高低。

有时候也感到没有佣人的苦处。米缸里出虫，所以掺了些胡椒在米里——据说米虫不大喜欢那刺激性的气味，淘米之前先得把胡椒拣出来。我捏了一只肥白的肉虫的头当做胡椒，发现了这错误之后，不禁大叫起来，丢下饭锅便走。在香港遇见了蛇，也不过如此罢了。那条蛇我只见到它的上半截，它钻出洞来矗立着，约有二尺来长。我抱了一叠书匆匆忙忙下山来。正和它打了个照面。它静静地望着我，我也静静地望着它，望了半响，方才哇呀呀叫出声来，翻身便跑。

提起虫豸之类，六楼上苍蝇几乎绝迹，蚊子少许有两个。如果它们富于想象力的话，飞到窗口往下一看，便会晕倒了罢？不幸它们是像英国人一般地淡漠与自足——英国人住在非洲的森林里也照常穿上了燕尾服进晚餐。

---

[1] 国社党，即国家社会党，20世纪30年代秘密成立的右翼政党，1937年以后公开活动。

公寓是最合理想的逃世的地方。厌倦了大都会的人们往往记挂着和平幽静的乡村，心心念念盼望着有一天能够告老归田，养蜂种菜，享点清福。殊不知在乡下多买半斤腊肉便要引起许多闲言闲语，而在公寓房子的最上层你就是站在窗前换衣服也不妨事！

然而一年一度，日常生活的秘密总得公布一下。夏天家家户户都大敞着门，搬一把藤椅坐在风口里。这边的人在打电话，对过一家的仆欧一面熨衣裳，一面便将电话上的对白译成了德文说给他的小主人听。楼底下有个俄国人在那里响亮地教日文。二楼的那位女太太和贝多芬有着不共戴天的仇恨，一捶十八敲，咬牙切齿打了他一上午；钢琴上倚着一辆脚踏车。不知道哪一家在煨牛肉汤，又有哪一家泡了焦三仙。

人类天生的是爱管闲事。为什么我们不向彼此的私生活里偷偷的看一眼呢？既然被看者没有多大损失而看的人显然得到了片刻的愉悦？凡事牵涉到快乐的授受上，就犯不着斤斤计较了。较量些什么呢？——长的是磨难，短的是人生。

屋顶花园里常常有孩子们溜冰，兴致高的时候，从早到晚在我们头上咕滋咕滋挫过来又挫过去，像瓷器的摩擦，又像睡熟的人在那里磨牙，听得我们一粒粒牙齿在牙龈里发酸如同青石榴的子，剔一剔便会掉下来。隔壁一个异国绅士声势汹汹上楼去干涉。他的太太提醒他道，“人家不懂你的话，去也是白去。”他揎拳掳袖道：“不要紧，我会使他们懂得的！”隔了几分钟他偃旗息鼓嗒然下来了。上面的孩子年纪都不小了，而且是女性，而且是美丽的。

谈到公德心，我们也不见得比人强。阳台上的灰尘我们直截了当地扫到楼下的阳台上去。“啊，人家栏杆上晾着地毯呢——怪不过意的，等他们把地毯收了进去再扫罢！”一念之慈，顶上生出了灿烂圆光。这就是我们的不甚彻底的道德观念。

【内容提要】

张爱玲的散文《公寓生活记趣》（以下简称《记趣》）最初发表于1943年12月上海《天地》第3期。《天地》主编、张爱玲的文友苏青在次月出版的《天地》第4期《编者的话》中盛赞此文“饶有风趣”。《记趣》开首就奇峰突起：为什么公寓上层的居民读了苏东坡《水调歌头》中的名句“我欲乘风归去，又恐琼楼玉宇，高处不胜寒”“多半要感到毛骨悚然”？公寓不是现代化居所设施完备，户户都有热水汀（暖气）吗，为什么反而会觉得“屋子越高越冷”？原来沦陷区的上海物资供应紧张，无煤可烧导致公寓的“热水汀早成了纯粹的装饰品”，也使住在爱林登六楼的张爱玲因开错热水龙头听到无热水可供的“一种空洞而凄怆的轰隆轰隆之声”传到楼上而“魂飞魄散”！时值“乱世”，战时公寓生活的特殊性和严酷性就这样被张爱玲活灵活现地诉诸笔端。《记趣》的起笔是出人意料的。

这样的公寓生活一点也不有趣。何况“屋漏偏逢连夜雨”，张爱玲对倾盆大雨造成公寓“屋子里闹了水灾”的描写同样细致入微，这样的公寓生活自然更是无趣。然而，公寓生活毕竟是有趣的。张爱玲突然笔锋一转，写道：“风如果不朝这边吹的话，高楼上的雨倒是可爱的。有一天，下了一黄昏的雨，出去的时候忘了关窗户，回来一开门，一房的风声雨味，放眼望出去，是碧蓝的潇潇的夜，远处略有淡灯摇曳，多数的人家还没点灯。”此情此景，真的有点可爱，几乎充满了诗情画意，不由你不对只有高层公寓才可能领略的“一房的风声雨味”心向往之了。

【写作特点】

用近乎白描的手法、典型的张式风格，描述生活的点滴，光是那些“旧毛巾”“麻袋”“褥单”“脸盘”“墙根”“花纸”……所有普通的物什名字都一起摆上来，让人觉得笔下的生活是丰实的，张继续写着无关紧要的小事，似乎不尽不休，这看起来平淡无奇，却正是她散文中令人品位的地方。由实的生活，具体的事物，无端地联系到虚的感觉，模糊的意识，两件性质不对称的事情，总能因为某种精髓上的神似而被她“牵扯”到一起，让读者一面觉得新鲜，一面又沉入这种飘渺的比喻中，得到独特的领悟。

【思考与练习】

1. 试分析《公寓生活记趣》的写作特点。

2. 讨论张爱玲作品走红文坛的原因。

【拓展阅读书目或文章名】

1.李广田《画廊》

2.老舍《想北平》

3.巴金《爱尔克的灯光》

乌 篷 船

周作人

【作者介绍】

周作人(1885—1967年),又名启明、知堂,浙江绍兴人,鲁迅先生的二弟。现代散文家、诗人、文学翻译家,是"五四"新文学运动的代表人物之一。曾任北京大学等校教授。周作人同时从事散文、新诗创作、文学评论和译介外国文学作品,但主要成就在散文方面,其散文名声颇炽。20世纪20年代是其散文创作的鼎盛期。散文集有《自己的园地》《雨天的书》《泽泻集》《谈虎集》《谈龙集》《永日集》《瓜豆集》等。他的散文大致可分为两类:一类是战斗性的杂文,谈的都是"国家治乱之原,生民根本之计",横扫邪恶的笔锋深深扎进了现实生活的各个重要领域,充满了浓烈的政治色彩与时代意识,文风"浮躁凌厉",思想锐利;一类是艺术性的"美文",这类作品格调平和冲淡,清隽幽雅又苦涩幽默,这是他最擅长也造诣极高的作品,最能代表他的风格特征,又与他的人格相适应,对现代散文有着深远影响。

【正文】

子荣君[1]:接到手书,知道你要到我的故乡去,叫我给你一点什么指导。老实说,我的故乡,真正觉得可怀恋的地方,并不是那里;但是因为在那里生长,住过十多年,究竟知道一点情形,所以写这一封信告诉你。

我所要告诉你的,并不是那里的风土人情,那是写不尽的,但是你到那里一看也就会明白的,不必罗唆地多讲。我要说的是一种很有趣的东西,这便是船。你在家乡平常总坐人力车,电车,或是汽车,但在我的故乡那里这些都没有,除了在城内或山上是用轿子以外,普通代步都是用船。船有两种,普通坐的都是"乌篷船",白篷的大抵作航船用,坐夜航

---

[1]子荣:是周作人的笔名,始用于1923年8月26日《晨报副刊》发表的《医院的阶陛》一文。以后,1923年、1925年均用过此笔名,在本文之后,1927年9、10月所作的《诅咒》、《功臣》等文中,也用过"子荣"的笔名。一说"子荣"系从周作人在日本时的恋人"乾荣子"的名字点化而来。本文收信人与写信人是同一人,可以看作是作者寂寞的灵魂的内心对白。

船到西陵去也有特别的风趣,但是你总不便坐,所以我就可以不说了。乌篷船大的为"四明瓦"(Symenngoa),小的为脚划船(划读 uoa)亦称小船。但是最适用的还是在这中间的"三道",亦即三明瓦。篷是半圆形的,用竹片编成,中夹竹箬,上涂黑油,在两扇"定篷"之间放着一扇遮阳,也是半圆的,木作格子,嵌着一片片的小鱼鳞,径约一寸,颇有点透明,略似玻璃而坚韧耐用,这就称为明瓦。三明瓦者,谓其中舱有两道,后舱有一道明瓦也。船尾用橹,大抵两支,船首有竹篙,用以定船。船头着眉目,状如老虎,但似在微笑,颇滑稽而不可怕,唯白篷船则无之。三道船篷之高大约可以使你直立,舱宽可以放下一顶方桌,四个人坐着打马将,——这个恐怕你也已学会了罢?小船则真是一叶扁舟,你坐在船底席上,篷顶离你的头有两三寸,你的两手可以搁在左右的舷上,还把手都露出在外边。在这种船里仿佛是在水面上坐,靠近田岸去时泥土便和你的眼鼻接近,而且遇着风浪,或是坐得少不小心,就会船底朝天,发生危险,但是也颇有趣味,是水乡的一种特色。不过你总可以不必去坐,最好还是坐那三道船罢。

你如坐船出去,可是不能像坐电车的那样性急,立刻盼望走到。倘若出城,走三四十里路(我们那里的里程是很短,一里才及英里三分之一),来回总要预备一天。你坐在船上,应该是游山的态度,看看四周物色,随处可见的山,岸旁的乌桕,河边的红寥和白苹,渔舍,各式各样的桥,困倦的时候睡在舱中拿出随笔来看,或者冲一碗清茶喝喝。偏门外的鉴湖一带,贺家池,壶觞左近,我都是喜欢的,或者往娄公埠骑驴去游兰亭(但我劝你还是步行,骑驴或者于你不很相宜),到得暮色苍然的时候进城上都挂着薜荔的东门来,倒是颇有趣味的事。倘若路上不平静,你往杭州去时可于下午开船,黄昏时候的景色正最好看,只可惜这一带地方的名字我都忘记了。夜间睡在舱中,听水声橹声,来往船只的招呼声,以及乡间的犬吠鸡鸣,也都很有意思。雇一只船到乡下去看庙戏,可以了解中国旧戏的真趣味,而且在船上行动自如,要看就看,要睡就睡,要喝酒就喝酒,我觉得也可以算是理想的行乐法。只可惜讲维新以来这些演剧与迎会都已禁止,中产阶级的低能人别在"布业会馆"等处建起"海式"的戏场来,请大家买票看上海的猫儿戏。这些地方你千万不要去。——你到我那故乡,恐怕没有一个人认得,我又因为在教书不能陪你去玩,坐夜船,谈闲天,实在抱歉而且惆怅。川岛君夫妇现在傅山下,本来可以给你绍介,但是你到那里的时候他们恐怕已经离开故乡了。初寒,善自珍重,不尽。

十五年十一月十八日夜于北京

【内容提要】

这篇文章以乌篷船为中心,先写乌篷船的特点、构造等,然后再侧重写乘船游故乡的景色。其间,作者信笔所至,不着痕迹地介绍出了故乡的风情野趣。扣住乌篷船这一典型事物,于娓娓细谈中,既写出了绍兴水乡的风趣,又传递出自己悠游闲适之情。

作品的前半部分介绍乌篷船的特点,初读起来,那平实朴白的介绍笔墨,简直有如介绍商品的“说明书”;表现作者对阔别多年的家乡从来未淡漠,谈起故乡的风物,是这样真切、细腻地一一道来。作品的后半部,作者在介绍如何乘船游家乡景色时,简直就像一个高明的导游者——时而从远处的山峦谈到“岸旁的乌桕,河边的红寥和白苹,渔舍,各式各样的桥”;时而又从鉴湖、兰亭说到“城上都挂着薜荔”的绍兴东门,从河中的水声、橹声谈到两岸乡间的犬吠鸡鸣,从乡下的庙戏论及“海式”戏场里的猫儿戏……

从这近乎反常的表现里可以感觉到,讲述者差不多每介绍到一处,都要重复使用“有趣”“风趣”“趣味”这样的词儿。这不是因为作者“词汇贫乏”,而是“醉翁之意不在酒”。讲述者的心思本不在“船”,而在“船”中所蕴含的“趣味”、情感、心态、生活方式、人生态度,概括起来,就是传统文化的底蕴。

【中心观点】

《乌篷船》是周作人冲淡平和的小品文的代表作。作者在文中这么“唠叨”,是因为他试图召回已经失去的传统文化的魅力。自从“讲维新以来”,西方现代文明的冲击扫荡了传统文化中最腐朽、丑陋的部分,也导致了传统文化所特有的宁静、安闲、和谐的美的丧失。这种历史前进中得与失的矛盾,使周作人感到困惑,并产生了深刻的“惆怅”感。《乌篷船》就是精妙地记录了那消失中的传统文化的美,把与传统文化有着深刻联系的知识分子因这种美的丧失所感到的忧虑、困惑、惆怅,表达得异常真切;还深刻表现了作者想离开社会的尘嚣和现代文化的浸染,追求一种原始的天然、传统文化和宁静心态组成的隐士情结。

【写作特点】

这篇文章采用书信体形式,显得亲切随意。在结构上,作者不刻意追求大起大落的变化,而选取了乌篷船这个中心来辐射。作品无论是写船,写乘船游景,或是借此表达悠悠的思乡之情以及闲适的人生态度,笔墨都极其朴素、自然、含蓄。细细品味,作品朴素自然,舒卷自如,淡淡的喜悦中搀杂着忧郁、惆怅的苦味,从容、冲淡里蕴含着悲凉,具有道不完的回味、说不尽的魅力。作者在散文中以行云流水之笔,将知识与理趣融为一体娓娓而谈,这种艺术风格同时也是一种人生态度,一种人生境界。

【思考与练习】

1.周作人在《乌篷船》中表现出对传统文化的什么态度?

2.朗读这篇文章几遍,然后再默读它,细细体会。

【拓展阅读书目或文章名】

1. 周作人散文集《自己的园地》

2. 周作人散文集《瓜豆集》

苏东坡突围

余秋雨

【作者介绍】

余秋雨(1946—),浙江余姚人。我国当代著名艺术理论家、文化史学者、散文家。曾任上海戏剧学院院长、教授,上海写作学会会长。1997年被授予"国家级突出贡献专家"称号,入载多部世界名人录。有评论家誉之为"左手写散文,不落其浅薄,右手撰述艺术理论,也不失其艰涩难明"。余秋雨的艺术理论著作,备受学术界重视和尊崇。他出版过多部艺术史论著作:《戏剧理论史稿》《艺术创造工程》《戏剧审美心理学》等。他的散文总是"借山水风物与历史精魂默默对话",是对传统文明的思索与缅怀、对现代文明的拯救与呼唤。他对历史文化的"重温与反思"主要集中在两个方面:一是对中华文明衰落与断裂的叹惋,一是对知识分子的命运和使命的思考。其散文被人们称为"文化散文"或"大散文"。

【正文】

住在这远离闹市的半山居所里,安静是有了,寂寞也来了,有时还来得很凶猛,特别在深更半夜。只得独个儿在屋子里转着圈,拉下窗帘,隔开窗外壁立的悬崖和翻卷的海潮,眼睛时不时地瞟着床边那乳白色的电话。它竟响了,急忙冲过去,是台北《中国时报》社打来的,一位不相识的女记者,说我的《文化苦旅》一书在台湾销售情况很好,因此要作越洋电话采访。问了我许多问题,出身、经历、爱好,无一遗漏。最后一个问题是:"在中国文化史上,您最喜欢哪一位文学家?"我回答:苏东坡。她又问:"他的作品中,您最喜欢哪几篇?"我回答:在黄州写赤壁的那几篇。记者小姐几乎没有停顿就接口道:"您是说《念奴娇·赤壁怀古》和前、后《赤壁赋》?"我说对,心里立即为苏东坡高兴,他的作品是中国文人的通用电码,一点就着,哪怕是半山深夜、海峡阻隔、素昧平生。

放下电话,我脑子中立即出现了黄州赤壁。去年夏天刚去过,印象还很深刻。记得去那儿之前,武汉的一些朋友纷纷来劝阻,理由是著名的赤壁之战并不是在那里打的,苏东坡怀古怀错了地方?现在我们再跑去认真凭吊,说得好听一点是将错就错,说得难听一点是错上加错,天那么热,路那么远,何苦呢?

我知道多数历史学家不相信那里是真的打赤壁之战的地方,他们大多说是在嘉鱼县打的。但最近几年,湖北省的几位中青年历史学家持相反意见,认为苏东坡怀古没怀错地方,黄州赤壁正是当时大战的主战场。对于这个论争我一直兴致勃勃地关心着,不管争论前景如何,黄州我还是想去看看的,不是从历史的角度看古战场的遗址,而是从艺术的角度看苏东坡的情怀。大艺术家即便错,也会错出魅力来。好像王尔德说过,在艺术中只有美丑而无所谓对错。

于是我还是去了。

这便是黄州赤壁。赭红色的陡峭石坡直逼着浩荡东去的大江,坡上有险道可以攀登俯瞰,江面有小船可供荡桨仰望,地方不大,但一俯一仰之间就有了气势,有了伟大与渺小的比照,有了视觉空间的变异和倒错,因此也就有了游观和冥思的价值。客观景物只提供一种审美可能,而不同的游人才使这种可能获得不同程度的实现。苏东坡以自己的精神力量给黄州的自然景物注入了意味,而正是这种意味,使无生命的自然形式变成美。因此不妨说,苏东坡不仅是黄州自然美的发现者,而且也是黄州自然美的确定者和构建者。

但是,事情的复杂性在于,自然美也可倒过来对人进行确定和构建。苏东坡成全了黄州,黄州也成全了苏东坡,这实在是一种相辅相成的有趣关系。苏东坡写于黄州的那些杰作,既宣告着黄州进入了一个新的美学等级,也宣告着苏东坡进入了一个新的人生阶段,两方面一起提升,谁也离不开谁。

苏东坡走过的地方很多,其中不少地方远比黄州美丽,为什么一个僻远的黄州还能给他如此巨大的惊喜和震动呢?他为什么能把如此深厚的历史意味和人生意味投注给黄州呢?黄州为什么能够成为他一生中最重要的人生驿站呢?这一切,决定于他来黄州的原因和心态。

他从监狱里走来,他带着一个极小的官职,实际上以一个流放罪犯的身份走来,他带着官场和文坛泼给他的浑身脏水走来,他满心侥幸又满心绝望地走来。他被人押着,远离自己的家眷,没有资格选择黄州之外的任何一个地方,朝着这个当时还很荒凉的小镇走来。

他很疲倦,他很狼狈,出汴梁,过河南,渡淮河,进湖北,抵黄州,萧条的黄州没有给他预备任何住所,他只得在一所寺庙中住下。他擦一把脸,喘一口气,四周一片静寂,连一个朋友也没有,他闭上眼睛摇了摇头。他不知道,此时此刻,他完成了一次永载史册的文化突围。黄州,注定要与这位伤痕累累的突围者进行一场继往开来的壮丽对话。

人们有时也许会傻想,像苏东坡这样让中国人共享千年的大文豪,应该是他所处的时代的无上骄傲,他周围的人一定会小心地珍惜他,虔诚地仰望他,总不愿意去找他的麻烦吧?事实恰恰相反,越是超时代的文化名人,往往越不能相容于他所处的具体时代。中国世俗社会的机制非常奇特,它一方面愿意播扬和轰传一位文化名人的声誉,利用他、榨取他、引诱他,另一方面从本质上却把他视为异类,迟早会排拒他、糟践他、毁坏他。起哄式的传扬,转化为起哄式的贬损,两种起哄都起源于自卑而狡黠的觊觎心态,两种起哄都与健康的文化氛围南辕北辙。

苏东坡到黄州来之前正陷于一个被文学史家称为“乌台诗狱”的案件中，这个案件的具体内容是特殊的，但集中反映了文化名人在中国社会的普遍遭遇，很值得说一说。搞清了这个案件中各种人的面目，才能理解苏东坡到黄州来究竟是突破了一个什么样的包围圈。

为了不使读者把注意力耗费在案件的具体内容上，我们不妨先把案件的底交代出来。即便站在朝廷的立场上，这也完全是一个莫须有的可笑事件。一群大大小小的文化官僚硬说苏东坡在很多诗中流露了对政府的不满和不敬，方法是对他诗中的词句和意象作上纲上线的推断和诠释，搞了半天连神宗皇帝也不太相信，在将信将疑之间几乎不得已地判了苏东坡的罪。

在中国古代的皇帝中，宋神宗绝对是不算坏的，在他内心并没有迫害苏东坡的任何企图，他深知苏东坡的才华，他的祖母光献太皇太后甚至竭力要保护苏东坡，而他又是非常尊重祖母意见的，在这种情况下，苏东坡不是非常安全吗?然而，完全不以神宗皇帝和太皇太后的意志为转移，名震九州、官居太守的苏东坡还是下了大狱。这一股强大而邪恶的力量，就很值得研究了。

这件事说来话长。在专制制度下的统治者也常常会摆出一种重视舆论的姿态，有时甚至还设立专门在各级官员中找岔子、寻毛病的所谓谏官，充当朝廷的耳目和喉舌。乍一看这是一件好事，但实际上弊端甚多。这些具有舆论形象的谏官所说的话，别人无法申辩，也不存在调查机制和仲裁机制，一切都要赖仗于他们的私人品质，但对私人品质的考察机制同样也不具备，因而所谓舆论云云常常成为一种歪曲事实、颠倒是非的社会灾难。这就像现代的报纸如果缺乏足够的职业道德又没有相应的法规制约，信马由缰，随意褒贬，受伤害者无处可以说话，不知情者却误以为白纸黑字是舆论所在，这将会给人们带来多大的混乱!苏东坡早就看出这个问题的严重性，认为这种不受任何制约的所谓舆论和批评，足以改变朝廷决策者的心态，又具有很大的政治杀伤力(“言及乘舆，则天子改容，事关廊庙，则宰相待罪”)，必须予以警惕，但神宗皇帝由于自身地位的不同无法意识到这一点。没想到，正是苏东坡自己尝到了他预言过的苦果，而神宗皇帝为了维护自己尊重舆论的形象，当批评苏东坡的言论几乎不约而同地聚合在一起时，他也不能为苏东坡讲什么话了。

那么，批评苏东坡的言论为什么会不约而同地聚合在一起呢?我想最简要的回答是他弟弟苏辙说的那句话：“东坡何罪?独以名太高。”他太出色、太响亮，能把四周的笔墨比得十分寒伧，能把同代的文人比得有点狼狈，引起一部分人酸溜溜的嫉恨，然后你一拳我一脚地糟践，几乎是不可避免的。在这场可耻的围攻中，一些品格低劣的文人充当了急先锋。

例如舒亶。这人可称之为“检举揭发专业户”，在揭发苏东坡的同时他还揭发了另一个人，那人正是以前推荐他做官的大恩人。这位大恩人给他写了一封信，拿了女婿的课业请他提意见、辅导，这本是朋友间非常正常的小事往来，没想到他竟然忘恩负义地给皇帝写了一封莫名其妙的检举揭发信，说我们两人都是官员，我又在舆论领域，他让我辅导他女婿总不大妥当。皇帝看了他的检举揭发，也就降了那个人的职。这简直是东郭先生和狼的故事。就是这么一个让人恶心的人，与何正臣等人相呼应，写文章告诉皇帝：苏东坡到湖州上任后写给皇帝的感谢信中“有讥切时事之言”。苏东坡的这封感谢信皇帝早已看过，没发现问题，舒亶却苦口婆心地一款一款分析给皇帝听，苏东坡正在反您呢，反得可凶呢，而且已经反到了“流俗翕然，争相传诵，忠义之士，无不愤惋”的程度！“愤”是愤苏东坡，“惋”是惋皇上。有多少忠义之士在“愤惋”呢？他说是“无不”，也就是百分之百，无一遗漏。这种数量统计完全无法验证，却能使注重社会名声的神宗皇帝心头一咯噔。

又如李定。这是一个曾因母丧之后不服孝而引起人们唾骂的高官，对苏东坡的攻击最凶。他归纳了苏东坡的许多罪名，但我仔细鉴别后发现，他特别关注的是苏东坡早年的贫寒出身，现今在文化界的地位和社会名声。这些都不能列入犯罪的范畴，但他似乎压抑不住地对这几点表示出最大的愤慨。说苏东坡“起于草野垢贱之余”、“初无学术，滥得时名”、“所为文辞，虽不中理，亦足以鼓动流俗”等等，苏东坡的出身引起他的不服且不去说它，硬说苏东坡不学无术、文辞不好，实在使我惊讶不已了。但他不这么说也就无法断言苏东坡的社会名声和世俗鼓动力是“滥得”。总而言之，李定的攻击在种种表层动机下显然埋藏着一个最深秘的元素：妒忌。无论如何，诋毁苏东坡的学问和文采毕竟是太愚蠢了，这在当时加不了苏东坡的罪，而在以后却成了千年笑柄。但是妒忌一深就会失控，他只会找自己最痛恨的部位来攻击，已顾不得哪怕是装装样子的可信性和合理性了。

又如王圭。这是一个跋扈和虚伪的老人。他凭着资格和地位自认为文章天下第一，实际上他写诗作文绕来绕去都离不开“金玉锦绣”这些字眼，大家暗暗掩口而笑，他还自我感觉良好。现在，一个后起之秀苏东坡名震文坛，他当然要想尽一切办法来对付。有一次他对皇帝说：“苏东坡对皇上确实有二心。”皇帝问：“何以见得？”他举出苏东坡一首写桧树的诗中有“蛰龙”二字为证，皇帝不解，说：“诗人写桧树，和我有什么关系？”他说：“写到了龙还不是写皇帝吗？”皇帝倒是头脑清醒，反驳道：“未必，人家叫诸葛亮还叫卧龙呢！”这个王圭用心如此低下，文章能好到哪儿去呢？更不必说与苏东坡来较量了。几缕白发有时能够冒充师长、掩饰邪恶，却欺骗不了历史。历史最终也没有因为年龄把他的名字排列在苏东坡的前面。

又如李宜之。这又是另一种特例，做着一个芝麻绿豆小官，在安徽灵璧县听说苏东坡以前为当地一个园林写的一篇园记中有劝人不必热衷于做官的词句，竟也写信给皇帝检举揭发，并分析说这种思想会使人们缺少进取心，也会影响取士。看来这位李宜之除了心术不正之外，智力也大成问题，你看他连诬陷的口子都找得不伦不类。但是，在没有理性法庭的情况下，再愚蠢的指控也能成立，因此对散落全国各地的李宜之们构成了一个鼓励。为什么档次这样低下的人也会挤进来围攻苏东坡?当代苏东坡研究者李一冰先生说得很好:“他也来插上一手,无他,一个默默无闻的小官,若能参加一件扳倒名人的大事,足使自己增重。”从某种意义上说,他的这种目的确实也部分地达到了,例如我今天写这篇文章竟然还会写到李宜之这个名字,便完全是因为他参与了对苏东坡的围攻,否则他没有任何理由被哪怕是同一时代的人写在印刷品里。我的一些青年朋友根据他们对当今世俗心理的多方位体察,觉得李宜之这样的人未必是为了留名于历史,而是出于一种可称作“砸窗子”的恶作剧心理。晚上,一群孩子站在一座大楼前指指点点,看谁家的窗子亮就拣一块石子扔过去,谈不上什么目的,只图在几个小朋友中间出点风头而已。我觉得我的青年朋友们把李宜之看得过于现代派、也过于城市化了。李宜之的行为主要出于一种政治投机,听说苏东坡有点麻烦,就把麻烦闹得大一点,反正对内不会负道义责任,对外不会负法律责任,乐得投井下石,撑顺风船。这样的人倒是没有胆量像李定、舒亶和王圭那样首先向一位文化名人发难,说不定前两天还在到处吹嘘在什么地方有幸见过苏东坡,硬把苏东坡说成是自己的朋友甚至老师呢。

又如——我真不想写出这个名字,但再一想又没有讳避的理由,还是写出来吧:沈括。这位在中国古代科技史上占有不小地位的著名科学家也因嫉妒而陷害过苏东坡,用的手法仍然是检举揭发苏东坡诗中有讥讽政府的倾向。如果他与苏东坡是政敌,那倒也罢了,问题是他们曾是好朋友,他所检举揭发的诗句,正是苏东坡与他分别时手录近作送给他留作纪念的。这实在太不是味道了。历史学家们分析,这大概与皇帝在沈括面前说过苏东坡的好话有关,沈括心中产生了一种默默的对比,不想让苏东坡的文化地位高于自己。另一种可能是他深知王安石与苏东坡政见不同,他投注投到了王安石一边。但王安石毕竟也是一个讲究人品的文化大师,重视过沈括,但最终却得出这是一个不可亲近的小人的结论。当然,在人格人品上的不可亲近,并不影响我们对沈括科学成就的肯定。

围攻者还有一些,我想举出这几个也就差不多了,苏东坡突然陷入困境的原因已经可以大致看清,我们也领略了一组有可能超越时空的“文化群小”的典型。他们中的任何一个人要单独搞倒苏东坡都是很难的,但是在社会上没有一种强大的反诽谤、反诬陷机制的情况下,一个人探头探脑的冒险会很容易地招来一堆凑热闹的人,于是七嘴八舌地组合成一种伪舆论,结果连神宗皇帝也对苏东坡疑惑起来,下旨说查查清楚,而去查的正是李定这些人。

苏东坡开始很不在意。有人偷偷告诉他,他的诗被检举揭发了,他先是一怔,后来还潇洒、幽默地说:“今后我的诗不愁皇帝看不到了。”但事态的发展却越来越不潇洒,1079年7月28日,朝廷派人到湖州的州衙来逮捕苏东坡,苏东坡事先得知风声,立即不知所措。文人终究是文人,他完全不知道自己犯了什么罪,从气势汹汹的样子看,估计会处死,他害怕了,躲在后屋里不敢出来,朋友说躲着不是办法,人家已在前面等着了,要躲也躲不过。正要出来他又犹豫了,出来该穿什么服装呢?已经犯了罪,还能穿官服吗?朋友说,什么罪还不知道，还是穿官服吧。苏东坡终于穿着官服出来了，朝廷派来的差官装模作样地半天不说话，故意要演一个压得人气都透不过来的场面出来。苏东坡越来越慌张，说："我大概把朝廷惹恼了，看来总得死，请允许我回家与家人告别。"差官说："还不至于这样。"便叫两个差人用绳子捆扎了苏东坡，像驱赶鸡犬一样上路了。家人赶来，号啕大哭，湖州城的市民也在路边流泪。

长途押解，犹如一路示众，可惜当时几乎没有什么传播媒介，沿途百姓不认识这就是苏东坡。贫瘠而愚昧的国土上，绳子捆扎着一个世界级的伟大诗人，一步步行进。苏东坡在示众，整个民族在丢人。

全部遭遇还不知道半点起因，苏东坡只怕株连亲朋好友，在途经太湖和长江时都想投水自杀，由于看守严密而未成。当然也很可能成，那末，江湖淹没的将是一大截特别明丽的中华文明。文明的脆弱性就在这里，一步之差就会全盘改易，而把文明的代表者逼到这一步之差境地的则是一群小人。一群小人能做成如此大事，只能归功于中国的独特国情。

小人牵着大师，大师牵着历史。小人顺手把绳索重重一抖，于是大师和历史全都成了罪孽的化身。一部中国文化史，有很长时间一直把诸多文化大师捆押在被告席上，而法官和原告，大多是一群群挤眉弄眼的小人。

究竟是什么罪?审起来看!

怎么审？打!

一位官员曾关在同一监狱里，与苏东坡的牢房只有一墙之隔，他写诗道：

遥怜北户吴兴守，

诟辱通宵不忍闻。

通宵侮辱、摧残到了其他犯人也听不下去的地步，而侮辱、摧残的对象竟然就是苏东坡!

请允许我在这里把笔停一下。我相信一切文化良知都会在这里颤栗。中国几千年间有几个像苏东坡那样可爱、高贵而有魅力的人呢?但可爱、高贵、魅力之类往往既构不成社会号召力也构不成自我卫护力，真正厉害的是邪恶、低贱、粗暴，它们几乎战无不胜、攻无不克、所向无敌。现在，苏东坡被它们抓在手里搓捏着，越是可爱、高贵、有魅力，搓捏得越起劲。温和柔雅如林间清风、深谷白云的大文豪面对这彻底陌生的语言系统和行为系统，不可能作任何像样的辩驳，他一定变得非常笨拙，无法调动起码的言语，无法完成简单的逻辑。他在牢房里的应对，绝对比不过一个普通的盗贼。因此审问者们愤怒了也高兴了，原来这么个大名人竟是草包一个，你平日的滔滔文辞被狗吃掉了?看你这副熊样还能写诗作词?纯粹是抄人家的吧?接着就是轮番扑打，诗人用纯银般的嗓子哀号着，哀号到嘶哑。这本是一个只需要哀号的地方，你写那么美丽的诗就已荒唐透顶了，还不该打?打，打得你淡妆浓抹，打得你乘风归去，打得你密州出猎!

开始，苏东坡还试图拿点儿正常逻辑顶几句嘴，审问者咬定他的诗里有讥讽朝廷的意思，他说："我不敢有此心，不知什么人有此心，造出这种意思来。"一切诬陷者都喜欢把自己打扮成某种"险恶用心"的发现者，苏东坡指出，他们不是发现者而是制造者。那也就是说，诬陷者所推断出来的"险恶用心"，可以看作是他们自己的内心，因此应该由他们自己来承担。但是，苏东坡的这一思路招来了更凶猛的侮辱和折磨，当诬陷者和办案人完全合成一体、串成一气时，只能这样。终于，苏东坡经受不住了，经受不住日复一日、通宵达旦的连续逼供，他想闭闭眼，喘口气，惟一的办法就是承认。于是，他以前的诗中有"道旁苦李"，是在说自己不被朝廷重视；诗中有"小人"字样，是讽刺当朝大人；特别是苏东坡在杭州做太守时兴冲冲去看钱塘潮，回来写了咏弄潮儿的诗"吴儿生长狎涛渊"，据说竟是在影射皇帝兴修水利！这种大胆联想，连苏东坡这位浪漫诗人都觉得实在不容易跳跃过去，因此在承认时还不容易"一步到位"，审问者有本事耗时间一点点逼过去。案卷记录上经常出现的句子是："逐次隐讳，不说情实，再勘方招。"苏东坡全招了，同时他也就知道必死无疑了。试想，把皇帝说成"吴儿"，把兴修水利说成玩水，而且在看钱塘潮时竟一心想着写反诗，那还能活？

他一心想着死。他觉得连累了家人，对不起老妻，又特别想念弟弟。他请一位善良的狱卒带了两首诗给苏辙，其中有这样的句子："是处青山可埋骨，他时夜雨独伤神，与君世世为兄弟，又结来生未了因。"埋骨的地点，他希望是杭州西湖。

不是别的，是诗句，把他推上了死路。我不知道那些天他在铁窗里是否抱怨甚至痛恨诗文。没想到，就在这时，隐隐约约地，一种散落四处的文化良知开始汇集起来了，他的诗文竟然在这危难时分产生了正面回应，他的读者们慢慢抬起了头，要说几句对得起自己内心的话了。很多人不敢说，但毕竟还有勇敢者；他的朋友大多躲避，但毕竟还有侠义人。

杭州的父老百姓想起他在当地做官时的种种美好行迹，在他入狱后公开做了解厄道场，求告神明保佑他；狱卒梁成知道他是大文豪，在审问人员离开时尽力照顾生活，连每天晚上的洗脚热水都准备了；他在朝中的朋友范镇、张方平不怕受到牵连，写信给皇帝，说他在文学上"实天下之奇才"，希望宽大；他的政敌王安石的弟弟王安礼也仗义执言，对皇帝说："自古大度之君，不以言语罪人"，如果严厉处罚了苏东坡，"恐后世谓陛下不能容才"最有趣的是那位我们上文提到过的太皇太后，她病得奄奄一息，神宗皇帝想大赦犯人来为她求寿，她竟说："用不着去赦免天下的凶犯，放了苏东坡一人就够了！"最直截了当的是当朝左相吴充，有次他与皇帝谈起曹操，皇帝对曹操评价不高，吴充立即接口说："曹操猜忌心那么重还容得下祢衡，陛下怎么容不下一个苏东坡呢？"

对这些人，不管是狱卒还是太后，我们都要深深感谢。他们有意无意地在验证着文化的广泛感召力，就连那盆洗脚水也充满了文化的热度。

据王巩《甲申杂记》记载，那个带头诬陷、调查、审问苏东坡的李定，整日得意洋洋，有一天与满朝官员一起在崇政殿的殿门外等候早朝时向大家叙述审问苏东坡的情况，他说:“苏东坡真是奇才,一二十年前的诗文,审问起来都记得清清楚楚!”他以为,对这么一个轰传朝野的著名大案,一定会有不少官员感兴趣,但奇怪的是,他说了这番引逗别人提问的话之后,没有一个人搭腔,没有一个人提问,崇政殿外一片静默。他有点慌神,故作感慨状,叹息几声,回应他的仍是一片静默。这静默算不得抗争,也算不得舆论,但着实透着点儿高贵。相比之下,历来许多诬陷者周围常常会出现一些不负责任的热闹,以嘈杂助长了诬陷。

就在这种情势下,皇帝释放了苏东坡,贬谪黄州。黄州对苏东坡的重要性,不言而喻。

我非常喜欢读林语堂先生的《苏东坡传》,前后读过多少遍都记不清了,但每次总觉得语堂先生把苏东坡在黄州的境遇和心态写得太理想了。语堂先生酷爱苏东坡的黄州诗文,因此由诗文渲染开去,由酷爱渲染开去,渲染得通体风癖、圣洁。其实,就我所知,苏东坡在黄州还是很凄苦的,优美的诗文,是对凄苦的挣扎和超越。

苏东坡在黄州的生活状态,已被他自己写给李端叔的一封信描述得非常清楚。信中说:

得罪以来,深自闭塞,扁舟草履,放浪山水间,与樵渔杂处,往往为醉人所推骂,辄自喜渐不为人识。平生亲友,无一字见及,有书与之亦不答,自幸庶几免矣。

我初读这段话时十分震动,因为谁都知道苏东坡这个乐呵呵的大名人是有很多很多朋友的。日复一日的应酬,连篇累牍的唱和,几乎成了他生活的基本内容,他一半是为朋友们活着。但是,一旦出事,朋友们不仅不来信,而且也不回信了。他们都知道苏东坡是被冤屈的,现在事情大体已经过去,却仍然不愿意写一两句哪怕是问候起居的安慰话。苏东坡那一封封用美妙绝伦、光照中国书法史的笔墨写成的信,千辛万苦地从黄州带出去,却换不回一丁点儿友谊的信息。我相信这些朋友都不是坏人,但正因为不是坏人,更让我深长地叹息。

总而言之,原来的世界已在身边轰然消失,于是一代名人也就混迹于樵夫渔民间不被人认识。原本这很可能换来轻松,但他又觉得远处仍有无数双眼睛注视着自己,他暂时还感觉不到这个世界对自己的诗文仍有极温暖的回应,只能在寂寞中惶恐。即便这封无关宏旨的信,他也特别注明不要给别人看。日常生活,在家人接来之前,大多是白天睡觉,晚上一个人出去蹓跶,见到淡淡的土酒也喝一杯;但绝不喝多,怕醉后失言。

他真的害怕了吗?也是也不是。他怕的是麻烦,而绝不怕大义凛然地为道义、为百姓,甚至为朝廷、为皇帝捐躯。他经过“乌台诗案”已经明白,一个人蒙受了诬陷即便是死也死不出一个道理来,你找不到慷慨陈词的目标,你抓不住从容赴死的理由。你想做个义无反顾的英雄,不知怎么一来把你打扮成了小丑;你想做个坚贞不屈的烈士,闹来闹去却成了一个深深忏悔的俘虏。无法洗刷,无处辩解,更不知如何来提出自己的抗议,发表自己的宣言。这确实很接近有的学者提出的“酱缸文化”,一旦跳在里边,怎么也抹不干净。苏东坡怕的是这个,没有哪个高品位的文化人会不怕。但他的内心实在仍有无畏的一面,或者说灾难使他更无畏了。他给李常的信中说：

吾侪虽老且穷，而道理贯心肝，忠义填骨髓，直须谈笑于死生之际。……虽怀坎凛于时，遇事有可遵主泽民者，便忘躯为之，祸福得丧，付与造物。

这么真诚的勇敢，这么洒脱的情怀，出自天真了大半辈子的苏东坡笔下，是完全可以相信的，但是，让他在何处做这篇人生道义的大文章呢？没有地方，没有机会，没有观看者，也没有裁决者，只有一个把是非曲直忠奸善恶染成一色的大酱缸。于是，苏东坡刚刚写了上面这几句，支颐一想，又立即加一句：此信看后烧毁。

这是一种真正精神上的孤独无告，对于一个文化人，没有比这更痛苦的了。那阙著名的“卜算子”，用极美的意境道尽了这种精神遭遇：

缺月挂疏桐，漏断人初静。谁见幽人独往来？缥渺孤鸿影。惊起却回头，有恨无人省。拣尽寒枝不肯栖，寂寞沙洲冷。

正是这种难言的孤独，使他彻底洗去了人生的喧闹，去寻找无言的山水，去寻找远逝的古人。在无法对话的地方寻找对话，于是对话也一定会变得异乎寻常。像苏东坡这样的灵魂竟然寂然无声，那么，迟早总会突然冒出一种宏大的奇迹，让这个世界大吃一惊。

然而，现在他即便写诗作文，也不会追求社会轰动了。他在寂寞中反省过去，觉得自己以前最大的毛病是才华外露，缺少自知之明。他想，一段树木靠着瘿瘤取悦于人，一块石头靠着晕纹取悦于人，其实能拿来取悦于人的地方恰恰正是它们的毛病所在，它们的正当用途绝不在这里。我苏东坡三十余年来想博得别人叫好的地方也大多是我的弱项所在，例如从小为考科举学写政论、策论，后来更是津津乐道于考论历史是非、直言陈谏曲直，做了官以为自己真的很懂得这一套了，洋洋自得地炫耀，其实我又何尝懂呢？直到一下子面临死亡才知道，我是在炫耀无知。三十多年来最大的弊病就在这里。现在终于明白了，到黄州的我是觉悟了的我，与以前的苏东坡是两个人。(参见《致李端叔书》)苏东坡的这种自省，不是一种走向乖巧的心理调整，而是一种极其诚恳的自我剖析，目的是想找回一个真正的自己。他在无情地剥除自己身上每一点异己的成分，哪怕这些成分曾为他带来过官职、荣誉和名声。他渐渐回归于清纯和空灵，在这一过程中，佛教帮了他大忙，使他习惯于淡泊和静定。艰苦的物质生活，又使他不得不亲自垦荒种地，体味着自然和生命的原始意味。

这一切，使苏东坡经历了一次整体意义上的脱胎换骨，也使他的艺术才情获得了一次蒸馏和升华。他，真正地成熟了——与古往今来许多大家一样，成熟于一场灾难之后，成熟于灭寂后的再生，成熟于穷乡僻壤，成熟于几乎没有人在他身边的时刻。幸好，他还不年老，他在黄州期间，是44岁至48岁，对一个男人来说，正是最重要的年月，今后还大有可为。中国历史上，许多人觉悟在过于苍老的暮年，换言之，刚要享用成熟所带来的恩惠，脚步却已踉跄蹒跚；与他们相比，苏东坡真是好命。

成熟是一种明亮而不刺眼的光辉，一种圆润而不腻耳的音响，一种不再需要对别人察言观色的从容，一种终于停止向周围申诉求告的大气，一种不理会哄闹的微笑，一种洗刷了偏激的淡漠，一种无须声张的厚实，一种并不陡峭的高度。勃郁的豪情发过了酵，尖利的山风收住了劲，湍急的细流汇成了湖，结果——

引导千古杰作的前奏已经鸣响，一道神秘的天光射向黄州，《念奴娇·赤壁怀古》和前、后《赤壁赋》马上就要产生。

【内容提要】

《苏东坡突围》记录了狂放不羁、灵气勃勃的艺术天才苏东坡的人生悲剧，描写他陷入“文化群小”包围之中的沉郁悲凉之情，和在最困厄之时却因穷途末路而终于“突围”出来的悲壮之举。

【中心观点】

本篇散文将对一代文豪的描写与人生的真切感受，将对历史文化的审视与对知识分子命运的解读有机融为一体。不仅对苏东坡的创作及命运表现了自己的洞察和领悟，同时也为当今知识分子还原出一个深广的文化背景，也为今天的文化人确定了一个精神的标高。余秋雨也曾遭到了众多的诋毁和批驳，这些都是一个卓越超然的作家会有的悲哀，但他对一切都能够凛然面对，心态已经变得越加成熟，笔力也显得更为苍劲。正如在《苏东坡突围》里说的：“成熟是一种明亮而不刺眼的光辉，一种圆润而不腻耳的声响，……一种不理会哄闹的微笑，一种无需声张的厚实……”

【写作特点】

余秋雨的文章被称之为“文化散文”，这是因为他的散文以中国文化表征为研究对象，写出了经天纬地的大气魄。其行文里所透出的关于人性与历史的精魂，将无法不使人在流连忘返中体会出一种深沉与厚重。这篇散文就是大气磅礴，想象丰富，激情澎湃，文字华丽典雅，充分体现出作者既有学者的风范，又有诗人的才情。

【思考与练习】

1.想想《苏东坡突围》中的苏东坡具有怎样独特的人格。

2.细读、朗读这篇文章。

【拓展阅读书目或文章名】

1. 余秋雨散文集《山居笔记》

2. 余秋雨散文集《文化苦旅》

大佛的避雷针

林清玄

【作者介绍】

林清玄(1953—),笔名秦情、林漓、林大悲等。台湾高雄人,1953 年生于中国台湾省高雄旗山。毕业于中国台湾世界新闻专科学校,曾任台湾《中国时报》海外版记者、《工商时报》经济记者、《时报杂志》主编等职。他是台湾最高产且获得各类文学奖最多的作家。

17 岁开始创作散文的他,20 岁出版第一本书《莲花开落》,到 30 岁前便得遍台湾所有文学大奖,直到他不再参赛。

32 岁遇见佛法,入山修行,深入经藏。

35 岁出山,四处参学,写成"身心安顿系列"。其中《身心安顿》《烦恼平息》在台湾创下 150 版的热卖记录,《打开心灵的门窗》一书创下高达 5 亿元台币的热卖记录。成为 20 世纪 90 年代最畅销的作品。

20 世纪 80 年代后期相继出版的"菩提系列"(《心的菩提》《情的菩提》等 10 本),畅销数百万册,饱含对"佛"的认识,对人生的感悟,是当代最具影响力的系列图书。同时创作"现代佛典系列",带动佛教文学,掀起学佛热潮。获颁杰出孝子奖。曾连续十年被评为台湾十大畅销作家。

从 20 世纪 70 年代至今,林先生出版作品过百部,门类涉及散文、报告文学、文化评论、小说、散文诗等。作品曾多次被中国台湾、中国大陆、中国香港及新加坡选入中小学华语教本,也多次被选入大学国文选,是国际华文世界被广泛阅读的作家,被誉为"当代散文八大家"。

【正文】

我带孩子到南部乡下去玩,顺道参访南台湾的寺庙,才发现台湾的大佛愈来愈多,而且好像在比高一样,十几层楼高的大佛到处都是。有一些很小的寺庙前面也盖了大佛,在视觉上造成一种荒谬之感。

有一天,我带孩子去参观一座刚落成不久的大佛,有十层楼那么高。

孩子突然指着大佛像说:"爸爸,大佛的头上有避雷针。"

"是吗？"我顺着孩子的手势往上看去，由于大佛太高了，竟使我的帽子落下来。

孩子问我："大佛的头上为什么要装避雷针呢？"

我说："因为大佛也怕被雷打中呀！"

孩子说："佛为什么怕被雷打中？在天上，是不是雷公最大呢？"

孩子的话使我无法回答而陷入沉思，我们千里迢迢跑来礼拜的佛像，祈求能保佑我们平安的佛像，自己也怕被雷打中哩！佛像既不能保佑自身的安危，又怎么能保佑我们这些比佛像更脆弱的肉身呢？

我想到，苏东坡有一次和佛印禅师到一座寺庙，看见观世音菩萨的身上戴着念珠，苏东坡不禁起了疑情，问佛印禅师说：

"观世音菩萨自己已经是佛了，为什么还戴念珠，她是在念谁呢？"

佛印说："她在念观世音菩萨的名字。"

苏东坡又问："她自己不就是观世音菩萨吗？"

佛印禅师说："求人不如求已呀！"

看着眼前大佛像头上的避雷针，大概也像观世音菩萨手里的念珠一样，是在启示我们："求人不如求已呀！"

人因为蒙蔽了自己的佛心，很多人就把佛像当成避雷针；人如果开启了自己的佛心，就不需要避雷针，也不需要佛像了。

佛像需要避雷针，是由于佛像太巨大了。

人需要避雷针，是由于自我与贪婪太巨大了。

我们把佛像盖得很巨大，那是源于我们渴望巨大、不屑于向渺小的事物礼敬。很少人知道渺小其实是好的，惟有自觉渺小的人，才能见及世界如此开阔而广大。

把佛像盖得很大很大，那是"出神"的境界。

知道佛是无所不在。无处不在的，那是"人化"的境界。

权势、名位、财富很大很大，那是"出神"。掌大权。有名位、大富有的人还能自觉很渺小，那是"人化"。

佛像不必盖得太大，因为心中有佛，佛就是无所不在、无时不在的。如果心中无佛，巨大的佛像与摩天大楼又有什么不同呢？

平凡普通的老百姓一旦心中有佛，胸怀无限宽广，心中无挂碍、无恐怖。远离颠倒梦想，则尘世的权势名利又怎能成为他的欲。拘限他的自由呢？

位高权重的公卿王侯一旦心中无佛，心怀狭小，欲望永无终极，名利权位正好成为围困他的砖墙，又何乐之有？

因此，佛像把避雷针装在头上，人应该把避雷针装在心中，时刻避免被利益与权力的引诱击中。只要能自甘于平凡、安心于平淡的生活、在平常日子也有生的意趣，那避雷的银针就已经装上了。

【内容提要】

本文前半部分是记录父子一次有趣的参观寺庙、观看大佛的故事。通过儿子无意间的提问:“大佛的头上为什么要装避雷针呢?”引发了父亲的思考。最终得出,佛为防雷,装上避雷针。佛尚且如此,人更应如此,“求人不如求己”。后半部分,则以议论为主。他认为:人容易被巨大的贪念所占据,造大佛,拜大佛,以为大佛能够成为他们的避雷针,避免灾祸,实现贪念。殊不知,这正是蒙蔽了自己的佛心。信佛,就应该心中有佛,如佛一般的为自己在心中装上避雷针,避免被物欲贪念击中。

【中心观点】

该散文运用朴实的语言向人们传递着:“求人不如求自己”。每个人都应该在心中装上避雷针,“时刻避免被利益与权力的引诱击中”,踏实而自立地活着的观点。

【写作特点】

林清玄近期的散文作品,多是其自身研究禅学后顿悟人生真谛而凝练的成果。写作用语虽然朴实,篇幅短小,却字字珠玑,发人深省。拜读过后,让人有一种犹如参透这些真谛一般的愉悦与轻松,豁然开朗。他的文章或以佛家故事、流传寓言等听闻开头,抒发某种禅学的观点,指导人生,如《紧张比鬼还可怕》《吝啬的人》《智慧是我耕的犁》等;或以平日现实见闻为引,叙事为先议论在后,道出人生感悟,如《危险与感谢》就是因他路过车祸现场后,觉得血在身体里流动,能够活着是件无比美好的事情,应该感恩地活着所作;又如《生活的馅》就是其买面包时面临两难选择时,引发的对人生选择的思考,“要找到物质与心灵的平衡”,才能达到人体饱足,体会到“生活的馅”的美味。此篇小说就属于后者,以同儿子参观拜佛的游记为引子,加以佛学观点的辩证,表达作者“求人不如求自己”,活就要活得独立而踏实的观点。

【思考与练习】

1.简述林清玄《大佛的避雷针》的中心思想。

2.如何看待现在的“啃老族”? 结合此篇散文观点,写小议论文一篇。

【拓展阅读书目或文章名】

1.林清玄《平常茶非常道》

2.林清玄《菩提系列丛书》

3.林清玄《心田上的百合花》

4.林清玄《清净之莲》

5.林清玄《桃花心木》

哪里来的陌生人

余秋雨

【作者介绍】

余秋雨(1946—),浙江余姚人。在家乡读完小学后到上海读中学。1963年考入上海戏剧学院戏剧文学系,1967年毕业后,留校任教至今。历任上海戏剧学院院长、教授,上海戏剧家协会副主席。1962年开始发表作品。在海内外出版过史论专著多部,曾被授予“国家级突出贡献专家”“上海市十大高教精英”等荣誉称号。20世纪80年代中期以来,在教学和学术研究之余,开始潜心文化散文的写作,连续出版《文化苦旅》《文明的碎片》《千年一叹》《行者无疆》等散文集。其中《文化苦旅》先后获上海市文学艺术优秀成果奖、台湾联合报读书最佳书奖、上海市出版一等奖等;因《行者无疆》获得2002年度台湾白金作家奖。其艺术理论著作——《戏剧理论史稿》,在出版后次年即获全国首届戏剧理论著作奖,十年后获文化部全国优秀教材一等奖;《戏剧审美心理学》荣获上海市哲学社会科学著作奖。

《寻觅中华》一书是2008年作家出版社出版的余秋雨“文化苦旅全书”之一。

余秋雨先生的散文著作以文美、内容更深刻而著称,受到不同年龄、不同职业、不同文化的读者的喜爱。著作长期位于全球华文畅销排行榜前列。但其著作盗版泛滥的问题也使余先生不胜其扰。

有鉴于此,余秋雨先生“觉得不应该再麻烦这些盗版者了”,于是“重新整理一下自己的出版物”。在整理的过程中,又增补了许多作者重访文化遗迹时产生的新感觉,加入当时漏编、漏写的篇目,并对自己已经不满意的文章进行了删削。这样就构成了一套面貌崭新的“文化苦旅全书”。其中包括三个部分:第一部分有关中国的路程;第二部分有关世界的路程;第三部分有关自己的路程。

《寻觅中华》系统地表述了作者从灾难时期开始一步步寻觅出来的中华文化史。任何一部真正的历史,起点总是一堆又一堆的资料,终点则是一代又一代人的感悟。这是一个人心中的中华文化史。本文《哪里来的陌生人》就是选自《寻觅中华》。

【正文】

一

那天,成吉思汗要在克鲁伦河畔的宫帐里召见一个人。

这个人住在北京,赶到这里要整整三个月。出居庸关,经大同,转武川,越阴山,穿沙漠,从春天一直走到夏天。抬头一看,山川壮丽,军容整齐,叹一声“千古之盛,未尝有也”,便知道到了目的地。

成吉思汗统一蒙古已经十二年。这十二年,一直在打仗,主要是与西夏和金朝作战。三年前在与金朝的战争中取得巨大胜利,不仅攻占了金朝的中都(即北京),还分兵占领了大小城邑八百多个。中都的一批金朝官员,投降了蒙古军。

金朝是女真族建立的王朝,为的是要反抗和推翻他们头上的统治者——契丹人的辽朝。金朝后来确实打败了辽朝,却没有想到蒙古人后来居上,又把它打败了。

长年的征战,复杂的外交,庞大的朝廷,使成吉思汗的摊子越铺越大。每天都有内内外外的大量问题要面对,成吉思汗急于寻找有智慧、有学问的助手。他原先手下的官员,几乎都是没有文化的莽将。连他自己,也没有多少文化。

他到处打听,得知四年前攻占金朝中都时,有一位投降过来的金朝官员很智慧,名字叫耶律楚材。

这个名字使成吉思汗立即作出判断,此人应该是契丹族,辽朝的后裔。耶律家族是辽朝显赫的王族,后来由于金朝灭辽,也就一起“归顺”了金朝。这应该是耶律楚材祖父一辈的事,到耶律楚材父亲一辈,已经成了金朝的高官了。但成吉思汗知道,这个家族在内心对金朝还是不服的,企盼着哪一天能够报仇复国。早在蒙古统一之前,当时还没有成为成吉思汗的铁木真曾经遇见过作为金朝使节派到蒙古部落来的耶律阿海,两人暗中结交,还立下过共同灭金的志愿。

想到这里成吉思汗笑了,心想这真是一个奇怪的家族,被金所灭而降金,金被蒙军打败后又降蒙,如此两度投降,是不是真的始终保持着复兴契丹之梦呢?好在,今天可以找到一个共同的话题,那就是分别从契丹和蒙古的立场,一前一后一起笑骂曾经那么得意的金朝。

随着一声通报,成吉思汗抬起头来,眼睛一亮。出现在眼前的人,二十七、八岁光景,高个子,风度翩翩,声音宏亮,还留着很漂亮的长胡子,非常恭敬地向自己行礼。

成吉思汗高兴地叫了一声:“吾图撒合里!”

这是蒙古语,意思是长胡子。

这一叫,就成了今后成吉思汗对耶律楚材的习惯称呼。

寒暄了几句,成吉思汗便说:“你们家族是辽朝的皇族。尽管你做过金朝的官,但我知道辽和金是世仇。你们的仇,我替你们报了!”

这话说得很有大丈夫气概。接下来,理应是耶律楚材代表自己的世代家族向成吉思汗谢恩。

但是，耶律楚材的回答让成吉思汗大吃一惊。

他说："我的祖父、父亲早就在金朝任职为臣了，既然做了臣子，怎么可以暗怀二心，仇视金朝君主呢？"

这话听起来好像在反驳成吉思汗，而且公然表明了对成吉思汗的敌人金朝君主的正面态度，说出来实在是非常冒险。但是，成吉思汗毕竟是成吉思汗，他竟然立即感动了。

一个人，对于自己服从过的主人和参与过的事业，能一直表示尊敬，这已经很不容易；更不容易的是，在表示尊敬的时候，完全不考虑被尊敬对象的现实境况，也不考虑说话时面对着谁。这样的人，成吉思汗从来没有见过。

成吉思汗看着耶律楚材点了点头，当即向左右表示：这个人的话要重视，今后把他安排在我身边，随时以备咨访。

这在后来的《中书令耶律公神道碑》上记为："上雅重其言，处之左右，以备咨访。"

二

这是公元1218年的事情。

就在这个时候，一个很偶然的事件改变了成吉思汗的军事方向，也改变了世界的命运。

天下最大的烈火，总是由最小的草梗点燃。

据记载，那年成吉思汗派出一个四百五十人的商队到中亚大国花剌子模进行贸易。不料刚刚走到今天哈萨克斯坦锡尔河边的一座城市，就出事了。商队里有一个印度人是这座城市一位长官的老熟人，两人一见面他就直呼其名，没有表示应有的尊敬，而且还当场夸耀成吉思汗的伟大。那个长官很生气，下令拘捕商队，并报告了国王摩诃末。国王本来就对成吉思汗送来的国书中以父子关系形容两国关系十分不满，竟下令杀死所有商人、没收全部财产。

成吉思汗从一个逃出来的骆驼夫口中知道了事情始末，便强忍怒火，派出使者质问事件真相。结果，使者被杀。成吉思汗泪流满面，独自登上一个山头，脱去冠冕，跪在地上绝食祈祷了整整三天三夜。他喃喃地说："战乱不是我挑起的，请佑助我，赐我复仇的力量！"

于是，人类历史上最大规模的一场征服战开始了。

耶律楚材，跟在成吉思汗身边。他会占卜，这在当时的军事行动中非常重要。除了占卜，他还精通天文历法，可以比较准确地提供天气预报，成吉思汗离不开他。

他是积极支持成吉思汗的这一重大军事行动的。这从他一路上用汉语写的诗中可以看出来。他写道：

关山险僻重复重，
西门雪耻须豪雄。

定远奇功正今日，
车书混一华夷通。
阴山千里横东西，
秋声浩浩鸣秋溪。
猿猱鸿鹄不能过，
天兵百万驰霜蹄。

这些诗句表明，他认为成吉思汗西征的理由是“雪耻”，因此是正义的，他还认为这场西征的结果有可能达到“华夷通”的大一统理想。这个理想，他在另外一首诗中表述得更明确：“而今四海归王化，明月青天却一家。”

看得出来，他为成吉思汗西征找到了起点性理由“雪耻”和终点性理由“王化”。有了这两个理由，他心中也就建立了一个理性逻辑，跨马走在成吉思汗身后也显得理直气壮了。

除此之外，我觉得还有两个更大的感性原因。

第一个感性原因，是他对成吉思汗的敬仰。他曾在金朝任职，看够了那个朝廷的外强中干、腐败无效、沮丧无望。现在遇到了成吉思汗，只见千钧霹雳，万丈豪情，一切目标都指日可待，一切计划都马到成功。不仅如此，耶律楚材又强烈地感受到成吉思汗对自己这个敌国俘虏的尊重、理解和关爱。这种种因素加在一起，他被彻底溶化了，无条件地服从和赞美成吉思汗的一切意志行动。

第二个感性原因，是他作为契丹皇族后裔的本能兴奋。这毕竟是一个生来就骑在马背上纵横驰骋的民族，眼前的世界辽阔无垠，心中的激情没有边界。更何况，作为几代皇族，骨子里有一种居高临下的统治基因，有一种睥睨群伦的征服欲望。尽管这一切由于辽国的败落而长久荒废，但现在被成吉思汗如风如雷的马蹄声又敲醒了。这种敲醒是致命的，耶律楚材很快就产生了一种无与伦比的回归感和舒适感。因此，参加西征，颂扬西征，有一半出于他的生命本性。

但是，战争毕竟是战争，一旦爆发就会出现一种无法节制的残酷逻辑。

例如，这次以“雪耻”、“复仇”为动因的战争，必然会直指花剌子模国的首都；在通向首都之前所遇到的任何反抗，都必须剿灭；所有的反抗都必然以城邑为基地，因此这些城邑又必然会遭到毁灭性的破坏；终于打到了首都，国王摩诃末当然已经逃走，因此又必须去追赶；花剌子模国领土辽阔，国王又逃得很快，因此又必须长驱千里；追赶是刻不容缓的事，不能为了局部的占领而滞留，自己的军队又分不出力量来守卫和管理已经占领的城市，因此毁城、屠城的方式越来越残忍；被追的国王终于在里海的一个岛上病死了，但这还不是战争的结束，因为国王的继位者扎兰丁还在逃，而且逃得很远，路线又不确定，因此又必须继续追赶……

这就是由无数“必须”和“必然”组成的战争逻辑。这种逻辑显得那样严密和客观，简直无法改变。

在这种客观逻辑之中,又包藏着另一种主观逻辑,那就是,成吉思汗在战争中越来越懂得打仗。军队组织越来越精良,战略战术越来越高明,谍报系统越来越周全,这使战争变成了一种节节攀高的自我竞赛,一种急迫地期待着下一场结果的心理博弈。于是,就出现了另一种无法终止的动力。

鉴于这些客观逻辑和主观逻辑,战争只能越打越遥远,越打越血腥,在很大意义上已经成为一种失控行为。

这就是说,种种逻辑组合成了一种非逻辑。

战争,看起来只是运动在大地之间,实际上在大地之上的天际,还浮悬着一个不受人力操纵的魔鬼,使地面间的残杀沿着它的狞笑变得漫无边际。它,就是战神。

在人类历史上,大流士、亚历山大大帝、凯撒、十字军,都遇到过这个战神。现在轮到成吉思汗了,事情变得更大,超过前面所说的任何战争。

于是,骑在马背上的耶律楚材不能不皱眉了。

他的诗句中开始出现一些叹息——

寂寞河中府,
声名昔日闻。
城隍连畎亩,
市井半丘坟。

这里所说的"河中府",就是花剌子模国的首都撒马尔罕,在今天乌兹别克斯坦共和国的东部。这么一个声名显赫的富裕城市,经过这场战争,已经"市井半丘坟"了,可见杀戮之重。对此,耶律楚材不能接受,因此深深一叹。他的好些诗都以"寂寞"两字开头,既说明战争留给一座座城市的景象,也表明了自己的心境。

一个曾经为万马奔腾的征战场面兴奋不已的人,突然在马蹄间感受到了深深的寂寞,这个转变意味深长。

三

西征开始后不久,成吉思汗根据身边一个叫刘仲禄的汉族制箭官的推荐,下诏邀请远在山东莱州的道教全真派掌门人丘处机(长春真人)来到军中,讲述养生之道和治国之道。丘处机已经七十多岁,历尽艰辛来到撒马尔罕。当时成吉思汗已经继续向西越过了阿姆河,便命耶律楚材暂且在撒马尔罕陪丘处机。

这期间,两人在一起写了不少诗。耶律楚材在诗中,已经明显地表示出自己想摆脱西征而东归的心意,以及希望各国息战得太平的期待。例如:

春雁楼边三两声,
东天回首望归程。
天兵几日归东阙?

万国欢声贺太平。

甚至,他对西征的必要性也提出了某种怀疑:

四海从来皆弟兄,

西行谁复叹行程?

西行万余里,

谁谓乃良图?

后来,丘处机终于在耶律楚材的陪同下到阿姆河西岸的八鲁弯行宫见到了成吉思汗。丘处机一共向成吉思汗讲了三次道,根据相关资料总结,有三个要点:一,长生之道,节欲清心;二,一统天下,不乱杀人;三,为政首要,敬天爱民。

成吉思汗听进去了,后来多次下令善待丘处机和他的教派。

丘处机的讲道,与耶律楚材经常在身边悄悄吐露的撤兵求太平的理想,一起对成吉思汗产生了潜移默化的影响。1224 年夏天,有士兵报告说游泳时见到一头会说话的怪兽,要蒙古军及早撤军回家。成吉思汗就此事询问耶律楚材,耶律楚材一听就明白这是士兵们因厌战而想出来的花招,他自己也早已厌战,就告诉成吉思汗说:“这是祥瑞之兽,热衷保护生命,反对随手屠杀,希望陛下听从天命,回去吧。”

成吉思汗终于听从了这个“天命”。

当然成吉思汗收兵还有其他客观原因。例如,毕竟大仇已报,花剌子模的国王摩诃末已死,辽阔的土地都被征服,而军中又发生了瘟疫。

于是,正如耶律楚材诗中所写,“野老不知天子力,讴歌鼓腹庆升平”了。

我在叙述以上历史时,许多读者一定会觉得奇怪:耶律楚材怎么会写一手不错的汉诗呢?

确实不错。我们不妨再读他的一首词:

花界倾颓事已迁,浩歌遥想意茫然。江山王气空千劫,桃李春风又一年。横翠嶂,架寒烟。野春平碧怨啼鹃。不知何限人间梦,并触沉思到酒边。

这当然算不上第一流的作品,但很难想像竟出于古代少数民族官员之手。我认为,在中国古代,少数民族人士能把汉诗汉词写好的,第一是纳兰性德,第二是萨都剌,第三就是这位耶律楚材了。

我更为喜欢的是耶律楚材替成吉思汗起草的邀请丘处机西行的第二诏书,中间有些句子,深得汉文化的精髓。如“云轩既发于蓬莱,鹤驭可游于天竺。达摩东迈,元印法以传心;老氏西行,或化胡而成道。顾州途之虽阔,瞻几杖似非遥”等句,实在是颇具功力。

我深信,丘处机能下决心衰年远行,与诏书文句间所散发出来的这种迷人气息有关。文化的微妙之处,最有惊人的诱惑力。

这就需要谈谈他的文化背景了。

一个人的文化背景,可以远远超越他的民族身份和地域限定。在耶律楚材出生前好几代，他的先祖契丹皇族虽然经常与汉族作战，却一直把汉文化作为提升自己、教育后代的课本。后来到了女真族的金朝，也是同样。耶律楚材从小学习汉文化，从13岁开始攻读儒家经典，到17岁已经博览群书，成为一位有才华的年轻儒生。后来在中都（北京），他又开始学佛，成了佛学大师万松老人的门生。学佛又未弃儒，他成了儒佛兼修的通达之士。

那位丘处机是道家宗师，耶律楚材与他加在一起，组合成了一个儒、佛、道齐全的中国文化精粹结构，出现在成吉思汗身边。这个精粹结构对成吉思汗那么尊敬，但又天天不断地散发出息战、戒杀、尊生、节制、敬天、爱民的绵绵信息，终于使成吉思汗发生了重大变化。

据《元史》的《太祖记》记载，成吉思汗在临死前一个月对群臣公开表示："朕自去冬五星聚时，已尝许不杀掠，遽忘下诏耶。今可布告中外，令彼行人知朕意。"

多么珍贵的"不杀掠"这三个字啊！尽管仍然处于战争之中的成吉思汗一时还无法做到，但既然已经作为一个重大的许诺布告中外，已经让人惊喜不已了。

此外，据《元史》和《新元史》载，成吉思汗还嘱咐自己的继承人窝阔台，耶律楚材这个人是上天送给我们的，必须委以重任。他说："此人天赐吾家，尔后军国庶政，当悉委之。"

这两份遗嘱，使历史的温度和亮度都大大提高了。

在这里，我们不能不怀着特别的心情，远眺七百多年前在中亚战争废墟间徘徊的两个背影。一个高大的长胡子中年人，搀扶着一个仙风道骨的老年人。他们走得很慢，静静地说着话，优雅的风范，与身边的断垣荒坟很不相称。他们正在做一件事，那就是用中国文化中儒、佛、道的基本精神，盯住已经蔓延了小半个世界的战火，随时找机会把它控制住。

他们两人，后来因为佛、道之间的一些宗教龃龉产生隔阂。但我们还是要说，再大的龃龉也是小事，因为他们已经做过了一件真正的大事。

四

成吉思汗几乎是与丘处机同年同月去世的。成吉思汗享年65岁，而丘处机则高寿，享年79岁。这一年，耶律楚材才37岁，春秋正盛。

耶律楚材妥贴地安排了窝阔台继位的事务。窝阔台继位后果真对他委以重任：中书令，行政最高长官，相当于宰相。在这前后，耶律楚材做了如下一系列大事。

一，耶律楚材选择并任命了自己的两个主要助手右丞相和左丞相。让人惊异的是，这三个包括耶律楚材在内的最高行政官员，没有一个是蒙古人，也没有一个是汉人，却都熟悉汉族的典章制度。这种安排，在蒙古人掌权的朝廷里，显得非常开通又非常奇特。

二，蒙古贵族中还有很多保守将领无视成吉思汗"不杀掠"的遗嘱，继续主张大规模杀人。据《元史》载，近侍别迭等人主张："汉人无补于国，可悉空其人，以为牧地。"这显然是一个极端恐怖的政策，把汉人杀尽或赶光，使整个中原成为牧地，也就是把农耕文明全部蜕变为游牧文明。耶律楚材为了阻止这个主张，就给窝阔台算了一笔帐，说我们每年需要的五十万两银子、四十万石粮食，八万匹帛匹，全都要来自中原的税收和盐、酒、冶铁等百业，怎么能够不要汉人？窝阔台要耶律楚材就此提供证明，来说服朝廷中保守的蒙古军人。第二年耶律楚材确实以税收的方法为朝廷提供了大量财富，使窝阔台非常高兴。这就奠定了蒙古政权从游牧文明转向农耕文明，并实行税收制度的基础。

三，窝阔台征服金朝时，有的将领根据蒙古军的老规矩，坚持一个城市若有抗拒，破城之后必须屠城。当时，汴梁城抗拒了，那些将领准备照此办理。耶律楚材立即上奏窝阔台，说如果我们得到的是没有活人的土地，那又有什么用！结果，破城后除了处决金朝王室完颜一家外，保全了汴梁城一百四十多万人的生命。从此，放弃屠城政策，成为一个定例，从根本上改变了蒙古军队的行为方式。

四，蒙古军队占领一地，必定由军事将领管辖一切，毫无约束，横行霸道。耶律楚材提出把军事权力和民政权力分开，并使它们势均力敌，互相牵制。民政权力由文官执掌，军事权贵不得侵犯。在文官职位上，耶律楚材大量起用汉族知识分子，让他们着重负责征收税赋的事务。甚至，他向窝阔台直接提出了“制器者必用良工，守成者必用儒臣”的政策，大大改良了政权的文化品质。这样做的结果，也让他这个行政首长有效地控制了财政权，构成了财政、军权、法权的三权鼎力。

五，耶律楚材还采取一系列措施，及时控制了高利贷、通货膨胀、包揽税收和种种贵族特权，成功实行了以经济为主轴的社会管理。

六，蒙古军队占领一地，还会很自然地把当地人民当作自己的变相奴隶。耶律楚材决定“奏括户口，皆籍为编民”，也就是以户籍制来使这些变相奴隶重新变成平民。由于户籍制，一系列税赋制也有了实行的保证。

七，耶律楚材还以很大的热情尊孔，正式以儒家经典办学招士。

……

这一切理性管理措施，使蒙古的历史发展到了一个全新的阶段，并且决定了后来元朝的基本格局。

遗憾的是，窝阔台死后，皇后摄政，反对汉化，与耶律楚材激烈争吵，结果把这位名相活活气死了，享年55岁。

他死后，政敌对他的家庭财产进行了查抄。结果发现，“惟琴阮十余，及古今书画金石、遗文数千卷”，除此之外没有任何财产。真是太廉洁了。

所幸，耶律楚材去世十余年后，忽必烈继位。耶律楚材所制定的种种方略，重新获得尊重。

五

好，我们现在可以从整体上看看耶律楚材这个人了。

这位契丹皇族后裔，无论对于金朝的女真人、成吉思汗的蒙古人，还是对于宋朝的汉人来说，都是陌生人。而且，他好像完全没有我们历来重视的所谓“民族气节”，可以为任何一个民族服务，包括曾经战胜过自己家族的民族，简直算得上是"数典忘祖"了。

成吉思汗为他的家族报了仇，但他坦诚地表示，自己的心底从来没有这种仇恨。他只在乎今天的服务对象，并且努力把服务做好。只不过，在今天的服务中，他要固守一些大是大非。他认为，是非高于民族，更高于家族。

因此，历来被人们反复夸大和表演的"故乡情结"、"省籍情结"、"祭祖情结"，在他面前不起任何作用。

他似乎已经放弃了自己的民族身份。在他追求的"王化归一统"、"四海皆弟兄"的世界里，从来没有复兴契丹之梦。尽管他的契丹，曾经建立过那么壮阔和强大的辽朝，留下了那么丰富而动人的故事。

他一点儿也不想做"前朝遗民"、"复仇王子"。他从来没有秘藏过增添世仇的资料，谋划过飘零贵族的聚会。他的深棕色的眼瞳没有发出过任何暗示，他的美髯公的胡子没有抖动过任何信号。

他知道时势在剧变，时间在急逝，生命在重组。他知道一切依托于过往历史的所谓身份，乍一看是真实的，实际上是重建的，而且是一种崭新的重建，为了今天和明天的具体目的的重建。他不愿意参与这种表演式的重建，更愿意享受逝者如斯、人去楼空的放松。

是的，他不要那种身份。为了摆脱那种身份，他甚至四处逃奔，改换门庭，直到进入江湖好汉们所说的"赤条条一身来去无牵挂"的境界。

但是，我们看到了，他有明确的文化身份。

那就是，一生秉承儒家文化和汉传佛教。

这让我想起我的诗人朋友余光中先生。他因写过《乡愁》一诗，很多与他稍稍有点关系的地方都希望他宣布故乡在斯，所愁在斯。但他说：我的故乡不是一个具体的地方，而是中华文化。思亦在斯，愁亦在斯。

余光中先生是汉人，这样说很自然；耶律楚材不是汉人，这样做很奇特。

其实，这是他作出的郑重选择。

越是动荡的年代越有选择的自由，他运用了这种自由。

有不少人说，文化是一种地域性的命定，是一种在你出生前就已经布置好了的包围，无法选择。我认为，无法选择的是血统，必须选择的是文化。正因为血统无法选择，也就加重了文化选择的责任。正因为文化是自己选择的，当然也就比先天加予的血统更关及生命本质。

反之，如果文化成了一种固定人群的被动承担，那么，这种文化和这种人群，都会失去生命的创造，因僵化而走向枯萎。

我们为什么要接受这种必然导致枯萎的事先布置？

即使这种布置中有远年的豪华金饰，也绝不接受。

于是，耶律楚材，这个高大的契丹族男子，背负着自己选择的中华文化，出现在自己选择的君主成吉思汗之前。

然后，他又与成吉思汗在一起，召来了他在中华文化上缺漏的那部分，丘处机的道家。

这一来，成吉思汗本人也在开始进行文化选择了。对于位及至尊又叱咤风云的成吉思汗来说，这种文化选择已经变得非常艰难。但是，如细雨润物，如微风轻拂，成吉思汗一次次抬起头来，对这两位博学的智者露出笑颜。

这一系列在西域大草原和大沙漠里出现的文化选择，今天想来还觉得气壮山河。

耶律楚材在表达自己文化身份时，重点选择了两个方面，那就是：在成吉思汗时代呼吁护生爱民，在窝阔台时代实施理性管理。

这两个方面，使蒙古民族为后来入主中华大地、建立统一的元朝，作了文化准备。

这两个方面，是耶律楚材的文化身份所派生出来的行为身份。

相比之下，很多中国文人虽有文化身份却没有行为身份，使文化变成了贴在额头上的标签，谁也不指望这种标签和这种额头与苍生大地产生关联。

经过以上整理，我们可以概括出两个相反的人格结构——

第一个人格结构：背后的民族身份是飘忽模糊的，中间的文化身份是坚定明朗的，眼前的行为身份是响亮清晰的。

第二个人格结构：夸张的是背景，模糊的是文化，迷失的是行为。

也许，在我们中国，最普及的是第二个人格结构，因此耶律楚材显得那么陌生。

什么时候，如果能有更多的中国人，千里跋涉来到人世灾祸的第一线，展示的是文化良知而不是背景身份，切切实实地以终极人性扭转历史的进程，那么，耶律楚材对我们就不陌生了。

最后提一句，这位纵横大漠的游子毕竟有一个很好的归宿。他的墓和祠，还在北京颐和园东门里边。我每次都是在夕阳灿烂时到达的，总是寂寥无人。偶尔有人停步，几乎都不知道他是谁。

在颐和园留下他的遗迹，这件事乾隆皇帝有功。我还曾因此猜测过这位晚于耶律楚材五百年的少数民族皇帝的人格结构，并增添了几分对他的敬意。

【内容提要】

全文可分为两个部分，共五个小节，拨开历史的面纱，以娓娓道来，评述历史之势，将一代天骄成吉思汗身边那个“陌生人”展现在读者面前。“陌生人”便是耶律楚材。

第一部分是1–4小节。按照时间顺序，还原了历史，还原了人物。第1节作者主要描述了耶律楚材与成吉思汗初次谋面的情景。成吉思汗本以为耶律楚材会因亡国易主，满腹复仇之念，因而会对他存有敌意。不想，通过交谈却认识到这个大胡子（成吉思汗对耶律楚材的称呼）一心想辅佐他拯救苍生于水火，完全无半点复仇之心。从此，“忠诚”的耶律楚材常伴成吉思汗左右。第2节作者讲述成吉思汗为“雪耻”与“复仇”，攻打中亚大国花剌子模的战争历史。期间说到耶律楚材，带军西征，征战沙场，但却厌倦杀戮。第3节作者着重通过描述耶律楚材西征之事，如征战之时所著盼望结束战斗、东归故里的诗歌，替将士们们请命，说怪兽的故事给成吉思汗听等，刻画出一个征战沙场英勇无比，但又体恤民意、崇尚和平的“人性”，且极富文采的耶律楚材。第4节讲述成吉思汗去世后，耶律楚材辅佐窝阔台继位，自任中书令，一心向国，颁布数条新政，加强国家管理，带来国之强盛。但因朝政变革，从此不得志，郁郁寡欢，愤恨而终。

第二部分是文章的最后一节。作者总结出耶律楚材是一个拥有完整人格的人。他背后的民族身份是飘忽模糊的，但中间的文化身份是坚定明朗的，眼前的行为身份更是响亮清晰的。作者还以犀利的言语指出，为什么现在这么多人会觉得耶律楚材陌生，原因就是这些人与耶律楚材人格上正好相反，他们“夸张的是背景，模糊的是文化，迷失的是行为。”文章开篇设问陌生人哪里来，文尾巧妙作答。

【中心观点】

虽然耶律楚材背后的民族身份是飘忽模糊的，但中间的文化身份却是坚定明朗的，眼前的行为身份更是响亮清晰的。作者点明，之所以耶律楚材让人感到陌生，并不是因为他是古人，作古许久。而是因为现代缺失像他一样具有完整人格的人。陌生不是来自时代的久远，而是来自人格上的差距。他的完整，应该是个标尺，会让现代那些只知道炫耀背景，面对困难不知道有任何文化良知，行为迷失的人自惭形秽。

【写作特点】

文章第一部分采用大量平实叙述，还原历史原样，从历史的角度，让读者知道“陌生人”耶律楚材是从哪里来的。第二部分加以议论和抒情，赞扬耶律楚材人格的完整，也点明现代人觉得耶律楚材陌生，是源于和他人格上的差距。

【思考与练习】

1.说说耶律楚材的“陌生”哪里来的？

2.作者认为中国人应该具有怎样的人格？

【拓展阅读书目或文章名】

1.余秋雨《文化苦旅》

2.余秋雨《行者无疆》

3.余秋雨《寻觅中华》

小说

董永[1]

干宝

【作者介绍】

干宝(？—336年)，东晋人，字令升，祖籍河南新蔡。我国古代著名的史学家和文学家，小说家一代宗师。他的《搜神记》短篇小说集在中国小说史上有着极其深远的影响，被称作中国小说的鼻祖。

【正文】

汉董永，千乘人[2]。少偏孤[3]，与父居。肆力田亩，鹿车载自随[4]。父亡，无以葬，乃自卖为奴，以供丧事。主人知其贤，与钱一万，遣之。

永行三年丧毕[5]，欲还主人，供其奴职。道逢一妇人曰："愿为子妻。"遂与之俱。

主人谓永曰："以钱与君矣。"永曰：蒙君之惠，父丧收藏。永虽小人[6]，必欲服勤致力，以报厚德。"主曰："妇人何能？"永曰："能织。"主曰："必尔者，但令君妇为我织缣百匹[7]。"

于是永妻为主人家织，十日而毕。女出门，谓永曰："我，天之织女也。缘君至孝[8]，天帝令我助君偿债耳。"语毕，凌空而去，不知所在。

【注释】

[1]选自《搜神记》卷一。

[2]千乘:地名,在今山东省博兴县、高青县一带。

[3]偏孤:幼年丧父或丧母,此指丧母。

[4]鹿车:古时一种窄小的车子。言其窄小仅容一鹿。

[5]行三年丧:古礼,父母死后,儿子在家居丧三年,闭门不出。

[6]小人:指社会地位低下的人。

[7]缣(jiān):淡黄色的细绢。

[8]缘:因为。

【内容提要】

注重孝道是中华民族由来已久的道德传统。这种观念首先直接来源于血缘亲情,这是人类一种最基本的自然感情。《孝经》即云:"身体发肤,受之父母,不敢毁伤,孝之始也;立身行道,扬名于后世,以显父母,孝之终也。夫孝,始于事亲,中于事君,终于立身。"董永家贫母丧,辘车载父,肆力田亩,及至父死却无钱下葬,卖身葬父,成为了孝子的典型。这种精神甚而感动了天上的仙女,织女下凡助其偿债,真所谓感天动地。董永与仙女的故事,也成为了我国民间著名神话传奇故事之一,流传甚广,影响久远。

【中心观点】

董永卖身葬父的故事,是劳动人民悲惨生活的真实写照,其义举感动了仙女,仙女"为子妻""助君偿债",表现了人民对中华民族的传统美德"孝道"的注重与歌颂,带有理想化的成份。

【写作特点】

富于浪漫主义色彩是六朝志怪小说的特点之一。作品主人公董永最后得到仙女的帮助而偿还债务,无疑是人们理想化虚构出来的情节。"人神相恋"也成为了中国古代爱情小说的一种模式。

【思考与练习】

1.董永与仙女故事广为流传的原因是什么?

2.搜集有关"董永"的相关故事。

【拓展阅读书目或文章名】

借助网络或通过其他方式观看:

1.晋剧《槐荫记》

2.楚剧《百日缘》

3.黄梅戏《天仙配》

柳毅传

李朝威

【作者介绍】

李朝威,陇西(今甘肃陇西一带)人,唐代著名传奇作家。生平及事迹不详,约生活于唐代宗大历至唐贞元年间。作品现存《柳毅传》和《柳参军传》两篇,其中《柳毅传》被鲁迅先生与元稹的《莺莺传》相提并论。

【正文】

仪凤中[1],有儒生柳毅者,应举下第,将还湘滨。念乡人有客于泾阳者[2],遂往告别。至六七里,鸟起马惊,疾逸道左。又六七里,乃止。

见有妇人,牧羊于道畔。毅怪视之,乃殊色也。然而蛾脸不舒[3],巾袖无光,凝听翔立[4],若有所伺。毅诘之曰:“子何苦而自辱如是?”妇始楚而谢[5],终泣而对曰:“贱妾不幸,今日见辱问于长者[6]。然而恨贯肌骨,亦何能媿避,幸一闻焉。妾,洞庭龙君小女也。父母配嫁泾川次子,而夫婿乐逸[7],为婢仆所惑,日以厌薄。既而将诉于舅姑,舅姑爱其子,不能御。迨诉频切,又得罪舅姑。舅姑毁黜以至此[8]。”言讫,歔欷流涕,悲不自胜。又曰:“洞庭于兹,相远不知其几多也。长天茫茫,信耗莫通。心目断尽,无所知哀。闻君将还吴[9],密通洞庭。或以尺书寄托侍者[10],未卜将以为可乎?”毅曰:“吾义夫也[11]。闻子之说,气血俱动,恨无毛羽,不能奋飞。是何可否之谓乎[12]!然而洞庭,深水也。吾行尘间,宁可致意耶?唯恐道途显晦[13],不相通达,致负诚托,又乖恳愿[14]。子有何术,可导[15]我耶?”女悲泣且谢,曰:“负载珍重[16],不复言矣。脱获回耗[17],虽死必谢。君不许,何敢言?既许而问,则洞庭之与京邑,不足为异也。”

毅请闻之。女曰:“洞庭之阴[18],有大橘树焉,乡人谓之社橘。君当解去兹带,束以他物。然后叩树三发,当有应者。因而随之,无有碍矣。幸君子书叙之外,悉以心诚之话倚托,千万无渝!”毅曰:“敬闻命矣。”女遂于襦间解书,再拜以进,东望愁泣,若不自胜。毅深为之戚。乃置书囊中,因复问曰:“吾不知子之牧羊,何所用哉?神祇岂宰杀乎?”女曰:“非羊也,雨工也。”“何为雨工?”曰:“雷霆之类也。”毅顾视之,则皆矫顾怒步,饮龁甚异。而大小毛角,则无别羊焉。毅又曰:“吾为使者,他日归洞庭,幸勿相避。”女曰:“宁止不避,当如亲戚耳。"语竟，引别东去。不数十步，回望女与羊，俱亡所见矣。

其夕，至邑而别其友。月余到乡，还家，乃访于洞庭。洞庭之阴，果有社橘。遂易带向树，三击而止。俄有武夫出于波间，再拜请曰："贵客将自何所至也？"毅不告其实，曰："走谒大王耳。"武夫揭水指路，引毅以进。谓毅曰："当闭目，数息可达矣[19]。"毅如其言，遂至其宫。始见台阁相向，门户千万，奇草珍木，无所不有。夫乃止毅，停于大室之隅，曰："客当居此以伺焉。"毅曰："此何所也？"夫曰："此灵虚殿也。"谛视之，则人间珍宝，毕尽于此。柱以白璧，砌以青玉，床以珊瑚，帘以水精，雕琉璃于翠楣[20]，饰琥珀于虹栋[21]。奇秀深杳，不可殚言。

然而王久不至。毅谓夫曰："洞庭君安在哉？"曰："吾君方幸玄珠阁，与太阳道士讲《火经》，少选当毕[22]。"毅曰："何谓《火经》？"夫曰："吾君，龙也。龙以水为神，举一滴可包陵谷。道士，乃人也。人以火为神圣，发一灯可燎阿房[23]。然而灵用不同，玄化各异[24]。太阳道士精于人理，吾君邀以听焉。"语毕而宫门辟。景从云合[25]，而见一人，披紫衣，执青玉。夫跃曰："此吾君也！"乃至前以告之。君望毅而问曰："岂非人间之人乎？"毅对曰："然。"毅遂设拜，君亦拜，命坐于灵虚之下。谓毅曰："水府幽深，寡人暗昧，夫子不远千里，将有为乎？"毅曰："毅，大王之乡人也。长于楚，游学于秦[26]。昨下第，闲驱泾水之涘[27]，见大王爱女牧羊于野。风鬟雨鬓，所不忍视。毅因诘之。谓毅曰：'为夫婿所薄，舅姑不念，以至于此。'悲泗淋漓，诚怛人心。遂托书于毅。毅许之，今以至此。"因取书进之。洞庭君览毕，以袖掩面而泣曰："老父之罪，不谂坚听[28]，坐贻聋瞽[29]，使闺窗孺弱，远罹构害。公，乃陌上人也[30]，而能急之。幸被齿发[31]，何敢负德！"词毕，又哀咤良久。左右皆流涕。时有宦人密侍君者，君以书授之，令达宫中。须臾，宫中皆恸哭。君惊谓左右曰："疾告宫中，无使有声。恐钱塘所知。"毅曰："钱塘，何人也？"曰："寡人之爱弟。昔为钱塘长，今则致政矣[32]。"毅曰："何故不使知？"曰："以其勇过人耳。昔尧遭洪水九年者，乃此子一怒也。近与天将失意[33]，塞其五山[34]。上帝以寡人有薄德于古今，遂宽其同气之罪[35]。然犹縻系于此[36]，故钱塘之人，日日候焉。"

语未毕，而大声忽发，天拆地裂，宫殿摆簸，云烟沸涌。俄有赤龙长千余尺，电目血舌，朱鳞火鬣，项掣金锁，锁牵玉柱，千雷万霆，激绕其身，霰雪雨雹，一时皆下。乃擘青天而飞去[37]。毅恐蹶仆地。君亲起持之曰："无惧，固无害。"毅良久稍安，乃获自定。因告辞曰："愿得生归，以避复来。"君曰："必不如此。其去则然，其来则不然。幸为少尽缱绻[38]。"因命酌互举，以款人事[39]。

俄而祥风庆云，融融怡怡，幢节玲珑[40]，箫韶以随[41]。红妆千万，笑语熙熙。后有一人，自然蛾眉，明珰满身，绡縠参差[42]。迫而视之，乃前寄辞者。然若喜若悲，零泪如丝。须臾，红烟蔽其左，紫气舒其右，香气环旋，入于宫中。君笑谓毅曰："泾水之囚人至矣[43]。"君乃辞归宫中。须臾，又闻怨苦，久而不已。

有顷，君复出，与毅饮食。又有一人，披紫裳，执青玉，貌耸神溢[44]，立于君左。君谓毅曰："此钱塘也。"毅起，趋拜之。钱塘亦尽礼相接，谓毅曰："女侄不幸，为顽童所辱。赖明君子信义昭彰，致达远冤。不然者，是为泾陵之土矣[45]。享德怀恩，词不悉心。"毅撝退辞谢[46]，俯仰唯唯[47]。然后回告兄曰："向者辰发灵虚，巳至泾阳，午战于彼，未还于此。中间驰至九天，以告上帝。帝知其冤，而宥其失。前所谴责，因而获免。然而刚肠激发，不遑辞候。惊扰宫中，复忤宾客。愧惕惭惧，不知所失[48]。"因退而再拜。君曰："所杀几何？"曰："六十万。""伤稼乎？"曰："八百里。""无情郎安在？"曰："食之矣。"君怃然曰："顽童之为是心也，诚不可忍。然汝亦太草草。赖上帝显圣，谅其至冤。不然者，吾何辞焉[49]。从此已去，勿复如是。"钱塘复再拜。是夕，遂宿毅于凝光殿。

明日，又宴毅于凝碧宫。会友戚，张广乐[50]，具以醪醴，罗以甘洁[51]。初，笳角鼙鼓，旌旗剑戟，舞万夫于其右。中有一夫前曰："此《钱塘破阵乐》。"旌铫杰气[52]，顾骤悍栗[53]。座客视之，毛发皆竖。复有金石丝竹，罗绮珠翠，舞千女于其左。中有一女前进曰："此《贵主还宫乐》。"清音宛转，如诉如慕，坐客听下，不觉泪下。二舞既毕，龙君大悦。锡以纨绮，颁于舞人。然后密席贯坐[54]，纵酒极娱。酒酣，洞庭君乃击席而歌曰："大天苍苍兮，大地茫茫。人各有志兮何可思量，狐神鼠圣兮，薄社依墙[55]。雷霆一发兮，其孰敢当。荷贞人兮信义长[56]，令骨肉兮还故乡。齐言惭愧兮何时忘[57]！"洞庭君歌罢，钱塘君再拜而歌曰："上天配合兮，生死有途。此不当妇兮，彼不当夫。腹心辛苦兮，泾水之隅。风霜满鬓兮，雨雪罗襦。赖明公兮引素书[58]，令骨肉兮家如初。永言珍重兮无时无。"钱塘君歌阕[59]，洞庭君俱起，奉觞于毅。毅踧踖而受爵[60]，饮讫，复以二觞奉二君。乃歌曰："碧云悠悠兮，泾水东流。伤美人兮，雨泣花愁。尺书远达兮，以解君忧。哀冤果雪兮，还处其休[61]。荷和雅兮感甘羞[62]。山家寂寞兮难久留[63]。欲将辞去兮悲绸缪[64]。"歌罢，皆呼万岁。洞庭君因出碧玉箱，贮以开水犀[65]；钱塘君复出红珀盘，贮以照夜玑，皆起进毅。毅辞谢而受。然后宫中之人，咸以绡彩珠璧，投于毅侧。重叠焕赫[66]，须臾埋没前后。毅笑语四顾，媿谢不暇。洎酒阑欢极，毅辞起，复宿于凝光殿。

翌日，又宴毅于清光阁。钱塘因酒，作色，踞谓毅曰："不闻猛石可裂不可卷[67]，义士可杀不可羞耶？愚有衷曲，欲一陈于公。如可，则俱在云霄；如不可，则皆夷粪壤[68]。足下以为何如哉？"毅曰："请闻之。"钱塘曰："径阳之妻，则洞庭君之爱女也。淑性茂质[69]，为九姻所重[70]。不幸见辱于匪人，今则绝矣。将欲求托高义[71]，世为亲戚。使受恩者知其所归，怀爱者知其所付，岂不为君子始终之道者[72]？"毅肃然而作，欻然而笑曰[73]："诚不知钱塘君孱困如是[74]！毅始闻跨九州[75]、怀五岳[76]，泄其愤怒；复见断金锁，掣玉柱，赴其急难。毅以为刚决明直，无如君者。盖犯之者不避其死，感之者不爱其生[77]，此真丈夫之志。奈何萧管方洽，亲宾正和，不顾其道，以威加人？岂仆人素望哉！若遇公于洪波之中，玄山之间[78]，鼓以鳞须[79]，被以云雨，将迫毅以死，毅则以禽兽视之，亦何恨哉！今体被衣冠，坐谈礼义，尽五常之志性[80]，负百行之微旨[81]，虽人世贤杰，有不如者，况江河灵类乎？而欲以蠢然之躯，悍然之性，乘酒假气，将迫于人，岂近直哉[82]！且毅之质不足以藏王一甲之间

[83]。然而敢以不伏之心，胜王不道之气。惟王筹之！”钱塘及逡巡[84]致谢曰：“寡人生长宫房，不闻正论。向者词述疏狂，妄突高明。退自循顾[85]，戾不容责。幸君子不为此乖间可也[86]。”其夕，复饮宴，其乐如旧。毅与钱塘，遂为知心友。

明日，毅辞归。洞庭君夫人别宴毅于潜景殿。男女仆妾等，悉出预会。夫人泣谓毅曰：“骨肉受君子深恩，恨不得展媿戴[87]，遂至睽别。”使前泾阳女当席拜毅以致谢。夫人又曰：“此别岂有复相遇之日乎？”毅其始虽不诺钱塘之请，然当此席，殊有叹恨之色。宴罢辞别，满宫凄然。赠遗珍宝，怪不可述。毅于是复循途出江岸，见从者十余人，担囊以随，至其家而辞去。

毅因适广陵宝肆[88]，鬻其所得。百未发一，财已盈兆[89]。故淮右富族[90]，咸以为莫如。遂娶于张氏，亡。又娶韩氏。数月，韩氏又亡。徙家金陵。常以鳏旷多感[91]，或谋新匹。有媒氏告之曰：“有卢氏女，范阳人也[92]。父名曰浩，尝为清流宰[93]。晚岁好道，独游云泉，今则不知所在矣。母曰郑氏。前年适清河张氏，不幸而张夫早亡。母怜其少，惜其慧美，欲择德以配焉。不识何如？”毅乃卜日就礼。既而男女二姓俱为豪族，法用礼物[94]，尽其丰盛。金陵之士，莫不健仰[95]。

居月余，毅因晚入户，视其妻，深觉类于龙女，而逸艳丰厚，则又过之。因与话昔事。妻谓毅曰：“人世岂有如是之理乎？然君与余有一子。”毅益重之。既产，逾月，乃秾饰换服，召亲戚。相会之间，笑谓毅曰：“君不忆余之于昔也？”毅曰：“夙为洞庭君女传书，至今为忆。”妻曰：“余即洞庭君之女也。泾川之冤，君使得白。衔君之恩，誓心求报。洎钱塘季父论亲不从，遂至睽违，天各一方，不能相问。父母欲配嫁于濯锦小儿某[96]。惟以心誓难移，亲命难背。既为君子弃绝，分无见期。而当初之冤，虽得以告诸父母，而誓报不得其志[97]，复欲驰白于君子。值君子累娶，当娶于张，已而又娶于韩。迨张韩继卒，君卜居于兹，故余之父母乃喜余得遂报君之意。今日获奉君子，咸善终世[98]，死无恨矣。”因呜咽，泣涕交下。对毅曰：“始不言者，知君无重色之心；今乃言者，知君有感余之意。妇人匪薄[99]，不足以确厚永心[100]，故因君爱子，以托相生[101]。未知君意如何？愁惧兼心，不能自解。君附书之日，笑谓妾曰：‘他日归洞庭，慎无相避。’诚不知当此之际，君岂有意于今日之事乎？其后季父请于君，君固不许。君乃诚将不可邪，抑忿然邪？君其话之。”毅曰：“似有命者。仆始见君于长泾之隅，枉抑憔悴，诚有不平之志。然自约其心者[102]，达君之冤，余无及也。以言慎勿相避者，偶然耳，岂有意哉！洎钱塘逼迫之际，唯理有不可直，乃激人之怒耳。夫始以义行为之志，宁有杀其婿而纳其妻者邪？一不可也。某素以操真为志尚，宁有屈于己而伏于心者乎[103]？二不可也。且以率肆胸臆，酬酢纷纶[104]，唯直是图，不遑避害。然而将别之日。见君有依然之容，心甚恨之[105]。终以人事扼束[106]，无由报谢。吁，今日，君，卢氏也，又家于人间。则吾始心未为惑矣[107]。从此以往，永奉欢好，心无纤虑也。”妻因深感娇泣，良久不已。有顷，谓毅曰：“勿以他类，遂为无心，固当知报耳。夫龙寿万岁，今与君同之。水陆无往不适。君不以为妄也。”毅嘉之曰：“吾不知国客乃复为神仙之饵[108]。”乃相与觐洞庭[109]。既至，而宾主盛礼，不可具纪。

后居南海[110]，仅四十年[111]，其邸第舆马珍鲜服玩，虽侯伯之室，无以加也。毅之族咸遂濡泽[112]。以其春秋积序[113]，容状不衰，南海之人，靡不惊异。洎开元中[114]，上方属意于神仙之事，精索道术[115]。毅不得安，遂相与归洞庭。凡十余岁，莫知其迹。

至开元末，毅之表弟薛嘏为京畿令[116]，谪官东南。经洞庭，晴昼长望[117]，俄见碧山出于远波。舟人皆侧立[118]，曰："此本无山，恐水怪耳。"指顾之际，山与舟相逼，乃有彩船自山驰来，迎问于嘏。其中有一人呼之曰："柳公来候耳。"嘏省然记之[119]，乃促至山下，摄衣疾上。山有宫阙如人世，见毅立于宫室之中，前列丝竹，后罗珠翠，物玩之盛，殊倍人间。毅词理益玄，容颜益少。初迎嘏于砌，持嘏手曰："别来瞬息，而发毛已黄。"嘏笑曰："兄为神仙，弟为枯骨，命也！"毅因出药五十丸遗嘏，曰："此药一丸，可增一岁耳。岁满复来，无久居人世，以自苦也。"欢宴毕，嘏乃辞行。自是已后，遂绝影响[120]。嘏常以是事告于人世。殆四纪[121]，嘏亦不知所在。

陇西李朝威叙而叹曰：五虫之长[122]，必以灵者，别斯见矣[123]。人，裸也[124]，移信鳞虫[125]。洞庭含纳大直[126]，钱塘迅疾磊落，宜有承焉[127]。嘏咏而不载，独可邻其境[128]。愚义之，为斯文。

【注释】

[1] 仪凤：唐高宗李治年号(676—678 年)。

[2] 泾阳：今陕西省三原县，在泾河北岸，南靠泾河和渭河。

[3] 蛾脸：美丽面容。蛾：即蛾眉。不舒：含愁不展。

[4] 翔：止。

[5] 谢：拜谢。

[6] 见辱：敬词，承蒙。

[7] 泾川：指泾河龙君。乐逸：专好游逸、放荡的生活。

[8] 毁黜：糟蹋，虐待。

[9] 还吴：回南方。古代吴楚相邻，都在南方。所以南还，可称为还吴。

[10] 尺书：即书信。古时书信写在帛上，上下长一尺，故称尺书。寄托侍者：转托您的仆役带去，是古时的客套话。

[11] 义夫：重义气的男人。

[12] 何可否之谓：哪里有什么可否的问题，即表示愿意效劳。

[13] 显晦：明暗，指人间与神鬼世界不同。

[14] 乖：违背、背离。恳愿：恳切的愿望。

[15] 导：指导。

[16] 负载：负担(起自己所托付的事情)。珍重：路上多多保重。

[17] 脱：倘或。回耗：回信。耗：音讯。

[18] 阴:水的南岸称为阴。

[19] 数息:呼吸几次,形容时间短暂。

[20] 楣:门上横木。

[21] 虹栋:彩色的屋梁。

[22] 少选:片刻,须臾。

[23] 阿房:秦阿房宫,被项羽焚毁。

[24] 玄化:玄妙的变化。

[25] 景从云合:形容侍从众多。景同"影"。景从:如影之从形。云合:像密云四合。

[26] 游学于秦:指到长安考试。长安:古时曾属秦地。

[27] 涘(sì):水边。

[28] 不诊坚听:不加考察,听信人言。诊:察。坚听:听信不疑。

[29] 坐贻聋瞽:因而就成为聋子、瞎子一样的无知人。

[30] 陌上人:(不相识的)行路人。

[31] 幸被齿发:有生之年。被齿发:指还活着。

[32] 致政:退职,不再做官。

[33] 失意:失和。

[34] 塞其五山:发大水淹掉五座山。

[35] 同气:同胞兄弟。

[36] 縻系:囚禁。

[37] 擘(bò):分开。

[38] 缱绻(qiǎn quǎn):深厚缠绵的情意。

[39] 以款人事:以尽款待客人的礼数。

[40] 幢(chuáng)节:作为仪仗用的旗帜之类。

[41] 箫韶:相传为虞舜时的乐曲,后世指代乐队。

[42] 绡縠(xiāo hú):绸缎。

[43] 囚人:受罪的人。指龙女。

[44] 貌耸神溢:相貌出众,精神焕发。

[45] 为泾陵之土:死在泾阳,成为山里的泥土。

[46] 撝(huī)退:谦逊。

[47] 俯仰唯唯:低头谦逊地应答。俯仰:是复词偏义,低头。

[48] 不知所失:不知道犯了多大的罪过。

[49] 何辞:用什么言辞解释。

[50] 张广乐:设置大乐队。

[51] 甘洁:甘旨,美味。

[52] 旌铫(tiáo)杰气:(挥动)旌旗、武器,显出英雄的气概。铫:长矛。

[53] 顾骤悍栗:眼神和动作威势逼人。骤:指动作,步伐。

[54] 密席贯坐:接席连坐。席:坐席。

[55]狐神鼠圣兮二句:妖狐与鼠精依靠庙社冒充神灵。比喻小人依附权势,作威作福。薄:附。社:土地庙。

[56]荷:感激。贞人:正人君子。

[57]言:助词。下文"永言珍重"同。

[58]明公:敬称,指柳毅。

[59]阕:曲终。

[60]踧踖(cù jí):恭敬而不安的样子。爵:酒杯。

[61]还处其休:回家享福。休:美好,幸福。

[62]和雅:温情雅意。甘羞:美味。

[63]山家:对自己家宅的谦称。

[64]绸缪(móu):缠绵。

[65]开水犀:传说犀牛能以角分水,此指犀牛角。

[66]焕赫:光彩耀目。

[67]猛石:坚石。

[68]夷粪壤:即夷为粪土,比喻恶劣境地。夷:平。

[69]茂质:品质优良。茂:美。

[70]九姻:所有的亲戚。九:泛指多数。

[71]高义:指柳毅。

[72]君子始终之道:君子之道有始有终。

[73]欻(xū)然:忽然。

[74]孱(chán)困:羸弱,无用。

[75]九州:古代中国分为九州。

[76]怀:包。

[77]感之者:有恩于我的人。这句讲不惜以生命报恩。

[78]玄山:黑色山峰(似的波浪)。山:形容巨浪。

[79]鼓:鼓动,伸张。

[80]五常:指仁、义、礼、智、信。这里泛指道德。

[81]负百行之微旨:掌握做人的精义。百行:士人的多种品格。

[82]近直:接近正理。

[83]毅之质:自己的身体。

[84]逡(qūn)巡:后退、局促不安的表示。

[85]循顾:仔细反省。

[86]乖间:隔阂,疏远。

[87]展媿戴:报恩德。媿戴:惭愧、爱戴的心情。

[88]广陵:今江苏省扬州市。宝肆:珠宝店。

[89]盈兆:超过万亿。

[90]淮右:指扬州一带。

[91]鳏(guān)旷:单身汉。妻死无偶曰鳏,成年未娶曰旷(鳏亦含有旷义)。感:同“憾”。

[92]范阳:即幽州,今北京市一带。

[93]清流宰:清流县(今属安徽)长官。

[94]法用礼物:婚仪所用的礼物。

[95]健仰:深切仰慕。

[96]濯锦小儿:指濯锦江龙君之子。濯锦江即锦江,为四川岷江支流。

[97]誓报不得其志:立誓报恩的志愿没有实现。

[98]咸善终世:一同欢好终生。

[99]匪薄:即“非薄”,轻微的意思。

[100]永心:永远不变的心意。

[101] 相生:生活在一起。

[102]约:克制。

[103]伏:通“服”。

[104]酬酢(zuò)纷纶:应答时很杂乱。

[105]恨:遗憾,悔恨。

[106]扼束:束缚。

[107] 惑:迷惑不安。

[108]吾不知国客乃复为神仙之饵:我没有想到作龙宫娇客,却得到了成仙的机会。饵:由头,此指机会。

[109]觐(jìn):朝见。

[110]南海:今广州。

[111]仅:已有。此当反训,言其多。

[112]咸遂濡泽:都受到恩惠。

[113]春秋积序:一年复一年,指年纪增长。序:时序。

[114]开元:唐玄宗李隆基年号(公元 713 年—公元 741 年)。

[115]道术:指有仙术的人。

[116]京畿令:指京兆府所属县的县令。

[117]长望:远望。

[118]侧立:侧足而立,恐惧的祥子。

[119]省然:省悟的祥子。

[120]绝影响:再也没有柳毅的消息。影响:音容。

[121]纪:古代以十二年为一纪。

[122]五虫之长:古代把生物分为五类,其中“有鳞之虫”以龙为长;“倮(裸)之虫”以人为长。

[123]别斯见矣:其(与一般的生物)区别于此可见。

[124]人,裸也:人为裸虫(之长)。

[125]移信鳞虫:也同鳞虫讲信义。

[126]含纳:有度量。大直:非常正直。

[127]宜有承焉:应该使其流传于世。

[128]嘏(gǔ)咏而不载二句:薛嘏(曾亲历仙境),咏叹、传说其事,却没有记载成文。

【内容提要】

《柳毅传》是唐传奇名作,它集唐传奇的三大内容——神怪、爱情、侠义于一体。小说写的是人间书生柳毅与龙府仙女的故事,充满着奇特的浪漫主义想象,龙女对不幸婚姻带给她的痛苦与灾难"恨贯肌骨",并且决不逆来顺受,日夜设法解脱,这正是封建社会里妇女们的普遍遭遇和蕴藏着的普遍反抗情结;龙女在柳毅的帮助下重获自由,并对柳毅由感激而发展为爱慕,经过许多曲折,二人终成夫妇,充分体现了一个妇女身上的不甘屈于命运摆布,热烈向往、勇于追求自己婚姻幸福的理想,具有进步意义。柳毅本是一个落第书生,但当他遇到龙女求助时,十分同情,并义无反顾地答应帮她传书,充满古义士"已诺必诚,不爱其躯"的侠烈色彩;当钱塘君胁迫他娶龙女时,他大义凛然予以拒绝,又充分表现了古义士不图私利、不屈服于权势的精神品质。

【中心观点】

故事通过人间书生柳毅与龙府仙女相遇、相助、相爱的神怪故事,赞美了柳毅的侠义精神,表达了龙女对自由爱情的向往与追求,具有强烈的现实意义。

【写作特点】

在艺术表现上本传奇也相当成功。第一,构思巧妙缜密,情节曲折,布局严谨。对于龙女和柳毅之间的爱情故事,作品巧妙而合理地设计了许多矛盾和障碍,如柳毅拒婚,龙女抗婚,柳毅娶妻屡娶屡亡,龙女化为卢氏女最终与柳毅永结欢好,情节一波三折。第二,人物形象栩栩如生。如龙女表面屈抑可怜,实际热情坚定、敢爱敢恨、执着于爱情;柳毅果敢坚毅、侠肠义骨、正义凛然。第三,语言生动凝练,辞彩华美。用极少的文字即可烘托出典型的环境,勾画出生动的画面,描绘出人物的精神风貌。

【思考与练习】

1.结合作品,分析柳毅和龙女的性格特点。

2.人神相恋是中国古代爱情故事模式之一,结合作品谈谈你是如何看待这些神怪故事的?

【拓展阅读书目或文章名】

1.尚仲贤《洞庭湖柳毅传书》(杂剧)

2.李好古《沙门岛张生煮海》(杂剧)

孙悟空大闹天宫

吴承恩

【作者介绍】

吴承恩(约1510—约1582年),字汝忠,号射阳山人,山阳(今江苏淮安)人,中国明代杰出的小说家。出身于由书香门第衰落为小商人的家庭,自幼聪慧,少有文名,却屡试不中,直到三十多岁才补岁贡生,嘉靖末隆庆初任浙江长兴县丞。由于宦途困顿,晚年绝意仕途,归居乡里。爱好野史奇闻,在前人创作及民间传说的基础上,创作出了富有浪漫主义色彩的长篇小说《西游记》。又撰有《禹鼎志》(已佚),有诗文集《射阳先生存稿》四卷。

【正文】

话表齐天大圣到底是个妖猴,更不知官衔品从,也不较俸禄高低,但只注名便了。那齐天府下二司仙吏,早晚扶侍,只知日食三餐,夜眠一榻,无事牵萦,自由自在。闲时节会友游宫,交朋结义。见三清[1],称个"老"字;逢四帝[2],道个"陛下"。与那九曜星[3]、五方将、二十八宿[4]、四大天王[5]、十二元辰、五方五老、普天星相、河汉群神,俱只以弟兄相待,彼此称呼。今日东游,明日西荡,云去云来,行踪不定。

一日,玉帝早朝,班部中闪出许旌阳真人,頫囟启奏道[6]:"今有齐天大圣,无事闲游,结交天上众星宿,不论高低,俱称朋友。恐后闲中生事,不若与他一件事管,庶免别生事端。"玉帝闻言,即时宣诏。那猴王欣欣然而至,道:"陛下,诏老孙有何升赏?"玉帝道:"朕见你身闲无事,与你件执事。你且权管那蟠桃园,早晚好生在意。"大圣欢喜谢恩,朝上唱喏而退。

他等不得穷忙,即入蟠桃园内查勘。本园中有个土地拦住,问道:"大圣何往?"大圣道:"吾奉玉帝点差,代管蟠桃园,今来查勘也。"那土地连忙施礼,即呼那一班锄树力士、运水力士、修桃力士、打扫力士都来见大圣磕头,引他进去。但见那:

夭夭灼灼[7],颗颗株株。夭夭灼灼花盈树,颗颗株株果压枝。果压枝头垂锦弹,花盈树上簇胭脂。时开时结千年熟,无夏无冬万载迟。先熟的,酡颜醉脸[8];还生的,带蒂青皮。凝烟肌带绿,映日显丹姿。树下奇葩并异卉,四时不谢色齐齐。左右楼台并馆舍,盘空常见罩云霓。不是玄都凡俗种[9],瑶池王母自栽培。[10]

大圣看玩多时，问土地道："此树有多少株数？"土地道："有三千六百株：前面一千二百株，花微果小，三千年一熟，人吃了成仙了道，体健身轻。中间一千二百株，层花甘实，六千年一熟，人吃了霞举飞升，长生不老。后面一千二百株，紫纹缃核，九千年一熟，人吃了与天地齐寿，日月同庚。"大圣闻言，欢喜无任，当日查明了株数，点看了亭阁，回府。自此后，三五日一次赏玩，也不交友，也不他游。

一日，见那老树枝头，桃熟大半，他心里要吃个尝新。奈何本园土地、力士并齐天府仙吏紧随不便。忽设一计道："汝等且出门外伺候，让我在这亭上少憩片时。"那众仙果退。只见那猴王脱了冠着服，爬上大树，拣那熟透的大桃，摘了许多，就在树枝上自在受用。吃了一饱，却跳下来，簪冠著服，唤众等仪从回府。迟三二日，又去设法偷桃，尽他享用。

一朝，王母娘娘设宴，大开宝阁，瑶池中做"蟠桃胜会"，即着那红衣仙女、素衣仙女、青衣仙女、皂衣仙女、紫衣仙女、黄衣仙女、绿衣仙女，各顶花篮，去蟠桃园摘桃建会。七衣仙女直至园门首，只见蟠桃园土地、力士同齐天府二司仙吏，都在那里把门。仙女近前道："我等奉王母懿旨，到此携桃设宴。"土地道："仙娥且住。今岁不比往年了，玉帝点差齐天大圣在此督理，须是报大圣得知，方敢开园。"仙女道："大圣何在？"土地道："大圣在园内，因困倦，自家在亭子上睡哩。"仙女道："既如此，寻他去来，不可延误。"土地即与同进。寻至花亭不见，只有衣冠在亭，不知何往。四下里都没寻处。原来大圣耍了一会，吃了几个桃子，变做二寸长的个人儿，在那大树梢头浓叶之下睡着了。七衣仙女道："我等奉旨前来，寻不见大圣，怎敢空回？"旁有仙吏道："仙娥既奉旨来，不必迟疑。我大圣闲游惯了，想是出园会友去了。汝等且去摘桃，我们替你回话便是。"那仙女依言，入树林之下摘桃。先在前树摘了二篮，又在中树摘了三篮；到后树上摘取，只见那树上花果稀疏，止有几个毛蒂青皮的。原来熟的都是猴王吃了。七仙女张望东西，只见南枝上止有一个半红半白的桃子。青衣女用手扯下枝来，红衣女摘了，却将枝子望上一放。原来那大圣变化了，正睡在此枝，被他惊醒。大圣即现本相，耳朵内掣出金箍棒，幌一幌，碗来粗细，咄的一声道："你是那方怪物，敢大胆偷摘我桃！"慌得那七仙女一齐跪下道："大圣息怒。我等不是妖怪，乃王母娘娘差来的七衣仙女，摘取仙桃，大开宝阁，做'蟠桃胜会'。适至此间，先见了本园土地等神，寻大圣不见。我等恐迟了王母懿旨，是以等不得大圣，故先在此摘桃，万望恕罪。"大圣闻言，回嗔作喜道："仙娥请起。王母开阁设宴，请的是谁？"仙女道："上会自有旧规。请的是西天佛老、菩萨、罗汉，南方南极观音，东方崇恩圣帝，十洲三岛仙翁，北方北极玄灵，中央黄极黄角大仙，这个是五方五老。还有五斗星君，上八洞三清、四帝、太乙天仙等众，中八洞玉皇、九垒[11]、海岳神仙，下八洞幽冥教主[12]、注世地仙。各宫各殿大小尊神，俱一齐赴蟠桃嘉会。"大圣笑道："可请我么？"仙女说："不曾听得说。"大圣道："我乃齐天大圣，就请我老孙做个尊席，有何不可？"仙女道："此是上会会规，今会不知如何。"大圣道："此言也是，难怪汝等。你且立下，待老孙先去打听个消息，看可请老孙不请。"

好大圣，捻着诀，念声咒语，对众仙女道："住！住！住！"这原来是个定身法，把那七衣仙女一个个睖睖睁睁[13]，白着眼，都站在桃树之下。大圣纵朵祥云，跳出园内，竟奔瑶池路上而去。正行时，只见那壁厢：

一天瑞霭光摇曳，五色祥云飞不绝。白鹤声鸣振九皋，紫芝色秀分千叶。

中间现出一尊仙，相貌天然丰采别。神舞虹霓幌汉霄，腰悬宝录无生灭。

名称赤脚大罗仙，特赴蟠桃添寿节。

那赤脚大仙觌面撞见大圣[14]，大圣低头定计，赚哄真仙，他要暗去赴会，却问："老道何往？"大仙道："蒙王母见招，去赴蟠桃嘉会。"大圣道："老道不知。玉帝因老孙筋斗云疾，着老孙五路邀请列位，先至通明殿下演礼，后方去赴宴。"大仙是个光明正大之人，就以他的诳语作真。道："常年就在瑶池演礼谢恩，如何先去通明殿演礼，方去瑶池赴会？"无奈，只得拨转祥云，径往通明殿去了。

大圣驾着云，念声咒语，摇身一变，就变做赤脚大仙模样，前奔瑶池。不多时，直至宝阁，按住云头，轻轻移步，走入里面。只见那里：

琼香缭绕，瑞霭缤纷，瑶台铺彩结，宝阁散氤氲。凤翥鸾腾形缥缈[15]，金花玉萼影浮沉。上排着九凤丹霞扆[16]，八宝紫霓墩。五彩描金桌，千花碧玉盆。桌上有龙肝和凤髓，熊掌与猩唇。珍馐百味般般美，异果嘉肴色色新。

那里铺设得齐齐整整，却还未有仙来。这大圣点看不尽，忽闻得一阵酒香扑鼻；忽转头，见右壁厢长廊之下，有几个造酒的仙官，盘糟的力士，领几个运水的道人，烧火的童子，在那里洗缸刷瓮，已造成了玉液琼浆，香醪佳酿[17]。大圣止不住口角流涎，就要去吃，奈何那些人都在这里。他就弄个神通，把毫毛拔下几根，丢入口中嚼碎，喷将出去，念声咒语，叫"变！"即变做几个瞌睡虫，奔在众人脸上。你看那伙人，手软头低，闭眉合眼，丢了执事，都去盹睡。大圣却拿了些百味珍馐，佳肴异品，走入长廊里面，就着缸，挨着瓮，放开量，痛饮一番。吃勾了多时，酕醄醉了[18]。自揣自摸道："不好！不好！再过会，请的客来，却不怪我？一时拿住，怎生是好？不如早回府中睡去也。"

好大圣：摇摇摆摆，仗着酒，任情乱撞，一会把路差了；不是齐天府，却是兜率天宫。一见了，顿然醒悟道："兜率宫是三十三天之上，乃离恨天太上老君之处，如何错到此间？——也罢！也罢！一向要来望此老，不曾得来，今趁此残步[19]，就望他一望也好。"即整衣撞进去，那里不见老君，四无人迹。原来那老君与燃灯古佛在三层高阁朱陵丹台上讲道[20]，众仙童、仙将、仙官、仙吏，都侍立左右听讲。这大圣直至丹房里面，寻访不遇，但见丹灶之旁，炉中有火。炉左右安放着五个葫芦，葫芦里都是炼就的金丹。大圣喜道："此物乃仙家之至宝，老孙自了道以来，识破了内外相同之理，也要些金丹济人，不期到家无暇；今日有缘，却又撞着此物，趁老子不在，等我吃他几丸尝新。"他就把那葫芦都倾出来，就都吃了，如吃炒豆相似。

一时间丹满酒醒，又自己揣度道："不好！不好！这场祸，比天还大；若惊动玉帝，性命难存。走！走！走！不如下界为王去也！"他就跑出兜率宫，不行旧路，从西天门，使个隐身法逃去。即按云头，回至花果山界。但见那旌旗闪灼，戈戟光辉，原来是四健将与七十二洞妖王，在那里演习武艺。大圣高叫道："小的们！我来也！"众怪丢了器械，跪倒道："大圣好宽心！丢下我等许久，不来相顾！"大圣道："没多时！没多时！"且说且行，径入洞天深处。四健将打扫安歇叩头礼拜毕。俱道："大圣在天这百十年，实受何职？"大圣笑道："我记得才半年光景，怎么就说百十年话？"健将道："在天一日，即在下方一年也。"大圣道："且喜这番玉帝相爱，果封做'齐天大圣'，起一座齐天府，又设安静、宁神二司，司设仙吏侍卫。向后见我无事，着我看管蟠桃园。近因王母娘娘设'蟠桃大会'，未曾请我，是我不待他请，先赴瑶池，把他那仙品、仙酒，都是我偷吃了。走出瑶池，踉踉跄跄误入老君宫阙，又把他五个葫芦金丹也偷吃了。但恐玉帝见罪，方才走出天门来也。"

众怪闻言大喜。即安排酒果接风，将椰酒满斟一石碗奉上，大圣喝了一口，即咨牙咧嘴道："不好吃！不好吃！"崩、巴二将道："大圣在天宫，吃了仙酒、仙肴，是以椰酒不甚美口。常言道：'美不美，乡中水。'"大圣道："你们就是'亲不亲，故乡人。'我今早在瑶池中受用时，见那长廊之下，有许多瓶罐，都是那玉液琼浆。你们都不曾尝着。待我再去偷他几瓶回来，你们各饮半杯，一个个也长生不老。"众猴欢喜不胜。大圣即出洞门，又翻一筋斗，使个隐身法，径至蟠桃会上。进瑶池宫阙，只见那几个造酒、盘糟、运水、烧火的，还鼾睡未醒。他将大的从左右胁下挟了两个，两手提了两个，即拨转云头回来，会众猴在于洞中，就做个"仙酒会"，各饮了几杯，快乐不题。

却说那七衣仙女自受了大圣的定身法术，一周天方能解脱。各提花篮，回奏王母，说道："齐天大圣使法术困住我等，故此来迟。"王母问道："你等摘了多少蟠桃？"仙女道："只有两篮小桃，三篮中桃。至后面，大桃半个也无，想都是大圣偷吃了。及正寻间，不期大圣走将出来，行凶挖打，又问设宴请谁。我等把上会事说了一遍，他就定住我等，不知去向。只到如今，才得醒解回来。"

王母闻言，即去见玉帝，备陈前事。说不了，又见那造酒的一班人，同仙官等来奏："不知甚么人，搅乱了'蟠桃大会'，偷吃了玉液琼浆，其八珍百味，亦俱偷吃了。"又有四个大天师来奏上："太上道祖来了。"玉帝即同王母出迎。老君朝礼毕，道："老道宫中，炼了些'九转金丹'，伺候陛下做'丹元大会'，不期被贼偷去，特启陛下知之。"玉帝见奏，悚惧。少时，又有齐天府仙吏叩头道："孙大圣不守执事，自昨日出游，至今未转，更不知去向。"玉帝又添疑思。只见那赤脚大仙又俯囟上奏道："臣蒙王母诏昨日赴会，偶遇齐天大圣，对臣言万岁有旨，着他邀臣等先赴通明殿演礼，方去赴会。臣依他言语，即返至通明殿外，不见万岁龙车凤辇，又急来此俟候。"玉帝越发大惊道："这厮假传旨意，赚哄贤卿，快着纠察灵官缉访这厮踪迹！"

灵官领旨，即出殿遍访尽得其详细。回奏道："搅乱天宫者，乃齐天大圣也。"又将前事尽诉一番。玉帝大恼。即差四大天王，协同李天王并哪吒太子，点二十八宿、九曜星官、十二元辰、五方揭谛[21]、四值功曹[22]、东西星斗、南北二神、五岳四渎[23]、普天星相，共十万天兵，布一十八架天罗地网下界，去花果山围困，定捉获那厮处治。众神即时兴师，离了天宫。这一去，但见那：

黄风滚滚遮天暗，紫雾腾腾罩地昏。只为妖猴欺上帝，致令众圣降凡尘。四大天王，五方揭谛：四大天王权总制，五方揭谛调多兵。李托塔中军掌号，恶哪吒前部先锋。罗睺星为头检点[24]，计都星随后峥嵘[25]。太阴星精神抖擞，太阳星照耀分明。五行星偏能豪杰，九曜星最喜相争。元辰星子午卯酉，一个个都是大力天丁。五瘟五岳东西摆[26]，六丁六甲左右行[27]。四渎龙神分上下，二十八宿密层层。角亢氐房为总领，奎娄胃昴惯翻腾。斗牛女虚危室壁，心尾箕星个个能，井鬼柳星张翼轸，轮枪舞剑显威灵。停云降雾临凡世，花果山前扎下营。

诗曰：

天产猴王变化多，偷丹偷酒乐山窝。
只因搅乱蟠桃会，十万天兵布网罗。

当时李天王传了令，着众天兵扎了营，把那花果山围得水泄不通。上下布了十八架天罗地网，先差九曜恶星出战。九曜即提兵径至洞外，只见那洞外大小群猴跳跃顽耍。星官厉声高叫道："那小妖！你那大圣在那里？我等乃上界差调的天神，到此降你这造反的大圣。教他快快来归降；若道半个'不'字，教汝等一概遭诛！"那小妖慌忙传入道："大圣，祸事了！祸事了！外面有九个凶神，口称上界来的天神，收降大圣。"那大圣正与七十二洞妖王，并四健将分饮仙酒，一闻此报，公然不理道："今朝有酒今朝醉，莫管门前是与非！"说不了，一起小妖又跳来道："那九个凶神，恶言泼语，在门前骂战哩！"大圣笑道："莫睬他。'诗酒且图今日乐，功名休问几时成。'"说犹未了，又一起小妖来报："爷爷！那九个凶神已把门打破了，杀进来也！"大圣怒道："这泼毛神，老大无礼！本来不与他计较，如何上门来欺我？"即命独角鬼王，领帅七十二洞妖王出阵，老孙领四健将随后。那鬼王疾帅妖兵，出门迎敌，却被九曜恶星一齐掩杀，抵住在铁板桥头，莫能得出。

正嚷间，大圣到了。叫一声"开路！"掣开铁棒，幌一幌，碗来粗细，丈二长短，丢开架子，打将出来。九曜星那个敢抵，一时打退。那九曜星立住阵势道："你这不知死活的弼马温！你犯了十恶之罪[28]，先偷桃，后偷酒，搅乱了蟠桃大会，又窃了老君仙丹，又将御酒偷来此处享乐。你罪上加罪，岂不知之？"大圣笑道："这几桩事，实有！实有！但如今你怎么？"九曜星道："吾奉玉帝金旨，帅众到此收降你，快早皈依！免教这些生灵纳命。不然，就踏蹦平了此山[29]，掀翻了此洞也！"大圣大怒道："量你这些毛神，有何法力，敢出浪言，不要走，请吃老孙一棒！"这九曜星一齐踊跃。那美猴王不惧分毫，轮起金箍棒，左遮右挡，把那九曜星战得筋疲力软，一个个倒拖器械，败阵而走，急入中军帐下，对托塔天王道："那猴王果十分骁勇！我等战他不过，败阵来了。"李天王即调四大天王与二十八宿，一路出师来斗。大圣也公然不惧，调出独角鬼王、七十二洞妖王与四个健将，于洞门外列成阵势。你看这场混战，好惊人也：

寒风飒飒，怪雾阴阴。那壁厢旌旗飞彩，这壁厢戈戟生辉。滚滚盔明，层层甲亮。滚滚盔明映太阳，如撞天的银磬；层层甲亮砌岩崖，似压地的冰山。大捍刀，飞云掣电，楮白枪，度雾穿云。方天戟，虎眼鞭，麻林摆列；青铜剑，四明铲，密树排阵。弯弓硬弩雕翎箭，短棍蛇矛挟了魂。大圣一条如意棒，翻来覆去战天神。杀得那空中无鸟过，山内虎狼奔。扬砂走石乾坤黑，播土飞尘宇宙昏。只听兵兵扑扑惊天地，煞煞威威振鬼神。

这一场自辰时布阵，混杀到日落西山。那独角鬼王与七十二洞妖怪，尽被众天神捉拿去了，止走了四健将与那群猴，深藏在水帘洞底。这大圣一条棒，抵住了四大天神与李托塔、哪吒太子，俱在半空中，——杀勾多时，大圣见天色将晚，即拉毫毛一把，丢在口中，嚼将出去，叫声“变！”就变了千百个大圣，都使的是金箍棒，打退了哪吒太子，战败了五个天王。

大圣得胜，收了毫毛，急转身回洞，早又见铁板桥头，四个健将，领众叩迎那大圣，哽哽咽咽大哭三声，又唏唏哈哈大笑三声。大圣道：“汝等见了我，又哭又笑，何也？”四健将道：“今早帅众将与天王交战，把七十二洞妖王与独角鬼王，尽被众神捉了，我等逃生，故此该哭。这见大圣得胜回来，未曾伤损，故此该笑。”大圣道：“胜负乃兵家之常。古人云：‘杀人一万，自损三千。’况捉了去的头目乃是虎、豹、狼虫、獾獐、狐貉之类，我同类者未伤一个，何须烦恼？他虽被我使个分身法杀退，他还要安营在我山脚下。我等且紧紧防守，饱食一顿，安心睡觉，养养精神。天明看我使个大神通，拿这些天将，与众报仇。”四将与众猴将椰酒吃了几碗，安心睡觉不题。

那四大天王收兵罢战，众各报功：有拿住虎豹的，有拿住狮象的，有拿住狼虫狐貉的，更不曾捉着一个猴精。当时果又安辕营，下大寨，赏劳了得功之将，吩咐了天罗地网之兵，个个提铃喝号，围困了花果山，专待明早大战。各人得令，一处处谨守。此正是：

妖猴作乱惊天地，布网张罗昼夜看。

【注释】

[1] 三清：道教所崇奉的三尊神，即玉清元始天尊（天宝君）、上清灵宝天尊（太上道君）、太清道德天尊（太上老君）。

[2] 四帝：道教尊奉的天神，即昊天金阙至尊玉皇大帝、中天紫微北极大帝、勾陈上宫天皇大帝、承天效法土皇神祇，亦称四御，在道教中地位仅次于三清。

[3] 九曜星：指太阳（日）、太阴（月）、火、水、木、金、土、罗睺、计都。

[4] 二十八宿：我国古天文学在黄道带与赤道带的两侧绕天一周，选取二十八个星官作为观测的标志，按方位分为四组，每组七宿，并与苍龙、白虎、朱雀、玄武四种动物形象相配。东方苍龙：角、亢、氐、房、心、尾、箕。北方玄武：斗、牛、女、虚、危、室、壁。西方白虎：奎、娄、胃、昴、毕、嘴、参。南方朱雀：井、鬼、柳、星、张、翼、轸。道教借以附会成天上的二十八个神将，各有职司。

[5] 四大天王：佛教护持之神，又称护世四天王，居于须弥山之四边。即东方多罗吒，身白色，持琵琶，为持国天王，谓能护持国土；南方毗琉璃，身青色，执宝剑，为增长天王，谓能令善根增长；西方毗留博叉，

身红色，手中缠绕一龙，为广目天王，谓以净天眼常观拥护此阎浮提；北方毗沙门，身绿色，右手执伞，左手执银鼠，为多闻天王，谓福德之名闻四方。

[6] 頫囟(fǔ xìn)：叩头。頫：同“俯”。囟：囟门，位置在头顶的前部中央。

[7] 夭夭灼灼：形容桃树花木美盛，色彩鲜艳。《诗·周南·桃夭》：“桃之夭夭，灼灼其华。”

[8] 酡(tuó)颜：因饮酒而脸色变红。这里形容熟桃的颜色。

[9] 玄都：指唐代长安的玄都观，观内曾种植许多桃树，诗人刘禹锡曾献赋诗咏之。 凡俗种：指人间的普通桃树。

[10] 瑶池：古代神话传说昆仑山上的仙池，为西王母所居。 王母：即西王母，古代神话传说中的女仙地位最高者。《汉武帝内传》载有西王母赐蟠桃给汉武帝的情节，蟠桃盛会即据此敷演。

[11] 九垒：道教洞天有九垒三十六土皇君，第一垒色润地土皇君，第二垒刚色地土皇君，第三垒石蜡色地土皇君，第四垒润泽地土皇君，第五垒金粟泽地土皇君，第六垒金刚铁泽地土皇君，第七垒水制泽地土皇君，第八垒大风泽地土皇君，第九垒洞渊无色泽刚维地土皇君，每垒都有四位土皇君，共三十六位。

[12] 幽冥教主：即地藏王菩萨，掌管地府。

[13] 睖(lèng)睖睁睁：形容两眼发直、神志痴呆的样子。

[14] 觌(dí)面：当面。

[15] 凤翥鸾腾：鸾凤飞翔。翥(zhù)：飞。

[16] 扆(yì)：古代帝王宫殿内置于门窗之间的屏风。

[17] 香醪(láo)：本为发酵后未经过滤的酒酿，后亦指醇酒。

[18] 酕醄(máo táo)：大醉的样子。

[19] 残步：谓已接近目的地，差不多远。

[20] 燃灯古佛：佛名，梵文音译为题和竭罗，亦译作锭光佛。《大智度论》写他出生时身边一切光明如灯，《瑞应本起经》言释迦牟尼前世曾买五茎莲花供奉他，他预言释迦牟尼历九十一劫后当成佛。

[21] 揭谛：佛教称护法刚猛之神。

[22] 四值功曹：道教所奉值年、值月、值日、值时四神的总称，专司递送祈禳表文上达天庭之职。

[23] 五岳四渎：五岳指东岳泰山、西岳华山、南岳衡山、北岳恒山和中岳嵩山；四渎指长江、黄河、淮水、济水。传说均有神仙居住，各有所司。

[24] 罗睺星：九曜之一，旧时星相家认为，日、月、金、木、水、火土同向运行，罗睺星则反向运行，故与其他七曜相遇，就造成蚀。佛教认为，罗睺是天魔的一种，能用手遮住七曜。

[25] 计都星：九曜之一。与罗睺星相对，十八日行天上一度，十八年行一周天，常隐不现，遇其他星即蚀。也是佛教所说的天魔。

[26] 五瘟：道教称分管春夏秋冬及总管向人间降病降灾的神，为匡阜真人所辖。

[27] 六丁六甲：道教所奉供天帝役使的神，能行风雷，制鬼神。六丁(丁卯、丁巳、丁未、丁酉、丁亥、丁丑)为阴(女)神，六甲(甲子、甲戌、甲申、甲午、甲辰、甲寅)为阳(男)神。

[28] 是恶之罪：指谋反、谋大逆、谋叛、恶逆、不道、大不敬、不孝、不睦、不义、内乱等十种封建刑律认为最严重的罪。

[29] 躧(xǐ)：本为曳履而行的意思，言其快，这里义同“踏”。

【内容提要】

孙悟空"大闹天宫"是《西游记》中最著名亦为最精彩的故事情节，具体描写在第四至第七回。这里节选的第五回《乱蟠桃大圣偷丹，反天宫诸神捉怪》，写孙悟空二闹天宫。如果说孙悟空一闹天宫是因为"官小""玉帝轻贤"，只安排"有无穷本事"的他做一个未入流的"弼马温"；那么二闹天宫则是因为"官虚"——"齐天大圣""有官无禄"，有名无实，就连王母娘娘开"蟠桃大会"都不请他。孙悟空定住了七衣仙女，调弄了赤脚大仙，喝尽了"玉液琼浆"，吃完了"八珍百味"，嚼尽了太上老君的"九转仙丹"。闹得王母娘娘的"蟠桃大会"开不成，玉帝的"丹元大会"也做不成。孙悟空两次返下天庭并和天兵天将激战，充分表现了孙悟空蔑视权贵、挣脱束缚的斗争精神，显示了无所畏惧的英雄气概。同时也揭露了玉皇大帝和神佛天将的色厉内荏、昏庸无能而又阴险狡诈的权贵嘴脸。

【中心观点】

无论是因为"官小"还是因为"官虚"闹天宫，本质上都是希望凭借个人的能力去自由地实现自我价值，掌握自己命运。这正是明代社会个性思潮涌动、人生价值观念转向的生动反映，具有强烈的时代意义。

【写作特点】

艺术上，最显著的特色是场面描写绘声绘色，宏伟壮观。玉帝"即差四大天王，协同李天王并哪吒太子，点二十八宿、九曜星官、十二元辰、五方揭谛、四值功曹、东西星斗、南北二神、五岳四渎、普天星相，共十万天兵，布一十八架天罗地网下界，去花果山围困，定捉获那厮处治"，场面声势浩大，战斗惊心动魄。其次，艺术想象力丰富。天上王国与人间一样，秩序森然；孙悟空千变万化，法力无穷，都是超乎正常人的思维活动的。再次，语言活泼幽默，妙趣横生。

【思考与练习】

1. 孙悟空"大闹天宫"原因是什么？你是如何看待这一故事情节的时代意义的？

2. 孙悟空这一艺术形象有何特点？

【拓展阅读书目或文章名】

阅读《西游记》

阿宝[1]

蒲松龄

【作者介绍】

蒲松龄(1640—1715年),字留仙,又字剑臣,别号柳泉居士,世称聊斋先生,清代杰出文学家。山东省淄川县(现淄博市淄川区洪山镇)蒲家庄人,出身于一个逐渐败落的半农半商家庭,薄产不足自给。19岁应童子试,以县、府、道三考皆第一而闻名籍里,补博士弟子员。但后来却屡应省试不第,只得以幕宾、塾师为生。明清易代的乱世和贫困黑暗的现实造就了他"孤愤"的性格。蒲松龄一生著述甚丰,除《聊斋志异》外,还有文四百余篇,诗九百余首,词一百余阕,戏三出,通俗俚曲十几种。另有《日用俗字》《农桑经》《药崇书》等杂著数种。今人路大荒汇编为《蒲松龄集》。

《聊斋志异》将近五百篇,集六朝志怪与唐传奇之长,借狐鬼花妖的故事曲折批判社会,表达理想,是中国古代短篇文言小说的顶峰之作。

【正文】

粤西孙子楚[2],名士也。生有枝指[3];性迂讷,人诳之,辄信为真。或值座有歌妓,则必遥望却走。或知其然,诱之来,使妓狎逼之,则赪颜彻颈[4],汗珠珠下滴,因共为笑。遂貌其呆状[5],相邮传作丑语[6],而名之"孙痴"。

邑大贾某翁,与王侯埒富[7],姻戚皆贵胄。有女阿宝,绝色也,日择良匹,大家儿争委禽妆[8],皆不当翁意。生时失俪[9],有戏之者,劝其通媒,生殊不自揣,果从其教,翁素耳其名,而贫之。媒媪将出,适遇宝,问之,以告。女戏曰:"渠去其枝指,余当归之[10]。"媪告生。生曰:"不难。"媒去,生以斧自断其指,大痛彻心,血益倾注,滨死。过数日,始能起,往见媒而示之。媪惊,奔告女;女亦奇之,戏请再去其痴。生闻而哗辨,自谓不痴,然无由见而自剖。转念阿宝未必美如天人,何遂高自位置如此[11]? 由是曩念顿冷。

会值清明,俗于是日,妇女出游,轻薄少年,亦结队随行,恣其月旦[12]。有同社数人,强邀生去。或嘲之曰:"莫欲一观可人否[13]? "生亦知其戏己,然以受女揶揄故,亦思一见其人,忻然随众物色之。遥见有女子憩树下,恶少年环如墙堵。众曰:"此必阿宝也。"趋之,果宝也。审谛之,娟丽无双。少倾,人益稠。女起,遽去。众情颠倒,品头题足,纷纷若狂;

生独默然。及众他适[14]，回视，生犹痴立故所，呼之不应。群曳之曰："魂随阿宝去耶？"亦不答。众以其素讷，故不为怪，或推之，或挽之，以归。至家，直上床卧，终日不起，冥如醉，唤之不醒。家人疑其失魂，招于旷野，莫能效。强拍问之，则朦胧应云："我在阿宝家。"及细诘之，又默不语，家人惶惑莫解。初，生见女去，意不忍舍，觉身已从之行，渐傍其衿带间，人无呵者。遂从女归，坐卧依之，夜辄与狎，甚相得。然觉腹中奇馁[15]，思欲一返家门，而迷不知路。女每梦与人交，问其名，曰："我孙子楚也。"心异之，而不可以告人。生卧三日，气休休若将澌灭[16]。家人大恐，托人婉告翁，欲一招魂其家。翁笑曰："平昔不相往还，何由遗魂吾家？"家人固哀之，翁始允。巫执故服、草荐以往[17]。女诘得其故，骇极，不听他往[18]，直导入室，任招呼而去。巫归至门，生榻上已呻。既醒，女室之香奁什具，何色何名，历言不爽[19]。女闻之，益骇，阴感其情之深。

生既离床寝，坐立凝思，忽忽若忘。每伺察阿宝，希幸一再遘之。浴佛节[20]，闻将降香水月寺，遂早旦往候道左，目眩睛劳。日涉午，女始至，自车中窥见生，以掺手搴帘[21]，凝睇不转。生益动，尾从之。女忽命青衣来诘姓字。生殷勤自展[22]，魂益摇。车去，始归。归复病，冥然绝食，梦中辄呼宝名，每自恨魂不复灵。家旧养一鹦鹉，忽毙，小儿持弄于床。生自念：倘得身为鹦鹉，振翼可达女室。心方注想，身已翩然鹦鹉，遽飞而去，直达宝所。女喜而扑之，锁其肘，饲以麻子。大呼曰："姐姐勿锁！我孙子楚也！"女大骇，解其缚，亦不去。女祝曰："深情已篆中心[23]。今已人禽异类，姻好何可复圆？"鸟云："得近芳泽，于愿已足。"他人饲之，不食，女自饲之，则食；女坐，则集其膝，卧，则依其床。如是三日，女甚怜之。阴使人瞷生[24]，生则僵卧，气绝已三日，但心头未冰耳。女又祝曰："君能复为人，当誓死相从。"鸟云："诳我！"女乃自矢。鸟侧目若有所思。少间，女束双弯[25]，解履床下，鹦鹉骤下，衔履飞去。女急呼之，飞已远矣。女使妪往探，则生已寤。家人见鹦鹉衔绣履来，堕地死，方共异之。生既苏即索履，众莫知故。适妪至，入视生，问履所在。生曰："是阿宝信誓物。借口相覆，小生不忘金诺也[26]。"妪反命，女益奇之，故使婢泄其情于母。母审之确，乃曰："此子才名亦不恶，但有相如之贫[27]。择数年得婿若此，恐将为显者笑[28]。"女以履故，矢不他[29]。翁媪从之，驰报生。生喜，疾顿瘳。翁议赘诸家。女曰："婿不可久处岳家。况郎又贫，久益为人贱。儿既诺之，处蓬茅而甘藜藿[30]，不怨也。"生乃亲迎成礼，相逢如隔世欢。

自是家得奁妆，小阜，颇增物产。而生痴于书，不知理家人生业。女善居积，亦不以他事累生，居三年，家益富。生忽病消渴[31]，卒。女哭之痛，泪眼不晴，至绝眠食，劝之不纳，乘夜自经[32]。婢觉之，急救而醒，终亦不食。三日，集亲党，将以殓生。闻棺中呻以息，启之，已复活。自言："见冥王，以生平朴诚，命作部曹[33]。忽有人白：'孙部曹之妻将至。'王稽鬼录，言：'此未应便死。'又白："不食三日矣。'王顾谓：'感汝妻节义，姑赐再生。'因使驭卒控马送余还。"

由此体渐平[34]。值岁大比[35]，入闱之前，诸少年玩弄之，共拟隐僻之题七，引生僻处与语，言："此某家关节[36]，敬秘相授。"生信之，昼夜揣摩，制成七艺[37]，众隐笑之。时典试者虑熟题有蹈袭弊，力反常经[38]，题纸下，七艺皆符。生以是抡魁[39]。明年，举进士，授词林[40]。上闻异，召问之，生具启奏，上大嘉悦。后召见阿宝，赏赉有加焉。

异史氏曰："性痴则其志凝，故书痴者文必工，艺痴者技必良。世之落拓而无成者，皆自谓不痴者也。且如粉花荡产[41]，卢雉倾家[42]，顾痴人事哉[43]！以是知慧黠而过，乃是真痴，彼孙子何痴乎！"

【注释】

[1] 本篇选自《聊斋志异》第二卷。

[2] 粤西：今广西一带。古粤地包括广西广东地区。

[3] 枝(qí)指：歧指，俗称"六指儿"。

[4] 赪(chēng)颜彻颈：脸红到脖子。赪：红色。

[5] 貌：形容，描述。

[6] 邮传：传播。

[7] 埒富：同样富有。埒：同等。

[8] 委禽妆：送聘礼。委：送。禽：雁。古代订婚的彩礼用雁，故以"禽妆"代指彩礼。

[9] 失俪：丧妻。

[10] 归之：嫁给他。古代女子出嫁称"归"。

[11] 高自位置：存心抬高自己的身份、地位。

[12] 恣其月旦：任意批评。《后汉书·许劭传》记劭好评论人物，"每月辄更其品题，故汝南俗称'月旦评'焉"。后世因此把评论人物称作"月旦评"或"月旦"。

[13] 可人：意中人。

[14] 他适：去别处，离开。

[15] 奇馁(něi)：非常饥饿。馁：饿。

[16] 休休：同"咻咻"，喘气声。

[17] 故服、草荐：平时所穿的旧衣与席垫，均属招魂的巫术用具。

[18] 不听他往：不让到别的处所。听：听凭。

[19] 历言不爽：一一说来，全无差错。爽：违背，差失。

[20] 浴佛节：即释迦牟尼诞辰纪念日，在农历四月初八。届时，寺庙以香汤浴洗佛像，信徒则到寺礼拜。

[21] 掺(sān)手：指女子纤美的手。语出《诗经·葛屦》。

[22] 展：一一说明。

[23] 篆：铭刻。

[24] 阴：暗地。瞷(jiàn)：看视。

[25] 束双弯：指缠足。

[26] 金诺：对他人诺言的敬称。金：表示珍贵。

[27] 相如:司马相如,西汉文学家,得富家女卓文君为妻,因贫寒而夫妇卖酒为生。事见《史记·司马相如列传》。

[28] 显者:有地位的人。

[29] 矢:立誓。

[30] 蓬茅:指茅屋。甘藜藿:甘心于粗茶淡饭。藜藿:野菜,此泛指糙粝食物。

[31] 消渴:糖尿病。

[32] 自经:上吊自杀。

[33] 部曹:泛指属官。

[34] 平:平复,指糖尿病痊愈。

[35] 大比:明清时,三年一次乡试,称为"大比",考中者为举人。

[36] 关节:行贿称"打通关节",此指行贿所得试题。

[37] 七艺:七篇应试文章。明清制度,乡试考七个题目,分别从"四书"、"五经"中选题。

[38] 常经:经常,常规。

[39] 抡魁:选取第一名。抡:选拔。

[40] 词林:翰林院别称。因明清在翰林院题匾额为"词林"而得名。

[41] 粉花:指狎邪、嫖妓。

[42] 卢雉:指赌博。卢与雉是古代赌博掷骰时的胜彩名,故古以"呼卢喝雉"代指赌博。

[43] 顾:反诘词,难道是。

【内容提要】

孙子楚既痴且贫,与阿宝条件高下悬殊,却以超越现实的痴情打动阿宝,赢得这位既高贵、能干、美丽又贤惠的少女的真挚之爱。痴出于真,出于至诚,情至于痴,达于极致,忘我无私,不易不移,是最高的情,即所谓至情。孙子楚给予阿宝的正是天下少有的至情,作品极力歌颂的也是人间难觅的至情。孙子楚"痴"情,阿宝重情,阿宝虽出身富家,却不嫌贫爱富,为孙子楚真情所感动,以身相许,而且在孙子楚病故后,痛不欲生,终于使冥王让丈夫复活。二人不愧为"千古一对情痴"。他们纯洁真挚的爱情是值得歌颂的,他们冲决世俗罗网、追求幸福生活的执著精神也是令人钦敬的。

《聊斋志异》主要是女性的世界,本篇第一主角却是孙子楚。他钟情于阿宝而两次离魂,极虚幻妄诞,又极真切动人,把痴情表现到极点,不仅深深感动了阿宝,也使读者赏心悦目。

《阿宝》全篇笔写"痴",字字关"情"。它说明实现理想婚姻,靠的是男女间的"真心"和"至情",而不在乎金钱、门第。这种爱情观,带有强烈的市民意识,具有进步的民主思想。

【中心观点】

故事通过孙子楚和阿宝的爱情故事,反映了青年男女追求真挚的爱情、冲破封建婚姻制度樊笼的大无畏精神。

【写作特点】

作品具有极高的艺术成就。首先，人物个性鲜明。孙子楚的朴实、真诚、没有心计，以致世俗之辈谓其"呆""痴"。在对待阿宝方面也痴：对戏弄者"劝其通媒"，子楚"殊不自揣，果从其教"；对阿宝戏言"渠去其枝指，余当归之"，子楚信以为真，"以斧自断其指"；两次离魂，追随阿宝；大考之前，对僻题"昼夜揣摩"，凡此笔皆痴。唯其性痴，在爱情上才一往情深，一追到底，不怕磨难，矢志不渝。其次，情节曲折离奇，引人入胜。美满的姻缘来之不易，孙子楚求婚历程一波三折。自断枝指，却未被理解，"由是曩念顿冷"，为一起伏。清明出游，见阿宝"娟丽无双"，心中情又由冷变热。接着，子楚失魂于阿宝家，与阿宝朝夕相依，甚是相得，招魂后方苏醒，为子楚热恋阿宝之一小高潮。浴佛节相遇，不止于失魂落魄，直化为鹦鹉，飞抵阿宝闺房，且衔得阿宝绣鞋为信物而返家，又苏醒过来，求婚而如愿，有情人终成眷属，此为故事高潮。文章似可结束，作者却又写婚后三年子楚病故，阿宝不忍独生，绝食自尽，情节再起波澜。阿宝的真情令子楚死而再生，"举进士，授词林"，故事以圆满的结局收场。曲折起伏的情节使人物的性格得到了充分的展现，渲染了至死不渝的真挚爱情所具有的震撼人心的力量，产生了引人入胜、感人至深的艺术效果。最后，是浪漫主义的表现手法。作品所写的是男女相爱的故事，双方门第不当，贫富悬殊，难以交往，加上孙子楚"性迂讷"，见了妓女都脸红到脖子，"汗珠珠下滴"。他将如何与阿宝接近，如何表达一片痴情，如何敲开意中人的心扉呢？作者运用浪漫主义的手法，以奇妙的幻想化解矛盾，让有情人终成眷属。于是，子楚在深恋着阿宝之时，可以魂随阿宝而去，可以魂附鹦鹉，直达女室。而阿宝在子楚病故之后，绝食上吊，居然能到冥府去感动冥王。凡此种种都是借助于巧妙奇特的幻想、浪漫主义的手法，才使得情节能曲折尽致地展开，人物性格不断得以深化，子楚的"痴"得到淋漓尽致的刻画，两心相契得到细致动人的表现。

【思考与练习】

1. 作品写孙子楚的"痴"对其爱情及命运产生了那些影响？作者以此表现怎样的人生观？

2. 你是如何理解孙子楚魂离躯体追随阿宝的故事情节的？

【拓展阅读书目或文章名】

蒲松龄《连城》《宦娘》《婴宁》《翩翩》

诉肺腑心迷活宝玉　含耻辱情烈死金钏

曹雪芹

【作者介绍】

曹雪芹，名霑，字梦阮，号雪芹，又号芹溪、芹圃。清代人。祖籍辽宁辽阳(一说河北丰润)，祖先原为汉人，后为满洲正白旗"包衣人"。上祖曹振彦是跟随清朝皇帝入关的功臣，属多尔衮部。曾祖曹玺作过江宁府的织造，曾祖母作过康熙皇帝的乳母。祖父曹寅作过康熙的伴读，又继曹玺任苏州织造、江宁织造、两淮盐运使等职。康熙六次南巡，有四次曾住在江宁织造府。曹寅病故，其子曹颙继任江宁织造。曹颙上任三年后病故。康熙又特命曹寅胞弟曹荃之子曹頫过继曹寅并继任织造之职，曹家祖孙三代四人担任江宁织造之职共60余年。曹雪芹即曹頫之子，生于康熙五十四年(公元1717年)，卒于乾隆癸未(公元1763年)除夕或甲申(公元1764年)初春。幼年曾在江宁织造任所十四年，以后迁至北京。雍正五年(公元1727年)，曹家失宠遭抄，很快败落。到乾隆间，似又一次被查抄，于是一蹶不振。大约乾隆十六七年时，曹雪芹迁居西郝，已穷到"举家食粥酒常赊"的地步，《红楼梦》约创作于此时。

《红楼梦》原名《石头记》，基本定稿只有大约八十回。八十回后一些稿子，不及整理或有他因致使"迷失"。这八十回开始在为数很少的朋友中传阅，凡三十年之久。到了乾隆五十六年(公元1791年)，程伟元、高鹗第一次以活字版排印出版，凡一百二十回，书名亦改为《红楼梦》。后四十回一般认为是高鹗续写而成的。《红楼梦》代表了中国古典小说发展的最高峰，取得了极高的艺术成就。

【正文】

话说宝玉见那麒麟，心中甚是欢喜，便伸手来拿，笑道："亏你拣着了。你是那里拣的？"史湘云笑道："幸而是这个，明儿倘或把印也丢了，难道也就罢了不成？"宝玉笑道："倒是丢了印平常，若丢了这个，我就该死了。"袭人斟了茶来与史湘云吃，一面笑道："大姑娘听见前儿你大喜了。"史湘云红了脸，吃茶不答。袭人道："这会子又害臊了。你还记得十年前，咱们在西边暖阁住着，晚上你同我说的话儿？那会子不害臊，这会子怎么又害臊了？"史湘云笑道："你还说呢。那会子咱们那么好。后来我们太太没了，我家去住了一程子，怎么就把你派了跟二哥哥，我来了，你就不像先待我了。”袭人笑道：“你还说呢。先姐姐长姐姐短哄着我替你梳头洗脸，作这个弄那个，如今大了，就拿出小姐的款来。你既拿小姐的款，我怎敢亲近呢？”史湘云道：“阿弥陀佛，冤枉冤哉！我要这样，就立刻死了。你瞧瞧，这么大热天，我来了，必定赶来先瞧瞧你。不信你问问缕儿，我在家时时刻刻那一回不念你几声。”话未了，忙的袭人和宝玉都劝道：“顽话你又认真了。还是这么性急。”史湘云道：“你不说你的话噎人，倒说人性急。”一面说，一面打开手帕子，将戒指递与袭人。袭人感谢不尽，因笑道：“你前儿送你姐姐们的，我已得了，今儿你亲自又送来，可见是没忘了我。只这个就试出你来了。戒指儿能值多少，可见你的心真。”史湘云道：“是谁给你的？”袭人道：“是宝姑娘给我的。”湘云笑道：“我只当是林姐姐给你的，原来是宝钗姐姐给了你。我天天在家里想着，这些姐姐们再没一个比宝姐姐好的。可惜我们不是一个娘养的。我但凡有这么个亲姐姐，就是没了父母，也是没妨碍的。”说着，眼睛圈儿就红了。宝玉道：“罢，罢，罢！不用提这个话。”史湘云道：“提这个便怎么？我知道你的心病，恐怕你的林妹妹听见，又怪嗔我赞了宝姐姐。可是为这个不是？”袭人在旁嗤的一笑，说道：“云姑娘，你如今大了，越发心直口快了。”宝玉笑道：“我说你们这几个人难说话，果然不错。”史湘云道：“好哥哥，你不必说话教我恶心。只会在我们跟前说话，见了你林妹妹，又不知怎么了。”

袭人道：“且别说顽话，正有一件事还要求你呢。”史湘云便问“什么事？”袭人道：“有一双鞋，抠了垫心子[1]。我这两日身上不好，不得做，你可有工夫替我做做？”史湘云笑道：“这又奇了，你家放着这些巧人不算，还有什么针线上的，裁剪上的，怎么教我做起来？你的活计叫谁做，谁好意思不做呢。”袭人笑道：“你又糊涂了。你难道不知道，我们这屋里的针线，是不要那些针线上的人做的。”史湘云听了，便知是宝玉的鞋了，因笑道：“既这么说，我就替你做了罢。只是一件，你的我才作，别人的我可不能。”袭人笑道：“又来了，我是个什么，就烦你做鞋了。实告诉你，可不是我的。你别管是谁的，横竖我领情就是了。”史湘云道：“论理，你的东西也不知烦我做了多少了，今儿我倒不做了的原故，你必定也知道。”袭人道：“倒也不知道。”史湘云冷笑道：“前儿我听见把我做的扇套子拿着和人家比，赌气又铰了。我早就听见了，你还瞒我。这会子又叫我做，我成了你们的奴才了。”宝玉忙笑道：“前儿的那事，本不知是你做的。”袭人也笑道：“他本不知是你做的。是我哄他的话，说是新近外头有个会做活的女孩子，说紥的出奇的花，我叫他拿了一个扇套子试试看好不好。他就信了，拿出去给这个瞧给那个看的。不知怎么又惹恼了林姑娘，铰了两段。回来他还叫赶着做去，我才说了是你作的，他后悔的什么似的。”史湘云道：“越发奇了。林姑娘他也犯不上生气，他既会剪，就叫他做。”袭人道：“他可不作呢。饶这么着，老太太还怕他劳碌着了。大夫又说好生静养才好，谁还烦他做？旧年好一年的工夫，做了个香袋儿，今年半年，还没拿针线呢。”

正说着，有人来回说：“兴隆街的大爷来了，老爷叫二爷出去会。”宝玉听了，便知是贾雨村来了,心中好不自在。袭人忙去拿衣服。宝玉一面蹬着靴子,一面抱怨道:“有老爷和他坐着就罢了,回回定要见我。”史湘云一边摇着扇子,笑道:“自然你能会宾接客,老爷才叫你出去呢。”宝玉道:“那里是老爷,都是他自己要请我去见的。”湘云笑道:“主雅客来勤,自然你有些警他的好处,他才只要会你。”宝玉道:“罢,罢,我也不敢称雅,俗中又俗的一个俗人,并不愿同这些人往来。”湘云笑道:“还是这个情性不改。如今大了,你就不愿读书去考举人进士的,也该常常的会会这些为官做宰的人们,谈谈讲讲些仕途经济的学问,也好将来应酬世务,日后也有个朋友。没见你成年家只在我们队里搅些什么!”宝玉听了道:“姑娘请别的姊妹屋里坐坐,我这里仔细污了你知经济学问的。”袭人道:“云姑娘快别说这话。上回也是宝姑娘也说过一回,他也不管人脸上过的去过不去,他就咳了一声,拿起脚来走了。这里宝姑娘的话也没说完,见他走了,登时羞的脸通红,说又不是,不说又不是。幸而是宝姑娘,那要是林姑娘,不知又闹到怎么样,哭的怎么样呢。提起这个话来,真真的宝姑娘叫人敬重,自己讪了一会子去了。我倒过不去,只当他恼了。谁知过后还是照旧一样,真真有涵养,心地宽大。谁知这一个反倒同他生分了。那林姑娘见你赌气不理他,你得赔多少不是呢。”宝玉道:“林姑娘从来说过这些混帐话不曾?若他也说过这些混帐话,我早和他生分了。”袭人和湘云都点头笑道:“这原是混帐话。”

原来林黛玉知道史湘云在这里,宝玉又赶来,一定说麒麟的原故。因此心下忖度着,近日宝玉弄来的外传野史,多半才子佳人都因小巧玩物上撮合,或有鸳鸯,或有凤凰,或玉环金珮,或鲛帕鸾绦[2],皆由小物而遂终身。今忽见宝玉亦有麒麟,便恐借此生隙,同史湘云也做出那些风流佳事来。因而悄悄走来,见机行事,以察二人之意。不想刚走来,正听见史湘云说经济一事,宝玉又说:“林妹妹不说这样混帐话,若说这话,我也和他生分了。”林黛玉听了这话,不觉又喜又惊,又悲又叹。所喜者,果然自己眼力不错,素日认他是个知己,果然是个知己;所惊者,他在人前一片私心称扬于我,其亲热厚密,竟不避嫌疑;所叹者,你既为我之知己,自然我亦可为你之知己矣,既你我为知己,则又何必有金玉之论哉;既有金玉之论,亦该你我有之,则又何必来一宝钗哉!所悲者,父母早逝,虽有铭心刻骨之言,无人为我主张。况近日每觉神思恍惚,病已渐成,医者更云气弱血亏,恐致劳怯之症[3]。你我虽为知己,但恐自不能久待;你纵为我知己,奈我薄命何!想到此间,不禁滚下泪来。待进去相见,自觉无味,便一面拭泪,一面抽身回去了。

这里宝玉忙忙的穿了衣裳出来,忽见林黛玉在前面慢慢的走着,似有拭泪之状,便忙赶上来,笑道:“妹妹往那里去?怎么又哭了?又是谁得罪了你?”林黛玉回头见是宝玉,便勉强笑道:“好好的,我何曾哭了。”宝玉笑道:“你瞧瞧,眼睛上的泪珠儿未干,还撒谎呢。”一面说,一面禁不住抬起手来替他拭泪。林黛玉忙向后退了几步,说道:“你又要死了!作什么这么动手动脚的!”宝玉笑道:“说话忘了情,不觉的动了手,也就顾不的死活。”林黛玉道:“你死了倒不值什么,只是丢下了什么金,又是什么麒麟,可怎么样呢?”一句话又把宝玉说急了,赶上来问道:“你还说这话,到底是咒我还是气我呢?”林黛玉见问,方想起前日的事来，遂自悔自己又说造次了，忙笑道："你别着急，我原说错了。这有什么的，筋都暴起来，急的一脸汗。"一面说，一面禁不住近前伸手替他拭面上的汗。宝玉瞅了半天，方说道"你放心"三个字。林黛玉听了，怔了半天，方说道："我有什么不放心的？我不明白这话。你倒说说怎么放心不放心？"宝玉叹了一口气，问道："你果不明白这话？难道我素日在你身上的心都用错了？连你的意思若体贴不着，就难怪你天天为我生气了。"林黛玉道："果然我不明白放心不放心的话。"宝玉点头叹道："好妹妹，你别哄我。果然不明白这话，不但我素日之意白用了，且连你素日待我之意也都辜负了。你皆因总是不放心的原故，才弄了一身病。但凡宽慰些，这病也不得一日重似一日。"林黛玉听了这话，如轰雷掣电，细细思之，竟比自己肺腑中掏出来的还觉恳切，竟有万句言语，满心要说，只是半个字也不能吐，却怔怔的望着他。此时宝玉心中也有万句言语，不知从那一句上说起，却也怔怔的望着黛玉。两个人怔了半天，林黛玉只咳了一声，两眼不觉滚下泪来，回身便要走。宝玉忙上前拉住，说道："好妹妹，且略站住，我说一句话再走。"林黛玉一面拭泪，一面将手推开，说道："有什么可说的。你的话我早知道了！"口里说着，却头也不回竟去了。

宝玉站着，只管发起呆来。原来方才出来慌忙，不曾带得扇子，袭人怕他热，忙拿了扇子赶来送与他，忽抬头见了林黛玉和他站着。一时黛玉走了，他还站着不动，因而赶上来说道："你也不带了扇子去，亏我看见，赶了送来。"宝玉出了神，见袭人和他说话，并未看出是何人来，便一把拉住，说道："好妹妹，我的这心事，从来也不敢说，今儿我大胆说出来，死也甘心！我为你也弄了一身的病在这里，又不敢告诉人，只好掩着。只等你的病好了，只怕我的病才得好呢。睡里梦里也忘不了你！"袭人听了这话，吓得魄消魂散，只叫"神天菩萨，坑死我了！"便推他道："这是那里的话！敢是中了邪？还不快去？"宝玉一时醒过来，方知是袭人送扇子来，羞的满面紫涨，夺了扇子，便忙忙的抽身跑了。

这里袭人见他去了，自思方才之言，一定是因黛玉而起，如此看来，将来难免不才之事[4]，令人可惊可畏。想到此间，也不觉怔怔的滴下泪来，心下暗度如何处治方免此丑祸。正裁疑间，忽有宝钗从那边走来，笑道："大毒日头地下，出什么神呢？"袭人见问，忙笑道："那边两个雀儿打架，倒也好玩，我就看住了。"宝钗道："宝兄弟这会子穿了衣服，忙忙的那去了？我才看见走过去，倒要叫住问他呢。他如今说话越发没了经纬，我故此没叫他了，由他过去罢。"袭人道："老爷叫他出去。"宝钗听了，忙道：嗳哟！这么黄天暑热的[5]，叫他做什么！别是想起什么来生了气，叫出去教训一场。"袭人笑道："不是这个，想是有客要会。"宝钗笑道："这个客也没意思，这么热天，不在家里凉快，还跑些什么！"袭人笑道："倒是你说说罢。"

宝钗因而问道："云丫头在你们家做什么呢？"袭人笑道："才说了一会子闲话。你瞧，我前儿粘的那双鞋，明儿叫他做去。"宝钗听见这话，便两边回头，看无人来往，便笑道："你这么个明白人，怎么一时半刻的就不会体谅人情。我近来看着云丫头神情，再风里言风里语的听起来，那云丫头在家里竟一点儿作不得主。他们家嫌费用大，竟不用那些针线上的人,差不多的东西多是他们娘儿们动手。为什么这几次他来了,他和我说话儿,见没人在跟前,他就说家里累的很。我再问他两句家常过日子的话,他就连眼圈儿都红了,口里含含糊糊待说不说的。想其形景来,自然从小儿没爹娘的苦。我看着他,也不觉的伤起心来。"袭人见说这话,将手一拍,说:"是了,是了。怪道上月我烦他打十根蝴蝶结子,过了那些日子才打发人送来,还说'打的粗,且在别处能着使罢,要匀净的,等明儿来住着再好生打罢'。如今听宝姑娘这话,想来我们烦他他不好推辞,不知他在家里怎么三更半夜的做呢。可是我也糊涂了,早知是这样,我也不烦他了。"宝钗道:"上次他就告诉我,在家里做活做到三更天,若是替别人做一点半点,他家的那些奶奶太太们还不受用呢。"袭人道:"偏生我们那个牛心左性的小爷,凭着小的大的活计,一概不要家里这些活计上的人作。我又弄不开这些。"宝钗笑道:"你理他呢!只管叫人做去,只说是你做的就是了。"袭人笑道:"那里哄的信他,他才是认得出来呢。说不得我只好慢慢的累去罢了。"宝钗笑道:"你不必忙,我替你作些如何?"袭人笑道:"当真的这样,就是我的福了。晚上我亲自送过来。"

一句话未了,忽见一个老婆子忙忙走来,说道:"这是那里说起!金钏儿姑娘好好的投井死了!"袭人唬了一跳,忙问"那个金钏儿?"老婆子道:"那里还有两个金钏儿呢?就是太太屋里的。前儿不知为什么撵他出去,在家里哭天哭地的,也都不理会他,谁知找他不见了。刚才打水的人在那东南角上井里打水,见一个尸首,赶着叫人打捞起来,谁知是他。他们家里还只管乱着要救活,那里中用了!"宝钗道:"这也奇了。"袭人听说,点头赞叹,想素日同气之情,不觉流下泪来。宝钗听见这话,忙向王夫人处来道安慰。这里袭人回去不提。

却说宝钗来至王夫人处,只见鸦雀无闻,独有王夫人在里间房内坐着垂泪。宝钗便不好提这事,只得一旁坐了。王夫人便问:"你从那里来?"宝钗道:"从园里来。"王夫人道:"你从园里来,可见你宝兄弟?"宝钗道:"才倒看见了。他穿了衣服出去了,不知那里去。"王夫人点头哭道:"你可知道一桩奇事?金钏儿忽然投井死了!"宝钗见说,道:"怎么好好的投井?这也奇了。"王夫人道:"原是前儿他把我一件东西弄坏了,我一时生气,打了他几下,撵了他下去。我只说气他两天,还叫他上来,谁知他这么气性大,就投井死了。岂不是我的罪过。"宝钗叹道:"姨娘是慈善人,固然这么想。据我看来,他并不是赌气投井。多半他下去住着,或是在井跟前憨顽,失了脚掉下去的。他在上头拘束惯了,这一出去,自然要到各处去顽顽逛逛,岂有这样大气的理!纵然有这样大气,也不过是个糊涂人,也不为可惜。"王夫人点头叹道:"这话虽然如此说,到底我心不安。"宝钗叹道:"姨娘也不必念念于兹,十分过不去,不过多赏他几两银子发送他,也就尽主仆之情了。"王夫人道:"刚才我赏了他娘五十两银子,原要还把你妹妹们的新衣服拿两套给他妆裹。谁知凤丫头说可巧都没什么新做的衣服,只有你林妹妹作生日的两套。我想你林妹妹那个孩子素日是个有心的,况且他也三灾八难的,既说了给他过生日,这会子又给人妆裹去,岂不忌讳。因为这么样,我现叫裁缝赶两套给他。要是别的丫头,赏他几两银子就完了,只是金钏儿虽然是个丫头，素日在我跟前比我的女儿也差不多。”口里说着，不觉泪下。宝钗忙道：“姨娘这会子又何用叫裁缝赶去，我前儿倒做了两套，拿来给他岂不省事。况且他活着的时候也穿过我的旧衣服，身量又相对。”王夫人道：“虽然这样，难道你不忌讳？”宝钗笑道：“姨娘放心，我从来不计较这些。”一面说，一面起身就走。王夫人忙叫了两个人来跟宝姑娘去。

一时宝钗取了衣服回来，只见宝玉在王夫人旁边坐着垂泪。王夫人正才说他，因宝钗来了，却掩了口不说了。宝钗见此光景，察言观色，早知觉了八分，于是将衣服交割明白。王夫人将他母亲叫来拿了去。

【注释】

[1]抠(kōu)了垫心子：挖、镂。这里是说将做鞋面的材料挖空，背后衬上其他颜色的材料，成为各色图案。

[2]鲛帕鸾绦(tāo)：鲛(jiāo)，这里指鲛綃纱。《述异志》卷上：“南海出鲛綃纱，泉室(指鲛人)潜织，一名龙纱。其价百余金。以为服，入水不濡。”后泛指薄纱。鸾绦：指上面织有凤鸾一类图案的丝绦。

[3]劳怯之症：劳：同“痨”，指结核病。怯：身体怯弱，气血不足。症：疾病。

[4]不才之事：没出息的事。这里指男女之间的丑事。

[5]黄天：农历六月，亦称“长夏”。按五行之说，夏，色赤；长夏，色黄；故大暑天称黄天。

【内容提要】

《红楼梦》最感动读者、最让读者魂牵梦萦唏嘘不已的当是宝黛钗三人间的爱情悲剧。贾宝玉是贾府的继承人，是贾府兴旺之所在，他本应该走一条科举荣身之路，以便立身扬名，光宗耀祖，可他却力图挣脱家庭强加于他身上的名缰利锁，做个无拘无束、自由自在的“富贵闲人”。他“最不喜务正”“不肯念书”，不愿走仕途经济的人生道路，是“不肖子孙”。在爱情问题上，他也不考虑家族利益，追求门当户对，也不按照传统道德要求，选择封建淑女。他追求的是心灵契合、互为知己的感情。因此，他对劝他“谈谈讲讲些仕途经济的学问”的湘云是当场就下逐客令，对宝钗是“咳了一声，拿起脚来走了”。而黛玉最能赢得宝玉的倾心，就是她从来不说“混帐话”，不劝宝玉加入现行体制。然而，有着“木石前盟”的宝黛之情需要承受“金玉良缘”的巨大压力，再加上爱情本身就具有强烈的“排他性”，所以在二人情意没有相通之前，二人皆“放心不下”，特别是黛玉，她无法肯定宝玉对自己的爱是不是真爱，是不是唯一的爱，因而只能不停地时时试探，时时疑心，时时争吵，经受了长期的“三日好了，两日恼了”的精神折磨。“诉肺腑”是宝玉正面直接向黛玉坦露爱情的唯一的一次，“你放心”是宝玉要黛玉相信自己对她的爱是真爱、是挚爱、是唯一的爱，“你放心”三个字可以说是宝玉对黛玉的郑重承诺，是发自内心的爱的誓言！那“睡里梦里也忘不了你”的台词，则是情到深处的自然流露，是“心迷”，更是“情迷”！宝黛之情，象征的是知己之爱。而薛宝钗虽然也爱着宝玉，但两人本质上不是同一类人，二者之间没有共同的语言。宝钗争取宝玉，不是像黛玉那样从爱情的本质上去攻心，而是从爱情的外围上去攻关，她讨好贾府上上下下的每一个人。宝钗与袭人的日常性闲谈即显示了宝钗“随分从时”可以让任何人接受的性格，以及她对宝玉不动声色地“做功夫”的心迹。”金钏自杀平地起雷，刽子手王夫人心里难免过意不去，而宝钗却是出奇的冷静无情，说金钏不过是“在井跟前憨顽，失了脚掉下去”的，替王夫人开脱罪名，并且安慰道：“不必念念于兹。”正是靠着这种极擅“揣摩”“家长”心理的功夫，赢得了王夫人的欢心，赢得了贾府上下所有人的认可。

【中心观点】

宝黛之情象征知己知心，它纯出于自然，符合人的天性，是人之常情。而玉钗之情是以富补贵或以贵护富，象征的是封建家长制，它不符合人的本性，是矫情。然而，封建环境最后是容纳了迎合时代的宝钗，扼杀了违反现实的黛玉。一个有爱情没有婚姻，一个有婚姻没有爱情，都是悲剧。作品正是通过宝黛钗的爱情悲剧，对封建社会、封建礼教进行了强有力的控诉。

【写作特点】

如实摹写原生态的生活，并能在朴实精巧的对话甚至讲述的腔调中揭示出人物的生存状况，刻画人物性格，是《红楼梦》的艺术魅力之一。湘云、袭人、宝玉的三人谈，就平平常常地从针线活谈到“人怎样生路怎样行”的人生哲学上来，非常生活化地显示了宝玉不走“正轨”的个性、不想加入体制内去分割富贵功名的人生选择。常被视为宝玉人生宣言的“混帐话”问题，就那么平淡地被湘云、袭人的笑话给“消解”了，这符合日常闲谈的真相。其次，生动传神的心理描写，以“隔墙有耳”的加入方法形成旋转的立体空间，也是《红楼梦》的魅力。宝玉那边还照常进行，黛玉这边已翻江倒海。黛玉“又喜又惊又悲又叹”的东绕西绕地“琢磨”，是极其微妙的心理活动，这对于黛玉这种只有内心生活的人来说是不可缺少的点睛之笔，著称心理描写的典型范例。再次，情节上的峰回路转也使得故事跌宕起伏。袭人与黛玉的“调包”，是“当面有耳”的插入法。眼看高潮要来了却偏把它阴差阳错地“转”过去，深得月满则亏的辩证法。在凸现宝玉情意痴迷程度的同时，也增加了故事悲剧中的喜剧色彩。

【思考与练习】

1.宝黛之情有何象征意义？你是如何理解宝玉所说的“你放心”三个字的含义的？

2.与《水浒传》《三国演义》《西游记》等其他小说相比，《红楼梦》的故事性差得多了，尽写生活琐事，而《红楼梦》的艺术成就却是远非前者可比的。结合节选的作品，谈谈你的个人的理解。

【拓展阅读书目或文章名】

阅读《红楼梦》

上海的狐步舞

穆时英

【作者介绍】

穆时英(1912—1940 年)笔名伐扬、匿名子,浙江慈溪人。少年时随银行家的父亲到上海求学,读中学时即爱好文学,毕业于光华大学中文系。

1929 年开始试写小说《咱们的世界》,发表时大学尚未毕业。后来写出《黑旋风》《南北极》,因而成名。这些作品收入短篇小说集《南北极》,大都描写城市下层流浪汉的生活,具有一种疯狂的反抗色彩。自《公墓》《上海的狐步舞》《黑牡丹》《白金的女体塑像》等小说发表后,与刘纳鸥等人形成一个流派,他被称为"中国新感觉派的圣手"。其作品的特色是以"现代派"的新奇方法表现上海洋场社会的五光十色,造成海派文学之风大炽。

【正文】

上海,造在地狱上面的天堂!

沪西,大月亮爬在天边,照着大原野。浅灰的原野,铺上银灰的月光,再嵌着深灰的树影和村庄的一大堆一大堆的影子。原野上,铁轨画着弧线,沿着天空直伸到那边儿的水平线下去。

林肯路(在这儿,道德给践在脚下,罪恶给高高地捧在脑袋上面)。

拎着饭篮,独自个儿在那儿走着,一只手放在裤袋里,看着自家儿嘴里出来的热气慢慢儿的飘到蔚蓝的夜色里去。

三个穿黑绸长褂,外面罩着黑大褂的人影一闪。三张在呢帽底下只瞧得见鼻子和下巴的脸遮在他前面。

"慢着走,朋友!"

"有话尽说,朋友!"

"咱们冤有头,债有主,今儿不是咱们有什么跟你过不去,各为各的主子,咱们也要吃口饭,回头您老别怨咱们不够朋友。明年今儿是你的周年,记着!"

"笑话了!咱也不是那么不够朋友的——"一扔饭篮,一手抓住那人的枪,就是一拳过去。

碰！手放了，人倒下去，按着肚子。碰！又是一枪。

“好小子！有种！”

“咱们这辈子再会了，朋友！”

“黑绸长褂”把呢帽一推，叫搁在脑勺上，穿过铁路，不见了。

“救命！”爬了几步。

“救命！”又爬了几步。

嘟的吼了一声儿，一道弧灯的光从水平线底下伸了出来。铁轨隆隆地响着，铁轨上的枕木像蜈蚣似地在光线里向前爬去，电杆木显了出来，马上又隐没在黑暗里边，一列“上海特别快”突着肚子，达达达，用着狐步舞的拍，含着颗夜明珠，龙似地跑了过去，绕着那条弧线。又张着嘴吼了一声儿，一道黑烟直拖到尾巴那儿，弧灯的光线钻到地平线下，一会儿便不见了。

又静了下来。

铁道交通门前，交错着汽车的弧灯的光线，管交通门的倒拿着红绿旗，拉开了那白脸红嘴唇，带了红宝石耳坠子的交通门，马上，汽车就跟着门飞了过去，一长串。

上了白漆的街树的腿，电杆木的腿，一切静物的腿……Revue 似地，把擦满了粉的大腿交叉地伸出来的姑娘们……白漆的腿的行列。沿着那条静悄的大路，从住宅的窗里，都会的眼珠子似地，透过了窗纱，偷溜了出来淡红的，紫的，绿的，处处的灯光。

汽车在一座别墅式的小洋房前停了，叭叭的拉着喇叭。刘有德先生的西瓜皮帽上的珊瑚结子从车门里探了出来，黑毛葛背心上两只小口袋里挂着的金表链上面的几个小金镑钉当地笑着，把他送出车外，送到这屋子里。他把半段雪茄扔在门外，走到客室里，刚坐下，楼梯的地毡上响着轻捷的鞋跟，嗒嗒地。

“回来了吗？”活泼的笑声，一位在年龄上是他的媳妇，在法律上是他的妻子的夫人跑了进来，扯着他的鼻子道。“快！给我签张三千块钱的支票。”

“上礼拜那些钱又用完了吗？”

不说话，把手里的一叠账交给他，便拉他的蓝缎袍的大袖子往书房里跑，把笔送到他手里。

“我说……”

“你说什么？”堵着小红嘴。

瞧了她一眼便签了，她就低下脑袋把小嘴凑到他大嘴上。“晚饭你独自个儿吃吧，我和小德要出去。”便笑着跑了出去，碰的阖上门。他掏出手帕来往嘴上一擦，麻纱手帕上印着 Tangee。倒像我的女儿呢，成天的缠着要钱。

“爹！”

一抬脑袋，小德不知多咱溜了进来，站在他旁边，见了猫的耗子似的。

“你怎么又回来啦？”

"姨娘打电话叫我回来的。"

"干吗？"

"拿钱。"

刘有德先生心里好笑，这娘儿俩真有他们的。

"她怎么会叫你回来问我要钱？她不会要不成？"

"是我要钱，姨娘叫我伴她去玩。"

忽然门开了，"你有现钱没有？"刘颜蓉珠又跑了进来。

"只有……"

一只刚用过蔻丹的小手早就伸到他口袋里把皮夹拿了出来！红润的指甲数着钞票：一五，一十，二十……三百。"五十留给你，多的我拿去了。多给你晚上又得不回来。"做了个媚眼，拉了她法律上的儿子就走。

儿子是衣架子，成天地读着给 Gigolo 看的时装杂志，把烫得有粗大明朗的折纹的褂子穿到身上，领带打得在中间留了个涡，拉着母亲的胳膊坐到车上。

上了白漆的街树的腿，电杆木的腿，一切静物的腿……Revue 似地，把擦满了粉的大腿交叉地伸出来的姑娘们……白漆腿的行列。沿着那条静悄的大路，从住宅区的窗里，都会的眼珠子似地，透过了窗纱，偷溜了出来淡红的，紫的，绿的，处女的灯光。

开着 1932 的新别克，却一个心儿想 1980 年的恋爱方式。深秋的晚风吹来，吹动了儿子的领子，母亲的头发，全有点儿觉得凉。法律上的母亲偎在儿子的怀里道：

"可惜你是我的儿子。"嘻嘻地笑着。

儿子在父亲吻过的母亲的小嘴上吻了一下，差点儿把车开到行人道上去啦。

Neon light 伸着颜色的手指在蓝墨水似的夜空里写着大字。一个英国绅士站在前面，穿了红的燕尾服，挟着手杖，那么精神抖擞地在散步。脚下写着：Johnny Walker：Still Going Strong。路旁一小块草地上展开了地产公司的乌托邦，上面一个抽吉士牌的美国人看着，像在说："可惜这是小人国的乌托邦，那片大草原里还放不下我的一只脚呢？"

汽车前显出个人的影子，喇叭吼了一声儿，那人回过脑袋来一瞧，就从车轮前溜到行人道上去了。

"蓉珠，我们上哪去？"

"随便那个 Cabaret 里去闹个新鲜吧，礼查，大华我全玩腻了。"

跑马厅屋顶上，风针上的金马向着红月亮撒开了四蹄。在那片大草地的四周泛滥着光的海，罪恶的海浪，慕尔堂浸在黑暗里，跪着，在替这些下地狱的男女祈祷，大世界的塔尖拒绝了忏悔，骄傲地瞧着这位迂牧师，放射着一圈圈的灯光。

蔚蓝的黄昏笼罩着全场，一只 Saxophone 正伸长了脖子，张着大嘴，呜呜地冲着他们嚷，当中那片光滑的地板上，飘动的裙子，飘动的袍角，精致的鞋跟，鞋跟，鞋跟，鞋跟，鞋跟。蓬松的头发和男子的脸。男子衬衫的白领和女子的笑脸。伸着的胳膊，翡翠坠子拖到肩上,整齐的圆桌子的队伍,椅子却是零乱的。暗角上站着白衣侍者。酒味,香水味,英腿蛋的气味,烟味……独身者坐在角隅里拿黑咖啡刺激着自家儿的神经。

舞着:华尔兹的旋律绕着他们的腿,他们的脚站在华尔兹旋律上飘飘地,飘飘地。

儿子凑在母亲的耳朵旁说:"有许多话是一定要跳着华尔兹才能说的,你是顶好的华尔兹的舞侣——可是,蓉珠,我爱你呢!"

觉得在轻轻地吻着鬓脚,母亲躲在儿子的怀里,低低的笑。

一个冒充法国绅士的比利时珠宝掮客,凑在电影明星殷芙蓉的耳朵旁说:"你嘴上的笑是会使天下的女子妒忌的——可是,我爱你呢!"

觉得轻轻地在吻着鬓脚,便躲在怀里低低地笑,忽然看见手指上多了一只钻戒。

珠宝掮客看见了刘颜蓉珠,在殷芙蓉的肩上跟她点了点脑袋,笑了一笑。小德回过身来瞧见了殷芙蓉也 Gigolo 地把眉毛扬了一下。

舞着,华尔兹的旋律绕着他们的腿,他们的脚站在华尔兹上面,飘飘地,飘飘地。

珠宝掮客凑在刘颜蓉珠的耳朵旁,悄悄地说:"你嘴上的笑是会使天下的女子妒忌的——可是,我爱你呢!"

觉得轻轻地在吻着鬓脚,便躲在怀里低低地笑,把唇上的胭脂印到白衬衫上面。

小德凑在殷芙蓉的耳朵旁,悄悄地说:"有许多话是一定要跳着华尔兹才能说的,你是顶好的华尔 276 兹的舞侣——可是,芙蓉,我爱你呢!"

觉得在轻轻地吻着鬓脚,便躲在怀里,低低地笑。

独身者坐在角隅里拿黑咖啡刺激着自家儿的神经,酒味,香水味,英腿蛋的气味,烟味……暗角上站着白衣侍者。椅子是凌乱的,可是整齐的圆桌子的队伍。翡翠坠子拖到肩上,伸着的胳膊。女子的笑脸和男子的衬衫的白领。男子的脸和蓬松的头发。精致的鞋跟,鞋跟,鞋跟,鞋跟,鞋跟。飘荡的袍角,飘荡的裙子,当中是一片光滑的地板。呜呜地冲着人家嚷,那只 Saxophone 伸长了脖子,张着大嘴。蔚蓝的黄昏笼罩着全场。

推开了玻璃门,这纤弱的幻景就打破了。跑下扶梯,两溜黄包车停在街旁,拉车的分班站着,中间留了一道门灯光照着的路,争着"Ricksha?"奥斯汀孩车,爱山克水,福特,别克跑车,别克小九,八汽缸,六汽缸……大月亮红着脸蹒跚地走上跑马厅的大草原上来了。街角卖《大美晚报》的用卖大饼油条的嗓子嚷:

"Evening Post!"

电车当当地驶进布满了大减价的广告旗和招牌的危险地带去,脚踏车挤在电车的旁边瞧着也可怜。坐在黄包车上的水兵挤簵着醉眼,瞧准了拉车的屁股踹了一脚便哈哈地笑了,红的交通灯,绿的交通灯,交通灯的柱子和印度巡捕一同地垂直在地上。交通灯一闪,便涌着人的潮,车的潮。这许多人,全像没了脑袋的苍蝇似的!一个 Fashion Model 穿了她铺子里的衣服来冒充贵妇人。电梯用十五秒钟一次的速度,把人货物似地抛到屋顶花园去。女秘书站在绸缎铺的橱窗外面瞧着全丝面的法国 crepe,想起了经理的刮得刀痕苍然的嘴上的笑劲儿。主义者和党人挟了一大包传单踱过去，心里想，如果给抓住了便在这里演说一番。蓝眼珠的姑娘穿了窄裙，黑眼珠的姑娘穿了长旗袍儿，腿股间有相同的媚态。

街旁，一片空地里，竖起了金字塔似的高木架，粗壮的木腿插在泥里，顶上装了盏弧灯，倒照下来，照到底下每一条横木板上的人。这些人吆喝着："嗳嗳呀！"几百丈高的木架顶上的木桩直坠下来，碰！把三抱粗的大木柱撞到泥里去，四角上全装着弧灯，强烈的光探照着这片空地。空地里：横一道，竖一道的沟，钢骨，瓦砾堆。人扛着大木柱在沟里走，拖着悠长的影子。在前面的脚一滑，摔倒了，木柱压到脊梁上。脊梁断了，嘴里哇的一口血……弧灯……碰！木桩顺着木架又溜了上去……光着身子在煤屑路滚铜子的孩子……大木架顶上的弧灯在夜空里像月亮……捡煤渣的媳妇……月亮有两个……月亮叫天狗吞了——月亮没有了。

死尸给搬了开去，空地里：横一道竖一道的沟，钢骨，瓦砾，还有一堆他的血。在血上，铺上了士敏土，造起了钢骨，新的饭店造起来了！新的舞场造起来了！新的旅馆造起来了！把他的力气，把他的血，把他的生命压在底下，正和别的旅馆一样地，和刘有德先生刚才跨进去的华东饭店一样地。

华东饭店里——

二楼：白漆房间，古铜色的鸦片香味，麻雀牌，《四郎探母》，《长三骂淌白小娼妇》，古龙香水和淫欲味，白衣侍者，娼妓掮客，绑票匪，阴谋和诡计，白俄浪人……

三楼：白漆房间，古铜色的鸦片香味，麻雀牌，《四郎探母》，《长三骂淌白小娼妇》，古龙香水和淫欲味，白衣侍者，娼妓掮客，绑票匪，阴谋和诡计，白俄浪人……

四楼：白漆房间，古铜色的鸦片香味，麻雀牌，《四郎探母》，《长三骂淌白小娼妇》，古龙香水和淫欲味，白衣侍者，娼妓掮客，绑票匪，阴谋和诡计，白俄浪人……

电梯把他吐在四楼，刘有德先生哼着《四郎探母》踏进了一间响有骨牌声的房间，点上了茄立克，写了张局票，不一回，他也坐到桌旁，把一张中风，用熟练的手法，怕碰伤了它似地抓了进来，一面却："怎么一张好的也抓不进来，"一副老抹牌的脸，一面却细心地听着因为不束胸而被人家叫做沙利文面包的宝月老八的话："对不起，刘大少，还得出条子，等回儿抹完了牌请过来坐。"

"到我们家坐坐去哪！"站在街角，只瞧得见黑眼珠子的石灰脸，躲在建筑物的阴影里，向来往的人喊着，拍卖行的伙计似地，老鸨尾巴似的拖在后边儿。

"到我们家坐坐去哪！"那张瘪嘴说着，故意去碰在一个扁脸身上。扁脸笑，瞧了一瞧，指着自家儿的鼻子，探着脑袋："好寡老，碰大爷？"

"年纪轻轻，朋友要紧！"瘪嘴也笑。

"想不到我这印度小白脸儿今儿倒也给人家瞧上咧，"手往她脸上一抹，又走了。

旁边一个长头发不刮胡须的作家正在瞧着好笑，心里想到了一个题目：第二回巡礼——都市黑暗面检阅Sonata;忽然瞧见那瘪嘴的眼光扫到自家儿脸上来了,马上就慌慌张张的往前跑。

石灰脸躲在阴影里,老鸨尾巴似地拖在后边儿——躲在阴影里的石灰脸,石灰脸,石灰脸……

(作家心里想:)

第一回巡视赌场第二回巡视街头娼妓第三回巡视舞场第四回巡视再说《东方杂志》《小说月报》《文艺月刊》第一句就写大马路北京路野鸡交易所……不行——

有人拉了拉他的袖子:"先生!"一看是个老婆儿装着苦脸,抬起脑袋望着他。

"干吗?"

"请您给我看封信。"

"信在哪儿?"

"请您跟我到家里去拿,就在这胡同里边。"

便跟着走。

中国的悲剧这里边一定有小说资料1931年是我的年代了《东方小说》《北斗》每月一篇单行本日译本俄译本各国译本都出版诺贝尔奖金又伟大又发财……

拐进了一条小胡同,暗得什么都看不见。

"你家在哪儿?"

"就在这儿,不远儿,先生,请您看封信。"

胡同的那边儿有一支黄路灯,灯下是个女人低着脑袋站在那儿。老婆儿忽然又装着苦脸,扯着他的袖子道:"先生,这是我的媳妇,信在她那儿。"走到女人那地方儿,女人还不抬起脑袋来,老婆儿说:"先生,这是我的媳妇。我的儿子是机器匠,偷了人家东西,给抓进去了,可怜咱们娘儿们四天没吃东西啦。"

(可不是吗那么好的题材技术不成问题她讲出来的话意识一定正确的不怕人家再说我人道主义咧……)

"先生,可怜儿的,你给几个钱,我叫媳妇陪你一晚上,救救咱们两条命!"

作家愣住了,那女人抬起脑袋来,两条影子拖在瘦腮帮儿上,嘴角浮出笑劲儿来。

嘴角浮出笑劲儿来,冒充法国绅士的比利时珠宝掮客凑在刘颜蓉珠的耳朵旁,悄悄地说:"你嘴上的笑是会使天下的女子妒忌的——喝一杯吧。"

在高脚玻璃杯上,刘颜蓉珠的两只眼珠子笑着。

在别克里,那两只浸透了Cocktail的眼珠子,从外套的皮领上笑着。

在华懋饭店的走廊里,那两只浸透了Cocktail的眼珠子,从披散的头发边上笑着。

在电梯上,那两只眼珠子在紫眼皮下笑着。

在华懋饭店七层楼上一间房间里,那两只眼珠子,在焦红的腮帮儿上笑着。

珠宝掮客在自家儿的鼻子底下发现了那对笑着的眼珠子。

笑着的眼珠子！

白的床巾！

喘着气……

喘着气动也不动地躺在床上。

床巾，溶了的雪。

“组织个国际俱乐部吧！”猛的得了这么个好主意，一面淌着细汗。

淌着汗，在静寂的街上，拉着醉水手往酒排间跑。街上，巡捕也没有了，那么静，像个死了的城市。水手的皮鞋搁到拉车的脊梁盖儿上面，哑嗓子在大建筑物的墙上响着：

啦得儿……啦得——

啦得儿

啦得……

拉车的脸上，汗冒着；拉车的心里，金洋钱滚着，飞滚着。醉水手猛的跳了下来，跌到两扇玻璃门后边儿去啦。

“Hello，Master！ Master！”

那么地嚷着追到门边，印度巡捕把手里的棒冲着他一扬，笑声从门缝里挤出来，酒香从门缝里挤出来，Jazz 从门缝里挤出来……拉车的拉了车杠，摆在他前面的是 12 月的江风，一个冷月，一条大建筑物中间的深巷。给扔在欢乐外面，他也不想到自杀，只“妈妈的”骂了一声儿，又往生活里走去了。

空去了这辆黄包车，街上只有月光啦。月光照着半边街，还有半边街浸在黑暗里边，这黑暗里边蹲着那家酒排，酒排的脑门上一盏灯是青的，青光底下站着个化石似的印度巡捕。开着门又关着门，鹦鹉似的说着：

“Good-bye，Sir。”

从玻璃门里走出个年轻人来，胳膊肘上挂着条手杖。他从灯光下走到黑暗里，又从黑暗里走到月光下面，叹息了一下，悉悉地向前走去，想到了睡在别人床上的恋人，他走到江边，站在栏杆旁边发怔。

东方的天上，太阳光，金色的眼珠子似地在乌云里睁开了。

在浦东，一声男子的最高音：

“嗳……呀……嗳……”

直飞上半天，和第一线的太阳光碰在一起，接着便来了雄伟的合唱。睡熟了的建筑物站了起来，抬着脑袋，卸了灰色的睡衣，江水又哗啦哗啦的往东流，工厂的汽笛也吼着。

歌唱着新的生命，夜总会里的人们的命运！

醒回来了，上海！

上海，造在地狱上的天堂。

【内容提要】

1932 年 1 月，穆时英第一部短篇小说集《南北极》由上海湖风书局初版；一年以后，此书改订增补本由上海现代书局重新推出。上海新文坛以欣喜的态度欢迎穆时英的出现，对穆时英描写阶级对立视角的独特、形式的新颖和艺术手腕的巧妙，纷纷给予肯定。权威的“左翼”批评家钱杏邨颇推崇他的文字技巧，认为他“不仅从旧的小说中探求了新的比较大众化的简洁、明快、有力的形式，也熟悉了无产者大众的独特的为一般知识分子所不熟悉的语汇”，并把穆时英视作 1931 年中国文坛的重要收获。

但是，正当人们对穆时英寄予厚望，期待穆时英沿着《南北极》的方向有所突破时，穆时英却来了个意想不到的大转变。他朝着一个当时许多评论家尚无法接受的新方向展开追求，随着《公墓》《夜总会里的五个人》《上海的狐步舞》等一系列具有浓郁“新感觉派”风格的作品的问世，穆时英向读者展示了现代都市生活的方方面面，形形色色，如此鲜活，如此奇炫，如此别开生面。相比之下，《南北极》的成就已显得有点微不足道，穆时英终于奠定了自己在 20 世纪中国新文学史上的独特地位，尽管他自己也许并没有意识到。

穆时英成为后来人们誉之为的“新感觉派圣手”，决非偶然。他对而今已被“怀旧热”弄得面目全非的 20 世纪 30 年代大上海的都市生活有着天生的敏感和迷恋。咖啡馆、跳舞厅、电影院、高尔夫球场……，这些现代都市生活必不可少的场所，是青年穆时英就经常涉足的。现还健在的“新感派”另一员健将施蛰存先生就曾回忆，当年他们几乎每天下午泡咖啡馆，而当时有份杂志就曾戏称穆时英“未结婚以前，差不多跳舞场是他的丈母家”。对西方现代文明影响下的都市摩登男女，穆时英更是十分熟悉，后来成为他太太的人就是当时上海滩的一位时髦的舞女。如果穆时英不是沉湎其中，有着切身的体验，恐怕他是写不出“十里洋场”那么浓烈的酒味、那么疯狂的音乐、那么众多的“尤物”和那么香艳的色情的。

【写作特点】

《上海的狐步舞》表现的主旨是“上海，造在地狱上的天堂”，用的是“蒙太奇的语法组联”。穆时英的小说可以说是现代的有意味的形式，他对物质文明、商业文明有双重姿态。

【思考与练习】

1. 以《上海的狐步舞》为例，描述意识流小说特点。

2. 以《上海的狐步舞》为例分析新感觉派作品的艺术特色。

【拓展阅读书目或文章名】

1. 郁达夫《沉沦》

2. 沈从文《边城》

3. 钱钟书《围城》

风　波

鲁　迅

【作者介绍】

鲁迅(1881—1936年),原名周树人,字豫才,浙江绍兴人。中国现代伟大的文学家、思想家、中国新文化运动的伟大旗手。出身于没落封建士大夫家庭,1902年赴日留学,原本学医。痛苦思索后发现:医治、改造中国人麻木的精神,实在比医治其虚弱的肉体更为重要,否则中国人的体格再健壮,也无非“只能做毫无意义的示众的材料和看客”。于是他毅然决然弃医从文,从此走上以文艺作品唤醒民众的人生道路。1909年回国,先后在浙江大学、北京大学、女子师范大学、厦门大学、中山大学任教,曾经任职于南京临时政府和北京政府教育部。1918年5月,用“鲁迅”为笔名发表了中国现代文学史上第一篇白话小说《狂人日记》。鲁迅一生勤于斗争和笔耕,创作了大量的文学作品,还积极翻译介绍了很多外国文学及美术作品,整理研究过许多古代文学遗产,在许多领域对中国的文化事业作出了贡献。主要作品有短篇小说集《呐喊》《彷徨》,杂文集《坟》《热风》《华盖集》《三闲集》《准风雨谈》《花边文学》《且介亭散文》等,散文集《朝花夕拾》,散文诗集《野草》,学术著作《中国小说史略》。《风波》写于1920年8月5日,最初发表在1920年9月《新青年》月刊第8卷第1号,后收入短篇小说集《呐喊》。

【正文】

临河的土场上,太阳渐渐的收了他通黄的光线了。场边靠河的乌桕树叶,干巴巴的才喘过气来,几个花脚蚊子在下面哼着飞舞。面河的农家的烟突里,逐渐减少了炊烟,女人孩子们都在自己门口的土场上泼些水,放下小桌子和矮凳;人知道,这已经是晚饭的时候了。

老人男人坐在矮凳上,摇着大芭蕉扇闲谈,孩子飞也似的跑,或者蹲在乌桕树下赌玩石子。女人端出乌黑的蒸干菜和松花黄的米饭,热蓬蓬冒烟。河里驶过文人的酒船,文豪见了,大发诗兴,说,“无思无虑,这真是田家乐呵!”

但文豪的话有些不合事实,就因为他们没有听到九斤老太的话。这时候,九斤老太正在大怒,拿破芭蕉扇敲着凳脚说:

"我活到七十九岁了,活够了,不愿意眼见这些败家相,——还是死的好。立刻就要吃饭了,还吃炒豆子,吃穷了一家子!"

伊的曾孙女儿六斤捏着一把豆,正从对面跑来,见这情形,便直奔河边,藏在乌桕树后,伸出双丫角的小头,大声说,"这老不死的!"

九斤老太虽然高寿,耳朵却还不很聋,但也没有听到孩子的话,仍旧自己说,"这真是一代不如一代!"

这村庄的习惯有点特别,女人生下孩子,多喜欢用秤称了轻重,便用斤数当作小名。九斤老太自从庆祝了五十大寿以后,便渐渐的变了不平家,常说伊年青的时候,天气没有现在这般热,豆子也没有现在这般硬;总之现在的时世是不对了。何况六斤比伊的曾祖,少了三斤,比伊父亲七斤,又少了一斤,这真是一条颠扑不破的实例。所以伊又用劲说,"这真是一代不如一代!"

伊的儿媳七斤嫂子正捧着饭篮走到桌边,便将饭篮在桌上一摔,愤愤地说,"你老人家又这么说了。六斤生下来的时候,不是六斤五两么?你家的秤又是私秤,加重称,十八两秤;用了准十六,我们的六斤该有七斤多哩。我想便是太公和公公,也不见得正是九斤八斤十足,用的秤也许是十四两……"

"一代不如一代!"

七斤嫂还没有答话,忽然看见七斤从小巷口转出,便移了方向,对他嚷道,"你这死尸怎么这时候才回来,死到那里去了!不管人家等着你开饭!"

七斤虽然住在农村,却早有些飞黄腾达的意思。从他的祖父到他,三代不捏锄头柄了;他也照例的帮人撑着航船,每日一回,早晨从鲁镇进城,傍晚又回到鲁镇,因此很知道些时事:例如什么地方,雷公劈死了蜈蚣精;什么地方,闺女生了一个夜叉之类。他在村人里面,的确已经是一名出场人物了。但夏天吃饭不点灯,却还守着农家习惯,所以回家太迟,是该骂的。

七斤一手捏着象牙嘴白铜斗六尺多长的湘妃竹烟管,低着头,慢慢地走来,坐在矮凳上。六斤也趁势溜出,坐在他身边,叫他爹爹。七斤没有应。

"一代不如一代!"九斤老太说。

七斤慢慢地抬起头来,叹一口气说,"皇帝坐了龙庭了。"

七斤嫂呆了一刻,忽而恍然大悟的道,"这可好了,这不是又要皇恩大赦了么!"

七斤又叹一口气,说,"我没有辫子。"

"皇帝要辫子么?"

"皇帝要辫子。"

"你怎么知道呢?"七斤嫂有些着急,赶忙地问。

"咸亨酒店里的人,都说要的。"

七斤嫂这时从直觉上觉得事情似乎有些不妙了,因为咸亨酒店是消息灵通的所在。

伊一转眼瞥见七斤的光头,便忍不住动怒,怪他恨他怨他;忽然又绝望起来,装好一碗饭,搡在七斤的面前道,“还是赶快吃你的饭罢!哭丧着脸,就会长出辫子来么?”

太阳收尽了他最末的光线了,水面暗暗地回复过凉气来;土场上一片碗筷声响,人人的脊梁上又都吐出汗粒。七斤嫂吃完三碗饭,偶然抬起头,心坎里便禁不住突突地发跳。伊透过乌桕叶,看见又矮又胖的赵七爷正从独木桥上走来,而且穿着宝蓝色竹布的长衫。赵七爷是邻村茂源酒店的主人, 又是这三十里方圆以内的惟一的出色人物兼学问家;因为有学问,所以又有些遗老的臭味。他有十多本金圣叹批评的《三国志》,时常坐着一个字一个字的读;他不但能说出五虎将姓名,甚而至于还知道黄忠表字汉升和马超表字孟起。革命以后,他便将辫子盘在顶上,像道士一般;常常叹息说,倘若赵子龙在世,天下便不会乱到这地步了。七斤嫂眼睛好,早望见今天的赵七爷已经不是道士,却变成光滑头皮,乌黑发顶;伊便知道这一定是皇帝坐了龙庭,而且一定须有辫子,而且七斤一定是非常危险。因为赵七爷的这件竹布长衫,轻易是不常穿的,三年以来,只穿过两次:一次是和他怄气的麻子阿四病了的时候,一次是曾经砸烂他酒店的鲁大爷死了的时候;现在是第三次了,这一定又是于他有庆,于他的仇家有殃了。

七斤嫂记得,两年前七斤喝醉了酒,曾经骂过赵七爷是“贱胎”,所以这时便立刻直觉到七斤的危险,心坎里突突地发起跳来。

赵七爷一路走来,坐着吃饭的人都站起身,拿筷子点着自己的饭碗说,“七爷,请在我们这里用饭!”七爷也一路点头,说道“请请”,却一径走到七斤家的桌旁。七斤们连忙招呼,七爷也微笑着说“请请”,一面细细的研究他们的饭菜。

“好香的菜干,——听到了风声了么?”赵七爷站在七斤的后面七斤嫂的对面说。

“皇帝坐了龙庭了。”七斤说。

七斤嫂看着七爷的脸,竭力陪笑道,“皇帝已经坐了龙庭,几时皇恩大赦呢?”

“皇恩大赦?——大赦是慢慢的总要大赦罢。”七爷说到这里,声色忽然严厉起来,“但是你家七斤的辫子呢,辫子?这倒是要紧的事。你们知道:长毛时候,留发不留头,留头不留发……”

七斤和他的女人没有读过书,不很懂得这古典的奥妙,但觉得有学问的七爷这么说,事情自然非常重大,无可挽回,便仿佛受了死刑宣告似的,耳朵里嗡的一声,再也说不出一句话。

“一代不如一代,——”九斤老太正在不平,趁这机会,便对赵七爷说,“现在的长毛,只是剪人家的辫子,僧不僧,道不道的。从前的长毛,这样的么?我活到七十九岁了,活够了。从前的长毛是——整匹的红缎子裹头,拖下去,拖下去,一直拖到脚跟;王爷是黄缎子,拖下去,黄缎子;红缎子,黄缎子,——我活够了,七十九岁了。”

七斤嫂站起身, 自言自语的说,“这怎么好呢? 这样的一班老小, 都靠他养活的人,……”

赵七爷摇头道，“那也没法。没有辫子，该当何罪，书上都一条一条明明白白写着的。不管他家里有些什么人。”

七斤嫂听到书上写着，可真是完全绝望了；自己急得没法，便忽然又恨到七斤。伊用筷子指着他的鼻尖说，“这死尸自作自受!造反的时候，我本来说，不要撑船了，不要上城了。他偏要死进城去，滚进城去，进城便被人剪去了辫子。从前是绢光乌黑的辫子，现在弄得僧不僧道不道的。这囚徒自作自受，带累了我们又怎么说呢?这活死尸的囚徒……”

村人看见赵七爷到村，都赶紧吃完饭，聚在七斤家饭桌的周围。七斤自己知道是出场人物，被女人当大众这样辱骂，很不雅观，便只得抬起头，慢慢地说道：

“你今天说现成话，那时你……”

“你这活死尸的囚徒……”

看客中间，八一嫂是心肠最好的人，抱着伊的两周岁的遗腹子，正在七斤嫂身边看热闹；这时过意不去，连忙解劝说，“七斤嫂，算了罢。人不是神仙，谁知道未来事呢?便是七斤嫂，那时不也说，没有辫子倒也没有什么丑么？况且衙门里的大老爷也还没有告示，……”

七斤嫂没有听完，两个耳朵早通红了；便将筷子转过向来，指着八一嫂的鼻子，说，“阿呀，这是什么话呵!八一嫂，我自己看来倒还是一个人，会说出这样昏诞胡涂话么?那时我是，整整哭了三天，谁都看见；连六斤这小鬼也都哭，……”六斤刚吃完一大碗饭，拿了空碗，伸手去嚷着要添。七斤嫂正没好气，便用筷子在伊的双丫角中间，直扎下去，大喝道，“谁要你来多嘴!你这偷汉的小寡妇!”

扑的一声，六斤手里的空碗落在地上了，恰巧又碰着一块砖角，立刻破成一个很大的缺口。七斤直跳起来，捡起破碗，合上检查一回，也喝道，“入娘的!”一巴掌打倒了六斤。六斤躺着哭，九斤老太拉了伊的手，连说着“一代不如一代”，一同走了。

八一嫂也发怒，大声说，“七斤嫂，你‘恨棒打人’……”

赵七爷本来是笑着旁观的；但自从八一嫂说了“衙门里的大老爷没有告示”这话以后，却有些生气了。这时他已经绕出桌旁，接着说，“‘恨棒打人’，算什么呢。大兵是就要到的。你可知道，这回保驾的是张大帅，张大帅就是燕人张翼德的后代，他一支丈八蛇矛，就有万夫不当之勇，谁能抵挡他，”他两手同时捏起空拳，仿佛握着无形的蛇矛模样，向八一嫂抢进几步道，“你能抵挡他么!”

八一嫂正气得抱着孩子发抖，忽然见赵七爷满脸油汗，瞪着眼，准对伊冲过来，便十分害怕，不敢说完话，回身走了。赵七爷也跟着走去，众人一面怪八一嫂多事，一面让开路，几个剪过辫子重新留起的便赶快躲在人丛后面，怕他看见。赵七爷也不细心察访，通过人丛，忽然转入马柏树后，说道“你能抵挡他么!”跨上独木桥，扬长去了。

村人们呆呆站着，心里计算，都觉得自己确乎抵不住张翼德，因此也决定七斤便要没有性命。七斤既然犯了皇法，想起他往常对人谈论城中的新闻的时候，就不该含着长烟管显出那般骄傲模样，所以对七斤的犯法，也觉得有些畅快。他们也仿佛想发些议论，却又觉得没有什么议论可发。嗡嗡的一阵乱嚷，蚊子都撞过赤膊身子，闯到乌桕树下去做市；他们也就慢慢地走散回家，关上门去睡觉。七斤嫂咕哝着，也收了家伙和桌子矮凳回家，关上门睡觉了。

七斤将破碗拿回家里，坐在门槛上吸烟；但非常忧愁，忘却了吸烟，象牙嘴六尺多长湘妃竹烟管的白铜斗里的火光，渐渐发黑了。他心里但觉得事情似乎十分危急，也想想些方法，想些计划，但总是非常模糊，贯穿不得："辫子呢辫子？丈八蛇矛。一代不如一代！皇帝坐龙庭。破的碗须得上城去钉好。谁能抵挡他？书上一条一条写着。入娘的！……"

第二日清晨，七斤依旧从鲁镇撑航船进城，傍晚回到鲁镇，又拿着六尺多长的湘妃竹烟管和一个饭碗回村。他在晚饭席上，对九斤老太说，这碗是在城内钉合的，因为缺口大，所以要十六个铜钉，三文一个，一总用了四十八文小钱。

九斤老太很不高兴地说，"一代不如一代，我是活够了。三文钱一个钉；从前的钉，这样的么?从前的钉是……我活了七十九岁了，——"

此后七斤虽然是照例日日进城，但家景总有些黯淡，村人大抵回避着，不再来听他从城内得来的新闻。七斤嫂也没有好声气，还时常叫他"囚徒"。

过了十多日，七斤从城内回家，看见他的女人非常高兴，问他说，"你在城里可听到些什么?"

"没有听到些什么。"

"皇帝坐了龙庭没有呢?"

"他们没有说。"

"咸亨酒店里也没有人说么?"

"也没人说。"

"我想皇帝一定是不坐龙庭了。我今天走过赵七爷的店前，看见他又坐着念书了，辫子又盘在顶上了，也没有穿长衫。"

"……"

"你想，不坐龙庭了罢?""我想，不坐了罢。"

现在的七斤，是七斤嫂和村人又都早给他相当的尊敬，相当的待遇了。到夏天，他们仍旧在自家门口的土场上吃饭；大家见了，都笑嘻嘻的招呼。九斤老太早已做过八十大寿，仍然不平而且康健。六斤的双丫角，已经变成一支大辫子了；伊虽然新近裹脚，却还能帮同七斤嫂做事，捧着十八个铜钉的饭碗，在土场上一瘸一拐的往来。

1920年10月

【内容提要】

作者创作《风波》这篇小说时，"五四"运动刚爆发了一年零两个月。小说描写了"张勋复辟”在江南水乡所引起的一场“风波”。虽然“张勋复辟”在当年由于举国上下纷纷声讨，只延续了 12 天便成为一场历史小闹剧，但鲁迅却由此发现了许多深刻的东西：由于农民深受几千年封建思想的毒害，普遍缺乏民主觉悟，辛亥革命的果实被袁世凯篡夺，而广大人民，尤其是贫苦的中国农民，并没有从中得到什么好处，而且还不哀不悲不愤。而这一发现正是鲁迅创作《风波》的重要原因。

【中心观点】

这篇作品是鲁迅立足于对中华民族强烈深沉的热爱，怀着“狂人式”的深广忧愤，怀着对封建专制主义长期奴役下的国民们的同情与痛心，以现实主义的笔触写成的。作品揭开了他们积淀而成的身处不幸却毫不自知的精神弱点，加以批判，引人深思。作品从而激起人们的觉醒，又奋起去探索中国革命的出路到底在哪里，怎样去实现……

【写作特点】

在艺术方面，《风波》极具特色。如通过极富个性色彩和乡土气息的人物对话来刻画人物心理和性格，选用精致而内涵丰富的细节来展示人物内在心理状态，清醒、冷静的客观描写与作者内在激情的有机融合等，形象地揭示了革命虽然剪掉了人们头上的辫子，却没有铲除掉国民脑中的愚昧和麻木，令人心惊。

【思考与练习】

1.《风波》的作者写的是一场什么风波？

2.说说这场风波中给你留下最深印象的是谁并说出原因。

【拓展阅读书目或文章名】

1.鲁迅短篇小说集《呐喊》

2.许寿裳《鲁迅传》

春之声

王蒙

【作者介绍】

王蒙(1934—),当代作家。河北南皮人,生于北平。中学时代便参加中国共产党领导的地下工作,1948年加入中国共产党。1953年开始文学创作。1957年,因小说《组织部新来的年轻人》被错划为右派,后在京郊劳动改造。1962年到北京师范学院中文系任教。1963年调往新疆维吾尔自治区文联工作,1978年重回北京,在市作协任专业作家。历任《人民文学》主编、中国作协副主席、中共中央委员、文化部长、国际笔会中心中国分会副会长等职。

王蒙是当代文坛极具艺术活力、创作成就卓著的一位作家。前期创作主要运用现实主义手法反映现实生活,揭示各种矛盾,语言尖锐、泼辣、幽默。新时期以后更多地采用意识流手法,突出人物的意识活动,意在"给读者以启迪、鼓舞和慰安";也有一些幽默讽刺作品,对人物的缺点进行"善意的揶揄和有节制的讽劝"。代表作品主要有长篇小说《青春万岁》《活动变人形》《季节三部曲》等,中篇小说《蝴蝶》《相见时难》等,短篇小说《组织部来了个年轻人》《春之声》等,散文集《轻松与感伤》,诗集《旋转的秋千》,文艺论集《王蒙谈创作》,专著《红楼启示录》等。作品被译成英、俄、日等多种文字在国外出版。辑有《王蒙文集》。

【正文】

咣地一声,黑夜就到来了。一个昏黄的、方方的大月亮出现在对面墙上。岳之峰的心紧缩了一下,又舒张开了。车身在轻轻地颤抖。人们在轻轻地摇摆。多么甜蜜的童年的摇篮啊!夏天的时候,把衣服放在大柳树下,脱光了屁股的小伙伴们一跃跳进故乡的清凉的小河里,一个猛子扎出十几米,谁知道谁在哪里露出头来呢?谁知道被他慌乱中吞下的一口水里,包含着多少条蛤蟆蝌蚪呢?闭上眼睛,熟睡在闪耀着阳光和树影的涟漪之上,不也是这样轻轻地、轻轻地摇晃着的吗?失去了的和没有失去的童年和故乡,责备我么?欢迎我么?母亲的坟墓和正在走向坟墓的父亲!

方方的月亮在移动,消失,又重新诞生。惟一的小立窗里透进了光束,是落日的余晖还是站台的灯？为什么连另外三个方窗也遮严了呢？黑咕隆咚，好像紧接着下午便是深夜。门咣地一关，就和外界隔开了。那愈来愈响的声音是下起了冰雹吗？是铁锤砸在铁砧上？在黄土高原的乡下，到处还靠人打铁，我们祖国的胳膊有多么发达的肌肉！呵，当然，那只是车轮撞击铁轨的噪音，来自这一节铁轨与那一节铁轨之间的缝隙。目前不是正在流行一支轻柔的歌曲吗，叫作什么来着着——《泉水叮咚响》。如果火车也叮咚叮咚地响起来呢？广州人可真会生活，不像这西北高原上，人的脸上和房屋的窗玻璃上到处都蒙着一层厚厚的黄土。广州人的凉棚下面，垂挂着许许多多三角形的瓷板，它们伴随着清风，发出叮叮咚咚的清音，愉悦着心灵。美国的抽象派音乐却叫人发狂。真不知道基辛格听我们的杨子荣咏叹调时有什么样的感受。京剧锣鼓里有噪音，所有的噪音都是令人不快的吗？反正火车开动以后的铁轮声给人以鼓舞和希望。下一站，或者下一站的下一站，或者许多许多的下一站以后的下一站，你所寻找的生活就在那里，母亲或者孩子，友人或者妻子，温热的澡盆或者丰盛的饮食正在那里等待着你。都是回家过年的。过春节，我们的古老的民族的最美好的节日，谢天谢地，现在全国人民都可以快快乐乐地过年了。再不会用“革命化”的名义取消春节了。

还真有趣。在出国考察三个月回来之后，在北京的高级宾馆里住了一阵——总结啦，汇报啦，接见啦，报告啦……之后，岳之峰接到了八十多岁的刚刚摘掉地主帽子的父亲的信。他决定回一趟阔别二十多年的家乡。这是不是个错误呢？他怎么也没想到要坐两个小时零四十七分钟的闷罐子车呀。三个小时以前，他还坐在从北京开往 X 城的三叉戟客机的宽敞、舒适的座位上。两个月以前，他还坐在驶向汉堡的易北河客轮上。现在呢，他和那些风尘仆仆的、在黑暗中看不清面容的旅客们挤在一起，就像沙丁鱼挤在罐头盒子里。甚至于他辨别不出火车到底是在向哪个方向行走。眼前只有那月亮似的光斑在飞速移动，火车的行驶究竟是和光斑方向相同抑或相反呢？他这个工程物理学家竟为这个连小学生都答得上来的、根本算不上是几何光学的问题伤了半天脑筋。

他已经有二十多年没有回过家乡了。谁让他错投了胎？地主，地主！1956 年他回过一次家，一次就够用了——回家呆了四天，却检讨了 22 年！而伟人的一句话，也够人们学习贯彻一百年。使他惶惑的是，难道人生一世就是为了作检讨？难道他生在中华，就是为了作一辈子检讨的么？好在这一切都过去了。斯图加特的奔驰汽车工厂的装配线在不停地转动，车间洁净敞亮，没有多少噪音。西门子公司规模巨大，具有 130 年的历史。我们才刚刚起步。赶上，赶上！不管有多么艰难。哞，哞，哞，快点开，快点开，快开，快开，快，快，快，车轮的声音从低沉的三拍一小节变成两拍一小节，最后变成高亢的呼号了。闷罐子车也罢，正在快开。何况天上还有三叉戟？

尘土和纸烟的雾气中出现了旱烟叶发出的辣味，像是在给气管和肺作针灸。梅花针大概扎在肺叶上了。汗味就柔和得多了。方言的浓度在旱烟与汗味之间，既刺激，又亲切。还有南瓜的香味哩！谁在吃南瓜？X 城火车站前的广场上，没有见卖熟南瓜的呀。别的小吃和土特产倒是都有。花生、核桃、葵花籽、柿饼、醉枣、绿豆糕、山药、蕨麻……全有卖的。就像变戏法,举起一块红布,向左指上两指,这些东西就全没了,连火柴、电池、肥皂都跟着短缺。现在呢,一下子又都变了出来,也许伸手再抓两抓,还能抓出更多的财富。柿饼和枣朴质无华,却叫人甜到心里。岳之峰咬了一口上火车前买的柿饼,细细地咀嚼着儿时的甜香。辣味总是一下子就能尝到,甜味却埋得很深很深。要有耐心,要有善意,要有经验,要知觉灵敏。透过辛辣的烟草和热烘烘的汗味儿,岳之峰闻到了乡亲们携带的绿豆香。绿豆苗是可爱的,灰兔子也是可爱的,但是灰色的野兔常常要毁坏绿豆。为了追赶野兔,他和小柱子一口气跑了三里,跑得连树木带田垄都摇来摇去。在中秋的月夜,他亲眼见过一只银灰色的狐狸,走路悄无声意,像仙人,像梦。

车声小了,车声息了。人声大了,人声沸了。咣——哧,铁门打开了,女列车员—— 一个高个子,大骨架的姑娘正洒利地用家乡方言指挥下车和上车的乘客。"没有地方了,没有地方了。到别的车厢去吧。"已经在车上获得了自己的位置的人发出了这种无效的、也是自私的呼吁。上车的乘客正在拥上来,熙熙攘攘。到哪里都是熙熙攘攘。与我们的王府井相比,汉堡的街道上可以说是看不见人,而且市区的人口还在减少。岳之峰从飞机场来到X城火车站的时候吓了一跳——黑压压的人头,压迫得白雪不白,冬青也不绿了。难道是出了什么事情? 1946年学生运动,人们集合在车站广场,准备拦车去南京请愿,也没有这么多人!岳之峰上大学的时候在北平,有一次他去逛故宫博物院,刚刚下午四点就看不见人影了,阴森的大殿使他的后脊背冒凉气。他小跑着离开了故宫,上了拥挤的有轨电车才放心了一点。如果跑慢了,说不定珍妃会从井里钻出来把他拉下去哩!

但是现在,故宫南门和北门前买入场券的人排着长队。而且不是星期天。X城火车站前的人群令人晕眩。好像全中国有一半人要在春节前夕坐火车。到处都是团聚,相会,团圆饺子,团圆元宵,对于旧谊,对于别情,对于天伦之乐,对于故乡和童年的追寻。卖刚出屉的肉馅包子的,盖包子的白色棉褥子上净是油污。卖烧饼、锅盔、油条、大饼的。卖整盒整盒的点心的。卖面包和饼干的。X车站和X城饮食服务公司倾全力到车站前露天售货。为了买两个烧饼也要挤出一身汗。岳之峰出了多少汗啊!他混饱了(环境和物质条件的急骤改变已使他分辨不出饥和饱了)肚子,又买到了去家乡的短途客车的票。找给钱的时候使他一怔,写的是一块二,怎么只收了六角呢?莫非是自己没有报清站名?他想再问一问,但是排在他后面的人已经占据了售票窗口前的有利阵地,他挤不回去了。

他快快地看着手中的火车票。火车票上黑体铅字印的是1.20元,但是又用双虚线勾上了两个占满票面的大字:陆角。这使他百思不得其解,简直像是一种生物学上的密码。"这是怎么回事?为什么我买一块二角的票她却给了我六角钱的?"他自言自语。他问别人。没有人回答他。等待上车的人大多是一些忙碌得可以原谅的利己主义者。

各种信息在他的头脑里撞击。黑压压的人群。遮盖热气腾腾的肉包子的油污的棉被。候车室里张贴着的大字通告:关于春节期间增添新车次的情况和临时增添新车次的时刻表。男女厕所门前排着等待小便的人的长队。陆角的双钩虚线。大包袱和小包袱，大篮筐和小篮筐，大提兜小提兜……他得出了这最后一段行程会是艰难的结论。他有了思想准备。终于他从旅客们的闲谈中捉到了“闷罐子车”这个词儿，他恍然。人脑毕竟比电脑聪明得多。

上到列车的时候，他有点垂头丧气。在20世纪80年代的第一个春节即将来临之时，正在梦寐以求地渴望实现四个现代化的人们，却还要坐瓦特和史蒂文森时代的闷罐子车！事实如此。事实就像宇宙，就像地球，华山和黄河，水和土，氢和氧，钛和铀。既不像想像那样温柔，也不像想像那么冷酷。不是么，闷罐子车里坐满了人，而且还是一个两个，十个二十个地往人与人的缝隙，分子与分子，原子与原子的空隙之中嵌进。奇迹般地难以思议，已经坐满了人的车厢里又增加了那么多人。没有人叫苦。

有人叫苦了：“这个箱子不能压。”一个包着头巾的抱着孩子的妇女试探着能不能坐到一只箱子上。“您到这边来，您到这边来。”岳之峰连忙站起身，把自己的靠边的位置让了出来。坐在靠边的地方，身子就能倚在车壁上，这就是最优越的“雅座”了。那女人有点不好意思。但终于抱着小孩子挪动了过来。她要费好大的力气才能不踩着别人。“谢谢您！”妇女用流利的北京话说。她抬起头。岳之峰好像看到一幅炭笔素描，题目应该叫《微笑》。

叮铃叮铃声响了，铁门又咣地一声关上了，是更深沉的黑夜。车外的暮色也正在浓重起来嘛。大骨架的女列车员点起了一支白蜡，把蜡烛放到了一个方形的玻璃罩子里。为什么不点油灯呢？大概是怕煤油摇洒出来。偌大车厢，就靠这一盏蜡烛照亮。些微的亮光，照得乘客变成了一个又一个的影子。车身又摇晃了，对面车壁上的方形的光斑又在迅速移动了。离家乡又近一些了。摘了帽子，又见到了儿子，父亲该可以瞑目了吧？不论是他的罪恶或者忏悔，不论是他的眼泪还是感激，也不论是他的狰狞丑恶还是老实善良，这一切都快要随着他的消失而云消雾散了。老一辈人正在一个又一个地走向河的那边。咚咚咚，噔噔噔，嘭嘭嘭，是在过桥了吗？联结着过去和未来，中国和外国，城市和乡村，此岸和彼岸的桥啊！

靠得很近的蜡灯把黑白分明的光辉和阴影印制在女列车员的脸上。女列车员像是一尊全身的神像。“旅客同志们，春节期间，客运拥挤，我们的票车去支援长途……提高警惕……”她说得挺带劲，每吐出一个字就像拧紧了一个螺母。她有一种信心十足，指挥若定的气概，以小小的年纪，靠一支蜡烛的光亮，领导着一车的乌合之众。但是她的声音也淹没在轰轰轰，嗡嗡嗡，隆隆隆，不仅是七嘴八舌，而且是七十嘴八十舌的喧嚣里了。

自由市场。百货公司。香港电子石英表。豫剧片《卷席筒》。羊肉泡馍。醪糟蛋花。三接头皮鞋。三片瓦帽子。包产到组。收购大葱。中医治癌。差额选举。结婚筵席……在这些温暖的闲言碎语之中，岳之峰轮流把体重从左腿转移到右腿，再从右腿转移到左腿。幸好人有两条腿，要不然，无依无靠地站立在人和物的密集之中，可真不好受。立锥之地，岳之峰现在对于这句成语才有了形象的理解。莫非古代也有这种拥挤的、没有座位和灯光的旅行车辆吗?但他给一个女同志让了"座位"。不,没有座,只有位。想不到她讲一口北京话。这使岳之峰兴致似乎高了一些。"谢谢","对不起",在国外到处是这种礼貌的用语。虽然有一个装着坚硬的铁器的麻袋正在挤压他右腿的小腿肚子。而另一个席地而坐的人的脊背干脆靠到了他的酸麻难忍的左腿上。

简直是神奇。不仅在慕尼黑的剧院里观看演出的时候;而且在北京,在研究所、部里和宾馆里,在23平方米的住房和103和332路公共汽车上;他也想不到人们还要坐闷罐子车。这不是运货和运牲畜的车吗?倒霉!可又有什么倒霉的呢?咒骂是最容易不过的。咒骂闷罐子车比起制造新的美丽舒适的客运列车来,既省力又出风头。无所事事而又怨气冲天的人的口水,正在淹没着忍辱负重、埋头苦干的人的劳动。人们时而用高调,时而又用低调冲击着、替代着那些一件又一件、一天又一天、一年又一年的坚忍不拔的工作。

"给这种车坐,可真缺德!"

"你凑合着吧。过去,还没有铁路哩!"

"运兵都是用闷罐子车,要不,就暴露了。"

"要赶上拉肚子的就麻烦了,这种车上没有厕所。"

"并没有一个人拉到裤子里么。"

"有什么办法呢?每逢春节,有一亿多人要坐火车……"

黑暗中听到了这样一些交谈。岳之峰的心平静下来了。是的,这里曾经没有铁路,没有公路,连自行车走的路也没有。阔人骑毛驴,穷人靠两只脚。农民挑着一千五百个鸡蛋,从早晨天不亮出发,越过无数的丘陵和河谷,黄昏时候才能赶到X城。我亲爱的美丽而又贫瘠的土地!你也该富饶起来了吧?过往的记忆,已经像烟一样,雾一样地淡薄了,但总不会被彻底地忘却吧?历史,历史;现实,现实;理想,理想;哞——哞——咣气咣气……喀郎喀郎……沿着莱茵河的高速公路。山坡上的葡萄,暗绿色的河流,飞速旋转。

这不就是法兰克福的孩子们吗?男孩子和女孩子,黄眼睛和蓝眼睛,追逐着的,奔跑着的,跳跃着的,欢呼着的,喂食小鸟的,捧着鲜花的,吹响铜号的,扬起旗帜的。那欢乐的生命的声音,那友爱的动人的呐喊,那红的、粉的和白的玫瑰,那紫罗兰和蓝蓝的毋忘我。

不。那不是法兰克福。那是西北高原的故乡。一株巨大的白丁香把花开在了屋顶的灰色的瓦瓴上。如雪,如玉,如飞溅的浪花。摘下一条碧绿的柳叶,卷成一个小筒,仰望着蓝天白云,吹一声尖厉的哨子,惊得两个小小的黄鹂飞起。挎上小篮,跟着大姐姐,去采撷灰灰菜。去掷石块,去追逐野兔,去捡鹌鹑的斑斓的彩蛋。连每一条小狗,每一只小猫,每一头牛犊和驴狗都在嬉戏。连每一根小草都在跳舞。

不,那不是西北高原。那是解放前的北平。华北局城工部(它的部长是刘仁同志)所属的学委组织了平津学生大联欢。营火晚会。"太阳下山明朝依旧爬上来……我的青春小鸟一样不回来","山上的荒地是什么人来开?地上的鲜花是什么人来栽?"一支又一支的歌曲激荡着年轻人的心。最后,大家发出了使国民党特务胆寒的强音:'"团结就是力量……

让一切不民主的制度死亡!"信念和幸福永远不能分离。

不,那不是逝去了的,遥远的北平。那是解放了的,飘扬着五星红旗的首都。那是他青年时代的初恋,是第一次吹动他心扉的和煦的风。春节刚过,忽然,他觉察到了,风已经不那么冰冷,不那么严厉了。二月的风就带来了和暖的希望,带来了早春的消息。他跑到北海,冰还没有化哩。还没有什么游人哩。他摘下帽子,他解开上衣领下的第一个扣子。还是冬天吗?当然,还是冬天。然而是已经联结着春天的冬天,是冬与春的桥。有风为证,风已经不冷!风会愈来愈和煦,如醉,如酥……他欢迎着承受着别人仍然觉得凛冽、但是他已经为之雀跃的"春"风,小声叫着他悄悄地爱着的女孩子的名字。

那,那……那究竟是什么呢?是金鱼和田螺吗?是荸荠和草莓吗?是孵蛋的芦花鸡吗?是山泉,榆钱,返了青的麦苗和成双的燕子吗?他定了定神。那是春天,是生命,是青年时代。在我们的生活里,在我们每个人的心房里,在猎户星座和仙后星座里,在每一颗原子核,每一个质子、中子、介子里,不都包含着春天的力量,春天的声音吗?

他定了定神,揉了揉眼睛。分明是法兰克福的儿童在歌唱,当然,是德语。在欢快的童声合唱旁边,有一个顽强的、低哑的女声伴随着。

他再定了定神,再揉了揉眼睛,分明是在从X城到N地的闷罐子车上。在昏暗和喧嚣当中,他听到了德语的童声合唱,和低哑的、不熟练的、相当吃力的女声伴唱。

什么?一台录音机。在这个地方听起了录音。一支歌以后又是一支歌,然后是一个成人的歌。三支歌放完了。是叭啦叭啦的揿动键钮的声音,然后三支歌重新开始。顽强的、低哑的、不熟练的女声也重新开始。这声音盖过了一切喧嚣。

火车悠长的鸣笛。对面车壁上的移动着的方形光斑减慢了速度,加大了亮度。在昏暗中变成了一个个的影子的乘客们逐渐显出了立体化的形状和轮廓。车身一个大晃又一个大晃。大概是通过了岔道。又到站了。咣——哧,铁门打开了,站台的聚光灯的强光照进了车厢。岳之峰看清楚了,录音机就放在那个抱小孩的妇女的膝头。开始下人和上人。录音机接受了女主人的指冷,"叭"地一声,不唱了。

"这是……什么牌子的?"岳之峰问。

"三洋牌。这里人们开玩笑地叫它作'小山羊'"。妇女抬起头来,大大方方地回答。岳之峰仿佛看到了她的经历过风霜的,却仍然是年轻而又清秀的脸。

"从北京买的么?"岳之峰又问,不知为什么这么有兴趣。本来,他并不是一个饶舌的人。

"不,就从这里。"

这里?不知是指X城还是火车正在驶向的某一个更小的县镇。他盯着"三洋"商标。"你在学外国歌吗?"岳之峰又问。

妇女不好意思地笑了,"不,我在学外国语。"她的笑容既谦逊,又高贵。

"德语吗?"

“噢,是的。我还没学好。”

“这都是些什么歌儿呀?”一个坐在岳之峰脚下的青年问。岳之峰的连续提问吸引了更多的人。

“它们是……《小鸟,你回来了》,《五月的轮转舞》和《第一株烟草花》,”女同志说:“欣梅尔——天空,福格尔——鸟儿,布鲁米——花朵……”她低声自语。他们的话没有再继续下去。车厢里充满了照旧是“别挤!”“这个箱子不能坐!”“别踩着孩子”“这边没有地方了!”……之类的喊叫。

“大家注意啦!”一个穿着民警服装的人上了车,手里拿着半导体扬声喇叭,一边喘着气一边宣布道:“刚才,前一节车厢里上去了两个坏蛋,浑水摸鱼,流氓扒窃。有少数坏痞,专门到闷罐子车上偷东西。那两个坏蛋我们已经抓住了。希望各位旅客提高警惕,密切配合,向刑事犯罪分子做坚决的斗争。大家听清楚了没有?”

“听清楚了!”车上的乘客像小学生一样地齐声回答。

乘务警察满意地、匆匆地跳了下去,手提扩音喇叭,大概又到别的车厢做宣传去了。

岳之峰不由得也摸了摸自己携带的两个旅行包,摸了摸上衣的四个和裤子的三个口袋。一切都健在无恙。

车开了。经过了短暂的混乱之后,人们又已经各得其所,各就其位。各人说着各人的闲话,各人打着各人的瞌睡,各人嗑着各人的瓜子,各人抽着各人的烟。“小山羊”又响起来了,仍然是《小鸟,你回来了》,《五月的轮转舞》和《第一株烟草花》。她仍然在学着德语,仍然低声地歌唱着欣梅尔——天空,福格尔——鸟儿,和布鲁米——花朵。

她是谁?她年轻吗?抱着的是她的孩子吗?她在哪里工作?她是搞科学技术的吗?是夜大学的新学员吗?是“老三届”的毕业生吗?她为什么学德语学得这样起劲?她在追赶那失去了的时间吗?她做到了一分钟也不耽搁了吗?她有机会见到德国朋友或者到德国去或者已经到德国去过了吗?她是北京人还是本地人呢?她常常坐火车吗?有许多个问题想问啊。

“您听音乐吧。”她说。好像是在对他说。是的,三支歌曲以后,她没有揿键纽。在《第一株烟草花》后面,是约翰·施特劳斯的《春之声圆舞曲》,闷罐子车正随着这春天的旋律而轻轻地摇摆着,熏熏地陶醉着,袅袅地前行着。

车到了岳之峰的家乡。小站,停车一分钟。响过了到站的铃,又立刻响起了发车的铃。岳之峰提着两个旅行包下了车。小站没有站台;闷罐子车又没有阶梯。每节车厢放着一个普通木梯,临时支上。岳之峰从这个简陋的木梯上终于下得地来,他长出了一口气。他向那位女同志道了再见。那位女同志也回答了他的再见。他有点依依不舍。他刚下车,还没等着验票出站,列车就开动了。他看到闷罐子车的破烂寒碜的外表:有的地方已经掉了漆,灯光下显得白一块、花一块的。但是,下车以后他才注意到,火车头是蛮好的,火车头是崭新的、清洁的、轻便的内燃机车。内燃机车绿而显蓝,瓦特时代毕竟没有内燃机车。内燃机车拖着一长列闷罐子车向前奔驶。天上升起了月亮。车站四周是薄薄的一层白雪。天与雪都泛着连成一片的青光。可以看到远处墓地上的黑黑的、永远长不大的松树。有一点风。他走在了坑坑洼洼的故乡土地上。他转过头,想再多看一眼那一节装有小鸟、五月、烟草花和约翰·施特劳斯的神妙的春之声临时代用的闷罐子车。他好像从来没有听过这么动人的歌。他觉得如今每个角落的生活都在出现转机,都是有趣的,有希望的和永远不应该忘怀的。春天的旋律,生活的密码,这是非常珍贵的。

【内容提要】

《春之声》是一篇具有象征意义的小说。是王蒙在20世纪80年代初用现代主义的艺术手法而创作出的成功作品。作品写的是一个工程物理学家岳之峰在80年代第一春乘坐闷罐子车回乡探亲的所见、所闻、所感。

【中心观点】

王蒙是一个对祖国充满爱的作家,他真诚希望祖国繁荣富强。在改革开放之初,他既对此满怀激情,又相信未来。在这篇作品里,王蒙由衷地赞美了处于改革开放年代的中国社会生活中随处可见的伟大的转机。《春之声》这个标题都是充满赞美和坚定的期待的。

【写作特点】

《春之声》使用的是意识流小说中比较典型的放射性结构,打破了中国传统小说的常规。这种结构的好处是人物的思绪在广袤的时空中大幅度地跳跃,显得异常自如灵活。作品调动感觉、联想、议论、象征等艺术手段,记录了主人公的意识活动、内心独白和自由联想。这样作品就突破了时间、空间的限制,用放射性的线条,把笔触伸向过去和现在、外国和中国、城市和乡村,使小说在短短的篇幅中纳入了丰富的内涵。

王蒙放弃了使语言完美、对称和整齐,而追求语言的多样化和陌生化,这是为了显示意识活动的特征。于是作品中的语言单位之间常常出现大幅度跳跃、甚至断裂和悖反。如作品中就用了这样的语句:“自由市场。百货公司。香港电子石英表。豫剧片《卷席筒》。羊肉泡馍。醪糟蛋花……”这样的词组一口气列出了12个,制造出了特殊的艺术效果,真切地体现了人物在改革开放的年代体会到的诸多变化,而且这种变化是何等迅速!这种表达方式成功地模拟了人物意识的特征。作者还运用了对口词、独语句、梦幻等多种独特的语言表达方式,使小说有了全新的艺术空间。

【思考与练习】

1.《春之声》中表现的改革开放年代的中国社会生活是怎样的?

2.思考《春之声》的语言特色并谈谈王蒙对小说艺术的新探索。

【拓展阅读书目或文章名】

1.王蒙短篇小说《组织部来了个年轻人》

2.王蒙长篇小说《青春万岁》《活动变人形》《季节三部曲》

十八岁出门远行

余 华

【作者介绍】

余华(1960—)祖籍山东高唐。生于浙江杭州,长于海盐。海盐是杭州湾里的一座小城。这小城里的小胡同宛如密林中的幽深小径,还有石板铺成的小街,用脚踩上去有晃晃悠悠的感觉,还有一条从余华家窗下流淌过去而使余华讨厌的肮脏阴沉的河。余华的父母都是医生。1973 年余华小学毕业,1977 年高中毕业后在家里待业。1978 年开始当了 5 年牙科医生。其间,开始学习写作。处女作《星星》发表在 1984 年《北京文艺》第一期。后就读于鲁迅文学院、北京师范大学联合招收的研究生班。现定居北京,从事专业创作。主要作品有中短篇小说《十八岁出门远行》《四月三日事件》《一九八六年》《河边的错误》《现实一种》《鲜血梅花》《在劫难逃》《世事如烟》《古典爱情》等,长篇小说《在细雨中呼喊》《或者》《许三观买血记》等。余华是"先锋派"的代表作家,早年的小说带有很强的实验性,以极其冷酷的笔调揭示人性丑陋阴暗的角落,罪恶、暴力、死亡是其执着表现的对象,处处透着怪异奇特的气息,又有非凡的想象力,客观的叙述语言和跌宕恐怖的情节形成鲜明的对比,对生存的异化状况有着特殊的敏感,给人以震撼。到了 20 世纪 90 年代以后,余华的创作开始出现变化,特别是他的《活着》《许三观卖血记》等作品,以逼近生活的真实、平实的民间姿态,呈现出一种淡泊而又坚毅的艺术风格,提供了历史的另一种叙述方法。死亡仍是其一大主题,极端化的处理仍时隐时现。

【正文】

柏油马路起伏不止,马路像是贴在海浪上。我走在这条山区公路上,我像一条船。这年我十八岁,我下巴上那几根黄色的胡须迎风飘飘,那是第一批来这里定居的胡须,所以我格外珍重它们,我在这条路上走了整整一天,已经看了很多山和很多云。所有的山所有的云,都让我联想起了熟悉的人。我就朝着它们呼唤他们的绰号,所以尽管走了一天,可我一点也不累。我就这样从早晨里穿过,现在走进了下午的尾声,而且还看到了黄昏的头发。但是我还没走进一家旅店。

我在路上遇到不少人,可他们都不知道前面是何处,前面是否有旅店。他们都这样告诉我:“你走过去看吧。”我觉得他们说的太好了,我确实是在走过去看。可是我还没走进一家旅店。我觉得自己应该为旅店操心。

我奇怪自己走了一天竟只遇到一次汽车。那时是中午,那时我刚刚想搭车,但那时仅仅只是想搭车,那时我还没为旅店操心,那时我只是觉得搭一下车非常了不起。我站在路旁朝那辆汽车挥手,我努力挥得很潇洒。可那个司机看也没看我,汽车和司机一样,也是看也没看,在我眼前一闪就他妈的过去了。我就在汽车后面拚命地追了一阵,我这样做只是为了高兴,因为那时我还没有为旅店操心。我一直追到汽车消失之后,然后我对着自己哈哈大笑,但是我马上发现笑得太厉害会影响呼吸,于是我立刻不笑。接着我就兴致勃勃地继续走路,但心里却开始后悔起来,后悔刚才没在潇洒地挥着手里放一块大石子。

现在我真想搭车,因为黄昏就要来了,可旅店还在它妈肚子里,但是整个下午竟没再看到一辆汽车。要是现在再拦车,我想我准能拦住。我会躺到公路中央去,我敢肯定所有的汽车都会在我耳边来个急刹车。然而现在连汽车的马达声都听不到。现在我只能走过去看了,这话不错,“走过去看。”

公路高低起伏,那高处总在诱惑我,诱惑我没命奔上去看旅店,可每次都只看到另一个高处,中间是一个叫人沮丧的弧度。尽管这样我还是一次一次地往高处奔,次次都是没命地奔。眼下我又往高处奔去。这一次我看到了,看到的不是旅店而是汽车。汽车是朝我这个方向停着的,停在公路的低处。我看到那个司机高高翘起的屁股,屁股上有晚霞。司机的脑袋我看不见,他的脑袋正塞在车头里。那车头的盖子斜斜翘起,像是翻起的嘴唇。车箱里高高堆着箩筐,我想着箩筐里装的肯定是水果。当然最好是香蕉。我想他的驾驶室里应该也有,那么我一坐进去就可以拿起来吃了,虽然汽车将要朝我走来的方向开去,但我已经不在乎方向。我现在需要旅店,旅店没有就需要汽车,汽车就在眼前。

我兴致勃勃地跑了过去,向司机打招呼:“老乡,你好。”

司机好像没有听到,仍在弄着什么。

“老乡,抽烟。”

这时他才使了使劲,将头从里面拔出来,并伸过来一只黑乎乎的手,夹住我递过去的烟。我赶紧给他点火。他将烟叼在嘴上吸了几口后,又把头塞了进去。

于是我心安理得了,他只要接过我的烟,他就得让我坐他的车。我就绕着汽车转悠起来,转悠是为了侦察箩筐的内容。可是我看不清,便去使用鼻子闻,闻到了苹果味,苹果也不错,我这样想。

不一会他修好了车,就盖上车盖跳了下来。我赶紧走上去说:“老乡,我想搭车。”不料他用黑乎乎的手推了我一把,粗暴地说:“滚开。”

我气得无话可说,他却慢悠悠地打开车门钻了进去,然后发动机响了起来。我知道要是错过这次机会,将不再有机会。我知道现在应该豁出去了。于是我跑到另一侧,也拉开车门钻了进去。我准备与他在驾驶室里大打一场。我进去时首先是冲着他吼了一声:“你嘴里还叼着我的烟。”这时汽车已经活动了。

然而他却笑嘻嘻地十分友好地看起我来，这让我大惑不解。他问：“你上哪？”

我说：“随便上哪。”

他又亲切地问：“想吃苹果吗？”他仍然看着我。

“那还用问。”

“到后面去拿吧。”

他把汽车开得那么快，我敢爬出驾驶室爬到后面去吗？于是我就说：“算了吧。”

他说：“去拿吧。”他的眼睛还在看着我。

我说：“别看了，我脸上没公路。”

他这才扭过头去看公路了。

汽车朝我来时的方向驰着，我舒服地坐在座椅上，看着窗外，和司机聊着天。现在我和他已经成为朋友了。我已经知道他是在个体贩运。这汽车是他自己的，苹果也是他的。我还听到了他口袋里面钱儿叮当响。我问他：“你到什么地方去？”

他说：“开过去看吧。”

这话简直像是我兄弟说的，这话可多亲切。我觉得自己与他更亲近了。车窗外的一切应该是我熟悉的，那些山那些云都让我联想起来了另一帮熟悉人来了，于是我又叫唤起另一批绰号来了。

现在我根本不在乎什么旅店，这汽车这司机这座椅让我心安而理得。我不知道汽车要到什么地方去，他也不知道。反正前面是什么地方对我们来说无关紧要，我们只要汽车在驰着，那就驰过去看吧。

可是这汽车抛锚了，那个时候我们已经是好得不能再好的朋友了。我把手搭在他肩上，他把手搭在我肩上。他正在把他的恋爱说给我听，正要说第一次拥抱女性的感觉时，这汽车抛锚了。汽车是在上坡时抛锚的，那个时候汽车突然不叫唤了，像死猪那样突然不动了。于是他又爬到车头上去了，又把那上嘴唇翻了起来，脑袋又塞了进去。我坐在驾驶室里，我知道他的屁股此刻肯定又高高翘起，但上嘴唇挡住了我的视线，我看不到他的屁股，可我听得到他修车的声音。

过了一会他把脑袋拔了出来，把车盖盖上。他那时的手更黑了，他把脏手在衣服上擦了又擦，然后跳到地上走了过来。

“修好了？”我问。

“完了，没法修了。”他说。

我想完了，“那怎么办呢”我问。

“等着瞧吧。”他漫不经心地说。

我仍在汽车里坐着，不知该怎么办。眼下我又想起什么旅店来了。那个时候太阳要落山了，晚霞则像蒸气似地在升腾。旅店就这样重又来到了我脑中，并且逐渐膨胀，不一会便把我的脑袋塞满了。那时铁脑袋没有了,脑袋的地方长出了一个旅店。

司机这时在公路中央做起了广播操,他从第一节做到最后一节,做得很认真。做完又绕着汽车小跑起来。司机也许是在驾驶室里呆得太久,现在他需要锻炼身体了。看着他在外面活动,我在里面也坐不住,于是,打开车门也跳了下去。但我没做广播操也没小跑。我在想着旅店和旅店。

这个时候我看到坡上有五个骑着自行车的人下来,每辆自行车后座上都用一根扁担绑着两只很大的箩筐,我想他们大概是附近的农民,大概是卖菜回来。看到有人下来,我心里十分高兴,便迎上去喊道:“老乡,你们好。”

那五个骑到我跟前时跳下了车,我很高兴地迎了上去,问:“附近有旅店吗?”

他们没有回答,而是问我:“车上装的是什么?”

我说:“是苹果。”

他们五人推着自行车走到汽车旁,有两个人爬到了汽车上,接着就翻下来十筐苹果,下面三个人把筐盖掀开往他们自己的筐里倒。我一时间还不知道发生了什么,那情景让我目瞪口呆。我明白过来就冲了上去,责问:“你们要干什么?”

他们谁也没理睬我,继续倒苹果。我上去抓住其中一个人的手喊道:“有人抢苹果啦!”这时有一只拳头朝我鼻子上狠狠地揍来了,我被打出几米远。爬起来用手一摸,鼻子软塌塌地不是贴着而是挂在脸上了,鲜血像是伤心的眼泪一样流。可当我看清打铁那个身强力壮的大汉时,他们五人已经跨上自行车骑走了。

司机此刻正在慢慢地散步,嘴唇翻着大口喘气,他刚才大概跑累了。他好像一点也不知道刚才的事。我朝他喊:“你的苹果被抢走了!”可他根本没注意我在喊什么,仍在慢慢地散步。我真想上去揍他一拳,也让他的鼻子挂起来。我跑过去对着他的耳朵大喊:“你的苹果被抢走了。”他这才转身看了我起来,我发现他的表情越来越高兴,我发现他是在看我的鼻子。

这时候,坡上又有很多人骑着自行车下来了,每辆车后都有两只大筐,骑车的人里面有一些孩子。他们蜂拥而来,又立刻将汽车包围。好些人跳到汽车上面,于是装苹果的箩筐纷纷而下,苹果从一些摔破的筐中像我的鼻血一样流了出来。他们都发疯般往自己筐中装苹果。才一瞬间工夫,车上的苹果全到了地下。那时有几辆手扶拖拉机从坡上隆隆而下,拖拉机也停在汽车旁,跳下一帮大汉开始往拖拉机上装苹果,那些空了的箩筐一只一只被扔了出去。那时的苹果已经满地滚了,所有人都像蛤蟆似地蹲着捡苹果。

我是在这个时候奋不顾身扑上去的,我大声骂着:“强盗!”扑了上去。于是有无数拳脚前来迎接,我全身每个地方几乎同时挨了揍。我支撑着从地上爬起来时,几个孩子朝我击来苹果。苹果撞在脑袋上碎了,但脑袋没碎。我正要扑过去揍那些孩子,有一只脚狠狠地踢在我腰部。我想叫唤一声,可嘴巴一张却没有声音。我跌坐在地上,我再也爬不起来了,只能看着他们乱抢苹果。我开始用眼睛去寻找那司机,这家伙此刻正站在远处朝我哈哈大笑,我便知道现在自己的模样一定比刚才的鼻子更精彩了。

那个时候我连愤怒的力气都没有了。我只能用眼睛看着这些使我愤怒极顶的一切。我最愤怒的是那个司机。

坡上又下来了一些手扶拖拉机和自行车,他们也投入到这场浩劫中去。我看到地上的苹果越来越少,看着一些人离去和一些人来到。来迟的人开始在汽车上动手,我看着他们将车窗玻璃卸了下来,将轮胎卸了下来,又将木板橇了下来。轮胎被卸去后的汽车显得特别垂头丧气,它趴在地上。一些孩子则去捡那些刚才被扔出去的箩筐。我看着地上越来越干净,人也越来越少。可我那时只能看着了,因为我连愤怒的力气都没有了。我坐在地上爬不起来,我只能让目光走来走去。

现在四周空荡荡了,只有一辆手扶拖拉机还停在趴着的汽车旁。有几个人在汽车旁东瞧西望,是在看看还有什么东西可以拿走。看了一阵后才一个一个爬到拖拉机上,于是拖拉机开动了。

这时我看到那个司机也跳到拖拉机上去了,他在车斗里坐下来后还在朝我哈哈大笑。我看到他手里抱着的是我那个红色的背包。他把我的背包抢走了。背包里有我的衣服和我的钱,还有食品和书。可他把我的背包抢走了。

我看着拖拉机爬上了坡,然后就消失了,但仍能听到它的声音,可不一会连声音都没有了。四周一下了寂静下来,天也开始黑下来。我仍在地上坐着,我这时又饥又冷,可我现在什么都没有了。

我在那里坐了很久,然后才慢慢爬起来,我爬起来时很艰难,因为每动一下全身就剧烈地疼痛,但我还是爬了起来。我一拐一拐地走到汽车旁边。那汽车的模样真是惨极了,它遍体鳞伤地趴在那里,我知道自己也是遍体鳞伤了。

天色完全黑了,四周什么都没有,只有遍体鳞伤的汽车和遍体鳞伤的我。我无限悲伤地看着汽车,汽车也无限悲伤地看着我。我伸出手去抚摸了它。它浑身冰凉。那时候开始起风了,风很大,山上树叶摇动时的声音像是海涛的声音,这声音使我恐惧,使我也像汽车一样浑身冰凉。

我打开车门钻了进去,座椅没被他们撬去,这让我心里稍稍有了安慰。我就在驾驶室里躺了下来。我闻到了一股漏出来的汽油味,那气味像是我身内流出的血液的气味。外面风越来越大,但我躺在座椅上开始感到暖和一点了。我感到这汽车虽然遍体鳞伤,可它心窝还是健全的,还是暖和的。我知道自己的心窝也是暖和的。我一直在寻找旅店,没想到旅店你竟在这里。

我躺在汽车的心窝里,想起了那么一个晴朗温和的中午,那时的阳光非常美丽。我记得自己在外面高高兴兴地玩了半天,然后我回家了,在窗外看到父亲正在屋内整理一个红色的背包,我扑在窗口问:"爸爸,你要出门?"

父亲转过身来温和地说:"不,是让你出门。"

“让我出门？”

“是的，你已经十八了，你应该去认识一下外面的世界了。”

后来我就背起了那个漂亮的红背包，父亲在我脑后拍了一下，就像在马屁股上拍了一下。于是我欢快地冲出了家门，像一匹兴高采烈的马一样欢快地奔跑了起来。

一九八六年十一月十六日北京

（选自《北京文学》1987年第1期）

【内容提要】

小说写了一位年满十八岁的小伙子初次单独出门闯世界的经历，看上去像是一部“成长小说”的序曲。十八岁意味着长大成人，可以单独面对世界了，意味着个人对世界的责任、义务和权利。一个十八岁的小伙子，想“去认识一下外面的世界”，这的确是件好事情，而且是必要的。事实上，主人公“我”也正是这么认为的。这可以看成是“我”的一次成人仪式。于是，“我”“像一匹兴高采烈的马一样欢快地”朝着未知的世界出发了，但这并不是一次愉快的旅程。“柏油马路起伏不止，马路像是贴在海浪上。我走在这条山区公路上，我像一条船。这年我十八岁，我下巴上那几根黄色的胡须迎风飘飘，那是第一批来这里定居的胡须，所以我格外珍重它们。我在这条路上走了一整天，已经看了很多山和很多云。所有的山和所有的云，都让我联想起了熟悉的人。我就朝着他们呼唤他们的绰号……”，“我”模仿着成人，与外面的世界打交道，与卡车司机搭讪、递烟，得到的却是冷漠地拒绝。遭受冷遇只是厄运的开始，外面的世界在年轻的“我”看来是那样的难以理喻，不合逻辑，“我”试图亲近外面的世界，得到的却是暴力的回报。现实在“我”面前展示了一个无法理喻的怪异的世界：运苹果的卡车司机伙同他人抢劫了自己的货物，又与同伙们一起扬长而去；“我”因为保护苹果被打得遍体鳞伤，最后只好与同样被抢劫得遍体鳞伤的汽车在一起，在机器的世界里（那辆被折毁的汽车驾驶室里）找到了抚慰。暴力是荒诞世界奉献给“我”的“成人仪式”的第一份礼物，也是“我”初历人生的第一份宝贵经验。

【中心观点】

小说通过刚刚年满18岁的“我”第一次出门远行的经历，讲述了“我”在一天中的经历（走路、搭车、被抢、自己在车里过夜等等），但是作者并不是要讲述一个关于“我”的经历的故事，而是通过故事为载体，表达了“我”对外部世界的认识和感觉，从而表现出作家超人的叙事才能。

尽管《十八岁出门远行》不是余华的第一篇小说，但是仍有很多人愿意把它看成是余华的处女作，认为它“是余华的小说精神的秘密和诞生地”。这篇作品一发表，马上引起了批评界的关注，因为在它的现实主义的白描背后所透露出的荒诞使其表现出了独特的先锋性的光芒。

【写作特点】

首先是对荒诞世界的真实表现。尽管先锋实验小说作家声称,写什么并不重要,最重要的是怎么写。小说自始至终充满了种种不确定的、令人难以捉摸的情境:“我”被父亲要求出门远行,走了一天,才想起搭车,却一直没有车经过;汽车突然的出现,后来又突然的抛锚;老乡涌上来抢苹果,“我”为保护苹果被打得满脸是血,而司机不仅对发生的一切视若不见,还对着“我”快意地大笑不止。整个过程犹如发生在梦境里一般,充满了怪诞和不可思议。小说的高明之处在于,它所描述的一切都是逻辑的,但又准确无误。它用多种可能性瓦解了故事本身的意义,让人感受到一种由悖论的逻辑关系与清晰准确的动作构成的统一所产生的梦一样的荒诞世界。而作家正是通过“我”的第一次出门远行的离奇遭遇,表达了对世界的看法:陌生、荒诞、无法理解,无从把握,从而流露出一种人生漂泊的悲观情绪。

其次是独特的叙述方式和语言表达。传统的阅读习惯,总是让人将过多的精力放在作品的所指上,或者说,放在作品所写的内容上,而不重视对表达过程的考察。这篇小说则将我们的注意力从传统小说的故事中分离,长久地停留于作品独特的叙述和精妙的语言表达上。让人们从其小说独特的叙述中,领略到作家对世界的独特感受和通过叙述所表现的语言的巨大张力。例如,在作品中余华写道:“我走在这条山区公路上,我像一条船”“我下巴上那几根黄色的胡须迎风飘飘,那是第一批来这里定居的胡须”“我就这样从早晨里穿过,现在走进了下午的尾声,而且还看到了黄昏的头发”“爬起来用手一摸,鼻子软塌塌地不是贴着而是挂在脸上,鲜血像是伤心的眼泪一样流”等等。从这样的句子,这样的行文中,人们感到了一种新奇的力量,感到作家诗人般的想像力和灵感,使人们在阅读时,将注意力长久地放在这些充满灵感的语句上,并加以细细的品味和认真的揣摩。这时,文本的内容反而显得并不重要了。

应当指出,在余华的小说里,还可以较明显地看到卡夫卡、川端康成等外国作家的影响和印迹。

【思考与练习】

1. 在作品中,余华通过“我”的出门远行的经历说明了什么?

2. 余华小说与传统小说有什么区别?其主要特色是什么?

【拓展阅读书目或文章名】

1. 余华《兄弟》

2. 陆梅《文学家的星空》《中国当代作家地图》

空巢

冰心

【作者介绍】

冰心(1900年10月5日—1999年2月28日),原名谢婉莹,福建长乐人。冰心为笔名,取"一片冰心在玉壶"为意。她去世时享年99岁,被称为"世纪老人",是我国现代著名诗人、作家、翻译家、儿童文学家。曾任中国民主促进会中央名誉主席,中国文联副主席,中国作家协会名誉主席、顾问,中国翻译工作者协会名誉理事等职。

代表作有诗集《繁星》《春水》,散文小说集《超人民往事》和通讯集《寄小读者》等。"五四"时期开始写小说、诗歌,影响很大。她的主要作品都收集于《冰心文集》里。许多作品被译成英、法、日、俄等多种文字,赢得很高的国际声誉。冰心早期作品的三大主题是"爱母亲、爱儿童、爱自然",是冰心所坚持和提倡的"爱的哲学"。写于解放后(1957年)的《小橘灯》一文,既承继了早期作品的特点,又表现了冰心对旧中国的控诉,对新中国的热爱之情,曾多次被收录在不同的语文教材中。

冰心对文学的热爱,对创作的坚持,哪怕在她年过80,脑溢血后骨折,遭受如此大的病痛折磨时,都未曾减退与停歇。她坚信"生命从八十岁开始",陆续创作《万般皆上品》《远来的和尚》等佳作。散文方面,除《三寄小读者》外,连续创作了四组系列文章,即《想到就写》《我的自传》《关于男人》《伏枥杂记》。其数量之多,内容之丰富,创作风格之独特,都使得她的文学成就达到一个新的境界。年近九旬时发表的《我请求》《我感谢》《给一个读者的信》,都是用正直、坦诚、热切的拳拳之心,说出真实的话语,显示了她对祖国、对人民深沉的爱。她还身体力行,先后为家乡的小学、全国的希望工程、中国农村妇女教育与发展基金和安徽等灾区人民捐出稿费十余万元。她热烈响应巴金建立中国现代文学馆的倡议,捐出自己珍藏的大量书籍、手稿、字画,带头成立了"冰心文库"。本文《空巢》就是她晚年代表作之一,当年曾获全国优秀短篇小说奖。

冰心作为民间的外交使者,经常出访,足迹遍布全球,把中国的文学、文化和中国人民的友好情谊带到世界各个角落。她为国家的统一和增进与世界各国人民的友好往来,做出了卓越贡献。她是我国爱国知识分子的光辉典范。

【正文】

老梁左手叉在腰上，右手扶着书架，正佝偻着在看架上排列的书呢。我默默地望着他的肩部隆起的背影，慨叹地想：他老了，我们都老了，一晃就是三十多年啊！他是我在大学时代的同屋同级生，他学的是历史，我学的是文学。我们很合得来，又都喜欢交朋友，因此我们这个屋子是这座宿舍楼中最热闹的一间。毕业后，我们又都得到了奖学金到美国去留学，虽然我在中部，他在西部，我们却是书信不断，假期里也总要跑到一起去。得了博士学位以后，我们又同时回国，不过他的成绩比我好——带回了一位在美国生长、很能干很漂亮的夫人美博。我是回国以后才和一个那时正当着中学教师的同学华平结了婚。我和老梁又同在一个大学里教课，住处又很近，两位夫人也很合得来，因此，我们两家同年生的儿女，就是两位夫人以自己的名字替彼此的孩子起的。我的女儿叫陈美，他的儿子就叫梁平。

解放前夕，有一位老教授，半夜里来把我们叫到一起，动员我们乘明天"抢救教授"的飞机离开这危险的故都。本来已是惊惶失措的美博，就怂恿老梁接受这个邀请，匆匆忙忙地连夜收拾了简单的行装，带着儿子走了。华平却很镇静地说，"怕什么？我们到底是中国人，共产党到底比国民党强，我死也要死在中国的土地上！"我们留了下来，从此，我们和老梁一家就分手了。

甬道那一边的厨房里，不时送来一阵炒菜的声音和扑鼻的香味，妻和女儿正在厨房里忙着呢。老梁抽出一本《白香山诗集》来，放在桌上，回头笑对我说："好香！在美国的我家里，就永远闻不到这种香味。"

他在对面的椅上坐下了。我看他不但背驼得厉害，眼泡也有点浮肿了。我说："你难道就不做中国饭吃？"他说："美博死后，我自己很少做饭，麻烦得很，一个人吃也没有意思。"我说："那么，梁平和他媳妇就不回来了吗？"

他笑了笑："咳，他媳妇是美籍意大利人，不像咱们中国人那样，来了就炒菜做饭——这，你也知道——我还得做给他们吃呢！"

这时我的外孙女小文放学回来了，她跑了进来，看见屋里有客人，就轻轻地放下书包，很腼腆地走到我身边。我把她推到老梁跟前，让她叫"梁爷爷"，她用很低的声音叫了一声，就又要回到我这边来。老梁却把她拉了过去，从头到脚看了看，笑说："你长的真像你妈！我走的时候，你妈也就像你这么大。你爸爸呢？"小文说："我爸爸今晚上在机关里值班……"老梁仿佛没有听见，却站起来说，"我差点忘了，这里有一点点我送给你们的东西……"说着就打开他带来的一只鼓鼓的黑提包，掏出一罐浓缩咖啡，一条骆驼牌烟和一个手掌大的计算机。他一面把这些东西放在桌子上，一面对我说："这罐咖啡是送给你们一家的；这条烟是送给你的，还是你爱抽的老牌子；这个计算机是送给小美子的……"他把计算机递给了小文说，"我不知道有你，没给你带礼物来，下次再说吧。这计算机你也可以玩，可别带到数学班上去，听见没有？"小文高兴地说了声谢谢，拿着计算机就跑到厨房里去了。女儿从厨房里出来，一面撩起围裙擦着手，一面笑说："谢谢您，梁伯伯，这计算机我正用得着。您又送给爸爸烟了？我们好容易才逼着他把烟戒掉了。他那几年在干校抽得厉害，下面屋里没火，他又常犯气管炎……"

妻在厨房里叫："小美子，你又跑了，看看饭锅里要不要加水！"女儿笑说："来了，来了，"回头要走。老梁吸了一口气，说，"提起干校来，你那几年日子不好过吧?66年夏天，我不是回国来了吗？那天正在你们传达室里打听你的住处，正巧遇见你们一帮教授从'四清'回来，刚到校门口，就有一群带着红袖章的学生，围上前来，把你们拉下卡车来，戴上高帽，涂上黑脸，架着往广场上走，吓得我赶紧跑了。那一年回来，什么人我都没见着，就回到美国去，把你的情况对美博讲了，她难受得哭了一夜……"

这时，还站在门口的女儿，又笑着进来说，"梁伯伯，您不是很会做菜吗？快来给我们当个参谋吧。"老梁也笑着起来，跟在她后面走了。……老梁看到我涂黑脸的那一天，只是十年浩劫的开始！从那以后就是抄家、搜书、住牛棚、写检查……

我慢慢地站了起来，下意识地拆开了桌上那条长方形的纸包，拿出一包骆驼烟来，抽出一根烟，找出一盒火柴，划了一下——我的眼前忽然冒出一阵火光，火焰下是一大堆烧着了的卡片……那是我二三十年来，读万卷书，行万里路，用了几十万个小时搜集起来的资料呵……我点燃了烟，猛吸了几口，我又下意识地用手挥拂着眼前的浓烟，似乎要赶掉眼前的幻象。

小文忽然跑了进来，把我手里的烟夺了过去，在烟碟上按灭了，撅着嘴说，"你又偷偷抽烟了！妈妈和姥姥在厨房里都闻见烟味了，叫我来管你！"我笑着拧着她的嘴巴说，"这倒好，你们回来，倒多了几个管我的人了。"她拍地一下把我的手打下去，也笑着说，"本来嘛，妈妈说组织上把我们从西南调回来，就是要我们照顾你，不，就是要管你的！"老梁进来了，问，"你们闹什么呢？来，小文，你给我念念这首诗。"说着他把翻开的《白香山诗集》递到小文手里。

小文羞怯地看了我们一眼，一字一字地念下去："翩翩雄与雌　衔泥两椽间　一巢生四儿"。念到这里，她抬起头问老梁："这个'梁'字，就是您姓的那个'梁'吧？"老梁拍着小文的肩膀，大声地夸奖说，"你真是了不起，认得这么多字，念得还真够味儿！"我笑了，"人家都上小学三年级了，该认得好几千字了。"这时小文已念到："引上庭树枝　举翅不回顾　随风四散飞　雌雄空中鸣　声尽呼不归　却入空巢里　啁啾终夜悲。"老梁忽然两手抱着头，自己低声地念："却入空巢里，啁啾终夜悲……却入空巢里……"小文把这首诗念完了，看见老梁还没有抬起头来，就悄悄地放下书，回头望我。我向她点了点头，她就悄悄地走了出去。

我大声喊道："老梁，你这一次来还要呆多久？"他惊醒过来，坐直了，仿佛忘了刚才让小文读诗那一段事似的。他叹了一口长气说，"明天就走，我的情况不容我久呆呵。"我没有说话，只望着他。

他低头看着自己互握的手,说,“说来话长了,可是还得从头说起!我们到美国的头十年,美博也出去工作了,我们攒钱买汽车、置房子和一切必需的家庭用具……这都是在美国成立一个家庭的必要条件,而最要紧的还是为梁平储蓄下读大学的费用……可是到了梁平读完了大学,找到了工作,又结了婚,我也到了退休年龄,而……而美博也逝世了。”我像安慰他似地,说,“你退休了,正可以得闲著书了。”

他苦笑一声,“著书?我是非著书不可,退休金不多,我要交的所得税可不少!我把我们家楼上的几间空屋子租给几个大学生住,不包饭,我自己每顿只吃一点简单的饭。就是做一点饭,我的锅勺盘碗,也是隔几天才洗一次!幸亏有一个朝鲜的学生,研究明史的,常来问我些问题,他来了就替我做饭,并替我洗碗,这算他给我的报酬,但是他也和我一块吃饭,这又是我给他的报酬……”我打断他,“你不是提到著书吗?”

他又凄然地笑了:“对,为了生活下去,我必须弄点版税。你不知道现在美国出一本书多么困难,我又不会写小说,就是一本小说,能畅销,也极不容易,请名家写一篇书评比登天还难。我挑了一个新奇而又不容易‘露馅’的题目,就是《中国的宦官制度》。这次回国就是为搜集材料而来的,没想到北京的许多图书馆还没有整理好,有的没有介绍信还进不去……我想明天到上海看看,我的北京侄子家里也不能久住,他们两口子带两个孩子只有一间半屋子,让出半间给我,当然给他们带来很大的不便,虽然他们坚持说住家里比住旅馆节省得多……好了,不说了,老陈,你们现在怎么样呢?”我笑了一笑,又想伸手去拿烟,立刻自己控制住了,说:“华平不错,她一直在中学教书,当然也有几年不大顺心的日子,现在好了,她也已经退休了,可是她还得常到学校里去。本来我从57年以后,就不能教书了……调到图书馆里工作,也好,我搜集了不少的资料卡片。66年以后,我的那些卡片,连同以前的,也都被烧掉了!这以后的情况,也和绝大多数的知识分子一样,但我还是活下来了,我始终没有失去信念!我总是远望着玫瑰色的天边!……我闲了二十年,如今,政策落实了,我也到了退休年龄,反倒忙起来了!我说我上不了大课,但学校里一定要我带研究生,还好,这几个研究生,都很扎实,很用功,只是外文根底差一些,看不懂外文的参考书,本来嘛,他们整整耽误了十几年,他们中间年纪最轻的也有三十多岁了……”

老梁用回忆的眼光看着我说,“我们像他们这样年龄,已经当上教授、系主任了。”我说,“正是这话——他们正努力地把失去的光阴夺回来。我也是这样,恨不得把我知道的一切,都交给他们,好把‘青黄’接了上去,可是这二十年来我自己也落后了,外国寄来的新书,有许多名词我都看不懂,更不用说外国的作家和流派了。明年春天,我还要跟一个代表团到美国去,我真不知道如何对付!同时,我还有写不完的赶任务的文章,看不完的报纸刊物,回不完的信件,整天忙得晕头转向!”

老梁猛地一下站了起来,说,“能忙就好,总比我整天一个人在‘空巢’里呆着强……”

女儿端了一个摆满餐具的盘子进来,我也站了起来,同老梁把靠墙放的一张方桌抬到屋子的中间。女儿安放好杯箸,便和妻进进出出地摆好一桌热腾腾的菜。女儿安排老梁、我和她妈妈各据一方,她自己和小文并排坐在老梁的对面,又拿起茅台酒瓶来,笑着说,“三十年不见了,今晚妈妈陪梁伯伯喝一杯,爸爸喝多了不好,少来一点吧。”妻忙说,“梁伯伯是不会喝酒的,茅台酒又厉害,这瓶酒是我让他带回去当礼物送人的,大家都少来一点,意思意思吧!”老梁却一把把酒瓶夺了过去,满满地斟了一杯,一仰脖就干了,又满满地给自己斟了一杯,还替我和妻斟了半杯。他一边用手背抹了抹嘴唇,一面大声念:“感子故意长 明日隔山岳 世事两茫茫。”念完,他哈哈大笑了起来,一仰脖又把第二杯酒喝干了,这时他满脸通红,额上的汗都流到了耳边。妻连忙从他紧握的手里,夺过酒瓶来,说,“吃菜吧,空肚子喝多了酒要伤人的!”女儿连忙又把妻手里的酒瓶,放到窗台上。老梁颓然地坐了下去,拿起筷子,睁着浮肿的眼皮望着妻和女儿,说,“你们不但管老陈,还要管我!我是多少年没人管的了……可是我要是有人管,那有多好!”

这一顿饭一点不像好友久别后的聚餐,老梁是一语不发,好像要拿饭菜去堵回他心里的许多话,我们也更不敢说什么。

小文惊奇地看看这个,看看那个,赶紧扒拉完一碗饭,就溜回她们屋子里去了。妻和女儿撤下饭菜去,把果盘和果刀摆上的时候,老梁已完全清醒了,他接过小手巾来,擦了一下他的煞白的脸,正要说话,门外一连响了几声汽车的喇叭。老梁抬头望着窗外说,“对了,是我侄子替我叫的出租汽车,说是夜里坐公共汽车进城怕不方便……”女儿赶紧站了起来,说:“梁伯伯,您别忙,我出去和司机说请他等一会儿,您吃完水果再走。”说着就跑了出去。

老梁三口两口地把妻给他削好的几片梨,都吃了下去,一面站了起来,提起皮包,伸手便到窗台上去取那瓶酒,妻按住他的手,笑说:“这瓶不满了,等老陈明春到美国时再给你带一整瓶去。”他没有说什么,我帮他披上大衣,我们去到门口,正碰见女儿回来,老梁忽然问,“小文呢?”女儿说,“她大概睡了。”老梁说,“我去看看她。”女儿把老梁带进她们的屋里,打开床侧的灯,在书架后面一张双人床旁边,一张小帆布床上,小文把被子裹得紧紧地,睡得正甜呢。老梁低下头去,轻轻地吻了她一下。妻笑说,“你还是那样地爱小孩。梁平有孩子吧?”

老梁冷冷地笑说:“没有,他的媳妇儿嫌麻烦,不要,可她还养了两只波斯猫!”女儿笑着打岔说:“您看我们这屋里多挤!这本是爸爸和妈妈的书房,让我们给占了。”老梁把灯关了,一面走出来,一面回头对我们说,“你们这个‘巢’多‘满’呵!”

司机从里面把后座的车门推开了。老梁拱着背上了车,却摇下车窗来,对女儿说:“小美子,外面风冷得很,你快陪爸爸妈妈进去吧。”车尾的红灯,一拐弯就不见了,女儿扶着我们的肩,推着我们往回走,我们都没有说话,眼前却仿佛看见老梁像一只衰老的燕,扇着无力的翅膀,慢慢地向着遥远。

【内容提要】

短篇小说《空巢》以第一人称“我”的口吻，讲述了退休之后的“我”与多年未曾谋面的老友——老梁，在家相聚的故事。老梁与“我”一同求学，但动荡的时代，让“我们”有了各自不同的晚年生活。“我”虽然经历文革批斗，但后平反，现在过着家人围绕、工作充实、幸福且无忧的晚年生活。而老梁久居国外，努力奋斗一辈子，却在退休之时丧偶，儿子也毕业结婚，离开了他。老梁为了著书赚取稿费而独自归国收集资料，与我相聚之时，“我”家的“满巢”映衬了老梁“空巢”的孤寂。

【中心观点】

空巢字义上就是“空寂的巢穴”，比喻小鸟离巢后的情景，现在被引申为子女离开后家庭空寂。作者正是通过小说揭示现在社会的“空巢”现象，刻画老人失去伴侣自己独自生活的空虚、寂寞的状态。意在引起儿女及社会对“空巢”老人的关爱。

【写作特点】

小说开端运用顺叙的方法，不仅交代了主人公“我”和老梁的人物关系，还说明“我”准备在家为老梁洗尘接风的故事情节。晚餐前“我们”的寒暄与交谈是小说的发展部分。作者运用两条线的写作方式，一是记录“我们”谈话的内容。期间运用倒叙的手法，描述了各自的人生经历以及晚年境遇。第二条线是记录在家相聚所发生的事。如准备晚饭、小文回家念诗、老梁送礼物等。高潮部分则出现在晚餐时段，作者通过对老梁饮酒前的激动到酒后的沉默的情节描写，细致入微地暗示出老梁见到“我”家满巢，既为我高兴，又为自己孤独而哀婉的矛盾心理。晚餐后老梁孤单地离去则成为小说的结局。

整篇小说在人物形象塑造上，作者从人物动作表情、外貌打扮、心理活动等方面下足了笔墨，让读者看到一个独自回国的寂寞“空巢”老人形象。作者在情节设计上也用足心力。如，老梁闻见饭菜香的喜悦；老梁听到小文念诵《白香山诗集》中“却入空巢里，啁啾终夜悲”后，陷入的沉思；“我”吸烟、喝酒女儿都会出来管着我，而老梁没人管；老梁临走时，俯下身子去吻小文……这些小情节的设计，不仅刻画出老梁晚年独身一人的孤寂，同时也表现出老梁对“我”家“满巢”由衷羡慕，更是对充满家人关爱的“满巢”温馨家庭的深切向往。

【思考与练习】

1.《空巢》的写作意图是什么？

2. 结合课文以“孝顺”为题做分组讨论，并写讨论心得一篇。

【拓展阅读书目或文章名】

1. 冰心《小橘灯》

2. 冰心《冰心文集》

戏剧

单刀会(第四折)

关汉卿

【作者介绍】

关汉卿，名不详，字汉卿，号已斋叟，生卒年不详，约生于金末，即金宣宗年间(1213—1222年)，约卒于元成宗大德年间(1297—1307年)。关汉卿是我国元代剧坛最杰出的代表之一，被后人列为元曲四大家之首。关汉卿见于载录的杂剧共67种，现存18种，其中《窦娥冤》《单刀会》《望江亭》《拜月亭》《鲁斋郎》等是他的代表作。其杂剧作品题材广阔，编剧技巧高妙，语言本色，具有强烈的现实性和昂扬的战斗精神。

【正文】

(鲁肃[1]上，云)欢来不似今朝，喜来那逢今日？小官鲁子敬是也。我使黄文持书去请关公[2]，欣喜许今日赴会，荆襄地合归还俺江东[3]。英雄甲士已暗藏壁衣之后，令人江上相候，见船到便来报我知道。(正末关公引周仓上[4]，云)周仓，将到那里也？(周云)来到大江中流也。(正云)看了这大江，是一派好水也呵！(唱)

【双调】【新水令】大江东去浪千叠，引着这数十人驾着这小舟一叶。又不比九重龙凤阙[5]，可正是千丈虎狼穴。大丈夫心别[6]，我觑这单刀会似赛村社[7]。

(云)好一派江景也呵！(唱)

【驻马听】水涌山叠，年少周郎何处也[8]？不觉得灰飞烟灭，可怜黄盖转伤嗟[9]。破曹的樯橹一时绝[10]，鏖兵的江水犹然热[11]，好教我情惨切！(云)这也不是江水，(唱)二十年流不尽的英雄血！

(云)却早来到也，报复去[12]。(卒报科)(做相见科)(鲁云)江下小会，酒非洞里之长春，乐乃尘中之菲艺[13]，猥劳君侯屈高就下[14]，降尊临卑，实乃鲁肃之万幸也。(正末云)量某有何德能，着大夫置酒张筵，既请必至。(鲁云)黄文，将酒来。二公子满饮一杯[15]。(正末云)大夫饮此杯。(把盏科)(正末云)想古今咱这人过日月好疾也呵！(鲁云)过日月是好疾也。光阴似骏马加鞭，浮世似落花流水。(正末唱)。

【胡十八】想古今立勋业，那里也舜五人、汉三杰[16]？两朝相隔数年别，不付能见者[17]，却又早老也。开怀的饮数杯，(云)将酒来。(唱)尽心儿待醉一夜。

(把盏科)(正末云)你知"以德报德，以直报怨"么[18]？(鲁云)既然将军言"以德报德，以直报怨"，借物不还者谓之怨。想君侯文武全材，通练兵书，习《春秋》、《左传》，济拔颠危，匡扶社稷，可不谓之仁乎？待玄德如骨肉，觑曹操若仇雠[19]，可不谓之义乎？辞曹归汉，弃印封金[20]，可不谓之礼乎？坐服于禁，水淹七军[21]，可不谓之智乎？且将军仁义礼智俱足，惜乎止少个信字，欠缺未完。再若得全个信字，无出君侯之右也。(正末云)我怎生失信？(鲁云)非将军失信，皆因令兄玄德公失信。(正末云)我哥哥怎生失信来？(鲁云)想昔日玄德公败于当阳之上，身无所归，因鲁肃之故，屯军三江夏口。鲁肃又与孔明同见我主公，即日兴师拜将，破曹兵于赤壁之间。江东所费巨万，又折了首将黄盖。因将军贤昆玉无尺寸地[22]，暂借荆州以为养军之资；数年不还。今日鲁肃低情曲意，暂取荆州，以为救民之急；待仓廪丰盈，然后再献与将军掌领。鲁肃不敢自专、君侯台鉴不错[23]。(正末云)你请我吃筵席来那，是索荆州来？(鲁云)没、没、没，我则这般道。孙、刘结亲，以为唇齿，两国正好和谐。(正末唱)

【庆东原】你把我真心儿待，将筵宴设，你这般攀今览古，分甚枝叶？我跟前使不着你"之乎者也"、"诗云子曰"，早该豁口截舌[24]！有意说孙、刘，你休目下番成吴、越！

(鲁云)将军原来傲物轻信！(正末云)我怎么傲物轻信？(鲁云)当日孔明亲言：破曹之后，荆州即还江东。鲁肃亲为代保。不思旧日之恩，今日恩变为仇，犹自说"以德报德，以直报怨"！人道："信近于义，言可复也"[25]。去食去兵，不可去信[26]。"大车无輗，小车无軏，其何以行之哉？[27]"今将军全无仁义之心，枉作英雄之辈。荆州久借不还，却不道"人无信不立"！(正末云)鲁子敬，你听的这剑戛么[28]？(鲁云)剑戛怎么？(正末云)我这剑戛，头一遭诛了文丑，第二遭斩了蔡阳[29]，鲁肃呵，莫不第三遭到你也？(鲁云)没、没，我则这般道来。(正末云)这荆州是谁的？(鲁云)这荆州是俺的。(正末云)你不知，听我说。(正末唱)

【沉醉东风】想着俺汉高皇图王霸业，汉光武秉正除邪[30]，汉王允将董卓诛[31]，汉皇叔把温侯灭[32]，俺哥哥合承受汉家基业。则你这东吴国的孙权，和俺刘家却是甚枝叶？请你个不克己先生自说[33]！

(鲁云)那里甚么响？(正末云)这剑戛二次也。(鲁云)却怎么说？(正末云)这剑按天地之灵，金火之精，阴阳之气，日月之形；藏之则鬼神遁迹，出之则魑魅潜踪[34]；喜则恋鞘沉沉而不动，怒则跃匣铮铮而有声。今朝席上，倘有争锋，恐君不信，拔剑施呈。吾当摄剑，鲁肃休惊。这剑果有神威不可当，庙堂之器岂寻常[35]；今朝索取荆州事，一剑先交鲁肃亡[36]。(唱)

【雁儿落】则为你三寸不烂舌，恼犯我三尺无情铁。这剑饥餐上将头，渴饮仇人血。

【得胜令】则是条龙向鞘中蛰[37]，唬得人向坐间呆，今日故友每才相见，休着俺弟兄每相间别。鲁子敬听者，你内心休乔怯[38]，畅好是随邪[39]，休怪我十分酒醉也。

(鲁云)臧宫动乐[40]。(臧宫上，云)天有五星，地攒五岳，人有五德，乐按五音。五星者：金、木、水、火、土。五岳者；常、恒、泰、华、嵩。五德者：温、良、恭、俭、让。五音者：官、商、角、徵、羽。(甲士拥上科)(鲁云)埋伏了者。(正击案，怒云)有埋伏也无埋伏？(鲁云)并无埋伏。(正末云)若有埋伏，一剑挥之两段！(做击案科)(鲁云)你击碎菱花[41]。(正末云)我特来破镜[42]！(唱)

【搅筝琶】却怎生闹炒炒军兵列，上来的休遮当，莫拦截。(云)当着我的，呵呵！(唱)我着他剑下身亡，目前流血！便有那张仪口，蒯通舌[43]，休那里躲闪藏遮。好生的送我到船上者，我和你慢慢的相别。

(鲁云)你去了倒是一场伶俐[44]。(黄文云)将军，有埋伏哩。(鲁云)迟了我的也。(关平领众将上，云)请父亲上船，孩儿每来迎接哩。(正末云)鲁肃，休惜殿后[45]。(唱)

【离亭宴带歇指煞】我则见紫袍银带公人列[46]，晚天凉风冷芦花谢，我心中喜悦。昏惨惨晚霞收，冷飕飕江风起，急飐飐云帆扯[47]。承管待、承管待，多承谢、多承谢。唤梢公慢者，缆解开岸边龙，船分开波中浪，棹搅碎江心月。正欢娱有甚进退，且谈笑不分明夜。说与你两件事先生记着：百忙里称不了老兄心，急切里倒不了俺汉家节[48]。(并下)

【注释】

[1]鲁肃：三国时吴国名将，字子敬，临淮东城(今安徽省定远县)人。周瑜死后任奋武校尉，代领其军。

[2]关公：三国时蜀汉名将，字云长，河东解县(今山西省临猗县)人。封建时代被神化，尊为“关公”“关帝”；汉献帝曾封他为汉寿亭侯，故剧中又称为君侯(汉代对列侯的尊称)。

[3]荆襄：荆州和襄阳，在今湖北省。合：该。江东：今安徽芜湖、江苏南京以东的长江南岸地区。吴国以江东为根据地，故称吴国及其辖域为江东。

[4]正末：杂剧角色名。元杂剧角色分末、旦、净、杂四大类，末为男角，正末为剧中的男主角。周仓：民间传说中关羽的部下。

[5]九重龙凤阙：指帝王居住的宫殿。

[6]心别：别有胸怀。别：特别。

[7]赛村社：即“赛社”，古代农村举行祭田神的祭祀活动，村民相聚饮酒作乐且进行演出竞赛，谓之“赛社”。此处乃是关羽轻视对方本领的一种比喻，谓与东吴在这番较量中必获胜利。

[8]周郎：指东吴都督周瑜。史载，瑜长壮有姿貌，年二十四即授建威中郎将，吴中皆呼为“周郎”。曾

统率孙权和刘备联军大败曹兵于赤壁。

[9]黄盖:东吴将领。赤壁之战中曾建策火攻,并诈书降曹,以船冲入曹营纵火。伤嗟:伤感叹息。指下文所说黄盖阵亡事。

[10]樯(qiáng)橹:樯,船的桅杆;橹,桨。此处联用借代船只。

[11]鏖(áo)兵:激烈的战斗。

[12]报复:回报。

[13]洞里:道家传说中神仙的居处。长春:神仙酿制的美酒。尘中:指人世间。菲艺:菲薄的技艺。这两句指没有好酒和好的歌舞伎艺招待。

[14]猥劳:即辱劳之意。猥:自谦之词。

[15]二公子:桃园三结义中,刘关张三人结为兄弟,关羽排第二,故称。

[16]舜五人:相传舜手下有五位贤臣:禹、皋陶、后夔、弃和契。汉三杰:指辅佐刘邦治天下的张良、萧何、韩信。

[17]不付能:一作"不甫能",才能够,好不容易。

[18]以德报德,以直报怨:语出《论语·宪问》。意为别人有恩德于我,我当以恩德报答他;别人与我有仇怨,我也应该用诚正的态度去对待他。

[19]仇雠(chóu):仇敌。

[20]弃印封金:关羽在许昌得到刘备的消息后,便将曹操所授"汉寿亭侯"之印留在原处,并将曹操所赠之金银封存好,然后离去,以表清白。

[21]坐服于禁,水淹七军:指关羽击败魏国名将于禁统领的七路兵马,保住了樊城。

[22]昆玉:兄弟。

[23]台鉴:阁下明察之意。台:旧时对人的一种敬称。

[24]豁口截舌:割开嘴,割断舌头。意谓鲁肃说了不该说的话,真应该割嘴断舌。

[25]"信近"二句:语出《论语·学而》。意谓守信用和"义"是接近的,而守信之言是可用行动来验证的。

[26]"去食"二句:语出《论语·颜渊》。意谓即使舍弃粮食和武装力量,也不能无信。孔子认为,"民无信不立",因此在食、兵、信三者中强调守信为最重要。

[27]"大车"三句:语出《论语·为政》。意谓大车上没有輗、小车上没有軏,车如何能行走呢?此处用以比喻人不守信用便难以自立和处世。

[28]剑戛(jiá):剑鸣响。"戛"原误作"界"。

[29]文丑:袁绍手下名将。蔡阳:曹操部下的将军。关羽杀文丑、蔡阳事,与史实记载不符,而与元代的《全相三国志平话》相合。

[30]汉光武:指东汉光武帝刘秀。刘秀本西汉皇族,王莽篡汉自立,他起兵击败王莽,建立东汉。

[31]董卓:西汉末军阀。汉献帝时篡权乱政,被吕布所杀。

[32]温侯:吕布,字奉先,东汉九原人。曾官奋威将军,封温侯。

[33]不克已:不能克制自己的私欲。

[34]魑魅(chī mèi):古代传说中祸害人的山林精怪。

[35]庙堂之器:皇室或朝廷的器用。极言剑之高贵。

[36]先交:同“先教”。

[37]龙向鞘中蛰(zhé):指宝剑像龙一样在剑鞘里潜藏着。蛰:虫类冬眠。

[38]乔怯:畏惧,害怕。

[39]畅好是:真是,实在是。随邪:放肆,不正经,胡调。或作“随斜”。

[40]臧宫:杂剧中虚构的掌管乐队的人物。

[41]菱花:古代镜子的代称,因铜镜背面的装饰图案多用菱花之故。

[42]破镜:象征决裂与分离,“镜”与“子敬”之“敬”谐音,语意双关。

[43]张仪口,蒯通舌:张仪和蒯通均为历史上著名的辩士。此处暗喻鲁肃。

[44]伶俐:干净利落。

[45]休惜殿后:意思是要鲁肃随后护送,语含讥讽。殿后:行军时队伍的后部。

[46]紫袍银带:皆古代官员服饰,此处用来比喻高级官员。公人:指官员。

[47]急飐飐(zhǎn):形容帆动船飞顺风疾行的样子。

[48]倒不了俺汉家节:以苏武“杖汉节牧羊,卧起操持”事言己坚守汉家气节。

【内容提要】

《单刀会》全名《关大王独赴单刀会》,这是一部历史故事剧。剧情是写三国鼎立时代,东吴将荆州借与刘备以共抗曹操,不料刘备在夺取汉中之后将荆州据为己有。东吴大将鲁肃为索还荆州,意欲宴请荆州守将关羽,暗下伏兵,借机劫持。关羽明知其意,却单刀赴会,凭借其智谋和勇气,迫使鲁肃不敢轻举妄动,进而从容返回。

选文为此剧的第四折,是全剧的高潮部分。作者正面描写了关羽与鲁肃之间的戏剧冲突,直接刻画了关羽的孤胆英雄形象。在叙写激烈的冲突之前,作者先用了大段的抒情文字,来展示主人公的内心世界。以【新水令】、【驻马听】二曲写关羽在赴会途中,傲立船头,面对着滔滔江水,触景生情,袒露襟怀。宴会之上,关羽与鲁肃周旋,通过一番激烈的辩论,理直气壮地驳斥了东吴索还荆州的要求,待鲁肃埋伏的甲士拥上后,他击案大怒,声威慑人,又加上席间关羽所配宝剑铮然作响,神秘莫测,使得鲁肃胆怯,不得不放弃了要挟关羽的打算。最后在儿子关平的接应之下,关羽安然返回了自己的驻地。

【中心观点】

《单刀会》第四折,通过描写蜀汉关羽单刀赴东吴鲁肃之会,成功塑造了关羽的光辉形象,歌颂了英雄主义精神。并借关羽之口,宣扬了汉室为正统的政治态度,含蓄地表现了元代社会广大民众,特别是汉族民众,在异族的残酷统治之下所产生的民族反抗意识。曲折反映了元代社会激烈复杂的阶级矛盾和民族矛盾。

【写作特点】

该折剧作情节曲折,场面紧凑,首尾呼应,在结构上独树一帜。作者在尖锐的戏剧冲突中,通过铺垫、渲染和对比烘托等手法刻画人物形象,从而使得人物形象生动鲜明,栩栩如生。剧作语言本色自然,曲词有悲壮之美。

【思考与练习】

1. 结合史料，试分析《单刀会》这一剧作对历史题材进行了怎样的处理。作者的用意何在？

2. 背诵【新水令】、【驻马听】二曲。

【拓展阅读书目或文章名】

1.《三国志·吴书·鲁肃传》

2.《三国演义》第六十六回

墙头马上(第三折)

白朴

【作者介绍】

白朴(1226—1306年),汉族,原名恒,后改名朴,字仁甫,一字太素,号兰谷。我国元代著名的文学家、杂剧家,元曲四大家之一。据《录鬼簿》著录,共有杂剧十五种,今存三种,其中《梧桐雨》和《墙头马上》是他的代表作。从内容来看,白朴的杂剧大半是写男女情事的,曲词优美动人,艺术风格多样化。除杂剧外,白朴还写有大量的词和散曲,有词集《天籁集》,词风近于豪放一路,散曲现存小令三十七首,套曲四部。

【正文】

(裴尚书上,云)自从少俊去洛阳买花栽子回来[1],今经七年。老夫常是公差,多在外,少在里。且喜少俊颇有大志,每日只在后花园中看书,直等功名成就,方才取妻。今日是清明节令,老夫待亲自上坟去,奈畏风寒,教夫人和少俊替祭祖去咱。(下)(裴舍引院公上,云)自离洛阳,同小姐到长安七年也。得了一双儿女。小厮儿叫做端端,女儿唤做重阳。端端六岁,重阳四岁,只在后花园中隐藏,不曾参见父母。皆是院公伏侍,连宅里人也不知道。今日清明节令,父亲畏风寒,我与母亲郊外坟茔中祭奠去[2]。院公在意照顾,怕老相公撞见。(院公云)哥哥,一岁使长百岁奴[3]。这宅中谁敢题起个李字!若有一些差失,如同那赵盾便有灾难,老汉就是灵辄扶轮[4],王伯当与李密叠尸[5],为人须为彻。休道老相公不来,便来呵,老汉凭四方口,调三寸舌,也说将回去。我这是蒯文通、李左车[6]。哥哥,你放心,倚着我呵,万丈水不教泄漏了一点儿。(裴舍云)若无疏失,回家多多赏你。(下)(正旦引端端、重阳上,云)自从跟了舍人来此呵,早又七年光景,得了一双儿女。过日月好疾也呵!(唱)

【双调】【新水令】数年一枕梦庄蝶[7],过了些不明白好天良夜。想父母关山途路远,鱼雁信音绝。为甚感叹咨嗟,甚日得离书舍?

【驻马听】凭男子豪杰,平步上万里龙庭双凤阙;妻儿真烈,合该得五花官诰七香车[8]。也强如带满头花,向午门左右把状元接;也强如挂拖地红[9],两头来往交媒谢。今日个改换别,成就了一天锦绣佳风月。

(云)我掩上这门,看有甚人来此。(院公持扫帚上,云)哥哥祭奠去了,嫂嫂跟前回复去咱。(见科,云)嫂嫂,舍人祭奠去了。院公特地说与嫂嫂得知。(正旦云)院公可要在意者,则怕老相公撞将来。(院公云)老汉有句话敢说么。今日清明节,有甚节令酒果,把些与老汉吃饱了,只在门首坐着,看有甚的人来。(旦与酒肉吃科,院公云)夜来两个小使长把墙头上花都折坏了,今日休教出来,只教书房中耍,则怕老相公撞见。(正旦唱)

【乔牌儿】当拦的便去拦,我把你个院公谢。想昨日被棘针都把衣袂扯,将孩儿指尖儿都挝[10]破也。

(端端云)奶奶,我接爹爹去来。(正旦云)还未来哩!(唱)

【幺篇】便将球棒儿撇,不把胆瓶藉[11]。你哥哥[12],这其间未是他来时节,怎抵死的要去接?

(院公云)我门口去吃了一瓶酒,一分节食,觉一阵昏沉。倚着湖山睡些儿咱!(端端打科)(院公云)吓杀人也小爷爷!你要到房里耍去。(又睡科,重阳打科)(院公云)小奶奶,女孩家这般劣!(又睡科,二人齐打科介)(院公云)我告你去也,快书房里去!(裴尚书引张千上,云)夫人共少俊祭奠去了,老夫心中闷倦,后花园内走一遭去,看孩儿做下的功课咱。(见院公云)这老子睡着了。(做打科)(院公做醒、着扫帚打科,云)打你娘,那小厮……(做见慌科,尚书云)这两个小的是谁家?(端端云)是裴家。(尚书云)是那个裴家?(重阳云)是裴尚书家。(院公云)谁道不是裴尚书家花园,小弟子还不去[13]?(重阳云)告我爹爹奶奶说去。(院公云)你两个采了花木,还道告你爹爹奶奶去?跳起你公公来也,打你娘!(两人走科,院公云)你两个不投前面走,便往后头去?(二人见旦科,云)我两人接爹爹去,见一老爹,问是谁家的。(正旦云)孩儿也,我教你休出去,兀的怎了[14]!(尚书做意科,云)这两个小的不是寻常之家。这老子其中有诈,我且到堂上看来。(正旦唱)

【豆叶儿】接不着你哥哥,正撞见你爷爷。魄散魂消,肠慌腹热,手脚獐狂去不迭[15]。相公把柱杖掂详[16],院公把扫帚支吾,孩儿把衣袂掀者。

(尚书云)咱房里去来。(到书房。正旦掩门科)(尚书云)更有谁家个妇人?(院公云)这妇人折了俺花,在这房内藏来。(正旦唱)

【挂玉钩】小业种把栊门掩上些,道不的跳天撅地十分劣[17]。被老相公亲向园中撞见者,唬的我死临侵地难分说[18]。(尚书云)拿的芙蓉亭上来。(正旦唱)氲氲的脸上羞[19],扑扑的心头怯;喘似雷轰,烈似风车。

(院公云)这妇人折了两朵儿花,怕相公见,躲在这里。合当饶过教家去。(正旦云)相公可怜见,妾身是少俊的妻室。(尚书云)谁是媒人,下了多少钱财?谁主婚来?(旦做低头科)(尚书云)这两个小的是谁家?(院公云)相公不合烦恼合欢喜。这的是不曾使一分财礼,得这等花枝般媳妇儿,一双好儿女。合做一个大筵席,老汉买羊去,大嫂,请回书房里去者。(尚书怒科,云)这妇人决是娼优酒肆之家!(正旦云)妾是官宦人家,不是

下贱之人。(尚书云)噤声!妇人家共人淫奔,私情来往,这罪过逢赦不赦。送与官司问去,打下你下半截来。(正旦唱)

【沽美酒】本是好人家女艳冶,便待要兴词讼,发文牒,送到官司遭痛决[20]。人心非铁,逢赦不该赦?

【太平令】随汉走怎说三贞九烈,勘奸情八棒十挟[21]。谁识他歌台舞榭,甚的是茶房酒舍。相公便把贱妾,拷折下截,并不是风尘烟月。

(尚书云)则打这老汉,他知情。(张千云)这个老子,从来会勾大引小。(院公云)相公,七年前舍人哥哥买花栽子时,都是这厮搬大引小,着舍人刁将来的。(张千云)老子攀下我来也。(尚书云)是了,敢这厮也知情?(正旦唱)

【川拨棹】赛灵辄,蒯文通,李左车;都不似季布喉舌[22]。王伯当尸叠。更做道向人处无过背说。是和非须辩别。

(尚书云)唤的夫人和少俊来者。(夫人、裴舍上,见科)(尚书云)你与孩儿通同作弊,乱我家法。(夫人云)老相公,我可怎生知道?(尚书云)这的是你后园中七年做下功课!我送到官司,依律施行者。兀那淫妇,不坏了少俊前程,辱没了裴家祖上!(裴舍云)少俊是卿相之子,怎好为一妇人,受官司凌辱,情愿写与休书便了。告父亲宽恕。(正旦唱)

【七弟兄】是那些劣𢢧[23],痛伤嗟也,时乖运蹇遭磨灭。冰清玉洁肯随邪,怎生的拆开我连理同心结!

(尚书云)我便似八烈周公,俺夫人似三移孟母[24]。都因为你个淫妇,枉坏了我少俊前程,辱没了我裴家上祖。兀那妇人你听者!你既为官宦人家,如何与人私奔。昔日无盐采桑于村野[25],齐王车过见了,欲纳为后。同车,而无盐曰:不可,禀知父母,方可成婚;不见父母,即是私奔。呸!你比无盐败坏风俗。做的个男游九郡,女嫁三夫。(正旦云)我则是裴少俊一个。(尚书怒云)可不道"女慕贞洁","男效才良";"聘则为妻,奔则为妾"。你还不归家去!(正旦云)这姻缘也是天赐的。(尚书云)夫人,将你头上玉簪来。你若天赐的姻缘,问天买卦,将玉簪向石上磨做了针儿一般细。不折了,便是天赐姻缘;若折了,便归家去也。(正旦唱)

【梅花酒】他毒肠狠切,丈夫又软揣些些[26],相公又恶噷噷乖劣[27],夫人又叫丫丫似蝎蜇。你不去望夫石上变化身,筑坟台上立个碑碣[28]。待教我谩𢢧𢢧,愁万缕,闷千叠;心似醉,意如呆;眼似瞎,手如瘸;轻拈掇,慢拿捻。

【收江南】呀!王吉叮珰掂做了两三截,有鸾胶难续玉簪折[29],则是夫妻儿女两离别。总是我业彻[30],也强如参辰日月不交接。

(尚书云)可知道玉簪折了也,你还不肯归家去?再取一个银壶瓶来,将着游丝儿系住,到金井内汲水。不断了,便是夫妻;瓶坠簪折,便归家去。(正旦云)可怎了也。(唱)

【雁儿落】似陷人坑千丈穴,胜滚浪千堆雪。恰才石头上损玉簪,又教我水底捞明月。

【得胜令】冰弦断,便情绝;银瓶坠,永离别。把几口儿分两处。(尚书云)随你再嫁别人去。(正旦唱)谁更待双轮辗四辙[31]。恋酒色淫邪,那犯七出的应拚舍[32];享富贵豪奢,这守三从的谁似妾!

(尚书云)既然簪折瓶坠,是天着你夫妻分离。着这贼丑生与你一纸休书,便着你归家去。少俊,你只今日便与我收拾琴剑书箱,上朝求官应举去。将这一儿一女收留在我家。张千,便与我赶离了门者!(下)(裴舍与旦休书科)(正旦云)少俊!端端!重阳!则被你痛杀我也!(唱)

【沉醉东风】梦惊破情缘万结,路迢遥烟水千叠。常言道有亲娘有后爷,无亲娘无疼热。他要送我到官司,逞尽豪杰。多谢你把一双幼女痴儿好觑者,我待信拖拖去也[33]。

(云)端端、重阳儿也!你晓事些儿,我也不能够见你了也!(唱)

【甜水令】端端共重阳,他须是你裴家枝叶。孩儿也!啼哭的似痴呆,这须是我子母情肠厮牵厮惹,兀的不痛杀人也!

【折桂令】果然人生最苦是离别,方信道花发风筛,月满云遮。谁更敢倒凤颠鸾,撩蜂剔蝎[34],打草惊蛇?坏了咱墙头上传情简帖,拆开咱柳阴中莺燕蜂蝶。儿也咨嗟[35],女又拦截。既瓶坠簪折,咱义断恩绝!

(张千云)娘子,你去了罢!老相公便着我回话哩。

(正旦云)少俊,你也须送我归家去来。(唱)

【鸳鸯煞】休把似残花败柳冤仇结,我与你生男长女填还彻。指望则生同衾,死则共穴。唱道题柱胸襟[36],当垆的志节,也是前世前缘,今生今业。少俊呵,与你干驾了会香车[37],把这个没气性的文君送了也!(下)

(裴舍云)父亲,你好下的也[38]。一时间将俺夫妻子父分离,怎生是好?张千,与我收拾琴剑书箱,我就上朝取应去。一面瞒着父亲,悄悄送小姐回到家中,料也不妨。(诗云)正是:石上磨玉簪,欲成中央折;井底引银瓶,欲上丝绳绝。两者可奈何,似我今朝别。果若有天缘,终当做瓜葛。(下)

【注释】

[1]花栽子:指花苗。

[2]茔(yíng):坟墓。

[3]一岁使长(zhǎng)百岁奴:尽管主人年轻,也能使唤年老的奴仆。谓只论地位不论年龄。使长:主人。

[4]"如同那赵盾"二句:事见《左传·宣公二年》、《吕氏春秋·报更》。晋灵公要谋杀大夫赵盾,赵盾出逃。灵公遣卫士追杀之,灵辄为报赵盾赐食的相救之恩,疾追先至,告赵盾登车速走,并倒戈以御,赵盾因以得免。后以"扶轮"为怀恩报效之典。

[5]王伯当与李密叠尸:李密,隋末瓦岗军首领,王伯当是其手下。李密降唐后,因不被重用,决定造反。王伯当苦劝不成,决定与其共存亡。后李密在熊耳山被唐将伏击,死于山洞。王伯当随即跳涧自尽,与李密尸体叠在一块。

[6] 蒯文通、李左车:秦汉时的辩士。

[7] 数年一枕梦庄蝶:用《庄子·齐物论》中庄周梦蝶一事,形容对往事的追忆。婚后数年如一场梦一般过去了。

[8] 官诰:皇帝赐爵或授官的诏令,用五色金花绫纸书写。七香车:用多种香料涂饰或用多种香木制作的车。亦泛指华美的车。

[9] 拖地红:古代妇女结婚时身披的红披风。

[10] 挝(zhuā):同“抓”。

[11] “便将球棒儿撇”两句:指责孩子们乱扔球棒,打破了胆瓶。藉:践踏。

[12] 哥哥:唐时偶或称父为哥。

[13] 小弟子:即小弟子孩儿,骂人的话。

[14] 兀的(wù dì):用作发语词,有这、这个、怎么、怎的、突然等意思。

[15] 獐狂:慌张。

[16] 掂详:端详。

[17] “小业种把栊门”二句:骂孩子们闹得胡天胡地,惹出祸端。

[18] 死临侵:亦作“死淋浸”,发呆、失神的样子。

[19] 氲(yūn)氲的:气盛貌。

[20] 痛决:严厉的处置。

[21] “随汉走”二句:为千金引用裴尚书的话语,带驳斥意味。三贞九烈:贞:贞操。烈:节烈。三、九,极言其甚,为虚指。八棒十挟:古代对拷掠酷刑的泛称。

[22] 季布喉舌:季布,楚汉时的辩士,以重诺言著称。“一诺千金”这一成语即由他而来。

[23] 劣缴(biē):鲁莽、暴躁。缴同“憋”。

[24] “我便似”二句:八烈周公,出处不详。三移孟母:孟母指战国时孟轲之母,为选择良好的环境教育孩子,曾三次迁居。

[25] 无盐:传说故事人物。姓钟离,名春,奇丑,但才德兼备。

[26] 软揣:懦弱。

[27] 恶噷(xǐn)噷乖劣:恶噷噷,即恶狠狠。乖劣:暴戾恶劣。

[28] “你不去”二句:望夫石:广泛流传的民间故事,妇人站于山石之上,翘首以盼丈夫归来,日久年深,化作石头。筑坟台:传说蔡伯喈之妻赵五娘极为贤惠,公婆死后,因无钱下葬,罗裙包土,修筑坟台。此二句为李千金模拟裴尚书口吻所说。

[29] 鸾胶:相传以凤凰嘴和麒麟角煎的胶可粘合弓弩拉断了的弦。

[30] 业彻:业:罪孽。彻:尽头。

[31] 双轮辗四辙:形容女子再嫁。

[32] 七出:也称七弃,是在中国古代的法律、礼制和习俗中,规定夫妻离婚时所要具备的七种条件,即无子、淫逸、不顺父母、妒、有恶疾、口多言、窃盗等,当妻子符合其中一种时,丈夫及其家族即可要求休妻。

[33] 信拖拖:干脆,无牵挂。

[34] 撩蜂剔蝎:比喻招惹恶人,自讨苦吃。

[35] 咨嗟:叹息。

[36] 题柱胸襟:用司马相如事。传说司马相如经过成都升仙桥时,曾在桥柱上题字:“不乘高车驷马,

不过此桥。”这里是说裴少俊有着司马相如般的胸怀才华。当垆的志节,用卓文君事。卓文君随司马相如私奔后,在临邛当垆卖酒。这里李千金认为自己的志气可比卓文君。

[37]干驾了会香车:意思是与少俊私奔最后却姻缘断绝。干驾了会:白驾了半天。香车:传说卓文君与司马相如一同坐香车私奔。

[38]好下的:好狠心。

【内容提要】

《墙头马上》全名《裴少俊墙头马上》,为元代才子佳人剧的杰作之一。此剧的主要情节是写裴尚书之子裴少俊奉父命到洛阳买花苗,一日经过洛阳总管李世杰的花园时,在马上看见他家女儿李千金倚墙而立,两人以诗柬相投,倾心定情,当夜私奔至长安。在裴家后花园裴少俊与李千金同居七年,养下一儿一女,后被裴尚书撞破,强令裴少俊写下休书,将李千金赶出裴家。最终裴少俊考中状元,马上去找李千金叙情,裴尚书得知李千金为李世杰之女后,也前往赔礼,喜剧以团圆结局收场。

选文为此剧的第三折,是全剧的核心,也是情节的最高潮。写的是裴尚书到后花园,无意中撞见了这一对小儿女及李千金,虽然院公百般遮掩,他还是了解了实情。裴尚书勃然大怒,对李千金百般辱骂,认定其是酒肆娼优,要送官治罪。李千金极力为自己的行为辩护,裴少俊却情愿写休书求饶。裴尚书又出难题刁难,要李千金石上磨玉簪,井底引银瓶。结果簪折瓶坠,李千金被赶回了娘家。

【中心观点】

此剧的素材,源于唐代白居易的新乐府《井底引银瓶》。白诗记述了一个爱情婚姻悲剧,主题是“止淫奔”。《墙头马上》的立意却截然不同,在这一折里,白朴通过描写李千金与裴尚书的戏剧冲突,成功地塑造了一个大胆泼辣、光明磊落且富于抗争精神的光辉的女性形象。充分肯定了女性冲破封建礼法束缚,勇敢地与自己的心上人私奔结合的合理性,歌颂了青年男女对婚姻自由的大胆追求,表现了一种要求婚姻自主的民主思想倾向。

【写作特点】

这一折戏情节安排紧凑生动,前半部分喜剧色彩浓厚,写裴尚书发现两个孩儿后,他的满腹狐疑,院公的狼狈遮掩,孩子们的童言无忌,三者的碰撞形成了极强的戏剧张力,读来让人忍俊不禁。而后半部分则被悲剧气氛笼罩,前后对比鲜明,过渡却自然巧妙,显示了白朴高超的编剧技巧。此外,语言本色通俗,朴素生动,曲词性格化,是又一显著特点。

【思考与练习】

1. 分析李千金的性格特点。

2. 试比较《墙头马上》与《井底引银瓶》情节的异同。

【拓展阅读书目或文章名】

1. 白居易《井底引银瓶》

2. 王实甫《西厢记》

闹柬[1]

王实甫

【作者介绍】

王实甫，生卒年不详。大都(今北京)人。据《录鬼簿》载，他是元杂剧早期的作家，大约与关汉卿同时，主要活动约在元贞、大德(1295—1307年)年间。其杂剧之品，较多“儿女风情”的题材，《西厢记》为其最有代表性的杰作。《录鬼簿》著录王实甫杂剧共十四种。现存除《西厢记》外，还有《破窑记》《丽春堂》二种，以及《贩茶船》《芙蓉亭》的片断。王实甫爱情题材的剧作，大胆地揭露了封建礼教势力对青年男女自主婚姻要求的压迫，热情歌颂了具有叛逆精神的青年男女为争取真挚爱情所作出的不懈努力，在文学史上具有深远的影响。他的曲词风格是既华美又自然，被称为“如花间美人”。他还善于化用古典诗词入曲，渲染环境氛围，描摹人物情态，创造出诗一般的意境。尤其善于刻画青年男女的心理活动，细致生动，十分传神。一般认为他与关汉卿都是元前期最伟大的戏曲作家，分别代表了文采与本色两个重要的流派。

【正文】

(旦上，云)红娘伏侍老夫人不得空便，偌早晚敢待来也[2]。起得早了些儿，困思上来，我再睡些儿咱。(睡科)(红上，云)奉小姐言语去看张生，因伏侍老夫人，未曾回小姐话去。不听得声音，敢又睡哩！我入去看一遭。(红唱)

【中吕粉蝶儿】风静帘闲，透纱窗麝兰香散，启朱扉摇响双环。绛台高，金荷小，银釭犹灿[3]。比及将暖帐轻弹，先揭起这梅红罗软帘偷看[4]。

【醉春风】则见他钗亸玉斜横[5]，髻偏云乱挽。日高犹自不明眸[6]，畅好是懒，懒。(旦做起身长叹科)(红唱)半晌抬身，几回搔耳，一声长叹。

(红云)我待便将简帖儿与他，恐俺小姐有多少假处哩。我则将这简帖儿放在妆盒儿上。看他见了说什么。(旦做对镜科，见帖看科[7])(红唱)

【普天乐】晚妆残[8]，乌云亸[9]，轻匀了粉脸，乱挽起云鬟。将简帖儿拈，把妆盒儿按，开拆封皮孜孜看[10]，颠来倒去不害心烦。(旦怒叫)红娘！(红做意云)呀！决撒了也！(红唱)厌的早扢皱了黛眉[11]。(旦云)小贱人，不来怎么！(红唱)忽的波低垂了粉颈[12]，氲的呵改变了朱颜[13]。

(旦云)小贱人,这东西那里将来的?我是相国的小姐,谁敢将这简帖来戏弄我?我几曾惯看这等东西?告过夫人,打下你个小贱人下截来。(红云)小姐使将我去,他著我将来。我不识字,知他写著什么?(红唱)

【快活三】分明是你过犯[14],没来由把我摧残;使别人颠倒恶心烦[15]。你不"惯",谁曾"惯"?

(红云)姐姐休闹,比及你对夫人说呵,我将这简帖儿去夫人行出首去来。(旦做揪住红科,云)我逗你要来。(红云)放手,看打下下截来!(旦云)张生近日如何?(红云)我则不说。(旦云)好姐姐,你说与我听咱!(红唱)

【朝天子】张生近间、面颜,瘦得来实难看。不思量茶饭,怕见动弹;晓夜将佳期盼,废寝忘餐。黄昏清旦,望东墙淹泪眼。(旦云)请个好太医看他症候咱。(红云)他症候吃药不济。(红唱)病患、要安,则除是出几点风流汗。

(旦云)红娘,不看你面呵,我将与老夫人,看他有何面目见夫人?虽然我家亏他,只是兄妹之情,焉有外事。红娘,早是你口稳哩;若别人知呵,什么模样。(红云)你哄著谁哩!你把这个饿鬼弄的他七死八活,却要怎么?(红唱)

【四边静】怕人家调犯[16],"早共晚夫人见些破绽,你我何安"。问什么他遭危难?撺断得上竿,掇了梯儿看[17]。

(旦云)将描笔儿过来[18],我写将去回他,著他下次休是这般。(旦做写科,起身科,云)红娘,你将去说:"小姐看望先生,相待兄妹之礼如此,非有他意。再一遭儿是这般呵,必告夫人知道。"和你个小贱人都有说话。(旦掷书,下)(红唱)

【脱布衫】小孩儿家口没遮拦,一迷的将言语摧残。把似你使性子休思量秀才[19],做多少好人家风范。

(红做拾书科,唱)

【小梁州】他为你梦里成双觉后单,废寝忘餐。罗衣不奈五更寒[20],愁无限,寂寞泪阑干[21]。

【幺篇】似这等辰勾空把佳期盼[22],我将这角门儿世不曾牢拴[23],则愿你做夫妻无危难。你向这筵席头上整扮,我做一个缝了口的撮合山[24]。

(红云)我若不去来,道我违拗他,那生又等我回报;我须索走一遭。(下)(末上,云)那书倩红娘将去[25],未见回话。我这封书去,必定成事。这早晚敢待来也。(红上,云)须索回张生话去。小姐,你性儿太惯得娇了;有前日的心,那得今日的心来?(唱)

【石榴花】当日个晚妆楼上杏花残,犹自怯衣单,那一片听琴心清露月明间[26]。昨日个向晚,不怕春寒,几乎险被先生馔[27]。那其间岂不胡颜[28]。为一个不酸不醋风魔汉,隔墙儿险化做了望夫山。

【斗鹌鹑】你用心儿拨雨撩云[29],我好意儿传书寄简。不肯搜自己狂为,则待要觅别人破绽。受艾焙权时忍这番[30]，畅好是奸。(云)“张生是兄妹之礼，焉敢如此!”(唱)对人前巧语花言；(云)没人处便想张生，(唱)背地里愁眉泪眼。

(红见末科)(末起云)小娘子来了?擎天柱[31]，大事如何了也?(红云)不济事了，先生休傻。(末云)小生简帖儿是一道会亲的符箓[32]。则是小娘子不用心，故意如此。(红云)我不用心？有天哩！你那简帖儿好听!(唱)

【上小楼】这的是先生命悭，须不是红娘违慢。那简帖儿倒做了你的招伏，他的勾头[33]，我的公案。若不是觑面颜[34]，厮顾盼，担饶轻慢。(云)先生受罪，礼之当然。贱妾何辜？(唱)争些儿把你娘拖犯[35]！(末云)小姐几时能相会一面？(红唱)

【幺篇】从今后相会少，见面难。月暗西厢，凤去秦楼，云敛巫山[36]。你也赸[37]，我也赸，请先生休讪[38]，早寻个酒阑人散。

(红云)只此，再不必申诉足下肺腑。怕夫人寻，我回去也。(末云)小娘子此一遭去，再著谁与小生分剖；必索做一个道理，方可救得小生一命。(末跪下，揪住红科)(红云)张先生是读书人，岂不知此意，其事可知矣。(唱)

【满庭芳】你休要呆里撒奸[39]；你待要恩情美满，却教我骨肉摧残[40]。老夫人手执著棍儿摩娑看，粗麻线怎透得针关。直待我拄著拐帮闲钻懒，缝合唇送暖偷寒[41]。(云)待去呵，小姐性儿撮盐入火[42]。(唱)消息儿踏著泛[43]；(云)待不去呵——(末跪，哭云)小生这一个性命，都在小娘子身上。(红唱)禁不得你甜话儿热趱[44]，好著我两下里做人难。

(红云)我没来由分说！小姐回与你的书，你自看者。(末接科，开读科，云)呀，有这场喜事!撮土焚香，三拜礼毕。早知小姐简至，理合远接，接待不及，勿令见罪！小娘子，和你也欢喜。(红云)怎么?(末云)小姐骂我都是假。书中之意，著我今夜花园里来，和他“哩也波，哩也啰”哩[45]。(红云)你读书我听。(末云)是四句诗：待月西厢下，迎风户半开。隔墙花影动，疑是玉人来。(红云)怎见得他著你来?你解与我听咱。(末云)“待月西厢下”，著我月上来。“迎风户半开”，他开门待我。“隔墙花影动，疑是玉人来”，著我跳过墙来。(红笑云)他著你跳过墙来，你做下来[46]。端的有此说么?(末云)俺是个猜诗谜的社家[47]，风流隋何，浪子陆贾[48]，我那里有差的勾当。(红云)你看我姐姐，在我行也使这般道儿。(唱)

【耍孩儿】几曾见寄书的颠倒瞒着鱼雁，小则小心肠儿转关[49]。写著道“西厢待月”等得更阑，著你跳东墙“女”字边“干”[50]。原来那诗句儿里包笼著三更枣，简帖儿里埋伏着九里山[51]。他著紧处将人慢，您会云雨闹中取静，我寄音书忙里偷闲。

【四煞】纸光明玉板[52]，字香喷麝兰，行儿边湮透非春汗?一缄情泪红犹湿，满纸春愁墨未干。从今后休疑难，放心波玉堂学士[53]，稳情取金雀鸦鬟[54]。

【三煞】他人行别样的亲，俺跟前取次看，更做道孟光接了梁鸿案[55]。别人行甜言美语三冬暖，我跟前恶语伤人六月寒[56]。我为头儿看：看你个离魂倩女[57]，怎发付掷果潘安[58]。

(末云)小生读书人，怎跳得那花园过?(红唱)

【二煞】隔墙花又低,迎风户半拴,偷香手段今番按[59]。怕墙高怎把龙门跳,嫌花密难将仙桂攀[60]。放心去,休辞惮;(云)你若不去呵,(唱)望穿他盈盈秋水,蹙损他淡淡春山[61]。

(末云)小生曾到那花园里,已经两遭,不见那好处;这一遭知他又怎么?(红云)如今不比往常。(唱)

【煞尾】你虽是去了两遭,我敢道不如这番。你那隔墙酬和都胡侃[62],证果的是今番这一简[63]。(红下)

(末云)万事自有分定,谁想小姐有此一场好处。小生是猜诗谜的社家,风流隋何,浪子陆贾,到那里扢扎帮便倒地[64]。今日颓天百般的难得晚[65]。天!你有万物于人,何故争此一日?疾下去波!"读书继晷怕黄昏[66],不觉西沉强掩门;欲赴海棠花下约,太阳何苦又生根?"(看天云)呀,才晌午也!再等一等。(又看科)今日万般的难得下去也呵。碧天万里无云,空劳倦客身心,恨杀鲁阳贪战[67],不教红日西沉!呀,却早倒西也,再等一等咱。无端三足乌[68],团团光烁烁;安得后羿弓[69],射此一轮落!谢天地,却早日下去也!……呀,却早发擂也![70]……呀,却早撞钟也!拽上书房门,到得那里,手挽著垂杨滴流扑跳过墙去[71]。(下)

【注释】

[1]选自王实甫《西厢记》(《古本戏曲丛刊》影印明弘治本并参校王季思主编《中国戏曲选》本)第三本第二折,是"旦本"戏,为红娘司唱。

[2]偌早晚:这时候。

[3]"绛台高"三句:写莺莺闺房灯盏陈设。绛台:烛台。金荷:承烛泪的铜盘,因其形似荷叶,故称。银釭(gāng):银白色的灯盏、烛台,此指烛光。

[4]梅红罗:紫红色的绫罗。

[5]钗䰀(duǒ)玉斜横:是说睡时首饰不整。䰀:下垂而倚斜。玉:玉钗。

[6]不明眸:不肯睁开眼睛。

[7]"旦做对镜科"二句:这是元杂剧中的所谓"科范",相当于今之"舞台指示"。

[8]晚妆残:李煜词《捣练子》,有"云鬓乱,晚妆残"句。毛西河曰:"不日晓妆,而日晚妆,以宿妆未经理也。"

[9]乌云䰀:指发髻偏倚。

[10]孜孜:用心注视的样子。

[11]厌的早扢皱了黛眉:形容莺莺发现红娘在窥视自己后情绪的变化。厌的:厌烦的样子。扢(gē)皱:即疙皱、皱缩,指皱眉。

[12]忽的波:即忽的,"波"为衬字,无义。

[13]氲(yūn)的:渐渐的。此处形容脸色渐渐发怒变色的样子。

[14]过犯:即过失。

[15]使别人颠倒恶心烦:倒反使别人懊恼、烦躁。别人:红娘自指。

[16]调(tiáo)犯:作弄、嘲笑。

[17]“问什么他遭危难”三句：承上文，既是你(莺莺)口头上说得那般正经严肃，又何必去问他(张生)病症如何呢？撺(cuān)断得上竿，掇了梯儿看：当时成语，意谓哄得别人上了高竿，却又撤了梯子在一旁寻开心。撺断：口语，怂恿之意。掇(duó)：这里是搬走的意思。

[18]描笔儿：描画刺绣图案所用之笔，与书写用笔略有不同。

[19]把似你使性子休思量秀才：犹言与其现在耍脾气，不如以后压根儿别想张生。“把似……休……”是当时口语中的“取舍复句”，相当于现代汉语中“与其……倒不如……”句式。

[20]罗衣不奈五更寒：奈：同“耐”。南唐李煜《浪淘沙》词：“罗衾不耐五更寒。”

[21]泪阑干：泪水纵横的样子。阑干：纵横散乱貌。

[22]辰勾：水星。喻难遇之事。因水星与太阳角距不超过28°，且离太阳很近，人的肉眼难于观察到，故以其喻世间杳昧难凭之事。这里比喻佳期到来很困难。

[23]我将这角门儿世不曾牢拴：这是红娘的表白，意谓自己从来为崔、张提供方便。张生与莺莺隔墙相许，中有一角门，钥匙掌握在红娘手里。世：副词。

[24]“你向这筵席头上整扮”二句：意思是说，你放心地去与张生成就姻缘，我不会走漏半点风声。筵席：指婚筵。整扮：打扮得齐齐整整。缝了口：即闭口不言。撮合山：媒人。

[25]倩(qiàn)：请。

[26]“当日个晚妆楼上杏花残”三句：是说莺莺娇怯，原本怕春寒，但她听张生弹琴时却不畏寒冷，在夜露中专心听琴。参阅第二本第四折(俗称“听琴”)。

[27]几乎险被先生馔(zhuàn)：《论语·为政》：“有酒食，先生馔。”原指有酒食，供奉年长者先用。此借作调侃。意思是说张生爱莺莺，恨不能将她吞下去。

[28]胡颜：指羞愧无颜，即丢脸。

[29]拨雨撩云：指男女之间的挑逗，古代诗词或小说中往往称男女欢会为云雨。

[30]受艾焙(bèi)：喻吃了苦头。艾焙：针灸术之一种，用艾草烧灸病人的某一部位，以达到治疗目的。

[31]擎天柱：此为张生打趣语，意为崔、张情好全赖红娘一人。元杂剧中常以“擎天白玉柱，架海紫金梁”比喻国家栋梁人物。

[32]符篆：符咒。

[33]勾头：拘捕人的证件。

[34]若不是觑面颜：意思是要不是看面子(行事)。

[35]争些儿把你娘拖犯：差一点把我也连累进去。争些儿：差不多，几乎。你娘：红娘自指。

[36]“凤去秦楼”二句：古代传说秦穆公以女儿弄玉嫁善吹箫的萧史，萧史教弄玉吹凤鸣之曲，引来群凤毕集，二人遂双双乘凤仙去。云敛巫山：用楚襄王梦游高唐与巫山神女欢会事，借指男女幽会。“凤去”，“云敛”，都是说欢会无期。

[37]赸(shàn)：走开，散去。

[38]讪(shàn)：此处为埋怨之意。

[39]呆里撒奸：外痴内诈，即佯装憨傻而心中有数。

[40]骨肉摧残：指挨打。

[41]“直待我拄著拐帮闲钻懒”二句：是说简直要我被老夫人打得腿跛嘴破，还要为你们的爱情传递

消息。

[42] 撮盐入火：喻性情急躁。

[43] 消息儿踏著泛：是比喻一旦触及莺莺的隐处，她必然翻脸。消息儿：机关之枢纽，即所谓“关窍”，俗亦称“泛子”、“泛”。误踏了“泛子”，便会坠入机关或陷阱，便是所谓“泛了”。

[44] 热趱(zǎn)：极力怂恿催促。

[45] 哩也波，哩也啰：本是民歌结尾有音无义的拖腔，借指不便说出的话，犹言“如此如此，那般那般”。元杂剧中往往借以隐指男女之情事。

[46] 做下来：干下了。暗指男女欢会。

[47] 社家：即行家。元代许多伎艺都有行会组织，猜谜的行会叫“商谜社”。

[48] 风流隋何，浪子陆贾：隋何、陆贾二人均为汉初谋士，多才而善辩。这是张生自况自诩的话。

[49] “几曾见寄书的颠倒瞒着鱼雁”二句：从未见通信人双方瞒着传书递简的人，(你们)心眼太多，使巧打埋伏来哄我。鱼雁：这里借指传书递简的人。转关：犹言使巧，打埋伏。

[50] “女”字边“干”：合起来是一个“奸”字。

[51] “原来那诗句儿里包笼著三更枣”二句：是说原来那书信里藏着秘密。三更枣：“三更早”的隐语。据说禅宗五祖弘忍为六祖惠能传法时，曾于事先交给他三颗粳米，一枚枣子，六祖便明白了是叫自己“三更”时“早”些来。九里山：是韩信设十面埋伏阵大败项羽之处。这里取的是“埋伏”之意。

[52] 玉板：即“玉板笺”，一种光洁而坚韧、质地优良的宣纸。

[53] 玉堂学士：即翰林学士，皇帝的文学侍从。

[54] 稳情取金雀鸦鬟：意思是包管能娶莺莺小姐。稳情：一准，保准。取：同娶。一说，取助词，无义。金雀鸦鬟：指莺莺。金雀：金雀钗。鸦鬟：形容女子头发乌黑而有光泽。

[55] 他人行(háng)：别人那里。行：犹言“这里”、“那里”。表示处所，用于称谓后面。孟光接了梁鸿案：“举案齐眉”本是孟光的举动，这里却说孟光反接了梁鸿献上的案，是红娘反语讥消莺莺主动约张生欢会。

[56] 六月寒：与上文“三冬暖”相对举，谓莺莺对张生婉语温言(暖)，对红娘则态度粗暴，动不动就使性子(寒)。

[57] 离魂倩女：用唐人陈玄祐《离魂记》故事。张镒将女儿倩娘许给自己的外甥书生王宙，后又悔婚，倩娘的灵魂离家随王宙而去。元人郑光祖曾据此创作了《倩女离魂》杂剧。倩女：此指莺莺。

[58] 掷果潘安：传说晋潘岳(字安仁故省称“潘安”)容貌出众，每乘车外出，必遇路旁妇女争相掷果于车，表达对潘之爱慕，后遂以之作美男子代称。

[59] 按：实现、应验。

[60] “怕墙高怎把龙门跳”二句：双关语。旧以鲤鱼跳过龙门和攀蟾折桂喻士子科考及第，故红娘如此说张生。

[61] “望穿他盈盈秋水”二句：是说莺莺对张生一往情深，朝思暮想。“秋水”、“春山”在古典诗词中往往分别用来比喻女子明澈的眼睛与姣好的眉毛。

[62] 胡侃：胡乱调弄。侃：调笑。

[63] 证果：佛教语。谓佛教徒修炼功成而悟入妙道。此引申为崔、张好事之成就。

[64] 圪(gē)扎帮：象声词。形容动作快速，犹突然、立即。亦作“圪搭帮”、“各扎帮”。

[65] 颓：粗野话，犹鸟。

[66] 读书继晷(guǐ):指用功读书。晷:日影,引申为时光。继晷:犹言夜以继日。

[67] 恨杀鲁阳贪战:传说鲁阳公与韩国人酣战至日暮时分,他一挥手太阳便倒回来九十里。此借以形容张生盼夜暮的急切心情。

[68] 三足乌:指太阳。传说日中有三只腿的金色乌鸦。

[69] 后羿(yì)弓:神话传说中的后羿是远古时代的神射手,那时天上有十个太阳,酷热难当,草木枯焦,后羿便奋力射掉九个太阳。

[70] 发擂:打鼓开始数更。

[71] 滴流扑:象声词,物件跌落的声音,这里表示动作之迅疾。

【内容提要】

《闹柬》这一折写张生在老夫人"赖婚"之后,日夜思念莺莺,抑郁而病。莺莺派红娘去探望张生病情,张生遂请红娘给莺莺捎回一封柬帖。红娘将张生的柬帖放在莺莺的妆台盒上,悄悄在暗处观察动静。莺莺在看柬帖时,猛地发现红娘在监视自己,叫出红娘,大光其火。当红娘说要将张生柬帖拿去给老夫人看时,莺莺才又转而求红娘帮助遮掩。并让红娘给张生回了一封诗柬,约张生幽会,张生大喜过望,被欣喜之情冲昏了头脑,误解诗柬,是夜跳墙赴约。

【中心观点】

《闹柬》这一折淋漓尽致地展示了莺莺、张生、红娘三个青年之间的性格冲突,传神地描写了莺莺对爱情的追求既急急切切、又忐忐忑忑的心理情状,也描写了张生对爱情追求的执著,爱情的力量,使其变得傻头傻脑,顾不上言谈举止,行为鲁莽而痴迂。同时还展示了红娘积极帮助"有情人"的侠气,反映了人民大众缘情反礼,对"情"自觉追求的态度。

【写作特点色】

《闹柬》这折戏对莺莺形象的心理冲突刻画传神,戏剧性很强,很能体现《西厢记》戏剧冲突的风格。剧中反复运用铺垫、衬托手法强调张生误解诗柬的关目,将张生大胆追求爱情而又鲁莽痴迂的性格展现无遗。更重要的是此出戏语言的高度个性化,使人物的心理和个性更为维妙维肖。

【思考与练习】

1.谈谈《闹柬》这出戏语言个性化特色的体现。

2.谈谈你对"张生跳墙"行为的理解。

【拓展阅读书目或文章名】

1.王实甫《西厢记》

2.蒋星煜《〈西厢记〉研究与欣赏》

3.张燕瑾《〈西厢记〉浅说》

4.段启明《〈西厢记〉论稿》

赵氏孤儿(第三折)

纪君祥

【作者介绍】

纪君祥,生卒年不详,汉族,一作纪天祥。《录鬼簿》称其"前辈才人",说他与杂剧作家李寿卿、郑延玉同时,生活年代在元代前期。据著录,所撰杂剧六种,今仅存《赵氏孤儿》一种,是元杂剧中最优秀的历史题材剧之一。另《松阴梦》一剧,仅存曲词一首。《赵氏孤儿》在戏剧发展史上影响很大,早在18世纪,该剧就已经流传到欧洲,有英、法等译本,法国大文豪伏尔泰还将其改编为《中国孤儿》。

【正文】

(屠岸贾领卒子上,云)兀的不走了赵氏孤儿也!某已曾张挂榜文,限三日之内,不将孤儿出首者,即将普国内小儿,但是半岁以下、一月以上,都拘刷到我帅府中[1],尽行诛戮。令人,门首觑者,若有首告之人[2],报复某家知道。(程婴上,云)自家程婴是也。昨日将我的孩儿送与公孙杵臼去了,我今日到屠岸贾跟前首告去来。令人,报复去[3]:道有了赵氏孤儿也!(卒子云)你则在这里,等我报复去。(报科,云)报的元帅得知,有人来报赵氏孤儿有了也。(屠岸贾云)在那里?(卒子云)现在门首哩。(屠岸贾云)着他过来。(卒子云)着过来。(做见科,屠岸贾云)兀那厮,你是何人?(程婴云)小人是个草泽医士程婴。(屠岸贾云)赵氏孤儿今在何处?(程婴云)在吕吕太平庄上,公孙杵臼家藏着哩。(屠岸贾云)你怎生知道来?(程婴云)小人与公孙杵臼曾有一面之交,我去探望他,谁想卧房中锦绷绣褥上躺着一个小孩儿。我想公孙杵臼年纪七十,从来没儿没女,这个是那里来的?我说道:这小的莫非是赵氏孤儿么?只见他登时变色,不能答应。以此知孤儿在公孙杵臼家里。(屠岸贾云)咄!你这匹夫,你怎瞒的过我?你和公孙杵臼往日无仇,近日无冤,你因何告他藏着赵氏孤儿?你敢是知情么!说的是,万事全休;说的不是,令人,磨的剑快,先杀了这个匹夫者。(程婴云)告元帅暂息雷霆之怒,略罢虎狼之威,听小人诉说一遍咱。我小人与公孙杵臼原无仇隙,只因元帅传下榜文,要将普国内小儿拘刷到帅府,尽行杀坏。我一来为救普国内小儿之命;二来小人四旬有五,近生一子,尚未满月,元帅军令,不敢不献出来,可不小人也绝后了？我想有了赵氏孤儿，便不损坏一国生灵，连小人的孩儿也得无事，所以出首。(诗云)告大人暂停嗔怒，这便是首告缘故；虽然救普国生灵，其实怕程家绝户。(屠岸贾笑科，云)哦！是了。公孙杵臼元与赵盾一殿之臣，可知有这事来。令人，则今日点就本部人马，同程婴到太平庄上，拿公孙杵臼走一遭去。(同下)(正末公孙杵臼上，云)老夫公孙杵臼是也。想昨日与程婴商议救赵氏孤儿一事，今日他到屠岸贾府中首告去了。这早晚屠岸贾这厮必然来也呵。(唱)

【双调新水令】我则见荡征尘飞过小溪桥，多管是损忠良贼徒来到。齐臻臻摆着士卒[4]，明晃晃列着枪刀。眼见的我死在今朝，更避甚痛笞掠[5]。

(屠岸贾同程婴领卒子上，云)来到这吕吕太平庄上也。令人，与我围了太平庄者。程婴，那里是公孙杵臼宅院？(程婴云)则这个便是。(屠岸贾云)拿过那老匹夫来。公孙杵臼，你知罪么？(正末云)我不知罪。(屠岸贾云)我知你个老匹夫和赵盾是一殿之臣。你怎敢掩藏着赵氏孤儿？(正末云)老元帅，我有熊心豹胆？怎敢掩藏着赵氏孤儿！(屠岸贾云)不打不招。令人，与我拣大棒子着实打者！(卒子做打科)(正末唱)

【驻马听】想着我罢职辞朝，曾与赵盾名为刎颈交[6]。(云)这事是谁见来？(屠岸贾云)现有程婴首告着你哩。(正末唱)是那个昧情出告[7]？元来这程婴舌是斩身刀！(云)你杀了赵家满门良贱三百余口，则剩下这孩儿，你又要伤他性命！(唱)你正是狂风偏纵扑天雕，严霜故打枯根草。不争把孤儿又杀坏了。可着他三百口冤仇甚人来报？

(屠岸贾云)老匹夫，你把孤儿藏在那里？快招出来，免受刑法。(正末云)我有甚么孤儿藏在那里，谁见来？(屠岸贾云)你不招？令人，与我踩下去[8]，着实打者。(做打科)(屠岸贾云)这老匹夫赖肉顽皮，不肯招承，可恼可恼！程婴，这原是你出首的，就着你替我行杖者。(程婴云)元帅，小人是个草泽医士，撮药尚然腕弱，怎生行的杖？(屠岸贾云)程婴，你不行杖，敢怕指攀出你么[9]？(程婴云)元帅，小人行杖便了。(做拿杖子科)(屠岸贾云)程婴，我见你把棍子拣了又拣，只拣着那细棍子，敢怕打的他疼了，要指攀下你来？(程婴云)我就拿大棍子打者。(屠岸贾云)住者。你头里只拣着那细棍子打，如今你却拿起大棍子来，三两下打死了呵，你就做的个死无招对。(程婴云)着我拿细棍子又不是，拿大棍子又不是，好着我两下做人难也。(屠岸贾云)程婴，你只拿着那中等棍子打。公孙杵臼老匹夫，你可知道行杖的就是程婴么？(程婴行杖科，云)快招了者！(三科了)(正末云)哎哟！打了这一日，不似这几棍子打的我疼，是谁打我来？(屠岸贾云)是程婴打你来。(正末云)程婴，你划的打我那[10]！(程婴云)元帅，打的这老头儿兀的不胡说哩。(正末唱)

【雁儿落】是那一个实丕丕将着粗棍敲，打的来痛杀杀精皮掉。我和你狠程婴有甚的仇？却教我老公孙受这般虐！

(程婴云)快招了者。(正末云)我招，我招。(唱)

【得胜令】打的我无缝可能逃，有口屈成招。莫不是那孤儿他知道，故意的把咱家指定了。

(程婴做慌科)(正末唱)我委实的难熬,尚兀自强着牙根儿闹[11];暗地里偷瞧,只见他早唬的腿脡儿摇[12]。

(程婴云)你快招罢,省得打杀你。(正末云)有,有,有。(唱)

【水仙子】俺二人商议救这小儿曹。(屠岸贾云)可知道指攀下来也。你说二人,一个是你了,那一个是谁?你实说将出来,我饶你的性命。(正末云)你要我说那一个?我说,我说。(唱)哎!一句话来到我舌尖上却咽了。(屠岸贾云)程婴,这桩事敢有你么?(程婴云)兀那老头儿,你休妄指平人!(正末云)程婴,你慌怎么?(唱)我怎生把你程婴道,似这般有上梢无下梢[13]。(屠岸贾云)你头里说两个,你怎生这一会儿可说无了?(正末唱)只被你打的来不知一个颠倒。(屠岸贾云)你还不说,我就打死你个老匹夫。(正末唱)遮莫便打的我皮都绽,肉尽销,休想我有半字儿攀着。

(卒子抱倈儿上科[14],云)元帅爷贺喜,土洞中搜出个赵氏孤儿来了也。(屠岸贾科,云)将那小的拿近前来,我亲自下手,剁做三段。兀那老匹夫,你道无有赵氏孤儿,这个是谁?

(正末唱)

【川拨棹】你当日演神獒,把忠臣来扑咬。逼的他走死荒郊,刎死钢刀,缢死裙腰,将三百口全家老小尽行诛剿[15],并没那半个儿剩落,还不厌你心苗?

(屠岸贾云)我见了这孤儿,就不由我不恼也!(正末唱)

【七兄弟】我只见他左瞧、右瞧、怒咆哮,火不腾改变了狰狞貌[16],按狮蛮拽札起锦征袍[17],把龙泉扯离出沙鱼鞘[18]。

(屠岸贾怒云)我拔出这剑来,一剑,两剑,三剑。(程婴做惊疼科),(屠岸贾云)把这一个小业种剁了三剑,兀的不称了我平生所愿也。(正末唱)

【梅花酒】呀!见孩儿卧血泊,那一个哭哭号号,这一个怨怨焦焦[19],连我也战战摇摇。直恁般歹做作,只除是没天道。呀!想孩儿离褥草[20],到今日恰十朝,刀下处怎耽饶[21],空生长枉劬劳[22],还说甚要防老。

【收江南】呀!兀的不是家富小儿骄。(程婴掩泪科)(正末唱)见程婴心似热油浇,泪珠儿不敢对人抛。背地里揾了,没来由割舍的亲生骨肉吃三刀。

(云)屠岸贾那贼,你试觑者,上有天哩,怎肯饶过的你,我死打甚么不紧!(唱)

【鸳鸯煞】我七旬死后偏何老[23],这孩儿一岁死后偏何小。俺两个一处身亡,落的个万代名标。我嘱咐你个后死的程婴,休别了横亡的赵朔[24]。畅道是光阴过去的疾[25],冤仇报复的早。将那厮万剐千刀,切莫要轻轻的素放了[26]。

(正末撞科,云)我撞阶基,觅个死处。(下)(卒子报科,云)公孙杵臼撞阶基身死了也。(屠岸贾笑科,云)那老匹夫既然撞死,可也罢了。(做笑科,云)程婴,这一桩里多亏了你;若不是你呵,如何杀的赵氏孤儿?(程婴云)元帅,小人原与赵氏无仇,一来救普国内众生;二来小人跟前也有个孩儿,未曾满月。若不搜的那赵氏孤儿出来,我这孩儿也无活的人也。(屠岸贾云)程婴,你是我心腹的人,不如只在我家中做个门客,抬举你那孩儿成人长大。在你跟前习文,送在我跟前演武。我也年近五旬,尚无子嗣,就将你的孩儿与我做个义儿。我偌大年纪了,后来我的官位,也等你的孩儿讨个应袭。你意下如何?(程婴云)多谢元帅抬举。(屠岸贾诗云)则为朝纲中独显赵盾,不由我心中生忿;如今削除了这点萌芽,方才是永无后衅[27]。(同下)

【注释】

[1] 拘刷:谓全部收禁、收缴或扣留。

[2] 首告:出面告发(别人的犯罪行为)。

[3] 报复:回复。

[4] 齐臻臻:形容非常整齐。

[5] 笞(chī)掠:拷打。

[6] 刎颈交:同生死共患难的朋友。

[7] 昧情:昧着良心。

[8] 趼:抓、拉。

[9] 指攀:供出和牵连。

[10] 刬(chǎn)的:怎的。

[11] 闹:吵吵嚷嚷。

[12] 腿脡(tǐng)儿:腿肚子。

[13] 有上梢无下梢:指有头无尾。

[14] 倈(lài)儿:元杂剧中扮演小孩的角色。

[15] "你当日"六句:是指本剧第一折所叙屠岸贾陷害赵氏的几件事。

[16] 火不腾:突然。

[17] 狮蛮:古代武官腰带钩上饰有狮子和蛮王的形象,因以指武官腰带。

[18] 龙泉:宝剑名,泛指剑。

[19] 怨怨焦焦:哀伤焦急貌。

[20] 褥草:产妇生孩子时的垫褥垫席。

[21] 耽饶:承受。

[22] 劬(qú)劳:操劳。

[23] 后:语气词,与"呵"相近。

[24] 休别了:不要撇了。

[25] 畅道:真是,正是。

[26] 素放了:轻易放过了。

[27] 后衅:后患。衅:事端,祸患。

【内容提要】

《赵氏孤儿》全名《赵氏孤儿大报仇》，是根据《左传》《史记》等记载的真实的历史故事改编而成。剧情是写春秋时期，奸臣屠岸贾陷害忠臣赵盾，致使晋灵公下令将赵家满门三百余口全部斩杀。赵盾的儿子为晋灵公驸马，被赐自尽。儿媳公主生下遗腹子赵武，即赵氏孤儿。屠岸贾处心积虑要杀死这个遗腹子。公主托草泽医人程婴将婴儿带出公主府，以保全性命。屠岸贾为了斩草除根，下令在全国搜寻赵氏孤儿。程婴用自己的幼子冒充赵氏孤儿，藏在公孙家中，并向屠岸贾出首。结果屠岸贾杀死了假孤儿，公孙杵臼也撞阶自尽。程婴被屠岸贾收为门客，他的儿子(其实是赵氏孤儿)也被屠岸贾收为义子。二十年后，赵氏孤儿长大成人，程婴向他讲述了真实的身世。赵氏孤儿于是杀死屠岸贾，血海深仇终于得报。

本文所选第三折，写程婴假意出首，带屠岸贾到公孙杵臼家搜孤，是全剧的高潮所在。奸臣屠岸贾的残暴狠毒与程婴、公孙杵臼等人冒死历险、慷慨赴义的自我牺牲精神构成了尖锐激烈的戏剧冲突。本折一开始就出现了程婴和屠岸贾之间告发与猜疑的冲突。程婴向屠岸贾告发公孙杵臼私藏赵氏孤儿，屠岸贾不肯轻信，反复盘诘。接着是屠岸贾与公孙杵臼之间逼供与拒招的冲突。随后是程婴与公孙杵臼之间的冲突。程婴被逼毒打公孙杵臼，公孙杵臼惊疼之下，几乎招架不住而泄密。到这里作者通过三人之间的复杂关系、高度紧张的心理变化，将冲突推向了高潮。而在这场对决中，程婴既要担当卖友求荣的恶名，又被逼严刑拷打与自己共谋的公孙杵臼，更要眼睁睁看着自己的儿子被斩为三段。这使得程婴处于常人所无法承受的精神重负之下，正是在这种尖锐激烈的矛盾冲突中，程婴忍辱负重、沉着坚毅、视死如归的思想性格特点，得到了充分的表现。

【中心观点】

《赵氏孤儿》第三折是全剧的高潮，作者通过激烈的戏剧冲突，赞颂了程婴、公孙杵臼这样的忠臣义士临难不避、视死如归、舍己救人的精神，高度肯定了他们在道德行为中所表现出来的人格力量，宣扬了正义必胜的精神信念，也隐晦地反映了作者的民族意识。

【写作特点】

该折戏剧悲剧色彩极其浓重，悲壮美是其突出的风格特色。作者善于通过人物间复杂的关系、紧张的对峙来营造激烈的戏剧冲突，并且在戏剧冲突中，刻画人物性格，描摹人物心理，具有很强的感染力。

【思考与练习】

1. 试分析《赵氏孤儿》的悲剧性。

2. 谈一谈作者是如果塑造程婴这一英雄形象的。

【拓展阅读书目或文章名】

汉司马迁《史记·赵世家》

倩女离魂(第二折)

郑光祖

【作者介绍】

郑光祖,生卒年不详,汉族,字德辉,元代著名的戏曲作家,元曲四大家之一。据著录,郑光祖一生写过杂剧十八种,今存《倩女离魂》《王粲登楼》《㑳梅香》《周公摄政》《伊尹耕莘》等八种,其中《倩女离魂》是他的代表作,也是元代后期最优秀的戏剧作品。其剧作以文采见长,语言典雅,《录鬼簿》云其:“名香天下,声振闺阁”。除杂剧外,郑光祖还写过一些曲词,存至今日的,有小令六首,套曲两部。

【正文】

(夫人慌上,云)欢喜未尽,烦恼又来。自从倩女孩儿在折柳亭与王秀才送路,辞别回家,得其疾病,一卧不起。请的医人看治,不得痊可,十分沉重,如之奈何?则怕孩儿思想汤水吃,老身亲自去绣房中探望一遭去来。(下)(正末上,云)小生王文举,自与小姐在折柳亭相别,使小生切切于怀,放心不下。今舣舟江岸[1],小生横琴于膝,操一曲以适闷咱[2]。(做抚琴科)(正旦别扮离魂上,云)妾身倩女,自与王生相别,思想的无奈,不如跟他同去;背著母亲,一径的赶来。王生也,你只管去了,争知我如何过遣也呵[3]!

【越调斗鹌鹑】人去阳台,云归楚峡[4]。不争他江渚停舟,几时得门庭过马[5]?悄悄冥冥,潇潇洒洒。我这里踏岸沙,步月华;我觑这万水千山,都只在一时半霎。

【紫花儿序】想倩女心间离恨,赶王生柳外兰舟。似盼张骞天上浮槎[6]。汗溶溶琼珠莹脸,乱松松云髻堆鸦,走的我筋力疲乏。你莫不夜泊秦淮卖酒家。向断桥西下,疏剌剌秋水菰蒲[7],冷清清明月芦花。

(云)走了半日,来到江边,听的人语喧闹,我试觑咱。(唱)

【小桃红】我蓦听得马嘶人语闹喧哗,掩映在垂杨下,吓的我心头丕丕那惊怕[8],原来是响珰珰鸣榔板捕鱼虾[9]。我这里顺西风悄悄听沉罢,趁著这厌厌露华[10],对著这澄澄月下,惊的那呀呀呀寒雁起平沙。

【调笑令】向沙堤款踏,莎草带霜滑;掠湿湘裙翡翠纱,抵多少苍苔露冷凌波袜。看江上晚来堪画,玩冰壶潋滟天上下[11],似一片碧玉无瑕。

【秃厮儿】你觑远浦孤鹜落霞，枯藤老树昏鸦，听长笛一声何处发，歌欸乃[12]，橹咿哑。

(云)兀那船头上琴声响，敢是王生？我试听咱。(唱)

【圣药王】近蓼洼[13]，缆钓槎，有折蒲衰柳老蒹葭；近水凹，傍短槎，见烟笼寒水月笼沙，茅舍两三家。

(正末云)这等夜深，只听得岸上女人音声，好似我倩女小姐，我试问一声波。(做问科，云)那壁不是倩女小姐么，这早晚来此怎的？(魂旦相见科，云)王生也，我背著母亲，一径的赶将你来，咱同上京去吧！(正末云)小姐，你怎生直赶到这里来？(魂旦唱)

【麻郎儿】你好似舒心的伯牙[14]，我做了没路的浑家[15]。你道我为甚么私离绣榻，待和伊同走天涯。

(正末云)小姐是车儿来，是马儿来？(魂旦唱)

【么】险把、咱家、走乏。比及你远赴京华，薄命妾为伊牵挂，思量心几时撇下。

【络丝娘】你抛闪咱[16]，比及见咱。我不瘦杀，多应害杀。(正末云)若老夫人知道怎了也？(魂旦唱)他若是赶上咱，待怎么？常言道：做着不怕。

(正末做怒科，云)古人云：聘则为妻，奔则为妾。老夫人许了亲事，待小生得官回来，谐两姓之好，却不名正言顺！你今私自赶来，有玷风化，是何道理？(魂旦云)王生，(唱)

【雪里梅】你振色怒增加，我凝睇不归家；我本真情非为相吓，已主定心猿意马[17]。

(正末云)小姐，你快回去罢。(魂旦唱)

【紫花儿序】只道你急煎煎趱登程路[18]，元来是闷沉沉困倚琴书，怎不教我痛煞煞泪湿琵琶。有甚心着雾鬓轻笼蝉翅，双眉淡扫宫鸦。情愿似落絮飞花，谁待问出外争如只在家。更无多话，愿秋风驾百尺高帆，尽春光付一树铅华。

(云)王秀才，赶你不为别，我只防你一件。(正末云)小姐防我那一件来？(魂旦唱)

【东原乐】你若是赴御宴琼林罢，媒人每拦住马，高挑起染渲佳人丹青画，卖弄他生长在王侯宰相家。你恋着那奢华，你敢新婚燕尔在他门下。

(正末云)小生此行，一举及第，怎敢忘了小姐。(魂旦云)你若得登第呵，(唱)

【绵搭絮】你做了贵门娇客，一样矜夸[19]；那相府荣华，锦绣堆压。你还想飞入寻常百姓家？那时节似鱼跃龙门播海涯，饮御酒插宫花，那其间占鳌头[20]，占鳌头登上甲。

(正末云)小生倘不中呵，却是怎生？(魂旦云)你若不中呵，妾身荆钗裙布，愿同甘苦。(唱)

【拙鲁速】你若是似贾谊困在长沙，我敢似孟光般显贤达[21]。休想我半星儿意差，一分儿抹搭[22]。我情愿举案齐眉傍书榻，任粗粝淡薄生涯；遮莫戴荆钗，穿布麻。

(正末云)小姐既如此真诚志意，就与小生同上京去如何？(魂旦云)秀才肯带妾身去呵，(唱)

【么篇】把稍公快唤咱，恐家中厮捉拿。只见远树寒鸦，岸草汀沙，满目黄花，几缕残霞。快先把云帆高挂，月明直下；便东风刮，莫消停，疾进发。

(正末云)小姐，则今日同我上京应举去来。我若得了官，你便是夫人县君也[23]。(魂

旦唱)

【收尾】各剌剌向长安道上把车儿驾[24],但愿得文苑客当时奋发[25];则我这临邛市沽酒卓文君,甘伏待你濯锦江题桥汉司马[26]。(同下)

【注释】

[1]舣舟:停船靠岸。

[2]适闷:即释闷,解闷。

[3]过遣:过活,打发日子。

[4]“人去阳台”二句:借楚怀王在高唐与巫山神女欢会之事比喻情人间的别离。事见宋玉《高唐赋·序》。

[5]门庭过马:指得官归来。

[6]张骞天上浮槎(chá):晋张华《博物志》云张骞曾乘浮槎寻黄河之源,直至天上,并见到了牛郎和织女。槎:木筏。

[7]菰蒲:茭白和菖蒲。

[8]丕丕:即“扑扑”,拟声词。

[9]鸣榔板:用木棍敲船舷发出声响,惊鱼入网。

[10]厌厌:浓重。

[11]冰壶:指月亮。

[12]欸(ǎi)乃:指的是桨橹之声或渔家号子声。

[13]蓼(liǎo)洼:蓼:一种草本植物,生长在水中或水边。洼:低凹的沼泽湿地。

[14]伯牙:春秋时著名的琴师。

[15]浑家:指妻子。

[16]抛闪:丢弃,舍弃。

[17]“已主定”句:指已经打定了主意。

[18]趱(zǎn):赶,加快,加紧。

[19]矜夸:骄傲自夸。

[20]占鳌(áo)头:鳌头:指皇宫大殿前石阶上刻的鳌的头。考上状元的人可以踏上。后来用“独占鳌头”比喻占首位或取得第一名。

[21]“你若是”二句:贾谊:汉代政治家、文学家。因受权贵排挤,被贬作长沙王太傅,见《史记·屈原贾生列传》。孟光:东汉梁鸿之妻。夫妇二人相敬如宾,传为佳话。后文“举案齐眉”说的即是他们的事迹,见《后汉书·逸民传》。

[22]抹搭:怠慢,变心。

[23]县君:本为古代妇人的封号,后亦作命妇的通称。

[24]各剌剌:象声词。形容滚动、碰撞声。

[25]文苑客:疑为“文园客”,指司马相如。因其曾为汉文帝陵园令,故后世多以文园指相如。

[26]“则我这”二句:用司马相如与卓文君事自比。传说司马相如经过成都升仙桥时,曾在桥柱上题字:“不乘高车驷马,不过此桥。”卓文君随司马相如私奔后,在临邛当垆卖酒。

【内容提要】

《倩女离魂》全名《迷青琐倩女离魂》，是一部以描写青年男女爱情故事为主题的剧本。它取材于唐代陈玄祐的传奇《离魂记》。该剧写秀才王文举与张倩女指腹为婚，王文举不幸父母早亡，张母遂有悔婚之意，以“俺家三辈儿不招白衣秀才”为借口，令其与倩女兄妹相称。王文举启程赴考，与倩女在柳亭相别，之后倩女相思成疾，一病不起。她的魂魄却离开了躯壳，追随王文举一起奔赴京城。王文举状元及第三年后，准备从京城启程赴官，寄信张家，言其将与夫人一起归家。卧病在床的倩女闻讯气得昏厥过去。待王文举携倩女魂魄归来后，张家人大惊，王文举也才知道一直追随自己的原来是倩女的魂魄。这时倩女的魂魄与身体又合而为一，一对恩爱夫妻得以团圆。

这里所选的第二折，开头就用了【越调斗鹌鹑】、【紫花儿序】、【小桃红】、【调笑令】、【秃厮儿】及【圣药王】这六支曲子来写王文举走后，张倩女魂离躯壳，一路追赶王文举。曲词以江上萧肃的景物、凄清的夜色，衬托倩女之魂担惊受怕的心情，写得情景交融，十分精彩，历来为评论家所激赏。当倩女赶上王文举后，等待她的却是心上人的责备。受封建礼教观念影响至深的王文举问她：“你怎生直赶到这里来？”并说：“聘则为妻，奔则为妾。”张倩女却勇敢坚定地说：“做着不怕！”“我本真情非为相吓”，并一再表明自己对于爱情的忠诚。两人的对话，既暴露了王文举的封建礼教意识，又表现了张倩女追求爱情的主动，她以自己的坚定克服了王文举的犹豫，以自己的大胆战胜了王文举的封建礼教意识，推进了戏剧矛盾的发展。作者笔下的倩女形象，既有着魂的特征，又有着人的个性，是人与魂辩证统一的有机结合。

【中心观点】

《倩女离魂》通过描写张倩女与王文举的爱情故事，赞扬了青年男女为争取婚姻自由而进行大胆反抗的精神。在这一折里，作者通过对张倩女为追求爱情幸福而魂魄离开躯壳的描写，着力表现了青春少女追求爱情幸福的强烈愿望，肯定了爱情的力量和价值。说明了封建礼教可以限制青年男女的行动，却无法拘束他们追求幸福的思想和愿望。

【写作特点】

作者通过离魂这一奇幻情节的描写，成功地刻画了一个强烈地、执着地追求爱情婚姻自主的女性形象，因而具有强烈的浪漫主义色彩。描摹人物心理细致入微，是又一显著特色。此外，该折曲词优美婉转，多化用唐诗宋词构成优美的意境，情景交融，抒情气息浓厚。

【思考与练习】

1. 说一说张倩女这一形象有何特点。

2. 找出该折中化用诗词的曲词。

【拓展阅读书目或文章名】

1. 唐陈玄祐《离魂记》

2. 明汤显祖《牡丹亭》

糟糠自厌[1]

高明

【作者介绍】

高明(约1305—约1359年),字则诚,号东嘉,又号菜根道人,温州瑞安(今浙江瑞安县)人。早年乡居读书,博学多才。元顺帝至正五年(公元1345年)中进士,在杭州等地作过几任小官。至正八年,曾在镇压方国珍的元军统帅府任都事,因与上司意见不合,“避不治文书”。后隐居著书,以词曲自娱。《琵琶记》是他后期创作的著名南戏剧本。另有南戏剧本《闵子骞单衣记》(已佚),诗文今存50余篇。

【正文】

(旦上,唱[2])

【山坡羊】乱荒荒不丰稔的年岁[3]。远迢迢不回来的夫婿。急煎煎不耐烦的二亲,软怯怯不济事的孤身已[4]。衣尽典,寸丝不挂体。几番要卖了奴身已,争奈没主公婆教谁看取[5]?(合[6])思之,虚飘飘命怎期? 难捱,实丕丕灾共危[7]。

【前腔】滴溜溜难穷尽的珠泪,乱纷纷难宽解的愁绪。骨崖崖难扶持的病体[8],战钦钦难挨过的时和岁[9]。这糠呵,我待不吃你,教奴怎忍饥?我待吃呵,怎吃得?(介)[10]苦!思量起来不如奴先死,图得不知他亲死时。(合前)

(白)奴家早上安排些饭与公婆,非不欲买些鲑菜[11],争奈无钱可买。不想婆婆抵死埋冤[12],只道奴家背地吃了什么。不知奴家吃的却是细米皮糠,吃时不敢教他知道,只得回避。便埋冤杀了,也不敢分说。苦!真实这糠怎的吃得。(吃介)(唱)

【孝顺歌】呕得我肝肠痛,珠泪垂,喉咙尚兀自牢嘎住[13]。糠!遭砻被舂杵[14],筛你簸扬你,吃尽控持[15]。悄似奴家身狼狈[16],千辛万苦皆经历。苦人吃着苦味,两苦相逢,可知道欲吞不去。(吃吐介)(唱)

【前腔】糠和米,本是两倚依,谁人簸扬你作两处飞?一贱与一贵,好似奴家共夫婿,终无见期。丈夫,你便是米么,米在他方没寻处。奴便是糠么,怎的把糠救得人饥馁?好似儿夫出去,怎的教奴,供给得公婆甘旨[17]?(不吃放碗介)(唱)

【前腔】思量我生无益,死又值甚的!不如忍饥为怨鬼。公婆年纪老,靠着奴家相依倚,只得苟活片时。片时苟活虽容易，到底日久也难相聚。谩把糠来相比[18]，这糠尚兀自有人吃，奴家骨头，知他埋在何处？

(外净上探[19]，白)媳妇，你在这里说什么？(旦遮糠介)(净搜出打旦介)(白)公公，你看么？真个背后自逼逻东西吃[20]，这贱人好打！(外白)你把他吃了，看是什么物事？(净荒吃介)(吐介)(外白)媳妇，你逼逻的是什么东西？(旦介)(唱)

【前腔】这是谷中膜，米上皮，将来逼逻堪疗机。(外净白)这是糠，你却怎的吃得？(旦唱)尝闻古贤书，狗彘食人食[21]，公公，婆婆，须强如草根树皮。(外净白)这的不嗄杀了你？(旦唱)嚼雪飧毡，苏卿犹健[22]，飡松食柏，到做得神仙侣[23]，纵然吃些何虑？(白)公公，婆婆，别人吃不得，奴家须是吃得。(外净白)胡说！偏你如何吃得？(旦唱)爹妈休疑，奴须是你孩儿的糟糠妻室！

(外净哭介，白)原来错埋冤了人，兀的不痛杀了我！(倒介)(旦叫介，唱)

【雁过沙】他沉沉向迷途，空教我耳边呼。公公，婆婆，我不能尽心相奉事，番教你为我归黄土。公公，婆婆，人道你死缘何故？ 公公，婆婆，你怎生割舍抛弃了奴？

(白)公公，婆婆。(外醒介，唱)

【前腔】媳妇，你耽饥事公姑[24]。媳妇，你耽饥怎生度？错埋冤你也不肯辞，我如今始信有糟糠妇。媳妇，我料应不久归阴府。媳妇，你休便为我死的把生的受苦。(旦叫婆婆介，唱)

【前腔】婆婆，你还死，教奴家怎支吾[25]？你若死，教我怎生度？我千辛万苦回护丈夫[26]，如今到此难回护。我只愁母死难留父，况衣衫尽解。囊箧又无[27]。(外叫净介，唱)

【前腔】婆婆，我当初不寻思，教孩儿往皇都。把媳妇闪得苦又孤，把婆婆送入黄泉路，只怨是我相耽误。我骨头未知埋在何处所？

(旦白)婆婆都不省人事了，且扶入里面去。正是：青龙共白虎同行，凶吉事全然未保[28]。(并下)(末上[29]，白)福无双至犹难信，祸不单行却是真。自家为甚说这两句？为邻家蔡伯喈妻房，名唤做赵氏五娘子，嫁得伯喈秀才，方才两月，丈夫便出去赴选。自去之后，连年饥荒，家里只有公婆两口，年纪八十之上，甘旨之奉，亏杀这赵五娘子，把些衣服首饰之类尽皆典卖，籴些粮米做饭与公婆吃，他却背地里把些细米皮糠逼逻充饥。唧唧[30]，这般荒年饥岁，少什么有三五个孩儿的人家，供膳不得爹娘[31]，这个小娘子，真个今人中少有，古人中难得。那公婆不知道，颠倒把他埋冤；今来听得他公婆知道[32]，却又痛心都害了病。俺如今去他家里探取消息则个。(看介)这个来的却是蔡小娘子，怎生恁地走得慌？(旦慌走上介，白)天有不测风云，人有旦夕祸福。(见末介)公公，我的婆婆死了。(末介)我却要来。(旦白)公公，我衣衫首饰尽行典卖，今日婆婆又死，教我如何区处？公公可怜见，相济则个。(末白)不妨，婆婆衣衾棺椁之费皆出于我[33]，你但尽心承值公公便了[34]。(旦哭介，唱)

【玉包肚】千般生受，教奴家如何措手[35]？ 终不然把他骸骨，没棺椁送在荒丘？(合)相看到此，不由人不珠泪流，正是：不是冤家不聚头[36]。(末唱)

【前腔】不须多忧，送婆婆是我身上有。你但小心承值公公，莫教又成不救。(合前)(旦白)如此，谢得公公！只为无钱送老娘。(末白)娘子放心，须知此事有商量。(合)正是：归家不敢高声哭，只恐人闻也断肠。(并下)

【注释】

[1]选自元南戏《琵琶记》，《琵琶记》写的是蔡伯喈与赵五娘的故事，这个故事在民间长期流传，早期南戏有《赵贞女》。高明根据民间传说和早期南戏改编的《琵琶记》，被誉为"词曲之祖""南戏之宗"。全剧共四十二出。《糟糠自厌》是第二十出。厌：通"餍"。饱：满足。

[2]旦：在剧中饰演赵五娘。

[3]不丰稔：荒欠年景。稔(rěn忍)：庄稼成熟。

[4]身己：指自己的身体。

[5]看取：照看。

[6]合：戏曲术语，指合头，剧中过曲一般用两支以上的曲子，这些曲子的最后几句相同，称合头。上曲合头处注"合"字，后曲不再重出曲文，仅注"合前"，即合头同前之意。合头同唱时多，也有独唱。此处只赵五娘一人，是独唱。

[7]实丕丕：实实在在。

[8]骨崖崖：瘦骨嶙峋的样子。

[9]战钦钦：即战兢兢。

[10]介：戏曲用语，与元杂剧里的"科"相同。

[11]鲑(xié)菜：泛指鱼类菜肴。

[12]埋冤：即埋怨。

[13]牢嗄(shà)住：紧紧的卡住。

[14]砻(lóng)：即磨。这里用作动词。

[15]吃尽控持：意为受尽摆布折磨。控持：支配。

[16]悄似：浑似，直似，恰像。

[17]甘旨：美好的食物。

[18]谩：亦作漫，本义为聊且、胡乱，这里是徒然或空的意思。

[19]外、净：角色名。外扮蔡公，净扮蔡婆。

[20]逼逻：张罗、安排。

[21]狗彘食人食：语出《孟子·梁惠王》，原意说猪狗竟吃人吃的东西，这里意思相反，意谓猪狗才吃的东西，人却拿来吃。彘(zhì)，猪。

[22]苏卿：指西汉苏武。苏武出使匈奴，被扣留逼降，他宁死不从。匈奴把他关在大窖中，不给饮食。苏武吃雪吞毡，得以不死。十九年后终得归汉。事见《汉书·李广苏建传》。

[23]飡松食柏：相传神仙不吃烟火食，只吃松柏果实，得以长生不老。飡(cān)：同"餐"。

[24]耽饥：忍饥。

[25]怎支吾：怎应付。

[26] 回护丈夫:意为替丈夫侍养父母,代丈夫行孝。回护:维护。

[27] 囊箧(náng qiè):口袋和小箱子。

[28] 青龙二句:古代星相家以青龙为吉星,以白虎为凶星。两星同行,就是吉凶未定的意思。

[29] 末:角色名,这里指蔡家邻居张太公的扮演者。

[30] 唧唧:即啧啧,赞叹声。

[31] 供膳:供养的意思。膳:饭食。

[32] 今来:而今。

[33] 棺椁(guǒ):棺材。椁:棺外的套棺。

[34] 承值:照看、侍候。

[35] 措手:处理、应付。

[36] "不是"句:民间俗语,这里意为倒霉的事都凑到一起来了。

【内容提要】

《糟糠自厌》是高明《琵琶记》中最精彩的一出。整出戏分前后两部分。前场戏写赵五娘吃糠的原因和悲苦情状及其引起的风波。蔡伯喈赴试久出不归,杳无音讯,赵五娘在家含辛茹苦侍养公婆又遭逢灾荒,她宁愿自己咽糠,省下口粮供奉公婆,想不到竟引起公婆的误会与责难,她受到委屈也毫无怨言,公婆得知真情,悲苦交加,双双昏倒。其中[孝顺歌](呕得我肝肠痛)、[前腔](糠和米)这两支曲子把赵五娘的苦楚表现得淋漓尽致。

后场戏写邻居张太公扶危济困,帮助赵五娘安葬蔡婆。这部分借张太公之口赞扬赵五娘忍苦负重的品德,进一步渲染了悲剧气氛。

【中心观点】

《糟糠自厌》着力刻画了赵五娘"有贞有烈"、守礼行孝的孝妇贤妻的形象,在她身上,体现了古代中国妇女的善良朴素、刻苦耐劳等优秀品质,表明作者"只看子孝妻贤"的戏剧创作主张和"有关风化"的戏剧创作目的。但同时也揭露了封建社会和伦理纲常给予女性的苦难、不幸和无奈,让人们看到这些被视为道德楷模的人物内心的隐痛,从而客观上暴露了封建伦理的不合理性。这也正是作者期待"知音君子另做眼儿看"的"动人"内涵。

【写作特点】

通过人物细致的心理活动,准确地揭露人物的性格特征、突出人物形象,是这出戏最显著的写作特点色。其次是曲白语言通俗自然,质朴无华,真挚感人。如开头两曲[山坡羊]和[前腔],连用排比句式和一连串叠词,生动地叙写了赵五娘处境的困难和内心的悲苦,凄楚动人。[孝顺歌]写赵五娘吃糠难咽的情状和心境,先以糠自比,由糠的"遭砻被舂杵,筛你簸扬你,吃尽控持",联想到自己的苦命。接着再以糠和米的关系设喻,糠米"本是两倚依",但被舂簸"作两处飞",由此联想到夫妻的分离,继而又由糠贱米贵,联想到妻贱夫贵,甚至自己的苦命比糠还不如。尽管如此,但为了侍养公婆仍要坚强地苟活下去。这三支曲,字字本色自然,设喻巧妙,生动恰当,又层层推进,丝丝入扣,将赵五娘的悲怆情怀揭示得淋漓尽致，同时突出了她甘作牺牲、舍己为人的可贵品质。这出戏的好处“是用浅显的语言，写最苦最深的感情”（刘大杰《中国文学发展史》）。

【思考与练习】

1.《琵琶记》被誉为文学艺术创作上“形象大于思想”的典范。请结合赵五娘形象谈谈你对此誉的看法。

2. 谈谈作品是如何通过人物的心理活动展示人物的性格特征的。

3. 谈谈你对“忠”“孝”“节”“烈”的看法。

【拓展阅读书目或文章名】

1. 高明《琵琶记》

2.黄仕忠《琵琶记研究》

惊　梦[1]

汤显祖

【作者介绍】

汤显祖(1550—1616 年),字义仍,号海若,又号若士,别署清远道临川(今江西抚州)人。万历进士。历任南京太常寺博士、詹事府主簿、礼部祠祭司主事。万历十九年(公元 1591 年)上《论辅臣科臣疏》,抨击朝政,贬为广东徐闻县典史。二十一年(公元 1593 年)升浙江遂昌县知县,颇有政绩。万历二十六年(公元 1598 年)辞官归里。此后十多年致力于创作。汤显祖在政治上同东林党有共同立场,敢于抨击朝政;在哲学上,受王阳明学派和李贽的影响,反对程朱理学;在文艺理论上,反对前后七子的复古倾向,与"公安三袁"同调,倡导"独抒性灵,不拘格套",认为戏剧创作要以"意趣神色为主",不应该过分受韵律、宫调的束缚。当时与之后的部分戏曲作家拥护其主张,并形成近似的创作风格者,被称为"临川派"或"玉茗堂派"。其诗文有洗刷排荡之风,迥迈时流;传奇陶写胸臆,淋漓尽致。传世著作有:诗文集《红泉逸草》《问棘邮草》(残)《玉茗堂文集》;传奇《紫箫记》《紫钗记》《牡丹亭》(一名《还魂记》)《南柯记》《邯郸记》,后四种合称"临川四梦""玉茗堂四种"。

【正文】

【绕池游】(旦上)梦回莺啭,乱煞年光遍,人立小庭深院[2]。(贴)炷尽沉烟,抛残绣线,恁今春关情似去年[3]?

[乌夜啼](旦)晓来望断梅关[4],宿妆残。(贴)你侧着宜春髻子[5],恰凭阑。(旦)剪不断,理还乱,闷无端[6]。(贴)已分付催花莺燕借春看。(旦)春香,可曾叫人扫除花径?(贴)分付了。(旦)取镜台衣服来。(贴取镜台衣服上)"云髻罢梳还对镜,罗衣欲换更添香[7]。"镜台衣服在此。

【步步娇】(旦)袅晴丝吹来闲庭院[8],摇漾春如线。停半晌,整花钿[9]。没揣菱花[10],偷人半面,迤逗的彩云偏[11]。(行介)步香闺怎便把全身现!

(贴)今日穿插的好。

【醉扶归】(旦)你道翠生生出落的裙衫儿茜[12],艳晶晶花簪八宝填[13],可知我常一生儿爱好是天然[14]。恰三春好处无人见[15]。不提防沉鱼落雁鸟惊喧[16],则怕的羞花闭月花愁颤[17]。

(贴)早茶时了,请行。(行介)你看:画廊金粉半零星,池馆苍苔一片青。踏草怕泥新绣袜[18],惜花疼煞小金铃[19]。(旦)不到园林,怎知春色如许!

【皂罗袍】原来姹紫嫣红开遍[20],似这般都付与断井颓垣[21]。良辰美景奈何天,赏心乐事谁家院[22]!恁般景致[23],我老爷和奶奶再不提起。(合)朝飞暮卷[24],云霞翠轩;雨丝风片,烟波画船,——锦屏人忒看的这韶光贱[25]!

(贴)是花都放了,那牡丹还早。

【好姐姐】(旦)遍青山啼红了杜鹃[26],荼蘼外烟丝醉软[27]。春香呵,牡丹虽好,他春归怎占的先[28]!(贴)成对儿莺燕呵。(合)闲凝眄[29],生生燕语明如翦[30],呖呖莺歌溜的圆。

(旦)去罢。(贴)这园子,委是观之不足也[31]。(旦)提他怎的!

(行介)

【隔尾】观之不足由他缱[32],便赏遍了十二亭台是枉然[33]。到不如兴尽回家闲过遣[34]。

(作到介)(贴)开我西阁门,展我东阁床[35]。瓶插映山紫[36],炉添沉水香[37]。小姐,你歇息片时,俺瞧老夫人去也。(下)(旦叹介)默地游春转,小试宜春面[38]。春呵,得和你两留连,春去如何遣?咳!恁般天气,好困人也。春香那里?(作左右瞧介)(又低首沉吟介)天呵!春色恼人,信有之乎?常观诗词乐府,古之女子,因春感情,遇秋成恨,诚不谬矣。吾今年已二八,未逢折桂之夫[39];忽慕春情,怎得蟾宫之客?昔日韩夫人得遇于郎[40],张生偶逢崔氏[41],曾有《题红记》、《崔徽传》二书。此佳人才子,前以密约偷期,后皆得成秦晋[42]。(长叹介)吾生于宦族,长在名门,年已及笄[43],不得早成佳配,诚为虚度青春。光阴如过隙耳,(泪介)可惜妾身颜色如花,岂料命如一叶乎!

【山坡羊】没乱里春情难遣[44],蓦地里怀人幽怨。则为俺生小婵娟[45],拣名门一例、一例里神仙眷,甚良缘,把青春抛的远!俺的睡情谁见?则索因循腼腆[46],想幽梦谁边,和春光暗流转?迁延,这衷怀那处言?淹煎,泼残生除问天[47]。

身子困乏了,且自隐几而眠[48]。(睡介)(梦生介)(生持柳枝上)莺逢日暖歌声滑,人遇风情笑口开。一径落花随水入,今朝阮肇到天台[49]。小生顺路儿跟着杜小姐回来,怎生不见?(回看介)呀!小姐,小姐。(旦作惊起相见介)(生)小生那一处不寻访小姐来,却在这里。(旦作斜视不语介)(生)恰好花园内折取垂柳半枝,姐姐,你既淹通书史,可作诗以赏此柳枝乎?(旦作惊喜,欲言又止介)(背云)这生素昧平生,何因到此?(生笑介)小姐,咱爱杀你哩。

【山桃红】则为你如花美眷,似水流年。是答儿闲寻遍[50],在幽闺自怜。小姐,和你那答儿讲话去。(旦作含笑不行)(生作牵衣介)(旦低问)那边去?(生)转过这芍药栏前,紧靠着湖山石边。(旦低问)秀才,去怎的?(生低答)和你把领扣松,衣带宽,袖梢儿揾着牙儿苫也,则待你忍耐温存一晌眠。(旦作羞)(生前抱)(旦推介)(合)是那处曾相见,相看俨然,早难道这好处相逢无一言?

……

(生)姐姐,你身子乏了,将息将息。(送旦依前作睡介)(轻拍旦介) 姐姐,俺去了。(作回顾介)姐姐,你可十分将息,我再来瞧你那。行来春色三分雨,睡去巫山一片云。(下)(旦作惊醒,低叫介)秀才,秀才,你去了?(又作痴睡介)(老旦上)夫婿坐黄堂[51],娇娃立绣窗。怪他裙衩上,花鸟绣双双。孩儿,孩儿,你为甚瞌睡在此?(旦作醒,叫秀才介)咳也!(老旦)孩儿怎的来?(旦作惊起介)奶奶到此。(老旦)我儿何不做些针指[52],或观玩书史,舒展情怀?因何昼寝于此?(旦)孩儿适花园中闲玩,忽值春暄恼人,故此回房。无可消遣,不觉困倦少息。有失迎接,望母亲恕儿之罪!(老旦)孩儿,这后花园中冷静,少去闲行。(旦)领母亲严命。(老旦)孩儿,学堂看书去。(旦)先生不在,且自消停。(老旦叹介)女孩儿长成,自有许多情态,且自由他。正是:宛转随儿女,辛勤做老娘。(下)(旦长叹介)(看老旦下介)哎也,天那!今日杜丽娘有些侥幸也。偶到后花园中,百花开遍,睹景伤情。没兴而回,昼眠香阁。忽见一生,年可弱冠[53],丰姿俊妍。于园中折得柳丝一枝,笑对奴家说:姐姐既淹通书史,何不将柳枝题赏一篇?那时待要应他一声,心中自忖,素昧平生,不知名姓,何得轻与交言。正如此想间,只见那生向前说了几句伤心话儿,将奴搂抱去牡丹亭畔,芍药栏边,共成云雨之欢。两情和合,真个是千般爱惜,万种温存。欢毕之时,又送我睡眠,几声将息。正待自送那生出门,忽值母亲来到,唤醒将来。我一身冷汗,乃是南柯一梦。忙身参礼母亲,又被母亲絮了许多闲话。奴家口虽无言答应,心内思想梦中之事,何曾放怀?行坐不宁,自觉如有所失。娘呵,你教我学堂看书去,知他看那一种书消闷也?(作掩泪介)

【绵搭絮】雨香云片[54],才到梦儿边。无奈高堂,唤醒纱窗睡不便。泼新鲜,冷汗粘煎。闪的俺心悠步亸[55],意软鬟偏。不争多费尽神情[56],坐起谁忺则待去眠[57]。

(贴上)晚妆销粉印,春润费香篝[58]。小姐,熏了被窝睡罢。

【尾声】(旦)困春心游赏倦,也不索香熏绣被眠。天呵,有心情那梦儿还去不远。

春望逍遥出画堂,间梅遮柳不胜芳。

可知刘阮逢人处,回首东风一断肠。

【注释】

[1]选自汤显祖《牡丹亭》(徐朔方、杨笑梅校注本)第十出。有删节。

[2]“梦回”三句:意思是春天到来,莺声惊醒迷梦,站立在小庭深院,觉得遍地都是缭乱人心的光景。

[3]炷(zhù):燃烧。沉烟:指点燃的沉香。恁(nèn):即恁么,为什么。似:介词。用于比较,表示程度更甚。“炷尽”三句:意思是百无聊赖,时光在沉香中悄然逝去,无心针线,今年春情的扰人似比去年还厉害。

[4]梅关:古关名。在大庾岭,宋代蔡挺置。这里是虚指。

[5]宜春髻子:饰有宜春彩燕的发髻。古代妇女于立春日,剪彩色丝绸成燕子形,上贴“宜春”二字,戴

在髻上。

[6] 剪不断，理还乱：语出南唐李煜《乌夜啼》词。这三句写杜丽娘无法摆脱由于长期禁锢而产生的苦闷。

[7] “云髻”二句：语出唐薛逢《宫词》。

[8] 晴丝：在春天明朗的日子里虫类所吐的、飘荡在空中的游丝。

[9] 花钿(diàn)：泛指妇女戴的嵌有金花珠宝的首饰。

[10] 没揣：不料。菱花：指菱花镜。泛指镜子。

[11] 迤(yí)逗：逗惹，引诱。彩云：喻指美丽的发髻。

[12] 翠生生：形容色彩艳丽、鲜明。出落：显现。茜(qiàn)：绛红色。“翠生生”句：形容红色衣裙的艳丽。

[13] 艳晶晶：光彩绚丽灿烂。花簪：用珍宝嵌饰成的簪子。八宝：泛指各种珠宝。填：涂饰，镶嵌。“艳晶晶”句：形容头饰，意思是戴着嵌有各种珍宝的光彩灿烂的簪子。

[14] 爱好(hǎo)：爱美。天然：天性使然。

[15] 三春好处：比喻青春美貌。“三春”句：意思是自己的青春美貌无人发现、爱惜。

[16] 沉鱼落雁：形容女子的美丽。《庄子·齐物论》：“毛嫱、丽姬，人之所美也，鱼见之深入，鸟见之高飞。”

[17] 羞花闭月：形容女子的美丽。李白《西施》：“秀色掩今古，荷花羞玉颜。”曹植《洛神赋》：“仿佛兮若轻云之蔽月。”蔽月即闭月。

[18] 泥(nì)：玷污。

[19] 惜花疼煞小金铃：《开元天宝遗事》：“天宝初，宁王……于后园中纫红丝为绳，密缀金铃，系于花梢之上。每有鸟鹊翔集，则令园吏掣铃索以惊之。盖惜花之故也。”疼煞：是说为惜花驱鸟而勤于掣铃，致使小金铃被拉得疼痛。

[20] 姹紫嫣红：形容花的鲜艳、绚丽。“原来”句：描写百花盛开之状。

[21] 颓(tuí)：坍塌。垣(yuán)：墙。此句形容庭院破败。

[22] “良辰”二句：东晋谢灵运《拟魏太子邺中集诗序》：“天下良辰、美景、赏心、乐事，四者难并。”两句意思是大好春光，美丽景色无人欣赏，有负苍天；这令人心旷神怡，赏心悦目的事又在哪一家呢？

[23] 恁(nèn)般：这般。

[24] 朝飞暮卷：形容轩阁的高旷。唐王勃《滕王阁诗》：“画栋朝飞南浦云，珠帘暮卷西山雨。”

[25] 锦屏人：指幽居深闺、不能领略自然美景的人。忒(tè)：太，过于。韶光：即春光。

[26] 啼红了杜鹃：据晋常璩《华阳国志·蜀志》等记载，古蜀国国君望帝死后，其魂化为子规鸟，日夜悲鸣，泪洒如血染红了山上的杜鹃花。这里形容杜鹃花的盛开。

[27] 荼蘼(mí)：落叶小灌木，晚春开花，黄白色，有香味。这里指荼蘼架。烟丝：即游丝。

[28] “牡丹”二句：意思是牡丹虽美，但春尽才开花，怎能占春花中第一呢？唐皮日休咏牡丹诗有“独占人间第一春”句，这里反其意而用之，寄寓了杜丽娘对美丽青春被耽误的幽怨和感伤。

[29] 眄(miǎn)：斜着眼看。

[30] 翦：通“剪”。“生生”一句，形容燕语明快如剪。

[31] 观之不足：看不厌。

[32] 缱(qiǎn):意谓缱绻留恋、牵绾之义。

[33] 十二:此处形容数量多,犹言所有。

[34] 过遣:过活,打发日子。明朱有墩《神仙会》杂剧第二折旦自:“只是家常过遣,奉母安居。”

[35] “开我”二句:互文句法,语本《木兰诗》:“开我东阁门,坐我西阁床。”

[36] 映山紫:映山红(杜鹃花)的一种。

[37] 沉水香:沉香的别称。

[38] 宜春面:指立春时节所化新妆。

[39] 折桂之夫:喻科举及第之夫婿。下句“蟾宫之客”用意相同。

[40] 韩夫人得遇于郎:唐僖宗时,宫女韩夫人在红叶上题诗,从御沟中流出,为书生于佑拾得。于佑也在红叶上题诗,从御沟上游流入宫内,恰又被韩夫人拾取。后僖宗放宫女出宫,韩、于二人终结为夫妻。见刘斧《青琐高议》所收张子京《流红记》。

[41] 张生句:指张君瑞相逢崔莺莺的故事。见王实甫《西厢记》。下文提到的《崔徽传》写妓女崔徽与裴敬中爱情故事(见《丽情集》),与崔、张事无涉,《崔徽传》恐是《莺莺传》之误。

[42] 得成秦晋:谓结成夫妻。春秋时秦、晋两国世为婚姻,后遂以两姓联姻通婚为秦晋之好。

[43] 及笄(jī):古时女子十五岁开始束发,以簪总之,簪又称笄。见《礼记·内则》。这里是说到了婚配的年纪。

[44] 没乱里春情难遣:是说不由得青春觉醒了,心绪烦乱。

[45] 则为俺生小婵娟:只因生在富贵之家为名门闺秀。以下三句表现了杜丽娘对父母为她在名门贵族中择婿不以为然,说名门中不会有什么良缘,不过是断送大好青春徒有虚名罢了。

[46] 则索因循腼腆:意为外表还得要矜持。则索:只得、还须。腼腆:害羞的样子。

[47] 泼残生除问天:苦命如此只有天知道。“泼”本是骂人话,这里是厌恶的意思,犹言这该死的命运。承上文“淹煎”(受煎熬、遭磨难)而来,含怨尤之意。

[48] 隐几而眠:靠着几案睡去。

[49] 阮肇到天台:谓见到意中人。刘晨与阮肇进天台山采药迷路,于桃源洞遇二仙女,被邀至家中。事见南朝刘义庆《幽明录》。

[50] 是答儿闲寻遍:意为到处寻找。是:凡是。答儿:地方。下文“那答儿”,即那边,那个地方。

[51] 黄堂:太守。杜丽娘父亲为南安太守。

[52] 针指:又作铖(针)织,指古代妇女针线刺绣类手工活,往往与女红(工)连用。

[53] 弱冠:古代男子二十岁行冠礼,表示已成人。二十岁日弱,三十日壮,弱是相对壮而言。见《礼·曲礼》。

[54] 雨香云片:指梦中幽会欢情。

[55] 步亸(duǒ):脚步偏斜。

[56] 不争多费尽神情:差不多精疲力尽。不争多:几乎、就要。

[57] 坐起谁忺(xiān)则待去眠:是说坐着、站起都不适意,只好去睡了。忺:惬意,适意。

[58] 香篝:即香笼,薰香用。

【内容提要】

《惊梦》由【绕池游】和【山坡羊】两套曲组成。【绕池游】一套为“游园”，由六支曲组成，写杜丽娘游览后花园春光。她在春香的鼓动下，违背父母、塾师的训诫，走出深闺，看到的是一个美丽的新天地，随即引发其个性的觉醒。于是，对礼教的不满、对自然与青春的热爱、对春光的惊叹、对命运的感伤等，种种情怀，骤然涌来。前三支曲，描写她游园前的心情，细致地刻画出其向往自然、热爱青春但又因初出闺阁而感到娇羞犹疑的微妙心理；后三支曲，是杜丽娘游园时的唱段，动人的春景与人物既惊又喜且恼的复杂情绪交融。【山坡羊】一套为“惊梦”，主要写杜丽娘由春思而感梦，由感梦而生情的情景。也由六支曲组成（本篇删节了两支曲子），具体描写杜丽娘“春情难遣”的惆怅情怀，以及在梦中与柳梦梅缱绻幽会的具体情况，为以后的由梦生情、由情生病、由病而死、死而复生的情节发展作了铺垫。

【中心观点】

《惊梦》展示了杜丽娘对生命自由和自我意识的双重觉醒。从明媚的春光中发现青春的美好与珍贵，由潜意识深处迸发出对生命遭受压抑的怨愤与抗议。她与梦中情人的欢会实质是人性压抑的直接结果，作品通过杜丽娘形象充分肯定了人的潜意识领域生命原力的强大和主人公追求自由和幸福的渴望，体现了汤显祖“以情抗理”的创作思想。

【写作特点】

《惊梦》在艺术上具有显著的特点。首先是将写景、抒情和刻画人物心理活动融为一体。景中寓情，情中有景，水乳交融，而春情与春景的结合天衣无缝，含蓄委婉。通过景物描写，使环境与人物心境互相映衬，形成了充满诗情画意的动人情景。其次运用比喻、反衬、拟人等多种艺术手法，进行细腻的描写，使人物形象十分鲜明。再次曲辞优美，语言温润典雅，富丽工巧。汤显祖是文采派的代表作家，这出戏充分展现了其文辞的华美、绚丽多彩，浸透着浪漫主义的感伤之美、追求之美、情爱之美和理想之美。

【思考与练习】

1. 谈谈《惊梦》一出戏是怎样揭示人物的内心世界的？

2. 谈谈你对《惊梦》浪漫主义之美的体会。

3. 谈谈《惊梦》如何体现汤显祖“以情抗理”的创作思想。

【拓展阅读书目或文章名】

1. 汤显祖《牡丹亭》

2. 邹元江《汤显祖的情与梦》

3. 程芸《汤显祖与晚明戏曲的嬗变》

惊 变[1]

洪 昇

【作者介绍】

洪昇(1645—1704年),字昉思,号稗畦、稗村,别署南屏樵者。钱塘(今浙江杭州)人。清监生。曾受业于大诗人王士祯、施闰章等,颇有诗名。康熙二十七年(公元1688年),传奇《长生殿》脱稿,轰动一时。次年,因在佟皇后丧期演唱《长生殿》,被劾下狱,革去监生。晚年定居故乡,愈益潦倒。康熙四十三年出游江宁,归途过乌镇,醉酒落水而死。洪昇思想较复杂,既维护清王朝的统治,又具有较浓厚的民族意识;既是儒家伦理道德的拥护者,又具有强烈的尚情斥理观念。艺术创作主张"言情"。著有传奇九种,杂剧一种,今存传奇《长生殿》、杂剧《四婵娟》,另有诗集《稗畦集》等。在清代文坛上与《桃花扇》的作者孔尚任并称为"南洪北孔"。

【正文】

(丑上)玉楼天半起笙歌,风送宫嫔笑语和。月殿影开闻夜漏[2],水晶帘卷近秋河[3]。咱家高力士[4],奉万岁爷之命,着咱在御花园中安排小宴,要与贵妃娘娘同来游赏,只得在此伺候。(生、旦乘辇[5],老旦、贴随后,二内侍引,行上)

【北中吕粉蝶儿】[6]天淡云闲,列长空数行新雁。御园中秋色斓斑[7]:柳添黄,苹减绿,红莲脱瓣。一抹雕阑[8],喷清香桂花初绽。

(到介)(丑)请万岁爷娘娘下辇。(生、旦下辇介)(丑同内侍暗下)(生)妃子,朕与你散步一回者。(旦)陛下请。(生携旦手介)(旦)

【南泣颜回】携手向花间,暂把幽怀同散。凉生亭下,风荷映水翩翻。爱桐阴静悄,碧沉沉并绕回廊看。恋香巢秋燕依人,睡银塘鸳鸯蘸眼[9]。

(生)高力士,将酒过来[10],朕与娘娘小饮数杯。(丑)宴已排在亭上,请万岁爷娘娘上宴。(旦作把盏,生止住介)妃子,坐了。

【北石榴花】不劳你玉纤纤高捧礼仪烦[11],子待借小饮对眉山[12]。俺与你浅斟低唱互更番[13],三杯两盏,遣与消闲。妃子,今日虽是小宴,倒也清雅。回避了御厨中,回避了御厨中,烹龙炰凤堆盘案[14],咿咿哑哑,乐声催攒[15]。只几味脆生生[16],只几味脆生生,蔬和果清肴馔，雅称你仙肌玉骨美人餐[17]。

妃子，朕与你清游小饮，那些梨园旧曲[18]，都不耐烦听他。记得那年在沉香亭上赏牡丹，召翰林李白草《清平调》三章[19]，令李龟年度成新谱[20]，其词甚佳，不知妃子还记得么？(旦)妾还记得。(生)妃子可为朕歌之，朕当亲倚玉笛以和。(旦)领旨。(老旦进玉笛。生吹介，旦按板介)

【南泣颜回】花繁，秾艳想容颜，云想衣裳光璨；新妆谁似，可怜飞燕娇懒[21]。名花国色[22]，笑微微常得君王看。向春风解释春愁，沉香亭同依阑干。

(生)妙哉！李白锦心，妃子绣口，真双绝矣！宫娥，取巨觞来[23]，朕与妃子对饮。(老旦、贴送酒介)(生)

【北斗鹌鹑】畅好是喜孜孜驻拍停歌[24]，喜孜孜驻拍停歌，笑吟吟传杯送盏。妃子干一杯。(作照干介)不须他絮烦烦射覆藏钩[25]，闹纷纷弹丝弄板。(又作照杯介)妃子再干一杯。(旦)妾不能饮了。(生)宫娥每跪劝！(老旦、贴)领旨。(跪旦介)娘娘请上这一杯。(旦勉饮介)(老旦、贴作连劝介)(生)我这里无语持觞仔细看，早只见花一朵上腮间。(旦作醉介)妾真醉矣！(生)一会价软咍咍柳亸花欹[26]，软咍咍柳亸花欹，困腾腾莺娇燕懒。

妃子醉了。宫娥每，扶娘娘上辇进宫去者。(老旦、贴)领旨。(作扶旦起介)(旦作醉态呼介)万岁！(老旦、贴扶旦行。旦作醉态介)

【南扑灯蛾】态恹恹轻云软四肢，影濛濛空花乱双眼；娇怯怯柳腰扶难起，困沉沉强抬娇腕，软设设金莲倒褪[27]，乱松松香肩亸云鬟；美甘甘思寻凤枕，步迟迟倩宫娥搀入绣帏间[28]。

(老旦、贴扶旦下)(丑同内侍暗上)(内击鼓介)(生惊介)何处鼓声骤发？(副净急上[29])渔阳鼙鼓动地来，惊破《霓裳羽衣曲》。[30](问丑介)万岁爷在那里？(丑)在御花园内。(副净)军情紧急，不免径入。(进见介)陛下，不好了！安禄山起兵造反，杀过潼关，不日就到长安了！(生大惊介)守关将士何在？(副净)哥舒翰兵败已降贼了[31]。(生)

【北上小楼】呀，你道失机的哥舒翰，称兵的安禄山，赤紧的离了渔阳[32]，陷了东京[33]，破了潼关。唬得人胆战心摇[34]，唬得人胆战心摇，肠慌腹热，魂飞魄散，早惊破月明花粲[35]。

卿有何策，可退贼兵？(副净)当日臣曾再三启奏禄山必反，陛下不听，今日果应臣言。事起仓卒，怎生抵敌？不若权时幸蜀[36]，以待天下勤王[37]。(生)依卿所奏。快传旨，诸王百官，即时随驾幸蜀便了[38]。(副净)领旨。(急下)(生)高力士，快些整备军马，传旨令右龙武将军陈元礼统领羽林军士三千，扈驾前行[39]。(丑)领旨。(下)(内侍)请万岁爷回宫。(生转行叹介)唉！正尔欢娱，不想忽有此变，怎生是了也！

【南扑灯蛾】稳稳的宫廷宴安，扰扰的边廷造反，咚咚的鼙鼓喧，腾腾的烽火黫[40]。的溜扑碌臣民儿逃散[41]，黑漫漫乾坤覆翻，磣磕磕社稷摧残[42]，磣磕磕社稷摧残，当不得萧萧飒飒西风送晚，黯黯的一轮落日冷长安。

(向内问介)宫娥每[43]，杨娘娘可曾安寝？(老旦、贴内应介)已睡熟了。(生)不要惊他，且待明早五鼓同行。(泣介)天那！寡人不幸，遭此播迁，累他玉貌花容，驱驰道路，好不痛心也!

【南尾声】在深宫兀自娇慵惯,怎样支吾蜀道难?(哭介)我那妃子呵!愁杀你玉软花柔,要将途路趱。

宫殿参差落照间(卢纶), 渔阳烽火照函关(吴融)。

遏云声绝悲风起[44](胡曾),何处黄云是陇山[45](武元衡)。

【注释】

[1]选自洪昇《长生殿》(清稗畦草堂刻本)第二十四出。

[2]闻夜漏:言夜间寂静,可以听到受水器具承漏之声。夜漏:古代以铜壶作计时器,底穿一孔,壶中立箭,上刻度数。水漏则度数得现,以此知时间的变化。

[3]近秋河:极言楼之高。秋河:银河的别称。南朝宋齐谢姚《暂使下都夜发新林至京邑赠西府同僚》诗:“秋河曙耿耿。”

[4]高力士:唐玄宗最宠信的太监,曾任左监门大将军知内侍省事、骠骑大将军等职。

[5]辇:帝王所乘之车。

[6]本出唱曲为南北合套。凡生所唱多为北曲,旦角则唱南曲,间有变化。

[7]斓斑:颜色杂乱。

[8]阑:同“栏”。

[9]蘸眼:招眼,引入注意。蘸(zhàn):以物沾水或沾取他物。

[10]将:拿。

[11]玉纤纤:形容女性手指柔长,这里借指杨贵妃的手指。

[12]子待:即只待,只要。对眉山:意谓对着杨贵妃。眉山:形容女性眉毛如远山。旧题刘歆《西京杂记》:“文君娇好,眉色如望远山。”

[13]浅斟低唱:语出宋柳永《鹤冲天》词:“忍把浮名,换了浅斟低唱。”这里写唐玄宗将个人享受置于国家大政之上。

[14]烹龙炰(páo)凤:意为烧煮各种山珍海味。炰:同“炮”,烧炙。盘案:放菜的器具。

[15]趱(zǎn):催促。趱:赶。

[16]脆生生:很脆。生生:形容脆的程度。

[17]雅称(chèn):非常合适,配称。雅:甚,很。

[18]梨园:唐玄宗时,教练宫廷歌舞艺人的地方,设在蓬莱宫旁边的宜春院内。《旧唐书·音乐一》:“玄宗又于听政之暇,教太常乐工子弟三百人为丝竹之戏,音响齐发,有一声误,玄宗必觉而正之,号为皇帝弟子,又云梨园弟子。以置院近于禁苑之梨园。”

[19]草《清平调》三章:《清平调》是乐曲宫调中的一种调名。李白在长安供奉翰林时,曾奉命写了《清平调》词三首。即其一:“云想衣裳花想容”;其二:“一枝红艳露凝香”;其三:“名花倾国两相欢”。本出戏杨贵妃所唱[南泣颜回],就是根据李白《清平调》词的词句变化而成。

[20]李龟年:唐玄宗宠幸的乐人,善演奏,能作曲。度:谱曲。

[21]飞燕:指汉成帝的皇后赵飞燕,以美色称。

[22]名花：指牡丹。国色：指杨贵妃。

[23]觞(shāng)：酒杯。

[24]畅好是：正好是。

[25]絮烦烦：啰嗦，招人厌烦。射覆藏钩：古代的两种游戏。射覆：即猜谜。射：猜测。覆：谜。藏钩：指猜测物品藏匿之所。钩：泛指物品。

[26]一会价：一会儿。软咍(hāi)咍：软绵绵。用叠词"咍咍"形容步履体态。下文"困腾腾"、"娇怯怯"、"乱松松"等也都着意刻画杨贵妃的"软"、"困"、"娇"等醉态。柳亸(duǒ)花欹：形容杨贵妃饮醉无力的情态。亸：垂下。欹：同"倚"。

[27]金莲：形容女子纤细之足。

[28]倩：请。

[29]副净：在本出中扮演杨国忠。

[30]"渔阳"二句：语出唐白居易《长恨歌》诗。渔阳：地名，在今河北省蓟县一带。这里泛指安禄山起兵之地。鼙(pí)鼓：军鼓。《霓裳羽衣曲》：唐代大型舞曲名。本名《婆罗门》，是西域乐舞的一种，开元中河西节度使杨敬述引入，据说曾经唐玄宗加工润色。

[31]哥舒翰：唐玄宗时驻守潼关的将领。

[32]赤紧：一作"吃紧"，谓紧要关头，这里形容速度之快。

[33]东京：洛阳。汉高祖都长安，光武帝都洛阳，故汉时即称长安为西京、洛阳为东京。唐沿用不变。

[34]唬(xià)：同"吓"。

[35]月明花粲：比喻环境安乐。

[36]权时：暂时。

[37]勤王：朝廷有难，起兵去援助。

[38]幸：即临幸，到达。皇帝专用词。

[39]羽林军：皇帝的警卫部队。扈驾：随从皇帝车驾，指保卫。

[40]烽火：古代边防报警的烟火。比喻战火、战争。黫(yān)：黑色。

[41]的溜扑碌：形容逃跑时的仓皇狼狈。

[42]碜(cān)磕磕：极言悲惨。碜：同"惨"。磕磕：又作"可可"，无义。

[43]每：们。

[44]遏(è)云：即响遏行云，指高亢而响亮的乐声使行云停遏。遏：阻止。《列子·汤问》："秦青善歌，能使声振林木，响遏行云。"

[45]陇山：在陕西、甘肃一带，由长安往成都，经陇山东麓而南。

【内容提要】

《惊变》又称"小宴惊变"，由"小宴"和"惊变"两部分组成。"小宴"部分从开头到第一支【南扑灯蛾】曲终，写李杨在御花园中小宴。在小宴过程中，唐明皇殷勤劝酒，杨贵妃歌舞相酬，最后是杨贵妃沉醉扶入绣帏。第二部分即"惊变"部分，写安禄山造反，唐明皇张皇失措，只好听从杨国忠摆布，决定幸蜀。

【中心观点】

此出戏中作者极力渲染了李杨的浓情蜜意，两情依依。肯定了他们的真心相爱，甚至明皇已经决定“幸蜀”还嘱咐内侍不要惊醒杨贵妃，真可谓关心体贴之至，这种至情是在帝王家罕有的。同时也着重表现了唐明皇政治上的昏愦和当时政治斗争的复杂。从而写出他们因“占了情场”而“驰了朝纲”的客观现实和作者的创作意图。

【写作特点色】

这出戏成功地运用了“突转”这一戏剧手法，将热闹、欢乐的关目与紧张、凄凉的关目组接在一起，既起到相互比衬的作用，让乐悲互见，增强了戏剧冲突的张力；又强化乐悲之间的因果关系，说明悲剧缘于淫乐，增强了作品的批判性。而作品前后天气、人心、气氛的突变所形成的强烈对照，又给观众的审美心理造成巨大反差，收到震撼人心的艺术效果。其次运用环境衬托、细节描写、神态刻画等多种手法有层次地展示人物的内心世界，加之语言的诗情画意，如曲词的典雅清丽、叠字的大量运用，使人物形象栩栩如生。

【思考与练习】

1.从作品的思想和艺术角度，谈谈你对“贵妃醉酒”的理解。

2.谈谈你对“爱情与国家之关系”的看法。

【拓展阅读书目或文章名】

1. 洪昇《长生殿》

2. 谭帆等撰《长生殿选评》

3. 谢柏梁，高福民《千古情缘：长生殿国际学术研讨会论文集》

打渔杀家[1](第六场)

无名氏

【正文】

（桂英上。）

桂英:[唱西皮快三眼]

老爹爹到县衙前去出首,(内打板子声[2],喊“一十”。)倒叫我桂英儿挂在心头;(内打声,喊“二十”。)将身儿坐至在草堂等候,(内打声,喊“三十”。)等候了爹爹回细问情由。

(幕后打声,喊“四十”,“连夜过府赔礼,轰下堂去!”)

(萧恩上。)

萧恩:好贼子!

[唱西皮散板[3]]

可恨那吕子秋为官不正,仗势力欺压我贫穷的良民!上公堂他那里一言不问,责打我四十板就赶出了门。无奈何咬牙关忙往家奔——桂英儿与为父快来开门!

桂英:(开门,搀扶萧恩。)爹爹为何这等模样?

萧恩:哎呀儿啊!为父上得公堂,那赃官一言不问,就将为父重责了四十!

桂英:好贼子!

[唱散板]

骂一声贼子真可恨,欺压爹爹为何情! 爹爹你受屈了! (哭)

萧恩:这还不算受屈呀!

桂英:啊,怎样才算受屈呢?

萧恩:那赃官言道,叫为父连夜过江与那贼前去赔礼,那才算受屈呢。

桂英:爹爹,你是去也不去?

萧恩:矮——呀!说甚么去与不去?为父恨不得今晚肋生双翅,飞过江去,我要杀……

桂英:禁声!

(萧恩、桂英双望门,萧命桂英关门。)

桂英:爹爹,杀甚么?

萧恩:杀他的满门!

桂英:爹爹呀!他家势力浩大,爹爹你,你……还是忍耐了吧!

萧恩:休得多口,取为父衣服戒刀过来[4]!

桂英:爹爹!不去也罢!

萧恩:儿就不要管了哇!

桂英:(捧衣服、戒刀)还是不去的好!

萧恩:矮,拿了过来!儿在家好好看守门户,为父去了。

桂英:爹爹请转!

萧恩:做甚么?

桂英:孩儿也要跟随前去。

萧恩:为父前去杀人,你去做甚哪!

桂英:爹爹杀人,孩儿站在一傍。与爹爹壮壮胆量,也是好的。

萧恩:哦,我儿有此胆量?

桂英:有此胆量。

萧恩:好,将你婆家的聘礼庆顶珠、衣服、戒刀一齐收拾好了[5]。

桂英:是。(取衣、刀。)

萧恩:(自言自语接)嗯,一同前去么,也好!

桂英:收拾好了。

萧恩:我们走哇!

桂英:(回头。)爹爹请转!

萧恩:做甚么?

桂英:这门还未曾关呢。

萧恩:这门么?——关也罢,不关也罢!

桂英:(又回头。)爹爹请转!

萧恩:又做甚么?

桂英:家中有许多动用的家具呢。

萧恩:矮,门都不关,还要什么动用的家具呀!唉!不省事的冤家呀!(哭)

桂英:(哭)喂呀!

(萧恩、桂英缓行。)

萧恩:不要哭,我们走哇!儿啊,到了那里,要看为父的眼色行事!

桂英:是。

萧恩:千万不要莽撞啊!

桂英:是。

(到江岸,萧恩扶桂英上船;扔衣物,解缆,跳上船。)

萧恩:儿啊,黑夜行船,比不得白天;儿要掌稳了舵!

桂英:遵命!

萧恩:[唱快板]

这件事不由我心中冒火,今夜晚过江去将他杀却。恨不得插双翅越江而过——

(桂英松索落蓬)

萧恩:啊!(叹气)

我的儿为甚么撤了篷索?

桂英:爹爹,此去杀人是真是假?

萧恩:嗳这杀人哪,有什么假的呀!

桂英:如此,孩儿心中有些害怕,我不去了。

萧恩:怎么?你,你不去了?呀呀呸!在家时节,不叫儿跟随前来,儿是一定要跟随前来;如今船行半江之中,儿又不去了!也罢!待为父拨转船头,送儿回去!

(萧恩拨船,桂英反拨)

桂英:孩儿舍不得爹爹。

萧恩:[唱"哭头"[6]]

啊……桂英哪,我的儿啊!

(摇船圆场。萧恩跳下,系船;桂英将衣物扔下船。跳下。)

萧恩:儿啊,在此处下船,少时还要在此处上船。儿要记下了!

桂英:是。

萧恩:庆顶珠可带在身旁?

桂英:现在身旁。要它何用?

要曼:到了那里,倘有不测,儿打水路逃往花家去吧!

桂英:爹爹你呢?

萧恩:为父的么?儿就不用管了啊!

桂英:(哭)喂呀!

萧恩:儿啊,不要啼哭,到了那里,看为父眼色行事,叫儿骂,儿就骂。

桂英:是。

萧恩:来此已是。

(萧恩、桂英披衣服。)

萧恩:门上有人么?

(大教师上,日里哼着小调。)

大教师:谁呀?(开门)哟,二大爷,您太难啦!怎么打到门上来啦?

萧恩:过府赔罪来了。

大教师:赔罪来了?你敢不来吗!

萧恩:啊?

大教师:你往后点儿站,我好给你回一声啊。(见萧不动,指桂英。)那是谁呀!

(萧恩遮桂英)

大教师:(进门)有请员外爷!

(丁员外、葛先生同上。)

丁员外:何事?

大教师:萧恩过府赔罪来啦。

丁员外:传家丁们走上!

大教师:家丁们走上!

(四徒弟上)

丁员外:叫他进来!

大教师:咋!——萧恩,员外传你哪!

萧恩:儿啦,放大了胆,随为父的来呀!——请了!

丁员外:嘟!胆大萧恩,抗税不交,将我府中家人打坏,如今还是这等大模大样,其情可恼——左右,与我拿下了!

众:啊!

萧恩:且慢!我父女有好心献上。

丁员外:有甚好心?

萧恩:日前打鱼得来一宗宝贝,特来献上。

丁员外:甚么宝贝?

萧恩:这……耳目甚众。

丁员外:你们退下了!

(大教师与四徒弟下)

丁员外:甚么宝贝?

萧恩:庆顶珠。

丁员外:哦,庆顶珠,好宝贝!

葛先生:好宝贝呀!

丁员外:呈上来,待我一观。

萧恩:(示意)儿啊,献宝啊!

丁员外:快些取来。

萧恩:看刀!

(萧恩、桂英拔刀,杀死丁员外、葛先生)

萧恩:儿啊!放大了胆,随为父的杀!

桂英:遵命!

(萧恩下。四徒弟上,与桂英起打,四徒弟败下。大教师上,起打,桂英败下。萧恩上,接打;大教师败下。二徒弟上,与萧恩起打,败下。大教师上,接打。桂英上,萧恩、桂英杀死大教师。同下。)

【注释】

[1] 打渔杀家:京剧中著名的剧本,是由秦腔移植而来的剧目。剧中因有桂英带着未婚夫花逢春(花荣之子)的聘礼庆顶珠,演出全本时,有花逢春凭珠认亲情节,故又名《庆顶珠》,又因全剧矛盾冲突、高潮是由讨渔税引发的,故又名《讨渔税》。

[2] 内:指后台。

[3] 西皮散板:与摇板相似,是一种拍节不固定、徐缓自如叙述性的唱腔。

[4] 戒刀:僧人常用的一种小型刀。

[5] 庆顶珠:珠宝名。

[6] 哭头:用于悲啼时的一种锣鼓点。

【内容提要】

《打渔杀家》的故事取材于《水浒后传》,全剧共分六场,这里节选的是第六场,是全剧的高潮。前五场写萧恩在江边以打鱼为生,他年已过半百,膝下只有一个女儿,名桂英,已许配给花荣之子花逢春,以庆顶珠为聘礼。父女二人,相依为命。土豪丁员外,平日交结地方官员,霸占民地,强收鱼税。一天丁家派人来萧恩处索取鱼税,萧以连日鱼产不旺,无钱应付,恳求稍缓几日。正赶上萧恩朋友在萧船上小饮,代抱不平,把丁仆痛骂一顿,丁仆狼狈而去。第二天,丁家的拳术教师带了党徒多人,盛气凌人,来讨鱼税,由于冲突,被萧恩痛打一顿。萧恩感到闯了祸,便先往县衙自首。第六场写萧恩到了县衙自首,不料知县吕子秋竟不问情由,将萧恩痛打四十大板,还让他连夜过江到丁府赔罪。经过这次羞辱,萧恩不禁怒火中烧,久已沉寂的英雄气概复活起来。他回到家,叫女儿收拾细软,带了庆顶珠,父女二人同往丁家,以献庆顶珠为名,出其不意,将丁员外全家杀死。

【中心观点】

剧本描述了萧恩在认识到现实的残酷、官府的黑暗后,终于激起了反抗的怒火,铤而走险。体现了作者"奸逼民反"的创作主旨,明显与《水浒传》的主旨一脉相承。

【写作特点】

剧中运用正反衬托手法,通过细腻的心理刻画和生动的细节描写,刻画了萧恩这一人物形象的深谋远虑、勇敢机智;同时也展示了萧恩性格由忍让到进行合法斗争,最后果断走上反抗道路的变化历程。

【思考与练习】

1. 谈谈你对萧恩杀人行为的理解。

2. 比较剧中萧恩形象与小说《水浒传》中林冲形象的刻画艺术。

3. 谈谈剧中桂英形象的作用。

【拓展阅读书目或文章名】

1.陶君起《京剧剧目初探》

2.小说《水浒传》

上海屋檐下(第三幕)

夏 衍

【作者介绍】

夏衍(1900—1996年),原名沈乃熙,字端轩(端先),出生于浙江省杭州市郊一个没落的书香门第。1920年留学日本,并深受国内革命浪潮的影响。1927年大革命失败后,夏衍回国,在革命处于低潮时期毅然加入中国共产党,并先后加入左翼作家联盟和左翼戏剧家联盟,成为中国左翼文化运动的领导者之一。在数十年的文学生涯中,无论戏剧、电影、散文、杂文、随笔、政论、报告文学、翻译等诸多领域都留下了他光辉的一笔,取得了相当丰硕的成果。《上海屋檐下》是夏衍杰出的现实主义力作,也是他自觉实践现实主义手法取得的重要收获,因此,虽然在此之前他已经写过三个剧本,但却仍然坚持《上海屋檐下》是他创作的第一个剧本。

【正文】

第三幕

〔这一天的晚上。

〔客堂间,晚饭后,林志成多喝了一点酒,有些醉了,颓然地坐在椅上,杨彩玉无言地在收拾食具之类。

〔匡复很有兴趣地在和葆珍谈话,阿香坐在他们旁边,一双眼睛不住地看着匡复。

〔客堂楼上,黑暗,无人。

〔亭子间内桂芬忙着在替黄父收拾东西。

〔灶披间内赵振宇很自适地在看书,常常摇首咏叹,一只手捏着蒲扇,机械地驱逐蚊子。赵妻洗完了碗,正在揩手。阿牛伏在桌上,在做功课。

〔雨声。远远的无线电收音机的歌声播送广东小调之类。幕启时可以听到匡复和葆珍的笑声。

匡 复 唔!这倒很有趣。

葆 珍 (有点儿得意)这样的事情可多呐,"小先生"去教书,大人常常要捣乱,譬如我们问,有谁懂吗?懂的举起手来,于是他们便把脚举起来跟我们开玩笑。我就对大家说,

“不要睬他们,不懂道理的大人,不及我们小朋友”,小朋友不理他们,照旧上课,后来他们就不反对啦。

匡　复　唔,……

葆　珍　教我们的“中先生”跟我说,他们一定已经想过啦,小朋友会讲,大人不会讲,这不是很丢脸吗?

匡　复　这样的“大学生”很多吗?

葆　珍　我教的就有五个,卖水果的,做工的……有一个老头儿,他的孙子也跟我一样高了。

匡　复　那么你……

阿　香　姊姊,教我唱歌……

葆　珍　等一等,过一会儿叫你哥哥来,我教他一个顶好听的。

阿　香　昨天教我的还不会。

葆　珍　昨天的?唔……(弹着琴,教她唱)

〔匡复热心地看着她们。

阿　牛　(拿了教科书到他父亲身边)爸爸,“某甲每月存银六十五元,三年八月后,共存银多少?”

赵振宇　(故作严重警告的姿势)阿牛!我看书的时候,要是你再来打搅我,你今后就别再想听我的故事。

阿　牛　(走到母亲身边)妈,每个月存进六十五块钱,三年八个月之后,共总有多少钱?

赵　妻　存钱?谁?不背债就好啦,还有钱,每个月六十五块,做梦?

阿　牛　书上的,这是。

赵　妻　书上的跟我有什么相干?六十五块,哼,你爸爸每个月能多这么六块五毛就好啦!

阿　牛　(没办法,回到桌边)三年八个月,三年,三十六个月……

〔黄家楣撑了伞回来,买了一些香蕉、苹果、饼干之类,匆匆地上楼去。

〔林志成要站起来,但是两脚蹒跚,重新坐下。

林志成　唔,今晚上真痛快!

黄　父　(大声地)我早跟你说,不要去买东西,去退,去退!

桂　芬　(大声地)没有什么的,路上当点心。

黄　父　不要!阿楣,这些洋气的东西我不会吃……

杨彩玉　(扶着林志成)你醉啦,去睡吧。

林志成　不,不,这一点儿酒……

匡　复　志成,你去休息吧!我,我……

林志成 不，不，我要跟你谈话……（被杨彩玉扶着到后间去）

阿　牛 （又拿了书到他妈妈面前）妈，姓王的一个月薪水三百五十块，姓李的一个月薪水两百八十块，三年之后，两个人……

赵　妻 （不听完他的话，爆发一般地）我不要听，你爸爸一个月还不到三十五块！

赵振宇 （一怔）什么？

阿　牛 （央求）你说呀，明天先生要问的，这是书上有的，……姓王的一个月薪水三百五十块，……

赵　妻 （气烘烘地）你去问有钱的人，我一生一世也不曾见到过三百五十块……

阿　牛 （没法，走到他父亲身边）爸爸，三年之后，两个人有的钱相差多少？

赵振宇 唔唔，三百五，两百几？

阿　牛 两百八……

赵振宇 你先要求出一个月两个人的相差，懂吗？（用笔替他算）

赵　妻 （余怒未息）一个月薪水三百五十块，一个月存进六十五块，做梦！

阿　牛 （回头来，反抗地）这是书上的事呀！

赵　妻 书上的，这种书有钱人才配念！

赵振宇 （对阿牛）嗳嗳，你看着，你看着。

〔杨彩玉等林志成睡了之后，倒了一杯茶，放在他床前的桌上。

杨彩玉 要茶吗？

〔林志成含糊的答声，好像已经睡着了。她便替他盖上一点棉被，回头很留意地取锁开箱子，取出一床棉被，铺在另一只小床上，拿了小床的枕头之类回客堂来。

〔葆珍教完了一只歌。

匡　复 （很感兴趣）唔，那么，像这样的下雨天，你们的学生不会逃学吗？他们都是……

葆　珍 （得意）哪儿的话，别说下雨，下雪天，他们也来，一分钟也不差，来得比学校里排班还要准。前几天，一个卖水果的小孩儿……

杨彩玉 （插一句）说别人小孩儿，你是大人了吗？（笑）

葆　珍 一个卖水果的为了要来识字，外面有人喊着“买香蕉，买香蕉！”她也不应，提着篮子跑到我们这里来啦。

匡　复 唔，那倒很有趣，可是，我告诉你，我们小的时候念书老是要装肚子痛，向先生请假的……

葆　珍 （天真地）那你不是个好学生！

杨彩玉 葆珍！

葆　珍 我们教的学生里面，要是为着懒惰不上课，下一次就在黑板上写出来！某某人懒惰虫，不用功！

匡　复　(禁不住笑了,脱口而出)可是你,小时候也赖过学啊!

葆　珍　我?你怎么知道?

〔杨彩玉对匡复做了一个眼色。

匡　复　啊,我记错啦,我说的是我的女孩,她跟你一样大……

葆　珍　(将匡复仔细地看了一下,对杨彩玉)妈!(走开几步)我问您一件事。

杨彩玉　什么?(跟着她)

葆　珍　(不使匡复听见似的,低声)方才赵师母跟我说(耳语)……对?(望了一望匡复)

杨彩玉　(有点窘)谁说?……唔,你别管,……大人的事,你别管。

葆　珍　(嘟起了小嘴)我已经大啦,你说,嗯,你跟我说,那是真的?嗳……(把耳朵凑近她母亲的嘴)

杨彩玉　讨厌,你这孩子多管事!

葆　珍　真的?你点点头!

杨彩玉　多管事!(点了点头)

葆　珍　啊!(跳起来,望着匡复,不转瞬地)

〔林志成翻了个身,听。

匡　复　(忘了一切,走近她)葆珍!你叫我!你叫我!

葆　珍　(欲叫又止)爸——(害臊似的望后逃去)……阿牛!阿牛!

匡　复　(始终忧郁和苦闷着的他,此时方从心底发出了爽朗的笑声)哈哈……

〔这笑声使林志成愕然地撑起上半身来,静听。

阿　牛　我有事!你来!

杨彩玉　(愉快地)你觉得这孩子……

匡　复　唔,外国有句成语,叫做 We live through our issues!(我们生存在下一代!)我十年前的精神,依旧留在葆珍的身上。她给了我很多的教训!

杨彩玉　(捏着他的手)对呀,你还很年青呐,为着她,你更应该打起精神来!(拿桌上的镜子对着他)你瞧!(笑)

匡　复　唔唔,我很感谢你……你也应该……

杨彩玉　复生!

〔二人依偎。

葆　珍　(在后间门口)阿牛,来,我教你唱歌!

阿　牛　等一等,你替我算,某甲每月薪水三百五十元,某乙每月薪水……

赵　妻　(恨恨地)我不爱听,要算到前面去……(唠叨)什么三百五十……

赵振宇　哈哈……

〔阿牛装了一个鬼脸与葆珍蹑手蹑脚地望客堂间走,杨彩玉听见阿牛的声音退后一步。

杨彩玉 （指着匡复的衬衫）啊，这儿脱线了，脱下来，我给你缝一下，会冷吗？

匡　复 （脱衣）不，不，天气很闷。

杨彩玉 （将干了的上衣交给他）你身体很坏，不当心就会受凉的……

葆　珍 （对阿牛）你爸爸？叫他来讲故事。

阿　牛 咱们先唱，他会来的。

〔葆珍把玩具用的钢琴和一份歌谱拿出来。

〔林志成沉思了许久，决然地起来，抱着头思索。

〔黄家楣沉着面孔，提着一只网篮下来。

桂　芬 （在亭子间门口）家楣，车子叫三部！

黄家楣 （回头）什么？

桂　芬 我也去。

黄家楣 那咪咪醒来……

桂　芬 不要紧，我跟赵师母说好啦，她会照顾他的。

〔黄家楣将网篮放在楼梯下，出去叫车。阿香溜出，到客堂间去。

赵振宇 （问他妻子）什么，真的走啦！

〔赵妻不理会。

赵振宇 （伸欠）啊啊……阿牛呐？阿香！（偷偷地站起身来，看了他妻子一眼，也想溜走，但是正动脚）

赵　妻 上哪儿去？

赵振宇 不，我去找阿香！

赵　妻 不准去！自己的年纪也忘掉啦，跟小孩子学唱歌，不害臊！

赵振宇 那有什么，孔夫子说，不耻——

赵　妻 （迎头痛击的口吻）我不要听，老是孔夫子！

〔门外，黄包车声，人声。

〔黄家楣声："进来搬行李！"

（进来）**黄家楣** （对楼上喊）车子来啦！

〔桂芬声："你上来，爸不肯让我拿啊！"

〔黄父声："很轻，很轻的……"

黄家楣 （叫车夫）网篮搬出去。（回头对赵振宇）赵先生，对不住，替我照看一下。

赵振宇 （得了机会）好，好。

黄家楣 （上去）爸爸，我来拿！

黄　父 （拿了一只旧式箱子，下来）这点儿拿不动，还能种田吗？（一面走，一面说）一担米，也得挑……

〔黄家楣去接,黄父不肯。

黄家楣 爸爸叫拉车的来……

桂　芬 (抱了咪咪下来)啊哟,年纪大的人真是——(关上电灯)

〔亭子间黑暗下来。

赵振宇 (对黄父竖起大拇指)好力气！好力气！

黄　父 (得意了)不稀奇,咱年青的时候,挑两百斤谷子,还要……(一滴檐漏水滴在他颈上,望了望天)还在下雨？唧！天老爷不给穷人吃饭啦！快回去！快回去！夏家池的那几亩,一定已经冲掉啦！(见黄包车夫来接行李,断然拒绝,但是突然想起似的对家楣)你看住！我……

桂　芬 (对赵妻)赵师母,真对不住,小孩儿在你们这儿寄一寄,此刻睡着啦……

赵　妻 好,我来抱……

黄　父 (回进来)让我再抱一抱。(抱了)唔,睡得很熟。(俯下去亲热了一下)唔唔,年纪老啦,是今天不知道明天的事的。(一半对黄家楣,一半自言自语)你们不到乡下来,我又不能常来看你们,也许……没有几次可以抱啦,唔,再抱一抱。(对桂芬)好好地当心他,要让他吃饱,要吃的尽让他吃,什么洋派,一定要几个钟头吃一顿,会饿瘦的！(趁别人不见,将一个纸包往孩子怀里一塞)哈哈哈……(对赵振宇)抱过孙儿,为人一世,也可以……哈哈……

赵振宇 (对他耳朵大声地)您好福气！

黄　父 (愉快地)谢谢你！再会！(将孩子交给桂芬)

〔桂芬将他放在赵家的床上。

黄家楣 (对赵振宇)赵先生,对不住！

赵振宇 什么话……

黄　父 (到门口,再回头来对赵等)到乡下来玩啊！哈哈……

〔黄家楣夫妇陪着黄父下,车夫的喊声等。

赵　妻 阿牛！阿香！

〔雨渐大,檐漏声。

赵　妻 唧,尽下雨,大半个月啦,滴滴答答的！

赵振宇 愁什么,尽下,总有一天会晴的！

赵　妻 会晴的？你瞧！

赵振宇 (若无其事)不晴,难道终年地做黄梅吗？

赵　妻 (狠狠地)不跟你说！(看见赵振宇搭讪地溜出)到哪儿去？

赵振宇 唔唔,去看看阿牛！……

赵　妻 看阿牛！明天买小菜的钱也没有啦,好像这家是我一个人的,回到家里来,就是看报,看书,拉闲天,跟着小孩儿唱歌,家里的事情,什么也不管……

〔赵振宇知道她又要唠叨了,便加快脚步地走向客堂间去。

〔后间,林志成苦闷了许久,好像打定了主意似的站起身来,出神似的在暗中站着,静听前房的谈话。

葆　珍　我手举起来的时候,(对阿牛、阿香)你们同唱。我手放下去的时候,你们听着,我一个儿唱,懂吗?

阿　香　(摇头)我不会!

葆　珍　先听我弹一遍!

杨彩玉　(把匡复的衣服补好了)好啦,你穿着,过一会儿会冷的。(给他穿上)

赵振宇　(进来,将匡复的背影认为林志成)啊,林先生,你们厂里不是闹了很大的……(见匡复回头来)啊,对不住,这,这……(向杨彩玉)林先生呢?出去啦?我,我是……

匡　复　(有点狼狈)尊姓?

赵振宇　(摸名片,久久摸不出)啊啊,我赵振宇,赵钱孙李的赵,请问……

杨彩玉　(替他说)匡先生,志成的同学……

赵振宇　喔,握握手,咱们是第一次,……哈哈……我跟林先生是最最能谈得拢的……

阿　牛　(不等他说完)爸,来讲故事!

赵振宇　什么,故事?故事不早已讲完啦吗?

阿　牛　(推着他)讲呀……

赵振宇　哈哈!……今天有客,我们谈谈天,唔,你们唱歌吧。……

葆　珍　不,不,您先讲,讲了,我教您一个顶好的歌,我今天方学会的!

赵振宇　(对匡复)瞧,老是要我讲……哈哈,讲什么呐,唔,炒冷饭吧,讲一个拿破仑的故事……

阿　香　不要,拿破仑讲过十几遍啦!

赵振宇　可是,刚才问你,你不是忘记了吗,拿破仑充军爱尔伐岛的时候,他讲的是什么?

阿　香　不要,不要!

赵振宇　那……那么你们先唱歌,让我想一想,……(回头将室内望了一望,对杨彩玉)林先生出去啦?

杨彩玉　不,喝醉酒啦,睡在后面……

赵振宇　什么,林先生喝酒,这才怪啦,他不是从来不喝酒的吗?

阿　牛　爸,来听,《勇敢的小娃娃》……

〔葆珍弹琴。

〔在上面谈话的时候,林志成轻轻地正在后间收拾东西,预备出门的样子。杨彩玉被赵振宇提醒了,回到后间来看他,看见他站在黑暗中,吃惊。

杨彩玉　啊哟,你起来啦?

〔匡复凝神听。赵振宇与小孩们听葆珍教唱歌。

〔林志成用手制止她讲话。

杨彩玉　你怎么样？（开了灯）不舒服？（看见了他在收拾东西，怔住了）什么？

〔林志成不语。

〔弄中馄饨担声。

赵振宇　这是谁教你的？

葆　珍　你别问呐，现在是我教你啊！……（弹小钢琴）

杨彩玉　（紧张而低声）志成！你干吗？你……

林志成　（望着她，不语，决心了似的伸手过去）彩玉，我得走啦。

杨彩玉　走？（握着他的手）

林志成　（点头）现在我很安心，现在是我走的时候啦。

杨彩玉　可是……（回身想去叫匡复，被林志成扯住）

林志成　（低声）别使复生知道，让我悄悄地走！（再握着彩玉的手）愿你们好！……

杨彩玉　不，不，志成，你到哪儿去？

林志成　（摇头）此刻我自己也不知道，反正……

杨彩玉　（惶急和不安）什么？你打算……

林志成　（制止她）不，我现在很自由，很安心。只要你跟复生能够饶恕我，我心里很安静……

〔匡复耸耳静听，苦痛的表情。

杨彩玉　（哭了）可是，你……

林志成　别哭！反正天地间很大，总不至于多了我这么一个。好啦！彩玉！忘记我，忘记我，……这八年，你当它是一个梦吧。

杨彩玉　不，不，你不能走，我……我不能让你走，……我知道，（哭着）我知道你是不愿离开我们走的……

林志成　（爆发似的）彩玉！（抱住了她）

〔杨彩玉啜泣。匡复茫然地站着。

葆　珍　好啦，看着我的手，一，二，三！（唱）“小娃娃，小娃娃，大家拉起手来做套小戏法！”

众　人　（合唱）“小娃娃，小娃娃，大家拉起手来做套小戏法！”

葆　珍　（唱）“谁是勇敢的小娃娃？”

众　人　（合唱）“我是啦，我是啦！”

葆　珍　（唱）“让我来问你们几句话。”

众　人　（合唱）“你问吧，你问吧！”

葆　珍　（唱）“强盗来，打不打？”

众　人　(合唱)“打打打,打打打!一个不够有大家!”

葆　珍　(唱)“对!一个不够有大家!走夜路,怕不怕?”

众　人　(合唱)“我不怕,我不怕!跌倒了我会自个儿爬!”

葆　珍　(唱)“对!跌倒了我会自个儿爬!”

〔匡复听着他们的歌,感到兴趣。

葆　珍　(唱)“淌眼泪,傻不傻?”

众　人　(合唱)“傻傻傻,傻傻傻,那是没用的大傻瓜!”

葆　珍　(唱)“对!那是没用的大傻瓜!碰钉子怕不怕?”

众　人　(合唱)“我不怕,我不怕!钉子越碰胆越大!”

葆　珍　(唱)“对!钉子越碰胆越大!好!我们都是勇敢的小娃娃!大家联合起来救国家!”

众　人　(合唱)“救国家!”

葆　珍　众　人　(合唱)“好!我们都是勇敢的小娃娃!大家联合起来救国家!救国家!”

〔小孩子们与赵振宇同时地拍手。

赵振宇　好极啦!“淌眼泪,傻不傻”,这是拿破仑的故事里面也有的,拿破仑从来不淌眼泪,所以……

阿　牛　林葆珍,前面的几句,你再一个儿唱一遍!

葆　珍　还不懂吗?你真是牛——(看见赵振宇,笑着)那么你听!(低声地逐句复唱)

〔大家合唱。

〔匡复打定了主意,脸上的表情也不像以前那样颓丧了,他不给葆珍他们知道似的拿起笔来伏在案上,写了几句,站起身来,走到葆珍面前。

匡　复　葆珍!来!让我看一看!

葆　珍　(停了唱,惊奇)什么事?你听我们唱得好吗?

匡　复　(重重地点头)唱得真好,葆珍,你不愧是一个“小先生”,你教了我很多的事!

〔听见匡复的声音,林志成与杨彩玉静听。

葆　珍　(天真地)你也来唱,好吗?

匡　复　不,不,我已经懂了,葆珍!再给我看一看!(热情不能自禁地吻了她一下)你好好地做一个勇敢的小娃娃!我祝福你,祝福你这一辈!再会!

葆　珍　(从害羞到吃惊)什么?你要走啦?哪儿去?爸——

匡　复　(制止她)再见!(紧紧地抱了她一下,拿了帽子,冒着雨,很快地扯开门,走了)

葆　珍　(茫然目送了他之后)妈!爸爸——走啦!

〔阿牛、阿香和赵振宇诧然不知所措。林志成和杨彩玉赶出来,杨彩玉用袖子拭着眼泪。

林志成 什么?

杨彩玉 走啦!(看见了桌上留的纸条)

林志成 (抢过那字条来)他……

杨彩玉 什么?

林志成 (茫然地,读那字条上的字)“我很高兴地知道了你们的结合并不单为了生活!我明白,我留在这儿会扰乱你俩的安宁……我永远地爱着你们……”

杨彩玉 (半狂乱状态)复生!(不等林志成,从雨中奔出去)复生!

林志成 (警觉)对,我得去找他转来!(奔出)

赵振宇 怎么回事?

〔葆珍望着大家,惊愕。

〔阿香奔出去张望,冷雨打在身上,连忙缩回。雨声,馄饨担声。后门哑然地推开,施小宝衣衫零乱,发鬓蓬松,脸上带着泪痕,将一把铜板丢一般地交给车夫。铜板一半落在地上,黄包车夫拾铜板,惊视着她。赵妻正在打瞌睡,被这声音惊醒,怒目而视,看见她的那种狼狈的样子,又好奇地站起身。施小宝跑上楼去,赵妻跟到楼梯边,向上张望。施小宝跑进房内,开电灯,和身地伏在床上哭。

施小宝 Johnie,Johnie!(啜泣)

赵 妻 (瞧不起的表情)唧!(往客堂间一看)阿牛!阿香!时候不早啦!

〔听见妻子的喊声,赵振宇只得蹑手蹑脚地回来。

赵 妻 (狠狠地)不生心肝的,跟小孩们在一起,……阿牛!阿香!……

阿 牛 (不理,做一鬼脸)我们唱……

〔后门叩门声,赵振宇去开门,黄家楣和桂芬回来,衣服湿了。

黄家楣 (见赵振宇)对不住!这么大的雨!(对妻子埋怨似的)我说叫车,你偏要走……

桂 芬 (对赵妻)赵师母,谢谢你,没有醒吗?

赵 妻 不,睡得很好。……

桂 芬 (抱了小孩)谢谢您,不早啦,明儿见!(走到楼梯边,对黄家楣)还叫车,叫了车,明天买小菜的钱也没有啦……

〔黄家楣不语。

桂 芬 (走了两档楼梯,突然发见了什么似的回头来)家楣!

黄家楣 什么?

桂 芬 你瞧!这是……(从小孩口袋里摸出一个红纸包来)一定是老爹留给他的……

黄家楣 (睁圆了眼)什么,拿我看!(抢过来看,一两块现洋滴溜溜地滚在地下)

桂 芬 (连忙拾起来)怎么回事……

黄家楣 (数了一数几张钞票,和三块现洋,茫然地站定在楼梯上,苍白的脸上露出悲痛的表情)唔,这大概是爸爸最后的一点汗血钱吧!(沉痛)我们骗他,我们骗他,可是他已经完全知道啦!

〔桂芬突然地,禁不住哭了。

黄家楣 (悲怆地)咪咪!你要记住,你祖父希望不到我,现在在希望着你啦!

桂　芬 (拦住了他)嘘,别惊醒他……(俯首,抱着咪咪上楼去)

〔黄家楣跟在后面。亭子间的电灯亮,隐隐地可以听到桂芬的啜泣声。前门呀的推开,林志成扶着杨彩玉回来,浑身被雨打湿,两人失了神似的走进室内,门也忘记关上。小孩们惊异地望着他们,林志成垂头地站着。

葆　珍 妈,怎么啦?

杨彩玉 (不去理会她,一刻,突如其来地对林志成)他不会去……他不会去自杀吗?……

林志成 (一怔)什么?

杨彩玉 假使有什么三长两短……(哽咽)

林志成 (沉重地)那你倒可以放心,瞧,他写着,"葆珍教了我很多,我离开你们决不是消极的逃避,我决不使你们失望,朋友,勇敢地活下去,再会!"

〔杨彩玉看信。

林志成 他一定也会很勇敢地为着我们这些受难的人……

杨彩玉 (禁不住大声地恸哭起来)复生!

〔林志成无言地走近去抚着她耸动着的肩膀。雨声。葆珍走过去扯着她母亲的衣服。

〔李陵碑从阁楼上一步步地下来,悲凉地哼着。

李陵碑 (唱)"过了一天又一天,心中好比滚油煎……"

阿　牛 (皱一皱眉,对葆珍和阿香)唧,李陵碑又唱啦,不要听他,咱们唱!(唱)"淌眼泪,傻不傻?"

阿　牛 (合唱)"傻傻傻,傻傻傻,那是没用的大傻瓜!"

阿　香　葆　珍 (听他们唱了,也提高声音)"对,那是没用的大傻瓜!碰钉子,怕不怕?"

阿　牛 (合唱)"我不怕,我不怕!钉子越碰胆越大!"

阿　香　葆　珍 (唱)"对,钉子越碰胆越大!"

〔林志成和杨彩玉憬然地听着她们的歌,抬起头来。赵振宇趁着他妻子不见,蹑手蹑脚地重新进来,听着孩子们的唱。

众　人 (合唱)"好!我们都是勇敢的小娃娃,大家联合起来救国家!救国家!"

〔歌声中幕渐渐地下。

【内容提要】

《上海屋檐下》延续了"家庭—社会"的叙述模式,它在一天之内描述都市五户人家灰色抑郁的生活。夏衍利用电影化思维更为细腻地诠释舞台空间，五个家庭故事在同一时空下，相互缠绕却线条分明。林志成、杨彩玉和匡复的情感纠葛占据中心位置，同时与边缘处其他故事频频转换，形成舞台上喧哗的剧场气氛。

叙述者的目光越出单个家庭投向都市民间社会，通过知识者困境和市民苦难揭开社会的伤痕。施小宝和李陵碑遭受的是失夫丧子的伦理与衣食之苦，而匡复、黄家楣、杨彩玉等知识者还饱尝心灵之痛，林家非常的家庭生活时时受到世俗道德的围攻（如葆珍被叫做“拖油”），他们自己也忍受心理绞刑。不仅如此，生存的艰难使知识者的价值信仰被怀疑嘲弄，赵妻所说的“你有才学，你能赚钱吗？”代表世俗标准尖刻地逼问过来，结果倒是知识者陷入无语辩驳的悲哀。知识者们的内心也积聚着惶惑，曾是“五四”精神实践者的匡复对以前的追求悔过不已：“当初我将世上的事情件件看得很简单……这几年我看到太多，人事并不这样简单，卑鄙，奸诈，损人利己，象受了伤的野兽一样的无目的伤害他人，这全是人做的事！”他的精神检讨可以说是一代革命知识分子的自我反思，经历炽热的精神革命，他们不得不吞咽鲁迅式的“精神彷徨”。彩玉的自述揭穿了革命话语中给女性制造的压力和苦难，完成了对女性话语的辩护。可见，社会的道德、金钱、革命话语达成共谋，拷问着知识分子，构成了人与社会、人和自我的双重戏剧冲突。

走入世俗之网和精神迷途的现代知识者以不同的方式进行抗争，赵振宇退到精神世界来规避现实，黄家楣用困守的姿态拒斥社会体制，林志成辞职去守护做人的原则。当他们与社会权力话语对抗时，从另一面暴露出知识者的柔弱性，表现在对道德话语的承受上。林志成和匡复面对情感矛盾，他们相互退让，严格遵循朋友间的“义气”，没有勇气冲破伦理规范，人性要求遭到压制；黄家夫妇善意地欺骗父亲，竭尽心力做到“孝”字，这些善良的知识者在伦理难题前茫然失措，无可奈何。叙述者采取左翼文学的社会立场，本来打算通过描绘民间的苦难、知识分子的无助来达到揭示社会问题的目的，结果却是，知识分子和市民的人心之美、社会之恶的确显现了，不过无意中知识分子的许多问题也暴露了出来。

叙述者在剧尾让匡复写下激昂的话语出走，众人唱起救亡的童歌，企图制造光明欢乐的气氛，但其效果不过是暂时转移视线消解了悲剧性，遗留下的还是重重的社会问题，如林志成失业，一家人断了生存之路；杨彩玉像陈白露一样唤起旧梦，如何实现内心平衡等。夏衍自认为：“抗战的喜炮应该送葬掉一切旧的感情、旧的故事、旧的剧本，而催生出许多更兴奋、更激动、更有助于我们民族解放的作品。”（夏衍：《〈上海屋檐下〉自序》）源于这种观念，叙述者匆忙地停止了他的讲述，意识形态话语的提早介入阻碍了故事向深层进展。

【写作特点】

1. 构思巧妙、布局严密，多条线索共同发展。

2. 具有浓郁的生活气息，恬淡、自然，而又洗炼、隽永。

3. 表现了人物的命运和心灵的颤动。

【思考与练习】

评析《上海屋檐下》的艺术特色。

【拓展阅读书目或文章名】

1. 夏衍话剧《秋瑾传》

2. 夏衍电影剧本《春蚕》

终身大事

胡 适

【作者介绍】

胡适(1891.12—1962.2),汉族,安徽绩溪上庄村人。现代著名学者、诗人、历史家、文学家、哲学家。因提倡文学革命而成为新文化运动的领袖之一。原名嗣穈,学名洪骍,字希疆,后改名胡适,字适之,笔名天风、藏晖等,其中,适与适之之名与字,乃取自当时盛行的达尔文学说"物竞天择适者生存"典故。在中国现代戏剧史上,富于现代意识的第一部戏剧作品就是胡适创作的《终身大事》。主要著作有《中国哲学史大纲》(上)、《尝试集》、《白话文学史》(上)和《胡适文存》(四卷)。

【正文】

戏中人物

田太太　田先生　田亚梅女士

算命先生(瞎子)

田宅的女仆李妈

布 景

(田宅的会客室。右边有门,通大门。左边有门,通饭厅。背面有一张 沙发榻。两旁有两张靠椅。中央一张小圆桌子,桌上有花瓶。桌边有两张座 椅。左边靠壁有一张小写字台。

(墙上挂的是中国字画,夹着两块西洋荷兰派的风景画。这种中西合璧的陈设,很可表示这家人半新半旧的风气。

(开幕时,幕慢慢地上去,台下的人还可听见台上算命先生弹的弦子将完的声音。田太太坐在一张靠椅上。算命先生坐在桌边椅子上。)

田太太　你说的话我不大听得懂。你看这门亲事可对得吗?

算命先生　田太太,我是据命直言的。我们算命的都是据命直言的。你知道——

田太太　据命直言是怎样呢?

算命先生　这门亲事是做不得的。要是你家这位姑娘嫁了这男人,将来一定 没有好结果。

田太太 为什么呢？

算命先生 你知道，我不过是据命直言。这男命是寅年亥日生的，女命是巳 年申时生的。正合着命书上说的“蛇配虎，男克女。猪配猴，不到头。”这是合婚最忌的八字。属蛇的和属虎的已是相克的了。 再加上亥日申时，猪猴相克，这是两重大忌的命。这两口儿要是成了夫妇，一定不能团圆到老。仔细看起来，男命强得多，是一个夫克妻之命，应该女人早年短命。田太太，我不过是据命直言，你不要见怪。

田太太 不怪，不怪。我是最喜欢人直说的。你这话一定不会错。昨天观音娘娘也是这样说。

算命先生 哦！观音菩萨也这样说吗？

田太太 是的，观音娘娘签诗上说——让我寻出来念给你听。（走到写字台边，翻开抽屉，拿出一张黄纸，念道）这是七十八签，下下。签诗说：“夫妻前生定，因缘莫强求。逆天终有祸，婚姻不到头。”

算命先生 “婚姻不到头！”这句诗和我刚才说的一个字都不错。

田太太 观音娘娘的话自然不会错的。不过这件事是我家姑娘的终身大事，我们做爷娘的总得二十四小心的办去。所以我昨日求了签诗，总还有点不放心。今天请你先生来看看这两个八字里可有什么合得拢的地方。

算命先生 没有。没有。

田太太 娘娘的签诗只有几句话，不容易懂得。如今你算起命来，又合签诗一样。这个自然不用再说了。（取钱付算命先生）难为你。这是你对八字的钱。

算命先生 （伸手接钱）不用得，不用得。多谢，多谢。想不到观音娘娘的签诗居然和我的话一样！（立起身来）

田太太 （喊道）李妈！（李妈从左边门进来）你领他出去。（李妈领算命先生从右边门出去）

田太太 （把桌上的红纸庚帖收起，折好了，放在写字台的抽屉里。又把黄纸签诗也放进去，口里说道）可惜！可惜这两口儿竟配不成！

田　女 （从右边门进来。她是一个二十三四岁的女子，穿着出门的大衣，脸上现出有心事的神气。进门后，一面脱下大衣，一面说道）妈，你怎么又算起命来了？我在门口碰着一个算命的走出去。你忘了爸爸不准算命的进门吗？

田太太 我的孩子，就只这一次，我下次再不干了。

田　女 但是你答应了爸爸以后不再算命了。

田太太 我知道，我知道，但是这一回我不能不请教算命的。我叫他来把你和那陈先生的八字排排看。

田　女 哦！哦！

田太太 你要知道，这是你的终身大事，我又只生了你一个女儿，我不能胡里胡涂的让你嫁一个合不来的人。

田　女　谁说我们合不来？我们是多年的朋友，一定很合得来。

田太太　一定合不来。算命的说你们合不来。

田　女　他懂得什么？

田太太　不单是算命的这样说，观音菩萨也这样说。

田　女　什么？你还去问过观音菩萨吗？爸爸知道了更要说话了。

田太太　我知道你爸爸一定同我反对，无论我做什么事，他总同我反对。但是你想，我们老年人怎么敢决断你们的婚姻大事。我们无论怎样小心，保不住没有错。但是菩萨总不会骗人。况且菩萨说的话，和算命的说的，竟是一样，这就更可相信了。（立起来，走到写字台边，翻开抽屉）你自己看菩萨的签诗。

田　女　我不要看，我不要看！

田太太　（不得已把抽屉盖了）我的孩子，你不要这样固执。那位陈先生我是很喜欢他的。我看他是一个很可靠的人。你在东洋认得他好几年了，你说你很知道他的为人。但是，你年纪还轻，又没有阅历，你的眼力也许会错的。就是我们活了五六十岁的人，也还不敢相信自己的眼力。因为我不敢相信自己，所以我去问菩萨又去问算命的。菩萨说对不得，算命的也说对不得，这还会错吗？算命的说，你们的八字正是命书最忌的八字，叫做什么"猪配猴，不到头，"正因为你是巳年申时生的，他是——

田　女　你不要说了，妈，我不要听这些话。（双手遮着脸，带着哭声）我不爱听这些话！我知道爸爸不会同你一样主意。他一定不会。

田太太　我不管他打什么主意。我的女儿嫁人，总得我肯。（走到她女儿身边，用手巾替她揩眼泪）不要掉眼泪。我走开去，让你仔细想想。我们总是替你打算，总想你好。我去看午饭好了没有。你爸爸就要回来了。不要哭了，好孩子。

（田太太从饭厅的门进去了。）

田　女　（揩着眼泪，抬起头来，看见李妈从外边进来，她用手招呼她走近些，低声说）李妈，我要你帮我的忙。我妈不准我嫁陈先生——

李　妈　可惜，可惜！陈先生是一个很懂礼的君子人。今儿早晨，我在路上碰着他，他还点头招呼我咧。

田　女　是的，他看见你带了算命先生来家，他怕我们的事有什么变卦，所以他立刻打电话到学堂去告诉我。我回来时，他在他的汽车里远远的跟在后面。这时候恐怕他还在这条街的口子上等候我的信息。你去告诉他，说我妈不许我们结婚。但是爸爸就回来了，他自然会帮我们。你叫他把汽车停到后面街上去等我的回信。你就去罢。（李妈转身将出去）回来！（李妈回转身来）你告诉他——你叫他——你叫他不要着急！（李妈微笑出去）

田　女　（走到写字台边，翻开抽屉，偷看抽屉里的东西。伸出手表看道）爸爸应该回来了，快十二点了。

（田先生约摸五十岁的样子，从外面进来）

田　女　（忙把抽屉盖了。站起来接她父亲）爸爸，你回来了！妈说，妈有要紧话同你商量，——有很要紧的话。

田先生　什么要紧话？你先告诉我。

田　女　妈会告诉你的。（走到饭厅边，喊道）妈，妈，爸爸回来了。

田先生　不知道你们又弄什么鬼了。（坐在一张靠椅上。田太太从饭厅那边过来。）亚梅说你有要紧话，——很要紧的话要同我商量。

田太太　是的，很要紧的话。（坐在左边椅子上）我说的是陈家的这门亲事。

田先生　不错，我这几天心里也在盘算这件事。

田太太　很好，我们都该盘算这件事了。这是亚梅的终身大事，我一想起这事如何重大，我就发愁，连饭都吃不下了，觉也睡不着了。那位陈先生我们虽然见过好几次，我心里总有点不放心。从前人家看女婿总不过偷看一面就完了。现在我们见面越多了，我们的责任更不容易担了。他家是很有钱的，但是有钱人家的子弟总是坏的多，好的少。他是一个外国留学生，但是许多留学生回来不久就把他们的原配的妻子休了。

田先生　你讲了这一大篇，究竟是什么主意？

田太太　我的主意是，我们替女儿办这件大事，不能相信自己的主意。我就不敢相信我自己。所以我昨儿到观音庵去问菩萨。

田先生　什么？你不是答应我不再去烧香拜佛了吗？

田太太　我是为了女儿的事去的。

田先生　哼！哼！算了罢。你说罢。

田太太　我去庵里求了一签。签诗上说，这门亲事是做不得的。我把签诗给你看。（要去开抽屉）

田先生　呸！呸！我不要看。我不相信这些东西！你说这是女儿的终身大事，你不敢相信自己，难道那泥塑木雕的菩萨就可相信吗？

田　女　（高兴起来）我说爸爸是不信这些事的。（走近她父亲身边）谢谢你。我们应该相信自己的主意，可不是吗？

田太太　不单是菩萨这样说。

田先生　哦！还有谁呢？

田太太　我求了签诗，心里还不很放心，总还有点疑惑。所以我叫人去请城里顶有名的算命先生张瞎子来排八字。

田先生　哼！哼！你又忘记你答应我的话了。

田太太　我也知道。但是我为了女儿的大事，心里疑惑不定，没有主张，不得不去找他来决断决断。

田先生　谁叫你先去找菩萨惹起这点疑惑呢？你先就不该去问菩萨，——你该先来问我。

田太太 罪过,罪过,阿弥陀佛——那算命的说的话同菩萨说的一个样儿。这不是一桩奇事吗?

田先生 算了罢!算了罢!不要再胡说乱道了。你有眼睛,自己不肯用,反去请教那没有眼睛的瞎子,这不是笑话吗?

田 女 爸爸,你这话一点也不错。我早就知道你是帮助我们的。

田太太 (怒向她女儿)亏你说得出,“帮助我们的”,谁是“你们”?“你们”是谁?你也不害羞!(用手巾蒙面哭了)你们一齐通同起来反对我;我女儿的终身大事,我做娘的管不得吗?

田先生 正因为这是女儿的终身大事,所以我们做父母的该格外小心,格外慎重。什么泥菩萨哪,什么算命合婚哪,都是骗人的,都不可相信。亚梅你说是不是?

田 女 正是,正是。我早知道你决不会相信这些东西。

田先生 现在不许再讲那些迷信的话了。泥菩萨,瞎算命,一齐丢去!我们要正正经经的讨论这件事,(对田太太)不要哭了。(对田女士)你也坐下。(田女士在沙发榻上坐下)

田先生 亚梅,我不愿意你同那姓陈的结婚。

田 女 (惊慌)爸爸你是同我开玩笑,还是当真?

田先生 当真。这门亲事一定做不得的。我说这话,心里很难过,但是我不能不说。

田 女 你莫非看出他有什么不好的地方?

田先生 没有。我很喜欢他。拣女婿拣中了他,再好也没有了,因此我心里更不好过。

田 女 (摸不着头脑)你又不相信菩萨和算命?

田先生 决不,决不。

田太太与田女 (同时问)那么究竟为了什么呢?

田先生 好孩子,你出洋长久了,竟把中国的风俗规矩全都忘了。你连祖宗定下的祠规都不记得了。

田 女 我同陈家结婚,犯了那一条祠规?

田先生 我拿给你看。(站起来从饭厅边进去)

田太太 我意想不出什么。阿弥陀佛,这样也好,只要他不肯许就是了。

田 女 (低头细想,忽然抬起头显出决心的神气)我知道怎么办了。

田先生 (捧着一大部族谱进来)你瞧,这是我们的族谱。(翻开书页,乱堆在桌上)你瞧,我们田家两千五百年的祖宗,可有一个姓田的和姓陈的结亲?

田 女 为什么姓田的不能和姓陈的结婚呢?

田先生 因为中国的风俗不准同姓的结婚。

田 女 我们并不同姓。他家姓陈我家姓田。

田先生 我们是同姓的。中国古时的人把陈字和田字读成一样的音。我们的姓有时写作田字，有时写作陈字，其实是一样的。你小时候读过《论语》吗？

田　女　读过的，不大记得了。

田先生　《论语》上有个陈成子，旁的书上都写作田成子，便是这个道理。两千五百年前，姓陈的和姓田只是一家。后来年代久了，那写作田字的便认定姓田，写作陈字的便认定姓陈。外面看起来好像是两姓，其实是一家。所以两姓祠堂里都不准通婚。

田　女　难道两千五百年前同姓的男女也不能通婚吗？

田先生　不能。

田　女　爸爸，你是明白道理的人，一定不认这种没有道理的祠规。

田先生　我不认它也无用。社会承认它。那班老先生们承认它。你叫我怎么样呢？还不单是姓田的和姓陈的呢，我们衙门里有一位高先生告诉我说，他们那边姓高的祖上本是元朝末年明朝初年陈友谅的子孙，后来改姓高。他们因为六百年前姓陈所以不同姓陈的结亲；又因为两千五百年前姓陈的本又姓田，所以又不同姓田的结亲。

田　女　这更没有道理了！

田先生　管他有理无理，这是祠堂里的规矩，我们犯了祠规就要革出祠堂。前几十年有一家姓田的在南边做生意，就把女儿嫁给姓陈的。后来那女的死了，陈家祠堂里的族长不准她进祠堂。她家花了多少钱，捐到祠堂里做罚款，还把“田”字当中那一直拉长了，上下都出了头，改成了“申”字，才许她进祠堂。

田　女　那是很容易的事。我情愿把我的姓当中一直也拉长了改作“申”字。

田先生　说得好容易！你情愿，我不情愿咧！我不肯为了你的事连累我受 那班老先生们的笑骂。

田　女　（气得哭了）但是我们并不同姓！

田先生　我们族谱上说是同姓，那班老先生们也都说是同姓。我已经问过许多老先生了，他们都是这样说，你要知道，我们做爹娘的，办儿女的终身大事，虽然不该听泥菩萨瞎算命的话，但是那班老先生的话是不能不听的。

田　女　（作哀告的样子）爸爸！——

田先生　你听我说完了。还有一层难处。要是你这位姓陈的朋友是没有钱的，倒也罢了，不幸他又是很有钱的人家。我要把你嫁了他，那班老先生们必定说我贪图他家有钱，所以连祖宗都不顾，就把女儿卖给他了。

田　女　（绝望了）爸爸！你一生要打破迷信的风俗，到底还打不破迷信的祠规！这是我做梦也想不到的！

田先生　你恼我吗？这也难怪。你心里自然总有点不快活。你这种气头上的话，我决不怪你，——决不怪你。

李　妈　（从左边门出来）午饭摆好了。

田先生　来，来，来。我们吃了饭再谈罢。我肚里饿得很了。（先走进饭厅去）

田太太 （走近她女儿）不要哭了。你要自己明白，我们都是想你好。忍住，我们吃饭去。

田　女 我不要吃饭。

田太太 不要这样固执。我先去，你定一定心就来。我们等你咧。（也进饭厅去了。李妈把门随手关上，自己站着不动。）

田　女 （抬起头来，看见李妈）陈先生还在汽车里等着吗？

李　妈 是的。这是他给你的信，用铅笔写的。（摸出一张纸，递与田女）

田　女 （读信）“此事只关系我们两人与别人无关你该自己决断”（重念末句）“你该自己决断！”是的，我该自己决断！（对李妈说）你进去告诉我爸爸和妈，叫他们先吃饭不用等我。我要停一会再吃。（李妈点头自进去。田女士站起来，穿上大衣，在写字台上匆匆写了一张字条，压在桌上花瓶底下。她回头一望，匆匆从右边门出去了。略停了一会。）

田太太 （戏台里的声音）亚梅你快来吃饭，菜要冰冷了，（门里出来）你那里去了？亚梅！

田先生 （戏台里）随她罢？她生了气了，让她平平气就会好了。（门里出来）她出去了？

田太太 她穿了大衣出去了。怕是回学堂里去了。

田先生 （见花瓶底下的字条。）这是什么。（取字条念道）“这是孩儿的终身大事，孩儿该自己决断，孩儿现在坐了陈先生的汽车去了，暂时告辞了。”（田太太听了，身子往后一仰，坐倒在靠椅上。）

田先生 冲向右边的门，到了门边，又回头一望，眼睁睁的显出迟疑不决的神气。（幕下来）

【内容提要】

1919年3月，《终身大事》刊登在由高一涵主编的《新青年》6卷3号中，胡适专门为剧本加了一个副标题：“游戏的喜剧”。而在实际上，《终身大事》是一部严格意义上的现实主义社会问题剧，剧中女主角田亚梅的母亲就是一位娜拉式的女性，知道陈先生是一个很可靠的人，但她还不放心，便向观音菩萨求“神签”请张瞎子算八字，菩萨和瞎子都说这门亲事对不得。田女士的父亲，倒也不相信泥菩萨与瞎子算命，对陈先生也很喜欢，却又谨遵祖宗定下的祠规，相信族谱，说二千五百年前田陈是一姓，不能通婚。田女士勇敢地冲破这些封建迷信和传统习俗的阻挠，留下一张字条，说：“这是孩儿的终身大事。孩儿应该自己决断。”便离开家庭，坐陈先生的汽车走了。

【写作特点】

此剧是在五四运动前后的时代背景下产生的，剧情比较简单。但反封建的主题鲜明，被公认为明显受易卜生的影响，它的出现对以后的社会问题剧的创作和演出有推动意义。

【思考与练习】

1.评析《终身大事》的艺术特色。

2.通过读《终身大事》剧情讨论20世纪初中国传统的婚姻文化。

【拓展阅读书目或文章名】

1.陈白尘《乱世男女》

2.丁西林《三块钱国币》

3.于伶《夜上海》

茶　　馆(话剧节选)

老　舍

【作者介绍】

老舍(1899—1966年),满族,祖籍北京。20世纪中国杰出的小说家、剧作家。原名舒庆春,字舍予。老舍是他最常用的笔名。曾经获得"人民艺术家"的光荣称号。老舍的主要作品有:长篇小说《骆驼祥子》《老张的哲学》《四世同堂》《二马》《猫城记》等;剧本《面子问题》《龙须沟》《柳树井》《茶馆》等;报告文学《无名高地有了名》;中篇小说《月牙儿》《我这一辈子》;短篇小说集《赶集》《樱海集》及作品集《老舍文集》(16卷)等。代表作是歌颂新中国的《龙须沟》与埋葬旧社会的《茶馆》。

【正文】

第一幕

人　物　王利发、刘麻子、庞太监、唐铁嘴、康六、小牛儿、松二爷、黄胖子、宋恩子、常四爷、秦仲义、吴祥子、李三、老人、康顺子、二德子、乡妇,茶客甲、乙、丙、丁,马五爷、小姐,茶房一、二人

时　间　一八九八年(戊戌)初秋,康梁等的维新运动失败了。早半天。

地　点　北京,裕泰大茶馆。

[**幕启**]:这种大茶馆现在已经不见了。在几十年前,每城都起码有一处。这里卖茶,也卖简单的点心与菜饭。玩鸟的人们,每天在遛够了画眉、黄鸟等之后,要到这里歇歇腿,喝喝茶。并使鸟儿表演歌唱。商议事情的,说媒拉纤的,也到这里来。那年月,时常有打群架的,但是总会有朋友出头给双方调解;三五十口子打手,经调人东说西说,便都喝碗茶,吃碗烂肉面(大茶馆特殊的食品,价钱便宜,作起来快当),就可以化干戈为玉帛了。总之,这是当日非常重要的地方,有事无事都可以来坐半天。

[在这里,可以听到最荒唐的新闻,如某处的大蜘蛛怎么成了精,受到雷击。奇怪的意见也在这里可以听到,像把海边上都修上大墙,就足以挡住洋兵上岸。这里还可以听到某京戏演员新近创造了什么腔儿,和煎熬鸦片烟的最好的方法。这里也可以看到某人新得

到的奇珍——一个出土的玉扇坠儿，或三彩的鼻烟壶。这真是个重要的地方，简直可以算作文化交流的所在。我们现在就要看见这样的一座茶馆。

［一进门是柜台与炉灶——为省点事，我们的舞台上可以不要炉灶；后面有些锅勺的响声也就够了。屋子非常高大，摆着长桌与方桌，长凳与小凳，都是茶座儿。隔窗可见后院，高搭着凉棚，棚下也有茶座儿。屋里和凉棚下都有挂鸟笼的地方。各处都贴着"莫谈国事"的纸条。

［有两位茶客，不知姓名，正眯着眼，摇着头，拍板低唱。有两三位茶客，也不知姓名，正入神地欣赏瓦罐里的蟋蟀。两位穿灰色大衫的——宋恩子与吴祥子，正低声地谈话，看样子他们是北衙门的办案的(侦缉)。

［今天又有一起打群架的，据说是为了争一只家鸽，惹起非用武力解决不可的纠纷。假若真打起来，非出人命不可，因为被约的打手中包括着善扑营的哥儿们和库兵，身手都十分厉害。好在，不能真打起来，因为在双方还没把打手约齐，已有人出面调停了——现在双方在这里会面。三三两两的打手，都黄眉立目，短打扮，随时进来。往后院去。

［马五爷在不惹人注意的角落，独自坐着喝茶。

［王利发高高地坐在柜台里。

［唐铁嘴踏拉着鞋，身穿一件极长极脏的大布衫，耳上夹着几张小纸片，进来。

王利发　你外边蹓蹓吧！

唐铁嘴　(惨笑)王掌柜，捧捧唐铁嘴吧！送给我碗茶喝，我就先给您相相面吧！手相奉送，不取分文！(不容分说，拉过王利发的手来)今年是光绪二十四年，戊戌。您贵庚是……

王利发　(夺回手去)算了吧，我送给你一碗茶喝，你就甭卖那套生意口啦！用不着相面，咱们既在江湖内，都是苦命人！(由柜台内走出，让唐铁嘴坐下)坐下！我告诉你，你要是不戒了大烟，就永远交不了好运！这是我的相法，比你的更灵验！

［松二爷和常四爷都提着鸟笼进来，王利发向他们打招呼。他们先把鸟笼子挂好，找地方坐下。松二爷文绉绉的，提着小黄鸟笼；常四爷雄赳赳的，提着大而高的画眉笼。茶房李三赶紧过来，沏上盖碗茶。他们自带茶叶。茶沏好，松二爷、常四爷向邻近的茶座让了让。

松二爷
常四爷　您喝这个！(往后院看了看)

松二爷　好像又有事儿？

常四爷　反正打不起来！要真打的话，早到城外头去啦；到茶馆来干吗？

［二德子，一位打手，恰好进来，听见了常四爷的话。

二德子　(凑过去)你这是对谁甩闲话呢？

常四爷　(不肯示弱)你问我哪？花钱喝茶，难道还教谁管着吗？

松二爷　(打量了二德子一番)我说这位爷，您是营里当差的吧？来，坐下喝一碗，我们也是外场人。

二德子 你管我当差不当差呢!

常四爷 要抖威风,跟洋人干去,洋人厉害!英法联军烧了圆明园,尊家吃着官饷,可没见您去冲锋打仗!

二德子 甭说打洋人不打,我先管教管教你!(要动手)

[别的茶客依旧进行他们自己的事。王利发急忙跑过来。

王利发 哥儿们,都是街面上的朋友,有话好说。德爷,您后边坐!

常四爷 (闪过)你要怎么着?

二德子 怎么着?我碰不了洋人,还碰不了你吗?

马五爷 (并未立起)二德子,你威风啊!

二德子 (四下扫视,看到马五爷)喝,马五爷,您在这儿哪?我可眼拙,没看见您!(过去请安)

马五爷 有什么事好好地说,干吗动不动地就讲打?

二德子 嗻!您说的对!我到后头坐坐去。李三,这儿的茶钱我候啦!(往后面走去)

常四爷 (凑过来,要对马五爷发牢骚)这位爷,您圣明,您给评评理!

马五爷 (立起来)我还有事,再见!(走出去)

常四爷 (对王利发)邪!这倒是个怪人!

王利发 (低声地)刚才您说洋人怎样,他就是吃洋饭的。信洋教,说洋话,有事情可以一直地找宛平县的县太爷去,要不怎么连官面上都不惹他呢!

常四爷 (往原处走)哼,我就不佩服吃洋饭的!

王利发 (向宋恩子、吴祥子那边稍一歪头,低声地)说话请留点神!(大声地)李三,再给这儿沏一碗来!(拾起地上的碎磁片)

松二爷 不忙,待会儿再算吧!(走开)

[纤手刘麻子领着康六进来。刘麻子先向松二爷、常四爷打招呼。

刘麻子 您二位真早班儿!(掏出鼻烟壶,倒烟)您试试这个!刚装来的,地道英国造,又细又纯!

常四爷 唉!连鼻烟也得从外洋来!这得往外流多少银子啊!咱们大清国有的是金山银山,永远花不完!您坐着,我办点小事!

(领康六找了个座儿)

[李三拿过一碗茶来。

刘麻子 说说吧,十两银子行不行?你说干脆的!我忙,没工夫专伺候你!

康　六 刘爷!十五岁的大姑娘,就值十两银子吗?

刘麻子 卖到窑子去,也许多拿一两八钱的,可是你又不肯!

康　六 那是我的亲女儿!我能够……

刘麻子 有女儿,你可养活不起,这怪谁呢?

康　六 那不是因为乡下种地的都没法子混了吗?一家大小要是一天能吃上一顿粥,我要还想卖女儿,我就不是人!

刘麻子 那是你们乡下的事,我管不着。我受你之托,教你不吃亏,又教你女儿有个吃饱饭的地方,这还不好吗?

康　六 到底给谁呢?

刘麻子 我一说,你必定从心眼里乐意!一位在宫里当差的!

康　六 宫里当差的谁要个乡下丫头呢?

刘麻子 那不是你女儿的命好吗?

康　六 谁呢?

刘麻子 庞总管!你也听说过庞总管吧?侍候着太后,红的不得了,连家里打醋的瓶子都是玛瑙作的!

康　六 刘大爷,把女儿给太监作老婆,我怎么对得起人呢?

刘麻子 卖女儿,无论怎么卖,也对不起女儿!你糊涂!你看,姑娘一过门,吃的是珍馐美味,穿的是绫罗绸缎,这不是造化吗?怎样,摇头不算点头算,来个干脆的!

康　六 自古以来,哪有……他就给十两银子?

刘麻子 找遍了你们全村儿,找得出十两银子找不出?在乡下,五斤白面就换个孩子,你不是不知道!

康　六 我,唉!我得跟姑娘商量一下!

刘麻子 告诉你,过了这个村可没有这个店,耽误了事别怨我!快去快来!

康　六 唉!我一会儿就回来!

刘麻子 我在这儿等着你!

康　六 (慢慢地走出去)

刘麻子 (凑到松二爷、常四爷这边来)乡下人真难办事,永远没有个痛痛快快!

松二爷 这号生意又不小吧?

刘麻子 也甜不到哪儿去,弄好了,赚个元宝!

常四爷 乡下是怎么了?会弄得这么卖儿卖女的!

刘麻子 谁知道!要不怎么说,就是一条狗也得托生在北京城里嘛!

常四爷 刘爷,您可真有个狠劲儿,给拉拢这路事!

刘麻子 我要不分心,他们还许找不到买主呢!(忙岔话)松二爷(掏出个小时表来)您看这个!

松二爷 (接表)好体面的小表!

刘麻子 您听听,嘎登嘎登地响!

松二爷 (听)这得多少钱?

刘麻子 您爱吗?就让给您!一句话,五两银子!您玩够了,不爱再要了,我还照数退钱!东西真地道,传家的玩艺!

常四爷 我这儿正咂摸这个味儿:咱们一个人身上有多少洋玩艺儿啊!老刘,就看你身上吧:洋鼻烟,洋表,洋缎大衫,洋布裤褂……

刘麻子 洋东西可是真漂亮呢!我要是穿一身土布,像个乡下脑壳,谁还理我呀!

常四爷 我老觉乎着咱们的大缎子,川绸,更体面!

刘麻子 松二爷,留下这个表吧,这年月,戴着这么好的洋表,会教人另眼看待!是不是这么说,您哪?

松二爷 (真爱表,但又嫌贵)我……

刘麻子 您先戴两天,改日再给钱!

[黄胖子进来。

黄胖子 (严重的砂眼,看不清楚,进门就请安)哥儿们,都瞧我啦!我请安了!都是自己弟兄,别伤了和气呀!

王利发 这不是他们,他们在后院哪!

黄胖子 我看不大清楚啊!掌柜的,预备烂肉面,有我黄胖子,谁也打不起来!(往里走)

二德子 (出来迎接)两边已经见了面,您快来吧!

[二德子同黄胖子入内。

[茶房们一趟又一趟地往后面送茶水。一老人进来,拿着些牙签、胡梳、耳挖勺之类的小东西,低着头慢慢地挨着茶座儿走;没人买他的东西。他要往后院去,被李三截住。

李　三 老大爷,您外边蹓蹓吧!后院里,人家正说和事呢,没人买您的东西!(顺手儿把剩茶递给老人一碗)

松二爷 (低声地)李三!(指后院)他们到底为了什么事,要这么拿刀动杖的?

李　三 (低声地)听说是为一只鸽子。张宅的鸽子飞到了李宅去,李宅不肯交还……唉,咱们还是少说话好,(问老人)老大爷您高寿啦?

老　人 (喝了茶)多谢!八十二了,没人管!这年月呀,人还不如一只鸽子呢!唉!(慢慢走出去)

[秦仲义穿得很讲究,满面春风,走进来。

王利发 哎哟!秦二爷,您怎么这样闲在,会想起下茶馆来了?也没带个底下人?

秦仲义 来看看,看看你这年轻小伙子会作生意不会!

王利发 唉,一边作一边学吧,指着这个吃饭嘛。谁叫我爸爸死的早,我不干不行啊!好在照顾主儿都是我父亲的老朋友,我有不周到的地方,都肯包涵,闭闭眼就过去了。在街面上混饭吃,人缘儿顶要紧。我按着我父亲遗留下的老办法,多说好话,多请安,讨人人的喜欢,就不会出大岔子!您坐下,我给您沏碗小叶茶去!

秦仲义 我不喝!也不坐着!

王利发 坐一坐!有您在我这儿坐坐,我脸上有光!

秦仲义 也好吧!(坐)可是,用不着奉承我!

王利发 李三,沏一碗高的来!二爷,府上都好?您的事情都顺心吧?

秦仲义 不怎么太好!

王利发 您怕什么呢?那么多的买卖,您的小手指头都比我的腰还粗!

唐铁嘴 (凑过来)这位爷好相貌,真是天庭饱满,地阁方圆,虽无宰相之权,而有陶朱之富!

秦仲义 躲开我! 去!

王利发 先生,你喝够了茶,该外边活动活动去!(把唐铁嘴轻轻推开)

唐铁嘴 唉! (垂头走出去)

秦仲义 小王,这儿的房租是不是得往上提那么一提呢?当年你爸爸给我的那点租钱,还不够我喝茶用的呢!

王利发 二爷,您说的对,太好了!可是,这点小事用不着您分心,您派管事的来一趟,我跟他商量,该长多少租钱,我一定照办!是!嗻!

秦仲义 你这小子,比你爸爸还滑!哼,等着吧,早晚我把房子收回去!

王利发 您甭吓唬着我玩,我知道您多么照应我,心疼我,决不会叫我挑着大茶壶,到街上卖热茶去!

秦仲义 你等着瞧吧!

[乡妇拉着个十来岁的小妞进来,小妞的头上插着一根草标。李三本想不许她们往前走,可是心中一难过,没管。她们俩慢慢地往里走。茶客们忽然都停止说笑,看着她们。

小　妞 (走到屋子中间,立住)妈,我饿!我饿!

[乡妇呆视着小妞,忽然腿一软,坐在地上,掩面低泣。

秦仲义 (对王利发)轰出去!

王利发 是!出去吧,这里坐不住!

乡　妇 哪位行行好?要这个孩子,二两银子!

常四爷 李三,要两个烂肉面,带她们到门外吃去!

李　三 是啦!(过去对乡妇)起来,门口等着去,我给你们端面来!

乡　妇 (立起,抹泪往外走,好像忘了孩子;走了两步,又转回身来,搂住小妞吻她)宝贝!宝贝!

王利发 快着点吧!

[乡妇、小妞走出去。李三随后端出两碗面去。

王利发 (过来)常四爷,您是积德行好,赏给她们面吃!可是,我告诉您:这路事儿太多了,太多了!谁也管不了!(对秦仲义)二爷,您看我说的对不对?

常四爷 (对松二爷)二爷,我看哪,大清国要完!

秦仲义　(老气横秋地)完不完,并不在乎有人给穷人们一碗面吃没有。小王,说真的,我真想收回这里的房子!

王利发　您别那么办哪,二爷!

秦仲义　我不但收回房子,而且把乡下的地,城里的买卖也都卖了!

王利发　那为什么呢?

秦仲义　把本钱拢在一块儿,开工厂!

王利发　开工厂?

秦仲义　嗯,顶大顶大的工厂!那才救得了穷人,那才能抵制外货,那才能救国!(对王利发说而眼看着常四爷)唉,我跟你说这些干什么,你不懂!

王利发　您就专为别人,把财产都出手,不顾自己了吗?

秦仲义　你不懂!只有那么办,国家才能富强!好啦,我该走啦。我亲眼看见了,你的生意不错,你甭再要无赖,不长房钱!

王利发　您等等,我给您叫车去!

秦仲义　用不着,我愿意蹓达蹓达!

[秦仲义往外走,王利发送。

[小牛儿搀着庞太监走进来。小牛儿提着水烟袋。

庞太监　哟!秦二爷!

秦仲义　庞老爷!这两天您心里安顿了吧?

庞太监　那还用说吗?天下太平了:圣旨下来,谭嗣同问斩!告诉您,谁敢改祖宗的章程,谁就掉脑袋!

秦仲义　我早就知道!

[茶客们忽然全静寂起来,几乎是闭住呼吸地听着。

庞太监　您聪明,二爷,要不然您怎么发财呢!

秦仲义　我那点财产,不值一提!

庞太监　太客气了吧?您看,全北京城谁不细道秦二爷!您比作官的还厉害呢!听说呀,好些财主都讲维新!

秦仲义　不能这么说,我那点威风在您的面前可就施展不出来了!哈哈哈!

庞太监　说得好,咱们就八仙过海,各显其能吧,哈哈哈!

秦仲义　改天过去给您请安,再见!(下)

庞太监　(自言自语)哼,凭这么个小财主也敢跟我逗嘴皮子,年头真是改了!(问王利发)刘麻子在这儿哪?

王利发　总管,您里边歇着吧!

[刘麻子早已看见庞太监,但不敢靠近,怕打搅了庞太监、秦仲义的谈话。

刘麻子　喝,我的老爷子!您吉祥!我等了您好大半天了!(搀庞太监往里面走)

[宋恩子、吴祥子过来请安，庞太监对他们耳语。

[众茶客静默了一阵之后，开始议论纷纷。

茶客甲 谭嗣同是谁？

茶客乙 好像听说过！反正犯了大罪，要不，怎么会问斩呀！

茶客丙 这两三个月了，有些作官的、念书的乱折腾乱闹，咱们怎能知道他们捣的什么鬼呀！

茶客丁 得！不管怎么说，我的铁杆庄稼又保住了！姓谭的，还有那个康有为，不是说叫旗兵不关钱粮，去自谋生计吗？心眼多毒！

茶客丙 一份钱粮倒叫上头克扣去一大半，咱们也不好过！

茶客丁 那总比没有强啊！好死不如癞活着，叫我去自己谋生，非死不可！

王利发 诸位主顾，咱们还是莫谈国事吧！

[大家安静，下来，都又各谈各的事。

庞太监 （已坐下）怎么说？一个乡下丫头，要二百银子？

刘麻子 （侍立）乡下人，可长得俊呀！带进城来，好好地一打扮、调教，准保是又好看，又有规矩！我给您办事，比给我亲爸爸作事都更尽心，一丝一毫不能马虎！

唐铁嘴 又回来了。

王利发 铁嘴，你怎么又回来了？

唐铁嘴 街上兵荒马乱的，不知道是怎么回事！

庞太监 还能不搜查搜查谭嗣同的余党吗？唐铁嘴，你放心，没人抓你！

唐铁嘴 嗻，总管，您要能赏给我几个烟泡儿，我可就更有出息了！

[有几个茶客好像预感到什么灾祸，一个个往外蹓。

松二爷 咱们也该走啦吧！天不早啦！

常四爷 嗻！走吧！

[二灰衣人——宋恩子和吴祥子走过来。

宋恩子 等等！

常四爷 怎么啦？

宋恩子 刚才你说“大清国要完”？

常四爷 我，我爱大清国，怕它完了！

吴祥子 （对松二爷）你听见了？他是这么说的吗？

松二爷 哥儿们，我们天天在这儿喝茶。王掌柜知道，我们都是地道老好人！

吴祥子 问你听见了没有？

松二爷 那，有话好说，二位请坐！

宋恩子 你不说，连你也锁了走！他说“大清国要完”，就是跟谭嗣同一党！

松二爷 我，我听见了，他是说……

宋恩子 （对常四爷）走！

常四爷 上哪儿？事情要交代明白了啊！

宋恩子 你还想拒捕吗？我这儿可带着“王法”呢！（掏出腰中带着的铁链子）

常四爷 告诉你们，我可是旗人！

吴祥子 旗人当汉奸，罪加一等！锁上他！

常四爷 甭锁，我跑不了！

宋恩子 量你也跑不了！（对松二爷）你也走一趟，到堂上实话实说，没你的事！

[黄胖子同三五个人由后院过来。

黄胖子 得啦，一天云雾散，算我没白跑腿！

松二爷 黄爷！黄爷！

黄胖子 （揉揉眼）谁呀？

松二爷 我！松二！您过来，给说句好话！

黄胖子 （看清）哟，宋爷，吴爷，二位爷办案哪？请吧！

松二爷 黄爷，帮帮忙，给美言两句！

黄胖子 官厅儿管不了的事，我管！官厅儿能管的事呀，我不便多嘴！（问大家）是不是？

众 喳！对！

[宋恩子、吴祥子带着常四爷、松二爷往外走。

松二爷 （对王利发）看着点我们的鸟笼子！

王利发 您放心，我给送到家里去！

[常四爷、松二爷、宋恩子、吴祥子同下。

黄胖子 （唐铁嘴告以庞太监在此）哟，老爷在这儿哪？听说要安份儿家，我先给您道喜！

庞太监 等吃喜酒吧！

黄胖子 您赏脸！您赏脸！（下）

[乡妇端着空碗进来，往柜上放。小妞跟进来。

小　妞 妈！我还饿！

王利发 唉！出去吧！

乡　妇 走吧，乖！

小　妞 不卖妞妞啦？妈！不卖啦？妈！

乡　妇 乖！（哭着，携小妞下）

[康六带着康顺子进来，立在柜台前。

康　六 姑娘！顺子！爸爸不是人，是畜生！可你叫我怎办呢？你不找个吃饭的地方，你饿死！我不弄到手几两银子，就得叫东家活活地打死！你呀，顺子，认命吧，积德吧！

康顺子 我，我……（说不出话来）

刘麻子　(跑过来)你们回来啦?点头啦?好!来见见总管!给总管磕头!

康顺子　我……(要晕倒)

康　六　(扶住女儿)顺子!顺子!

刘麻子　怎么啦?

康　六　又饿又气,昏过去了!顺子!顺子!

庞太监　我要活的,可不要死的!

[静场。

茶客甲　(正与乙下象棋)将!你完啦!

——幕落

(选自《老舍剧作选》,人民文学出版社1959年版)

【内容提要】

《茶馆》为三幕剧,分写了三个时代——戊戌变法失败后的晚清末年,袁世凯死后的军阀混战时期,抗战胜利后的国民党统治时期。《茶馆》就是表现的各色人等在茶馆中的对话和行动,这些对话和行动共同组成了一幅社会世态的画面,第一幕是晚清末年社会生活的剪影。从某一个角度、某一个侧面,暴露出社会的黑暗腐朽。

【中心观点】

此剧的主题是通过对三个时代腐朽黑暗、冷酷无情的社会现实的展示与否定,“侧面透露”出只有共产党领导的革命,才能救中国的真理。

【写作特点】

老舍以独特的艺术手法,把三个历史时期的中国社会变迁状况,装进了不足5万字的《茶馆》里,以话剧的形式生动地表现了出来,表现出现实主义的特征。话剧还形象地展示了北京地区的风物人情,语言也是简洁、鲜活、诙谐、幽默、口语化、个性化的京味语言,是典型的京味剧。

《茶馆》的第一幕最精彩:一能迅速抓住主要特征或借助对比、映衬的方法,勾画出众多性格鲜明、形象生动的人物。二能迅速展开冲突,并化为多种多样的形式,将冲突推向高潮。比如康六卖女、常四爷被抓、秦仲义与庞太监的唇枪舌剑等十来个戏剧性场面,都是晚清末年社会生活的剪影,相互间虽无紧密联系,反映的矛盾也不尽相似,但都从某一个角度、某一个侧面,暴露出社会的黑暗腐朽。这种多样性的矛盾冲突组成的丰富多彩的戏剧场面使第一幕气氛热烈,内容充实,洋溢着浓厚的生活气息,并把矛盾迅速推向高潮。

【思考与练习】

1.《茶馆》是怎样以小见大表现出社会世相的？

2.全班同学一起试试排演《茶馆》。

【拓展阅读书目或文章名】

老舍的《茶馆》全剧。

关汉卿(话剧节选)

田 汉

【作者介绍】

田汉(1898—1968年),湖南长沙人,字寿昌,曾用笔名伯鸿、陈瑜、漱人、汉仙等。田汉一生共创作一百三十多个剧本,是我国话剧运动的奠基人之一。主要剧作有:《咖啡店之一夜》《获虎之夜》《名优之死》《回春之曲》《丽人行》《关汉卿》和《文成公主》等。他也是"戏曲改革运动的先驱者"(茅盾语),曾改编京剧《西厢记》《白蛇传》《谢瑶环》等。他还是位热情洋溢的诗人,是《义勇军进行曲》(即《中华人民共和国国歌》)的词作者,出版有《田汉诗选》。

【正文】

第八场

元至元十九年(公元1282年)三月末的大都狱中。

[深夜,狱吏设案问供,狱卒狰狞分列,虽在暮春,气象严冷。

[狱吏翻望望牢房的禁子和禁婆。

狱 吏 这几天关汉卿还安静吗?

禁 子 还好。

狱 吏 谁来看过他?

禁 子 他的家人关忠。

狱 吏 就他吗?

禁 子 还有杨显之、梁进之等人,王实甫也托人送了些吃的东西。还有一位刘大娘跟她的女儿带东西来要见他,没有让她们见。

狱 吏 东西都给了关汉卿吗?

禁 子 照您吩咐的,都给了他。

狱 吏 以后,谁也不让见,也不许家人送东西给他。(望禁婆)朱帘秀也是一样,知道吗?

禁　子
禁　婆　知道了。

狱　吏　有谁来看过朱帘秀?

禁　婆　她的徒弟燕山秀也来过,何总管也托人送了些东西。

狱　吏　还有呢?

禁　婆　没有了。

狱　吏　从今天起多留点神!

禁　婆　是了。

狱　吏　那个赛帘秀呢?还骂吗?

禁　婆　还骂,可是也安静些了,只是眼睛里还出血,给她医吗?

狱　吏　说不定上面要提她,不要死在咱们这里,找一个大夫给她擦点药吧。有人来看她吗?

禁　婆　一个唱戏的欠耍俏几乎每隔两天就来看她一次。

狱　吏　唔,以后也不让看了。来,提关汉卿!

[禁子下,不定时,闻铁链镣铐相击声,关汉卿上。

禁　子　跪下!

[关汉卿昂然不跪,禁子拿棒要敲他的腿。

狱　吏　(制止)别为难他。(向关汉卿)关汉卿,你坐下吧。(向狱卒)给他一条小凳。

[狱卒给凳,关汉卿坐下。

狱　吏　怎么样?这些日子还好吗?

关汉卿　唔,日月照肝胆,霜雪添须眉,可还死不了。

狱　吏　是啊,真是不愿你死啊,你的文章我不懂,可是你的医道真高明,我娘吃了你的药好多了。她是多年的风湿,真没有想到好得那么快,已经能拄着拐杖自己走道儿了。

关汉卿　走走好处多,老年人可也不能太累。

狱　吏　是是,真是谢谢你。可是,关汉卿,你的案情越扯越大了,说老实的,恐怕很难救你,怎么办呢?

[狱卒中也有人交头接耳。

关汉卿　(诧异)“越扯越大”了?

狱　吏　对。大得够瞧的了,你认识一个叫王著的吗?

关汉卿　王著?

狱　吏　对。当益州千户的王著,记得吗,你跟他什么交情?

关汉卿　唔,记起来了,有这么个人,在玉仙楼演《窦娥冤》的时候他到后台来看过我们。

狱　吏　他看了你们的戏，很受感动，对吗？

关汉卿　他那么说，他很兴奋，还在场子里喊过“为万民除害”。我们就见过那么一次，没有什么交情。

狱　吏　是啊，他后来就当真干起来了！祸闯的不小。你有一位老朋友叫叶和甫的吗？

关汉卿　唔，有那么一个人，不是什么老朋友。

狱　吏　他要来跟你谈谈的。

关汉卿　我跟他没有什么可谈的。

狱　吏　谈谈吧，对你许有些好处。（向内）叶先生，请吧！

［叶和甫从里面走出来，对关汉卿很关切的口气。

叶和甫　哎呀，老朋友，真想不得在这样的地方跟你见面。当初你不听我的话，我害怕总会有这么一天，所以我说，《窦娥冤》最好别写，要写必定是祸多福少，现在怎么样？不幸而言中了吧。

关汉卿　（鄙夷地）你要跟我谈什么，快说吧。

叶和甫　瞧你，还这么急性子，不是应该熬炼得火气小一点吗？

关汉卿　（不耐）有话快说吧！

叶和甫　（跟狱吏耳语）……

狱　吏　（对狱卒们）你们都走开。

［狱卒们走开。

叶和甫　（低声）好，汉卿，先告诉你一个极好的消息，你那位朋友王著跟妖僧高和尚同谋，上个月初十晚上，在上都，把阿合马老大人和郝祯大人给刺了！

关汉卿　唔，真的？

叶和甫　千真万确的，现在大元朝上上下下都为这事件发抖。你看这是国家多么大的不幸！

关汉卿　你还想告诉我什么呢？

叶和甫　我就是想告诉你，你不听我的劝告，闯出了多么大的乱子！逆臣王著就是因为看过你的戏才起杀意要杀阿合马老大人的。

关汉卿　（怒）怎见得呢？

叶和甫　许多人听见他在玉仙楼看《窦娥冤》的时候，喊过“为万民除害”后来他在上都伏法的时候又喊：“我王著为万民除害”，而且你的戏里居然还有“把滥官污吏都杀坏”的词儿——

关汉卿　（按捺住怒火）你觉得“滥官污吏”应不应该杀呢？

叶和甫　这——“滥官污吏”当然应该杀。

关汉卿　我们应该“为万民除害”呢？

叶和甫 唔，当然应该。可是王著把刺杀阿合马老大人当做“为万民除害”就不对了。

关汉卿 杀阿合马是否为万民除害，天下自有公论。若说王著看了我的戏才起意要杀阿合马，那么高和尚没有看过我的戏，何以也要杀阿合马呢？

叶和甫 这——

关汉卿 我们写戏的离不开褒贬两个字。拿前朝的人说，我们褒岳飞，贬秦桧。看戏的人万一在什么时候激于义愤杀了像秦桧那样的人，能说是写戏的人教唆的吗？

叶和甫 汉卿，你这话何尝没有一些道理，可是于今正在风头上，皇上和大臣们怎么会听你的？再说，我今晚来看你，倒也不是为了跟你争辩《窦娥冤》的后果如何，（又低声）我是奉了忽辛大人的面谕来跟你商量一件大事的。你的案情虽然说是十分严重，可是只要你答应这件事，还是可以减等甚至释放你的。

关汉卿 我跟忽辛没有什么好商量的！

叶和甫 别这么火气大，老朋友，这事你也吃不了什么亏。反正王著已经死了，没有对证，只要你在大臣问你的时候，供出王著刺杀阿合马大人是想除掉捍卫大元朝的忠臣，联合各地金汉愚民图谋不轨。只要你肯这样招供，不只你的案子可以减轻，忽辛大人为了酬劳你，还预备送你中统钞一百万。这不少哇，老朋友。

关汉卿 （怒火难遏）你还有什么说的？

叶和甫 没有别的了，今晚就为的跟你谈这件大事来的。

关汉卿 你过来我跟你商量商量。

叶和甫 应了吗？（过去）

关汉卿 应了。（他重重的一记耳光，竟把叶和甫打倒在地下）

叶和甫 汉卿，我好好跟人商量，你怎么动起粗来了？

关汉卿 狗东西，你是有眼无珠，认错了人了。我关汉卿是有名的蒸不烂、煮不熟、捶不扁、炒不爆、响当当的铜豌豆，你想替忽辛那赃官来收买我，我们中间竟然出了你这无耻的禽兽，我恨不能吃你的肉！

叶和甫 （狰狞无耻的面目毕露）你不答应，好，那你等着死吧。

关汉卿 死也不跟这无耻的禽兽说话了！狱官，让我回号子去。

狱　吏 那么，（对叶和甫）叶先生，您回去吧！

狱　吏 关汉卿，你对。你若真照他说的供了，我们又该倒霉了。姓叶的回去，必然报告忽辛，忽辛必然追你的案子。你是个好人，又承你医好我娘，只恨我官小力微，帮不到你别的忙，给你送个信儿吧：你也就是这一两天的事了。没有别的，有什么要料理的，或是有什么话要告诉人家的，只要没有什么大关碍，我都可以跟你效劳转达。想吃点什么吗？我也可以给你买些。

关汉卿 （兴奋之后，定了定有些乱的心）谢谢你。我什么也不要吃，也没有什么要料理的。看你倒是挺疼你母亲的，这里有一封信，等我的事完了，请转给我的母亲吧！千万别吓着她老人家，这也是像窦娥不愿走前街一样的心愿吧！

狱　吏　（接信收起）好，我一定照你的意思送到，你可以放心。

关汉卿　明天可以让关忠来一趟吗？

狱　吏　对不起，办不到了。

关汉卿　那也好。

狱　吏　还有什么要对人家说呢？

关汉卿　话很多，此时不知从哪里说起，也不知道该对谁说。（忽然想起）能不能让我跟朱帘秀见一面呢？

狱　吏　这——也好吧。我可以担待一下。不过你跟她说有什么用呢？她的情形跟你一样。

关汉卿　这也叫"涸泽之鱼，相濡以沫"吧。你能担待一下，就请费心。

狱　吏　（对禁婆）来！提朱帘秀。

禁　婆　是。

[禁婆下去不久，狱吏领朱帘秀罪衣罪裙，铁锁锒铛地上来。

朱帘秀　（跪）给老爷叩头。

狱　吏　起来吧。关汉卿有话跟你谈。给你们半刻。（对禁子）谈完了送他们回号子，留心着点儿！（对狱卒）我们撤了吧。

朱帘秀　（受感染地）是吗？

关汉卿　你还记得那位王千户吗？

朱帘秀　玉仙楼后台见过的那位王著？

关汉卿　就是他。

朱帘秀　我只跟他说过两句话，就觉得他是个挺爽快的人，可没想到他能做出这样感天动地的大事，他真不愧是我们《感天动地窦娥冤》的好看客啊。

关汉卿　你还说得这样带劲儿，他杀了阿合马你知道了？

朱帘秀　知道了。昨天来了个同号子的，是王千户住在大都的婶娘。她告诉我王千户临刑的时候还喊着说："我王著为万民除害，我现在死了，将来一定有人把我的事写上一笔的。"他真了不起！

关汉卿　是啊，就有人把这和我们的戏词儿"与一人分忧，成民除害"附会在一起，说我们教唆王著杀害朝廷大臣，所以我们的案情就加重了。

朱帘秀　可不是"为万民除害"吗？阿合马好狠的心，把我徒弟的眼睛都给挖了。

关汉卿　没想到王著给她报了仇，也给我们报了仇。我真想写他一笔，咳，可惜没有时候了。

朱帘秀　没有时候了？

关汉卿　刚才狱官给我送信来了。一两天之内我就完了，你只怕也跟我一样。他要我们趁早把该料理的事，该嘱咐人家的话告诉他，他可以给我们转达。你有什么要他转达吗？还有，想吃什么也可以代买。（见她紧张）哎呀，四姐，你你你不害怕吗？

朱帘秀 （变色，但力做镇定）不害怕。

关汉卿 四姐，真是对不起，为了我的著作，竟然把你连累到这个地步。

朱帘秀 什么话？我不说过你敢写我就敢演吗？说这话的时候，我就打算有今天的。

关汉卿 可是哪知道这一天来得这么快。

朱帘秀 迟早反正一样，我从没有像这些日子这样活得有意思，我觉得我越来越跟大伙儿在一块了。不是吗？老百姓恨阿合马，我们也恨阿合马，而且敢于跟他斗！王著替大伙儿除害，他死了，我们也站在王著这一边，跟坏人一直斗到死。窦娥不正是这样的女人吗，她至死也不向坏人低头。我喜欢这样的女人，我也愿意像她一样的死去。瞧我还穿着窦娥的行头，跟窦娥一样的打扮，回头还要跟窦娥一样的倒下去，我一定也不会轻易倒下去的，汉卿，在倒下以前我一定像窦娥一样的喊着，不，也许像王著一样的喊着，"为万民除害呀！"你看行吗？我现在真不知道是在过日子，还是在台上。我要像在台上一样，对着成千上万的看的人一点也不胆怯。说真的，你刚才告诉我我们快要死的消息，我心里还有点乱。这会好多了，我会像窦娥那样坚强的，你放心。

关汉卿 你也放心，四姐。我姓关，现在虽算是大都人了，我原籍却是蒲州解良，我也会像我祖宗那样英雄地死去的。"玉可碎万而不可改其白，竹可焚而不可毁其节"，这也正是我今天的心胸。

朱帘秀 咳，我最不能瞑目的是玉仙楼那天晚上，我托和卿设法让你连夜逃走，你怎么不走，反而第二天晚上来看戏呢？你那样爱看戏吗？

关汉卿 我怎么能走？我怎么能让你一个人承担那样重的担子？

朱帘秀 我有什么？大不了一个唱杂剧的歌妓，怎么能比得你？你是一代作者，你替我们杂剧开了一条路，歌台舞榭没有你的戏，人家就不高兴。你正应该替大伙儿多写些好东西，多替"有口难言"的百姓们说话，多替负屈衔冤，可是，可是于今你也跟我一样，就这么完了，那怎么行？叫他们杀了我吧，千万把你留下……（她哭了）

关汉卿 四姐，谢谢你的好心。我的死不就是为了百姓说话吗？人家说血写的字比墨写的要贵重，也许，我们死了，我们的话说得更响亮。可是你不像我，我已经快五十的人了，你还年轻，功夫好，那么早就成了名角儿，你死了人家要埋怨我的。不是伯颜老太太那样疼你，还说要认你做干闺女吗！干吗不写封信给她，求求她，我想一定有好处的。信可以托何总管转去，准能收到，快点写吧。要不，我给你代笔也成。

朱帘秀 那么你呢？你也求求她吧。

关汉卿 我怎么能求她？

朱帘秀 那为什么我就应该求她呢？她还不是杀人不眨眼的伯颜丞相的老太太吗？她疼我无非是我这个女戏子把她给逗乐了。她也不是真懂我们的戏的，她不过让人家说她是多么慈悲，瞧戏都流眼泪。其实呢，伯颜丞相今天在这里屠城，明天在那里杀降，她半点眼泪也没有流过。我就恨这样的女人，我还去求她？死也不求她！

关汉卿 不求她那就得——

朱帘秀 就得死，跟关大爷这样的人一道死，我还有什么不知足呢！我修不到跟你生活在一块儿，就让我们俩死在一块儿吧，汉卿！（她紧握着关汉卿的手）

关汉卿 四姐，我觉得我们的心没有比这个时候靠得再紧的了。入狱的时候，我就打算今天。前天晚上，我写了一个曲子叫[双飞蝶]，想给你看看，他们害怕，不给传递，我也没有勉强。现在我亲自交给你吧。要是你能唱唱该多好。

朱帘秀 给我。（接过去）

关汉卿 写得很乱，你看得清楚吗？

朱帘秀 看得清楚。（她半朗诵，半歌唱地）

将碧血，写忠烈，
作厉鬼，除逆贼，
这血儿啊，化作黄河扬子浪千叠，
长与英雄共魂魄!
强似写佳人绣户描花叶；
学士锦袍趋殿阙；
浪子朱窗弄风月；
虽留得绮词丽语满江湖，
怎及得傲干奇枝斗霜雪？
念我汉卿啊，
诗读书，破万册，
写杂剧，过半百，
这些年风云改变山河色，
珠帘卷处人愁绝，
都只为一曲《窦娥冤》，
俺与她双沥苌弘血；
差胜那孤月自圆缺，
孤灯自明灭；
坐时节共对半窗云，
行时节相应一身铁；
各有这气比长虹壮，
哪有那泪似寒波咽!
提什么黄泉无店宿忠魂，

争说道青山有幸埋芳洁。

俺与你发不同青心同热

生不同床死同穴;

待来年遍地杜鹃花,

看风前汉卿四姐双飞蝶

相永好,不言别!(她十分感动)

哦,汉卿!(她拥抱关汉卿)

[禁子、禁婆上。

禁　子　半刻完了。回去吧。(分开他们)

禁　婆　听你们说得怪可怜的,以后只怕没有见面的时候了。容你们一别吧。

朱帘秀　不。

关汉卿　我们不告别,我们永久在一起的。

禁　婆　那么回号子吧。

[禁子牵着关汉卿,禁婆牵着朱帘秀,铁锁锒铛地各归狱室。

原载《剧本》1958年第5期

【内容提要】

《关汉卿》是作者于1958年为世界和平理事会纪念世界文化名人关汉卿创作700周年而写的剧作。全剧共十二场,以集各种矛盾于一身的关汉卿为中心人物,予以重点刻画;以杂剧《窦娥冤》的创作、演出为贯穿始终的中心情节,在舞台上逐一展示。第八场是深夜狱吏设案问供的场面和过程。从这个小片段,可以窥见关汉卿为民请命的勇气、不改初衷的骨气、视死如归的节操和艺术家的激情。

【中心观点】

剧作借人物命运与形象塑造,赞美以关汉卿为代表的古代艺术家不畏强暴、不怕牺牲、敢于为民请命的顽强斗争精神。

【写作特点】

剧作采取戏中戏手法、开放式结构,在矛盾冲突中有层次地集中塑造中心人物。置关汉卿于波澜起伏的矛盾冲突中 (先是写与不写的矛盾, 演出后是改与不改某些内容的矛盾,以及屈从与不屈从于高压迫害的矛盾)。围绕关汉卿,设置了朱帘秀、赛帘秀、王著与叶和甫等人物,起到或侧面烘托,或反面对比的作用,从而既集中又有层次地表现出中心人物的思想性格。注重语言的文学性、抒情性和拟古性,富有诗意,充满了浪漫主义的精神。剧作还将历史真实与艺术虚构相结合,剧中,《窦娥冤》创作的艰难过程、朱小兰的被冤杀、二妞被抢、突击帘秀双眼被剜等,都未见之于史料,但这些艺术虚构了历史本质的真实。又如,关汉卿的性格无史料可查,但关汉卿曾在题为[不伏老]的散曲里,把自己比做“蒸不烂、煮不熟、捶不扁、炒不爆、响当当一颗铜豌豆。”据此，作者虚构了一系列的细节与场面，展示他“铜豌豆”的性格，也是成功的。

【思考与练习】

1.试赏析关汉卿与叶和甫、关汉卿与朱帘秀的对话。

2.试试排演《关汉卿》，学习关汉卿的高尚人格。

【拓展阅读书目或文章名】

《关汉卿》全剧

刑场斗争

——《红灯记》选段

【作品介绍】

《红灯记》为革命现代京剧,八个样板戏之一,剧本文革时期出版。《红灯记》故事取材于电影《自有后来人》,原创者黄泳江。《自有后来人》是一部以东北抗日联军为背景,反映东北人民在虎林铁路上的“辉崔”小站抗日斗争的电影。电影热映后引起不错反响,后经改编形成京剧版本《红灯记》。《红灯记》讲述的是在抗日战争时期的东北敌占区,我地下党工作者李玉和接受向柏山游击队转送密码的任务。由于叛徒的出卖,李玉和遭日寇杀害,李玉和的女儿铁梅继承父志,经历艰险将密电码送上山,最终游击队成功歼灭日寇,取得战斗胜利的故事。全剧分为11场。依次是:第一场《接应交通员》、第二场《接受任务》、第三场《粥棚脱险》、第四场《王连举叛变》、第五场《痛说革命家史》、第六场《赴宴斗鸠山》、第七场《群众帮助》、第八场《刑场斗争》、第九场《前赴后继》、第十场《伏击歼敌》、第十一场《胜利》。此剧情节完整、剧情跌宕,所刻画的人物形象生动,政治立场鲜明,且唱段通俗易懂,易于上口,在群众中广为传唱。此剧还曾被拍摄成电影、电视剧,改编成沪剧、交响乐等版本。但其中,仍以钢琴伴唱《红灯记》的京剧版最深得人心,特别是戏迷和钢琴爱好者尤为钟爱。它有京剧表演的独特唱腔,又以传统弦乐器和打击乐伴奏为主,揉进西方的乐器之王钢琴伴奏,既保留了“国粹”之经典,又充分发挥了西方钢琴表演的气势雄浑、富于表现力的特长,完美地诠释了这场革命经典剧,使人耳目一新。此版本堪称史上中西艺术成功融合的典范。

【正文】

第八场　刑场斗争

[夜间。

[日寇宪兵队监狱一角。

[幕启:伍长、侯宪补侍立。鸠山上。

鸠　山　看来公开审讯,密电码是得不到了!窃听器?

侯宪补　安装已毕。

鸠　山　好,等他们母子见面之后,听他们讲些什么,或许可以得到一些线索。把老婆子带上来!

侯宪补　是!(向内)走!

[李奶奶上。

鸠　山　老人家,你知道这是什么地方?

李奶奶　宪兵队!

鸠　山　你的儿子,就要在这里上西天了!老人家,当一个人犯了罪的时候,他的母亲能够救他的性命而不救,这样的母亲,未免的太残忍了吧!

李奶奶　(义正词严,审判凶顽)你这是什么话!我的儿子,无缘无故地被你们抓起来了,你们还要杀害他。是你们犯罪!是你们残忍!你们杀害中国人,难道还要中国人承当,难道还要我老婆子承当吗?

鸠　山　好!请见见你的儿子去!

[李奶奶毅然走下。鸠山示意侯宪补跟下。

鸠　山　把李玉和带到那儿去!

伍　长　带李——玉——和!

[暗转。

[刑场一角:围墙。高坡。劲松参天。远处峻岭入云。

李玉和　(内唱)【二黄[1]导板】[2]

狱警传似狼嗥我迈步——(上场,亮相)出监。

[二日寇宪兵上前推搡,李玉和大义凛然,坚韧不拔。"双腿横蹉步",变"单腿后蹉",停;"单腿转身","骗腿亮相"。无畏向前,逼退二日寇宪兵。

[李玉和抚摸胸伤,蹬石揉膝。藐视铁链,浩气凌云。

李玉和　【回龙】[3]

休看我,戴铁镣,裹铁链,锁住我双脚和双手,锁不住我雄心壮志冲云天!

[李玉和腿伤剧痛,"单腿后蹉",揉腿,"骗腿亮相"。

李玉和　【原板】[4]

贼鸠山要密件毒刑用遍,
筋骨断体肤裂心如铁坚。
赴刑场气昂昂抬头远看:
我看到革命的红旗高举起,
抗日的烽火已燎原。
日寇,看你横行霸道能有几天!
但等那风雨过,

【慢三眼】[5]

百花吐艳，
新中国如朝阳光照人间。
那时候全中国红旗插遍，
想到此信心增斗志更坚！

【原板】

我为党做工作很少贡献，
最关心密电码未到柏山。
王连举他和我单线联系，
因此上不怕他乱咬乱攀。
我母亲我女儿和我一样肝胆。

【垛板】[6]

贼鸠山，要密件，任你搜，任你查，
你就是上天入地搜查遍，也到不了你手边；
革命者顶天立地勇往直前！

［李奶奶上。

李奶奶 玉和！

李玉和 （回望）妈！

［李奶奶扑过去扶住李玉和。

李奶奶 （唱）【二黄散板】[7]

转眼间十七年旧景重现！
阶级仇民族恨涌上心间。
这这这日寇凶暴又奸险，
打得你遍体伤痕……儿啊！儿啊！

李玉和 妈，您不要心酸！

李奶奶 （接唱）

有这样的好孩儿……娘不心酸！

李玉和 好妈妈！

（唱）【二黄二六】[8]

党教儿做一个刚强铁汉，
不屈不挠斗敌顽。
儿受刑不怕浑身的筋骨断，
儿坐牢不怕把牢底来坐穿。
山河破碎，儿的心肝碎，

人民受难，儿的怒火燃！
革命的道路再艰险，
前仆后继走向前！
孩儿虽死无遗憾，
只是那笔“账目”(以手式暗示密电码)未还，儿的心不安。
恨不得变雄鹰冲霄汉，
乘风直上飞舞到关山，
要使那几万万同胞脱苦难，

【散板】

为革命粉身碎骨也心甘！

[侯宪补带二日寇宪兵上。

侯宪补 老婆子，鸠山队长请你去谈谈！

李奶奶 (对李玉和)孩子，他要说什么妈都知道！

侯宪补 走吧！

[李奶奶英勇走下。二日寇宪兵跟下。

侯宪补 带李铁梅！

[铁梅急上。

铁　梅 爹……

[侯宪补下。

铁　梅 (唱)【二黄散板】

日夜盼望要见爹爹面，
你……这样浑身血满脸伤……爹爹呀！

李玉和 孩子，你不要哭！(抚爱地摸着铁梅的头发，毅然地)孩子，挺起来！(搀起铁梅，深切地)孩子！

(接唱)

有件事几次欲说话又咽，
隐藏我心中十七年。
我……

铁　梅 (急拦)爹！您别说了，您就是我的亲爹！(跪)

(唱)【二黄滚板】[9]

爹莫说，爹莫谈，
十七年的苦水已知源……

[李玉和扶起铁梅，心潮激荡。

李玉和 (唱)【二黄原板】

人说道世间只有骨肉的情义重，
依我看阶级的情义重于泰山。
无产者一生奋战求解放，
四海为家，穷苦的生活几十年。
我只有红灯一盏随身带，
你把它好好保留在身边。

铁 梅 （唱）【二黄快三眼】
爹爹给我无价宝，
光辉照儿永向前。
爹爹的品德传给我，
儿脚跟站稳如磐石坚，
爹爹的智慧传给我，
儿心明眼亮永不受欺瞒；
爹爹的胆量传给我，
儿敢与豺狼虎豹来周旋。
家传的红灯有一盏，
爹爹呀！你的财宝车儿载，船儿装，
千车也载不尽，万船也装不完，
铁梅我定要把它好好保留在身边。

李玉和 （唱）【二黄散板】
万里长江波浪翻！
我家红灯有人传。
（向铁梅）
倘若你能回家转，
投亲友，度饥寒，
“还清账目”（以手式暗示密电码）我无挂牵。

[众日寇宪兵推李奶奶上。伍长上。

伍 长 鸠山队长给你们最后五分钟的考虑，不交出密电码，统统枪毙！（拉过铁梅）小姑娘，这是最后五分钟，你要交出密电码，一家大小都能活呀！明白？说！

[铁梅坚定地走回亲人身边。

伍 长 密电码！

铁 梅 不，知，道！

伍 长 统统枪毙！

众日寇 嗨!

李玉和 别这么张牙舞爪的！铁梅,咱们搀着奶奶一块走!

[《国际歌》乐起。三人挽臂向前,勇敢坚定,昂首登上高坡。

[鸠山上。

鸠　山 慢！再给你们最后一分钟,请你们再想一想!

李玉和 (动地惊天的气概)鸠山!中国人民,中国共产党人,是杀不完的!我要你,仔细想一想你们的下场!

鸠　山 太可怕了!(对伍长)照计划执行!

[鸠山下。

伍　长 枪毙!

[在雄壮的《国际歌》乐声中,三代人视死如归,挺胸走下。

[日寇宪兵跟下。

[静场。幕内李玉和高呼:"打倒日本帝国主义！""中国共产党万岁！"三代人振臂齐呼:"毛主席万岁！"

[排枪声。二日寇宪兵拉铁梅上。推倒。

铁　梅 (站起,回身呼唤)爹！奶奶!

[鸠山、侯宪补、伍长上。

鸠　山 李铁梅,密电码你交出来!

侯宪补
伍　长 说!

[铁梅怒视鸠山。

鸠　山 把她放了!

侯宪补 是。走!

[伍长推铁梅下;日寇宪兵随下。

侯宪补 队长,怎么把她放了?

鸠　山 这叫做放长线钓大鱼!

侯宪补 是!

[灯暗。

——幕闭

【注释】

[1] 戏曲调名。源出湖北省的黄冈、黄陂,故名。又名《湖广调》。清乾隆年间,由徽班传入北京。在京剧、汉剧等剧种里,与西皮同为主要曲调。有导板(倒板)、慢板(慢三眼)、原板、垛板、散板等曲调。

[2] 二黄导板,二黄曲调中的一种。凡不能独立构成完整唱段的板式,必须与其他板式组合或相依附

的板式，称之为“附属板式”。二黄导板是由二黄散板派生出的，是自由节奏的唱腔，它只有同其他板式组合在一起，才能构成为完整的唱段，因此将导板划归为附属板式类。导板是上句形式，在整个唱段中起先导作用，率先出现，其他板式再接唱。如导板可以和回龙、原板、三眼、散板、摇板等各种板式组合，形成完整的唱段。

[3] 二黄回龙也是附属类板式之一。它是只有一句唱词和唱腔、不能构成完整唱段的一种板式。二黄回龙板式常用于二黄导板之后，作为二黄三眼、原板之前的“中间连接板式”。二黄回龙在导板之后，是成套唱段中的一句完整唱腔，作为下句形式出现的为多。一般用小垫头起，故又将回龙称之为“碰板”。

[4] 二黄原板是二黄声腔的基本板式。原板是各种板式的基本形态，其他板式都是以原板为基础，演变发展而成的。二黄原板的板式特征是：2/4 的节拍，一板一眼的唱腔。每小节的第一拍称为“板”，第二拍称为“眼”。京剧声腔的拍板也有其规范，一板一眼的原板，板位用掌击，眼位用食指中指点敲。唱腔的结构特点：第一、第二分句短小，在第三分句的尾部行腔。如果第三分句不行大腔，而用垫头与下一句的第一分句相接，这种结构形式叫作“连句”。二黄原板是中速节奏的板式，每分钟约 60~90 拍，不快不慢平稳行进。超过每分钟 90 拍的原板，便可称为“快原板”。

[5] 在二黄原板的基础上，用加花、延伸的手法放慢节奏发展而成的是二黄慢板，又称二黄三眼。二黄三眼完全是在二黄原板的基础上加花发展而成，二黄原板的框架结构不变，只是将节奏放慢，由 2/4 节拍一板一眼的原板，变化成 4/4 节拍一板三眼的慢板。而二黄三眼，又派生出中三眼和慢三眼。中三眼比三眼节奏要快，慢三眼比三眼节奏要慢。

[6] 京剧的垛板，在唱词结构上运用垛句、垛字，常为三、四字不等，擅于加强气氛，表现激愤等情绪。

[7] 二黄散板是无板无眼自由节奏型的唱腔，散板在剧中一般不作为主要核心唱段使用。二黄散板的特征：用拆散手法将原板的旋律变化成自由节奏的唱腔，保留了二黄原板的上、下句落音和曲式结构等方面的特点。尤其对于表现悲痛、凄切、愤慨等情绪有其独到之处。

[8] 二黄新板式，3/4 拍。

[9] 二黄滚板是从二黄散板派生出来的。它以散板为基础，在散唱中加紧节奏（即一字比一字紧，由松散状态的散唱，过渡为上板的 1/4 节拍的垛唱，再由垛唱渐渐放慢，恢复为散唱），滚滚而来又滚滚而去。

[10] 言前辙：韵母是 an、ian、uan、ü an。

【内容提要】

本文是节选自革命现代京剧《红灯记》剧本第八场。前七场讲述抗日战争时期，主人公李玉和接受给游击队送密电码的革命任务，但不幸遭遇叛徒出卖，全家都被日寇所逮捕的故事。在第八场中，日寇队长鸠山在刑场私放窃听器，并安排李玉和分别与母亲（李奶奶）和女儿（李铁梅）在那里相见，以窃听三人谈话内容，获取密电码。三位革命勇士在日寇的严刑逼供下，威武不屈，誓死不说密电码，致使日寇窃听诡计未能得逞。鸠山队长怒不可遏，下令枪毙李奶奶和李玉和父女。李三代人振臂齐呼“打倒日本帝国主义！”“中国共产党万岁！”“毛主席万岁！”后，李奶奶和李玉和惨遭杀害，留下了铁梅一人。鸠山队长预谋留下铁梅放长线钓大鱼，通过铁梅找到密电码，反不知，亲眼看见两位亲人在自己面前被迫害的铁梅,更是坚定了誓死要将密电码传出,完成先烈遗志,将革命进行到底的信念。第八场随着壮士们的英勇就义,戏剧矛盾冲突达到顶点,也随着铁梅被假意释放,为传出密电码、歼灭日寇、战斗胜利的后续篇章埋下伏笔。

【中心观点】

此段剧本,通过日寇设下诡计恐吓威胁,革命烈士誓死不屈、英勇就义等情节的设置,加之京剧独特的唱腔和板式的变换,大段大段的人物独白的手法处理,不仅形象地刻画出日寇的猥亵与卑劣,也充分表达弘扬革命斗士忠贞爱国,为共产主义事业的完成,宁可抛头颅洒热血,一代又一代前赴后继的大无畏精神的戏剧中心观点。

【写作特点】

此剧本包含人物对话、唱腔独白、板式变换、演员动作表情、灯光布景安排等内容。行文流畅,不仅可以交代人物关系,讲述故事情节,体现戏剧的矛盾冲突,表达主题思想,扣住观众心扉,同时也可以便于演员、伴奏、灯光等多方配合演出。其中,唱词的写作也颇为成功。语言通俗易懂,比喻恰如其分,特别是使用押韵的手法,使得唱词朗朗上口、铿锵有力,易于情绪的表达、剧情的烘托。如在刑场李玉和与母亲相见时的唱段:“好妈妈!党教儿做一个刚强铁汉,不屈不挠斗敌顽。儿受刑不怕浑身的筋骨断,儿坐牢不怕把牢底来坐穿。山河破碎,儿的心肝碎,人民受难,儿的怒火燃!革命的道路再艰险,前仆后继走向前!孩儿虽死无遗憾,只是那笔‘账目’(以手式暗示密电码)未还,儿的心不安。恨不得变雄鹰冲霄汉,乘风直上飞舞到关山,要使那几万万同胞脱苦难,为革命粉身碎骨也心甘!”就是言前辙[10]。

【思考与练习】

1.《红灯记》的中心观点是什么?

2.《都有一颗红亮的心》《穷人的孩子早当家》《雄心壮志冲云天》等经典唱段赏析,并写观后感一篇。

【拓展阅读书目或文章名】

1.样板戏完整剧本:《红灯记》《智取威虎山》《红色娘子军》《白毛女》

2.江心《戏曲知识70问》

智　斗

——《沙家浜》选段

【作品介绍】

《沙家浜》为革命现代京剧，八个样板戏之一。它的前身是沪剧《芦荡火种》。《芦荡火种》是由上海市人民沪剧团于1958年根据真人真事创作的一个抗日传奇，讲的是1939年秋，在江阴县顾山镇对“忠义救国军”的战斗中，时任新四军江南抗日义勇军第二路政治部主任的刘飞，在战斗关键时刻，亲自率领警卫班向敌人发起冲锋，打退敌人进攻，但自己也身受重伤。战斗结束后，面对日伪顽匪相互勾结、下乡“扫荡”的险恶环境，在地方党组织和群众的支持帮助下，带领数十名伤员，不畏艰险、重建武装、坚持抗日的斗争事迹。沪剧《芦荡火种》上演后，在戏剧界和观众中引起了广泛兴趣和强烈反响，仅上海一地，就有不同剧种的9个剧团对《芦荡火种》进行移植，而在全国演出《芦》剧的竟有31个剧团之多。1963年，北京京剧团接受了改编沪剧《芦荡火种》的任务，创作组由汪曾祺、杨毓珉、肖甲、薛恩厚4人组成，汪曾祺作为主要执笔者，改编中注重剧本的文学艺术性。改编后的《芦荡火种》的京剧最初取名为《地下联络员》，由赵燕侠饰阿庆嫂，谭元寿饰郭建光。后经国家领导人审看，批准对外公演。剧名最后由毛泽东一锤定音，他幽默地说：“芦荡里都是水，革命火种怎么能燎原呢？再说，那时抗日革命形势已经不是火种而是火焰了嘛……戏是好的，剧名可叫《沙家浜》，故事都发生在这里。”于是剧名定为《沙家浜》。

《沙家浜》剧情介绍：抗战时期，江南新四军浴血抗日，某部指导员郭建光带领十八名新四军伤病员在沙家浜养伤，“忠义救国军”胡传魁、刁德一假意抗战暗投日寇，地下共产党员阿庆嫂依靠以沙奶奶为代表的进步抗日群众，巧妙掩护了新四军安全伤愈归队，最终消灭了盘踞在沙家浜的敌顽武装，解放了江南大好河山。

剧本由十场剧目组成，依次是《接应》《转移》《勾结》《智斗》《坚持》《授计》《斥敌》《奔袭》《突破》《聚歼》。本教材选用该剧第四场《智斗》为赏析篇目。

【正文】

第四场　智斗

[日寇在沙家浜镇“扫荡”了三天，已经过境。

[春来茶馆。设在埠头路口。台的左右各有方桌一张，方凳两个。日寇过后，桌椅茶具

均遭破坏，屋外凉棚东倒西歪。地下有一些断砖碎瓦，春来茶馆的招牌也被扔在地下。

［幕启：阿庆嫂扶老携幼上。

阿庆嫂 您慢着点！

老大爷 阿庆嫂，谢谢你一路上照顾！

阿庆嫂 没什么，这是应当的。

老大爷 看，叫他们糟蹋成什么样了！

［又一批群众上。

群　众 阿庆嫂！

阿庆嫂 你们回来了！

群　众 回来了。

老大爷 我们大家伙帮助收拾收拾吧！

阿庆嫂 行了，我自己来吧。

［阿庆嫂从地下把招牌拾起，放在桌子上。众人扶起翻倒的桌凳，捡走破碎的茶具、砖瓦，支起凉棚。

少　妇 阿庆嫂，我回去了。

老大爷 阿庆嫂，我们也回去了。

阿庆嫂 你慢点走啊！

老大娘 我们也回去了。

阿庆嫂 （向小姑娘）搀着你妈点！

［群众下。

［阿庆嫂掸净招牌上的泥土，对着观众，亮出招牌上的字样，然后挂起招牌，打开放置茶具的柜子。

阿庆嫂 （唱）【西皮摇板】[1]

敌人"扫荡"三天整，
断壁残墙留血痕。
逃难的众邻居都回乡，我也该打双桨迎接人。

［沙奶奶、沙四龙迎面而来。

沙奶奶
沙四龙 阿庆嫂！

沙奶奶 你回来了。

阿庆嫂 回来了。

沙四龙 鬼子走了，该把伤病员同志们接回来了！

阿庆嫂 对！四龙，咱们这就走！

沙四龙 走！

[内喊:"胡传魁的队伍快要进镇子了!"

[群众跑上,告诉阿庆嫂:"胡传魁来了!……"赶快跑下。

[赵阿祥、王福根上。

赵阿祥 阿庆嫂,胡传魁的队伍快要进镇了!

阿庆嫂 他来了!日本鬼子前脚走,他后脚就到了,怎么这么快呀?(向王福根)你瞧见他们的队伍了吗?

王福根 瞧见了,有好几十个人哪!

阿庆嫂 好几十个人?

王福根 戴的是国民党的帽徽,旗子上写的是"忠义救国军"。

阿庆嫂 (思考)"忠义救国军"?……国民党的帽徽?……

赵阿祥 听说刁德一也回来了。

沙奶奶 刁德一是刁老财的儿子!

阿庆嫂 (向王福根)你再看看去。

王福根 哎。(下)

阿庆嫂 胡传魁这一回来,是路过,是长住,还不清楚,伤员同志们先不能接,咱们得想办法给他们送点干粮去。

赵阿祥 我去预备炒米。

沙四龙 我去准备船。

阿庆嫂 要提高警惕呀!

赵阿祥
沙四龙 哎!

[沙四龙扶沙奶奶下,赵阿祥随下。

[阿庆嫂走进屋内。

[内喊:"站住!"

[一妇女跑下。

[内喊:"站住!"刁小三追逐一挟包袱的少女上。

刁小三 站住!老子们抗日救国,给你们赶走了日本鬼子,你得慰劳慰劳!

[刁小三抢少女包袱。

少　女 你干嘛抢东西?!

刁小三 抢东西?我还要抢人呢!(扑向少女)

少　女 (急中生计,求救地喊)阿庆嫂!

[阿庆嫂急忙从屋里出来,护住少女。

阿庆嫂 得啦,得啦,本乡本土的,何必呢!来,这边坐会儿,吃杯茶。

刁小三 干什么呀,挡横是怎么着?!……

[刘副官上。

刘副官 刁小三,司令这就来,你在这干嘛哪?

阿庆嫂 哎,是老刘啊!

刘副官 (得意地)阿庆嫂,我现在当副官啦!

阿庆嫂 喔!当副官啦!恭喜你呀!

刘副官 老没见了,您倒好哇?

阿庆嫂 好。

刘副官 刁小三,都是自己人,你在这闹什么哪?

阿庆嫂 是啊,这位兄弟,眼生得很,没见过,在这儿跟我有点过不去呀!

刘副官 刁小三!这是阿庆嫂,救过司令的命!你在这儿胡闹,司令知道了,有你的好吗?

刁小三 我不知道啊!阿庆嫂,我刁小三有眼不识泰山,您宰相肚里能撑船,别跟我一般见识啊!

阿庆嫂 (已经察觉他们是一伙敌人,虚与周旋)没什么!一回生,两回熟嘛,我也不会倚官仗势,背地里给人小鞋穿,刘副官,您是知道的!

刘副官 哎,人家阿庆嫂是厚道人!

阿庆嫂 (向少女)回去吧。

少　女 他还抢我包袱哪!

阿庆嫂 包袱?他哪能要你的包袱啊!(向刁小三)跟她闹着玩哪,是吧?(向刘副官)啊?

刘副官 啊。(向刁小三)闹着玩,你也不挑个地方!

[刁小三无可奈何地把包袱递给阿庆嫂。

阿庆嫂 (把包袱给少女)拿着,要谢谢!快回去吧!

[少女下。

刘副官 刁小三,去接司令、参谋长。去吧,去吧!

刁小三 阿庆嫂,回见。

阿庆嫂 回见,呆会儿过来吃茶呀。

[刁小三凶横地、恨恨不满地下。

刘副官 阿庆嫂,他是我们刁参谋长的堂弟,您得多包涵点呀!

阿庆嫂 这算不了什么。刘副官,你请坐,呆会儿水开了我就给您泡茶去,您是稀客,难得到我这小茶馆里来!

[阿庆嫂欲进屋,刘副官从后叫住。

刘副官 阿庆嫂,您别张罗!我是奉命先看看,司令一会儿就来。

阿庆嫂 司令?

刘副官　啊，就是老胡啊！

阿庆嫂　哦，老胡当司令了？

刘副官　对了！人也多了，枪也多了！跟上回大不相同，阔多喽。今非昔比，鸟枪换炮了！

阿庆嫂　哦。（下决心进行侦察）啊呀，那好哇！刘副官，一眨眼，你们走了不少的日子了。（一面擦拭桌面，一面观察刘副官）

刘副官　啊，可不是嘛。

阿庆嫂　（试探地）这回来了，可得多住些日子了？

刘副官　这回来了，就不走了！

阿庆嫂　哦！（断定他们是长住了，就故意表示欢迎的态度）那好啊！

刘副官　要在沙家浜扎下去了，司令部就安在刁参谋长家里，已经派人收拾去了。司令说先到茶馆里来坐坐。

［内一阵脚步声。

刘副官　司令来了！

［刘副官忙去迎接。阿庆嫂思考对策。

［胡传魁、刁德一、刁小三上。四个伪军走过。

胡传魁　嘿，阿庆嫂！

［胡传魁脱斗篷。刘副官接住。刘副官下。

阿庆嫂　（回身迎上）听说您当了司令啦，恭喜呀！

胡传魁　你好哇？

阿庆嫂　好啊，好啊，哪阵风把您给吹回来了？

胡传魁　买卖兴隆，混得不错吧？

阿庆嫂　托您的福，还算混得下去。

胡传魁　哈哈哈……

阿庆嫂　胡司令，您这边请坐。

胡传魁　好好好，我给你介绍介绍，这是我的参谋长，姓刁，是本镇财主刁老太爷的公子，刁德一。

［刁德一上下打量阿庆嫂。

阿庆嫂　（发觉刁德一是很阴险狡猾的敌人，就虚与周旋）参谋长，我借贵方一块宝地，落脚谋生，参谋长树大根深，往后还求您多照应。

胡传魁　是啊，你还真得多照应着点。

刁德一　好说好说。

［刁德一脱斗篷。刁小三接住。刁小三下。

阿庆嫂　参谋长，您坐！

胡传魁 阿庆哪?

阿庆嫂 还提哪,跟我拌了两句嘴,就走了。

胡传魁 这个阿庆,就是脚野一点,在家里呆不住哇。上哪儿了?

阿庆嫂 有人看见他了,说是在上海跑单帮哪。说了,不混出个人样来,不回来见我。

胡传魁 对嘛!男子汉大丈夫,是要有这么点志气!

阿庆嫂 您还夸他哪!

胡传魁 阿庆嫂,我上回大难不死,才有了今天,我可得好好的谢谢你呀!

阿庆嫂 那是您本身的造化。哟,您瞧我,净顾了说话了,让您二位这么干坐着,我去泡茶去,您坐,您坐!(进屋)。

刁德一 司令!这么熟识,是什么人哪?

阿庆嫂 你问的是她?

(唱)【西皮二六】[2]

想当初老子的队伍才开张,

拢共才有十几个人、七八条枪。

【流水】[3]

遇皇军追得我晕头转向,

多亏了阿庆嫂,她叫我水缸里面把身藏。

她那里提壶续水,面不改色,无事一样,

[阿庆嫂提壶拿杯,细心地听着,发现敌人看见了自己,就若无其事地从屋里走出。

胡传魁(接唱)

骗走了东洋兵,我才躲过了大难一场。(转向阿庆嫂)

似这样救命之恩终身不忘,

俺胡某讲义气终当报偿。

阿庆嫂 (有意在敌人面前掩饰自己)胡司令,这么点小事,您别净挂在嘴边上。那我也是急中生智,事过之后,您猜怎么着,我呀,还真有点后怕呀!

[阿庆嫂一面倒茶,一面观察。

阿庆嫂 参谋长,您吃茶!(忽然想起)哟,香烟忘了,我去拿烟去。(进屋)

刁德一 (看着阿庆嫂背影)司令!我是本地人,怎么没有见过这位老板娘啊?

胡传魁 人家夫妻"八·一三"以后才来这儿开茶馆,那时候你还在日本留学,你怎么会认识她哪?!

刁德一 哎!这个女人真不简单哪!

胡传魁 怎么,你对她还有什么怀疑吗?

刁德一 不不不!司令的恩人嘛!

胡传魁 你这个人哪!

刁德一　嘿嘿嘿……

[阿庆嫂取香烟、火柴,提铜壶从屋内走出。

阿庆嫂　参谋长,烟不好,请抽一支呀!

[刁德一接过阿庆嫂送上的烟。阿庆嫂欲为点烟,刁德一谢绝,自己用打火机,点着。

阿庆嫂　胡司令,抽一支!

[胡传魁接烟。阿庆嫂给胡传魁点烟。

刁德一　(望着阿庆嫂背影,唱)【反西皮摇板】[4]这个女人不寻常!

阿庆嫂　(接唱)

刁德一有什么鬼心肠?

胡传魁　(唱)【西皮摇板】这小刁一点面子也不讲!

阿庆嫂　(接唱)

这草包倒是一堵挡风的墙。

刁德一　(略一想,打开烟盒请阿庆嫂抽烟)抽烟!

[阿庆嫂摇手拒绝。

胡传魁　人家不会,你干什么!

刁德一　(接唱)

她态度不卑又不亢。

阿庆嫂　(唱)【西皮流水】他神情不阴又不阳。

胡传魁　(唱)【西皮摇板】刁德一搞的什么鬼花样?

阿庆嫂　(唱)【西皮流水】他们到底是姓蒋还是姓汪?

刁德一　(唱)【西皮摇板】我待要旁敲侧击将她访。

阿庆嫂　(接唱)

我必须察言观色把他防。

[阿庆嫂欲进屋。刁德一从她的身后叫住。

刁德一　阿庆嫂!

(唱)【西皮流水】

适才听得司令讲,
阿庆嫂真是不寻常。
我佩服你沉着机灵有胆量,
竟敢在鬼子面前耍花枪。
若无有抗日救国的好思想,
焉能够舍己救人不慌张!

阿庆嫂　(接唱)

参谋长休要谬夸奖,

舍己救人不敢当……
开茶馆,盼兴旺,
江湖义气第一桩。
司令常来又常往,
我有心背靠大树好乘凉。
也是司令洪福广,
方能遇难又呈祥。

刁德一 (接唱)
新四军久在沙家浜,
这棵大树有阴凉,
你与他们常来往,
想必是安排照应更周详!

阿庆嫂 (接唱)
垒起七星灶,
铜壶煮三江。
摆开八仙桌,
招待十六方。
来的都是客,
全凭嘴一张。
相逢开口笑,
过后不思量。
人一走,茶就凉……

[阿庆嫂泼去刁德一杯中残茶,刁德一一惊。

阿庆嫂 (接唱)
有什么周详不周详!

胡传魁 哈哈哈……

刁德一 嘿嘿嘿……阿庆嫂真不愧是个开茶馆的,说出话来滴水不漏。佩服!佩服!

阿庆嫂 胡司令,这是什么意思呀?

胡传魁 他就是这么个人,阴阳怪气的!阿庆嫂别多心啊!

阿庆嫂 我倒没什么!(提铜壶进屋)

胡传魁 老刁啊,人家阿庆嫂救过我的命,咱们大面儿上得晾得过去,你干什么这么东一榔头西一棒子,叫我这面子往哪儿搁!你要干什么,你?

刁德一 不是啊,司令,这位阿庆嫂眼观六路,耳听八方,胆大心细,遇事不慌。咱们要在沙家浜久住,搞曲线救国,这可是用得着的人啊,就不知道她跟咱们是不是一条心!

胡传魁　阿庆嫂？自己人！

刁德一　那要问问她新四军和新四军的伤病员，她不会不知道。就怕她知道了不说。

胡传魁　要问，得我去！你去，准得碰钉子！

刁德一　那是，还是司令有面子嘛！

胡传魁　哈哈哈……

［阿庆嫂机警从容，端着一盘瓜子从屋内走出。

阿庆嫂　胡司令，参谋长，吃点瓜子啊。

胡传魁　好……（喝茶）

阿庆嫂　这茶吃到这会儿，刚吃出味儿来！

胡传魁　不错，吃出点味儿来了。——阿庆嫂，我跟你打听点事。

阿庆嫂　哦，凡是我知道的……

胡传魁　我问你新四军……

阿庆嫂　新四军？有，有！

（唱）【西皮摇板】

司令何须细打听，

此地驻过许多新四军。

胡传魁　驻过新四军？

阿庆嫂　驻过。

胡传魁　有伤病员吗？

阿庆嫂　有！

（接唱）【西皮流水】

还有一些伤病员，

伤势有重又有轻。

胡传魁　他们住在哪儿？

阿庆嫂　（接唱）

我们这个镇子里，

家家住过新四军。

就是我这小小的茶馆里，

也时常有人前来吃茶、灌水、涮手巾。

胡传魁　（向刁德一）怎么样？

刁德一　现在呢？

阿庆嫂　现在？

（接唱）

听得一声集合令，

浩浩荡荡他们登路程！

胡传魁 伤病员也走了吗？

阿庆嫂 伤病员？

（接唱）【西皮散板】[5]

伤病员也无踪影，

远走高飞难找寻！

刁德一 哦，都走了?!

阿庆嫂 都走了。要不日本鬼子“扫荡”了三天，把个沙家浜象蓖头发似地蓖了这么一遍，也没找出他们的人来！

刁德一 日本鬼子人地生疏，两眼一抹黑。这么大的沙家浜，要藏起个把人来，那还不容易吗！就拿胡司令来说吧，当初不是被你阿庆嫂在日本鬼子的眼皮底下，往水缸里这么一藏，不就给藏起来了吗！

阿庆嫂 噢，听刁参谋长这意思，新四军的伤病员是我给藏起来了。这可真是呀，听话听声，锣鼓听音。照这么看，胡司令，我当初真不该救您，倒落下话把儿了！

胡传魁 阿庆嫂，别……

阿庆嫂 不……

胡传魁 别别别……

阿庆嫂 不不不！胡司令，今天当着您的面，就请你们弟兄把我这小小的茶馆，里里外外，前前后后，都搜上一搜，省得人家疑心生暗鬼，叫我们里外不做人哪！（把抹布摔在桌上，掸裙，双手一搭，昂头端坐，面带怒容，反击敌人）

胡传魁 老刁，你瞧你！

刁德一 说句笑话嘛，何必当真呢！

胡传魁 哎，参谋长是开玩笑！

阿庆嫂 胡司令，这种玩笑我们可担当不起呀！（进屋）

刁德一 （看着隔湖芦荡，转身向胡传魁）司令，新四军伤病员没有走远，就在附近！

胡传魁 在哪儿呢？

刁德一 看！（指向芦苇荡里）很有可能就在对面的芦苇荡里！

胡传魁 芦苇荡？（恍然大悟）不错！来人哪！

［刘副官、刁小三上。

胡传魁 往芦苇荡里给我搜！

刁德一 慢着！不能搜，司令，你不是这里的人，还不十分了解芦苇荡的情形。这芦苇荡无边无沿，地势复杂，咱们要是进去这么瞎碰，那简直是大海里捞针。再者说，咱们在明处，他们在暗处，那可净等着挨黑枪。咱们要向皇军交差，可不能做这赔本的买卖！

胡传魁 那依着你怎么办呢？

刁德一　我叫他们自己走出来！

胡传魁　大白天说梦话！他们会自己走出来？

刁德一　我自有办法！来呀！

刘副官
刁小三　有！

刁德一　把老百姓给我叫到春来茶馆，我要训话！

刘副官
刁小三　是！（下）

胡传魁　你叫老百姓干什么？

刁德一　我叫他们下阳澄湖捕鱼捉蟹！

胡传魁　捕鱼捉蟹，这里头有什么名堂？

刁德一　每只船上都派上咱们自己的人，叫他们换上便衣。那新四军要是看见老百姓下湖捕鱼，一定以为镇子里头没有事，就会自动走出来。到那个时候各船上一齐开火，岂不就……

胡传魁　老刁，你真行啊！哈哈哈……

［内响起群众的声音，由远而近。刘副官、刁小三上。

刘副官
刁小三　老百姓都来了！

刁德一　好，我训话。

［内群众抗议声。

刘副官
刁小三　站好了！……嘻！站好了！

刁小三　参谋长训话！

刁德一　乡亲们！我们是"忠义救国军"，是抗日的队伍。我们来了，知道你们现在很困难，也拿不出什么东西来慰劳我们，也不怪罪你们，叫你们下阳澄湖捕鱼捉蟹，按市价收买！

［内群众抗议声。王福根："长官，我们不能去，要是碰见日本鬼子的汽艇，我们就没命了！"……

刁小三　别吵！

刁德一　大家不要怕，每只船上派三个弟兄保护你们！

［内群众抗议声："那也不去！不敢去！"……

胡传魁　他妈的！谁敢不去！不去，就枪毙！

［胡传魁、刁德一、刘副官、刁小三下。

［阿庆嫂急忙由屋内走出。

阿庆嫂 （唱）【西皮散板】

刁德一，贼流氓，

毒如蛇蝎狠如狼，

安下了钩丝布下网，

只恐亲人难提防。

渔船若是一举桨，

顷刻之间要起祸殃。

［内群众抗议声。

阿庆嫂 （接唱）

乡亲们若是来抵抗，

定要流血把命伤。

恨不能生双翅飞进芦荡，

急得我浑身冒火无主张。

［内刁小三叫喊："不去？不去我就要开枪了！"

阿庆嫂 开枪？

（唱）【西皮流水】

若是镇里枪声响，

枪声报警芦苇荡，

亲人们定知镇上有情况，

芦苇深处把身藏。（欠身了望，看到断砖、草帽，灵机一动）要沉着，莫慌张，风声鹤唳，引诱敌人来打枪！

［阿庆嫂拿起墙根的断砖，上复草帽，扔进水中，急忙躲进屋里。

［刁小三跑上。

刁小三 有人跳水！

［胡传魁、刘副官急上。

［刘副官、胡传魁开枪。刁德一闻声急上。

刁德一 不许开枪……唉！不许开枪！

［阿庆嫂走到门旁观察。

胡传魁 为什么呀！

刁德一 司令！新四军听见枪声，他们能够出来么？

胡传魁 你怎么不早说哪！刁小三！

刁小三 有！

胡传魁 把带头闹事的给我抓起几个来！

刁德一 刘副官！

刘副官　有！

刁德一　所有的船只都给我扣了，我都把他们困死！

[胡传魁、刁德一下。刘副官、刁小三随下。

[阿庆嫂走到门外，思考，考虑下一步的战斗。亮相。

——幕闭

【注释】

[1] 西皮是戏曲腔调。明末清初秦腔经湖北襄阳传到武昌、汉口一带，同当地民间曲调结合演变而成。在京剧、汉剧、徽剧等剧种里，西皮都同二黄腔调并用，合称“皮黄”。在湘剧、桂剧等剧种里，西皮又称“北路”，同二黄称为“南路”相对，或合称“南北路”。京剧西皮包括导板(倒板)、慢板(慢三眼)、原板、二六、快板、流水、散板、摇板、回龙等板式。同二黄相比，西皮一般较为高亢刚劲、活泼明快。西皮摇板是西皮板式一种，具有紧拉慢唱的特点。

[2] 比西皮原板节奏快一些，有板无眼。

[3] 比西皮原板紧凑一些的板式是二六，比二六更紧凑、更快的板式是西皮流水板。原西皮流水板的特征是：1/4 节拍的形式、有板无眼。中快速节奏。唱腔的第一句从板上起唱。下边的其余唱句，在板上开唱和过板开唱都可以，但其他唱句过板开唱的较多。因流水板是有板无眼的形式，所谓“过板开唱”，就是从后半拍起唱。每句唱腔的最后一个字要落在板上。

[4] 西皮板式的一种。

[5] 西皮板式的一种，一般用于过渡。

[6] 韵母是 ao 和 iao。

[7] 江阳辙：韵母有 ang、iang、uang

【内容提要】

《智斗》节选自革命现代京剧《沙家浜》剧本第四场。前三场主要剧情：新四军指导员郭建光带领 18 名伤员到沙家浜养伤，幸得地下党员、开茶馆的老板娘阿庆嫂和沙奶奶等进步抗日群众的帮助，从接应到安顿，从军民反“扫荡”到顺利转移到芦苇荡，都有惊无险地度过。与此同时，日寇多日围捕新四军无果，暗地勾结以胡传魁(司令)、刁德一(参谋长)为首的“忠义救国军”，在沙家浜开始一场更为严密地查杀新四军伤员的扫荡。为获取伤员下落，胡、刁带兵闯入茶馆，找上了阿庆嫂。于是，阿庆嫂与二人开始了一场斗智的周旋。阿庆嫂依靠她是胡司令旧识兼恩人的身份，加之其聪明才智，顺利通过盘问，逃脱参谋长的怀疑，取得敌人信任，同时也借机向藏身于芦苇荡里的新四军发信号“岸上有危险，尽快转移”。为后续戏剧的发展埋下伏笔。

【中心观点】

此段剧本主要是对地下党员阿庆嫂与伪军周旋场景的描写，目的是为赞扬她聪明才智和谋略过人，也是在突出军民鱼水情，军民互助共度难关，取得革命胜利的高尚情节，更是表明此剧的红色基调。

【写作特点】

此剧本包含人物对话、唱腔独白、板式变换、演员动作表情、灯光布景安排等内容。行文流畅，不仅交代人物关系，讲述故事情节，体现戏剧的矛盾冲突，表达主题思想，扣住观众心扉，同时也便于演员、伴奏、灯光等多方配合演出，发挥优秀剧本的良好功效。其中，唱词的写作也颇为成功。语言通俗易懂，比喻恰如其分，特别是使用押韵的手法，使得唱词朗朗上口，铿锵有力，易于情绪的表达，剧情的烘托。如在此场中，刁德一怀疑阿庆嫂开茶馆肯定与新四军有来往时，阿庆嫂机智回答到："垒起七星灶，铜壶煮三江。摆开八仙桌，招待十六方。来的都是客，全凭嘴一张。相逢开口笑，过后不思量。人一走，茶就凉……"，从而表明自己就是个简单生意人，不可能知道新四军的消息。这个唱段就是押的遥条辙[6]和江阳辙[7]。

【思考与练习】

1.简述《沙家浜》的中心观点。

2.阿庆嫂在此场中，到底运用了何种方式向芦苇荡中的新四军发送危险信号？

3.观看京剧《沙家浜》视频，体会军民鱼水情。

【拓展阅读书目或文章名】

1.《沙家浜》完整剧本，特别是《授计》与《斥敌》两场

2.样板戏剧本《智取威虎山》《红色娘子军》《白毛女》

3.张尧《学京剧》

参考文献

[1]王步高.大学语文[M].南京:南京大学出版社,2006.

[2]汪亚明.大学语文教程[M].北京:北京大学出版社,2005.

[3]张梦新.大学语文[M].杭州:浙江大学出版社,2000.

[4]夏中义.大学人文读本[M].桂林:广西师范大学出版社,2002.

[5]温儒敏.高等语文[M].南京:江苏教育出版社, 2003.

[6]陈思和.大学语文实验教程[M].上海:复旦大学出版社,2007.

[7]朱东润.中国历代文学作品选[M].上海:上海古籍出版社, 1998.

[8]袁行霈.中国文学史[M].北京:高等教育出版社,1999.

[9]吴振清.大学语文[M].天津:南开大学出版社, 2000.

[10]吴熊和.唐宋词通论[M].杭州:浙江古籍出版社,1989.

[11]毛信德.大学语文[M].杭州:浙江大学出版社,2000.

[12]王小舒.新编中华传统文学精要[M].北京:高等教育出版社,2006.

[13]王红,谢谦.中国诗歌艺术[M].北京:高等教育出版社, 2006.

[14]李瑞山.语文素养高级教程[M].北京:高等教育出版社,2006.

[15]罗常培.语言与文化[M].北京:语言出版社,1989.

[16]陈洪,李瑞山.大学语文拓展读本(集一、集二、集三)[M].北京: 高等教育出版社,2005.

[17]朱栋霖.中国现代文学史(上、下册)[M].北京:高等教育出版社,1999.

[18]郑克鲁.外国文学史(上、下册)[M].北京:高等教育出版社,2006.

[19]陶德臻.世界文学名著选读(1—5)[M].北京:高等教育出版社,1992.

[20]陈建华.插图本外国文学史[M].北京:高等教育出版社,2005.

[21]童庆炳.文艺理论教程[M].北京:高等教育出版社,2004.
[22]冯天瑜.中国文化史[M].北京:高等教育出版社, 2005.
[23]郭齐勇.中国哲学史[M].北京:高等教育出版社, 2006.
[24]蒋星煜,等.元曲鉴赏辞典[Z].上海:上海辞书出版社,2008.
[25]陈振鹏,等.古文鉴赏辞典[Z].上海:上海辞书出版社,2004.
[26]公木,等.新诗鉴赏辞典[Z].上海:上海辞书出版社,1991.
[27]王力,等.古汉语常用字字典[Z].北京:商务印书馆,2005.
[28]吴小如,等.汉魏六朝诗鉴赏辞典[Z].上海:上海辞书出版社,1992.
[29]周汝昌,等.唐宋词鉴赏辞典[Z].上海:上海辞书出版社,1997.
[30]缪钺,等.宋诗鉴赏辞典[Z].上海:上海辞书出版社,1987.